Engelhardt
Perspektiven des Dienstleis

GABLER EDITION WISSENSCHAFT
Focus Dienstleistungsmarketing

Der Wandel von der Industrie- zur Dienstleistungsgesellschaft ist de facto längst vollzogen, er stellt jedoch mehr denn je eine Herausforderung für Theorie und Praxis, speziell im Marketing, dar. Die Schriftenreihe will ein Forum bieten für wissenschaftliche Beiträge zu dem bedeutenden und immer wichtiger werdenden Bereich des Dienstleistungsmarketing. In ihr werden aktuelle Ergebnisse der betriebswirtschaftlichen Forschung in diesem Bereich des Marketing präsentiert und zur Diskussion gestellt.

Werner Hans Engelhardt (Hrsg.)

Perspektiven des Dienstleistungs-marketing

Ansatzpunkte für Forschung und Praxis

DeutscherUniversitätsVerlag

Die Deutsche Bibliothek - CIP-Einheitsaufnahme

Perspektiven des Dienstleistungsmarketing : Ansatzpunkte für Forschung und Praxis / Werner Hans Engelhardt (Hrsg.).
- Wiesbaden : Dt. Univ.-Verl. ; Wiesbaden : Gabler, 1998
(Gabler Edition Wissenschaft : Focus Dienstleistungsmarketing)
ISBN 978-3-8244-6550-7 ISBN 978-3-322-97752-6 (eBook)
DOI 10.1007/978-3-322-97752-6

Gabler Verlag, Deutscher Universitäts-Verlag, Wiesbaden

Der Deutsche Universitäts-Verlag und der Gabler Verlag sind Unternehmen der Bertelsmann Fachinformation.

http://www.gabler-online.de

Höchste inhaltliche und technische Qualität unserer Produkte ist unser Ziel. Bei der Produktion und Auslieferung unserer Bücher wollen wir die Umwelt schonen: Dieses Buch ist auf säurefreiem und chlorfrei gebleichtem Papier gedruckt.

Lektorat: Ute Wrasmann / Albrecht Driesen

ISBN 978-3-8244-6550-7

Vorwort des Herausgebers

Im Jahre 1991 erstmals durchgeführt, hat der Workshop Dienstleistungsmarketing mittlerweile schon eine gewisse Tradition: Bereits das fünfte Treffen dieser Art fand vom 6. bis 8. November 1996 statt. Nach den Stationen Ingolstadt, Innsbruck, Berlin und München in den vergangenen Jahren fanden sich diesmal über 40 an Fragen des Dienstleistungsmarketing interessierte Wissenschaftlerinnen und Wissenschaftler in Bochum an der Ruhr-Universität zusammen. Wie auch ihre Vorgänger diente diese Veranstaltung der Vorstellung und Diskussion von Forschungsprojekten aus dem immer wichtiger werdenden und außerordentlich breiten Feld der Dienstleistungen. Ebenso bedeutsam erscheinen der individuelle fachliche und persönliche Gedankenaustausch der einzelnen Teilnehmer untereinander, das Knüpfen neuer sowie die Pflege alter Kontakte. Erfreulich war auch diesmal die breit gestreute Beteiligung, denn neben den Vertretern der den Workshop im Wechsel veranstaltenden Lehrstühle, deren Inhaber gleichzeitig den Herausgeberkreis der Reihe „Focus Dienstleistungsmarketing" bilden, waren Teilnehmer von zahlreichen anderen in- und ausländischen Hochschulen anwesend. Positiv hervorzuheben ist sicherlich auch das Interesse, das der Veranstaltung von seiten der Praxis entgegengebracht wurde. Diese erfreulichen Entwicklungen zeigen, daß den Dienstleistungen nach langen Jahren der Zurückhaltung nun doch offenbar mehr und mehr die Aufmerksamkeit geschenkt wird, die ihrer realen Bedeutung entspricht. Daß weiterhin viele interessante Betätigungsfelder für die wissenschaftliche Arbeit existieren, zeigen nicht zuletzt die Beiträge des Workshops, die in diesem Band zusammengefaßt sind.

Thematisch decken sie ein breites Spektrum unterschiedlicher Fragestellungen ab. Aspekte des Qualitätsmanagements, der Preispolitik und des Innovationsmanagements werden ebenso angesprochen wie Fragen der Marktabgrenzung, des Geschäftsbeziehungs- und des Kapazitätsmanagements. Die Tatsache, daß die Dienstleistungsproblematik nicht allein auf den tertiären Sektor beschränkt werden kann, belegen Beiträge zum Service-Management in Industrieunternehmen sowie zum Bereich der internen Dienstleistungen. Allen Autoren ist für die gute Zusammenarbeit bei der Überarbeitung und Fertigstellung der Manuskripte zu danken.

Dank gebührt aber auch mehreren anderen Personen und Institutionen, ohne die sowohl die Durchführung des Workshops als auch die Veröffentlichung dieses Tagungsbandes nicht möglich gewesen wäre. An erster Stelle ist dabei ein Mäzen zu erwähnen, der ungenannt bleiben will. Er hat durch seine außerordentlich großzügige Spende dafür gesorgt, daß die

Veranstaltung sowohl im offiziellen als auch im inoffiziellen Teil in einem Rahmen durchgeführt werden konnte, der die Zustimmung aller Teilnehmer gefunden hat. Dafür sei ihm noch einmal ausdrücklich gedankt. Ferner danke ich dem Institut für Unternehmungsführung und Unternehmensforschung der Ruhr-Universität Bochum für Hilfestellung bei der organisatorischen Abwicklung des Workshops. Für die Unterstützung bei der Vorbereitung und Durchführung der Veranstaltung sei noch einmal den studentischen, wissenschaftlichen und nicht-wissenschaftlichen Mitarbeiterinnen und Mitarbeitern meines Lehrstuhls gedankt. Um die Erstellung dieses Tagungsbandes hat sich schließlich insbesondere Herr cand. rer. oec. Christian Schulte verdient gemacht, der mit Geduld und Gewissenhaftigkeit die einzelnen Manuskripte in eine angemessene und weitgehend einheitliche äußere Form gebracht hat.

Prof. Dr. Dr. h.c. Werner H. Engelhardt

Inhaltsverzeichnis

Claudia Klausegger/Dieter Scharitzer*

ADJUNKTIVITÄT BEI DIENSTLEISTUNGEN

- die Bedeutung personenbezogener adjunktiver Güter in Bezug auf die Qualitätswahrnehmung prozeßorientierter Dienstleistungen

Inhalt

* Univ.Ass.Mag.Dr. Claudia Klausegger und Univ.Ass.Mag.Dr. Dieter Scharitzer, Institut für Absatzwirtschaft, Wirtschaftsuniversität Wien, Augasse 2-6, A-1090 Wien; ++43-1-313 36/4609

e-mail: claudia.klausegger@wu-wien.ac.at; dieter.scharitzer@wu-wien.ac.at

1. Einleitung/Problemstellung

Die Adjunktivität von Gütern wird in der Literatur erstmals von Chmielewicz (1969) erwähnt, der darunter Merkmale einer Unternehmung versteht, die untrennbar mit dieser verbunden sind und mit ihr untergehen. Im Zusammenhang mit Dienstleistungen hat Scheuch[1] diesen Ansatz aufgegriffen und bezeichnet damit Eigenschaften und Fähigkeiten zur Verrichtung einer Dienstleistung, die aufgrund einer Unverwechselbarkeit („Einzigartigkeit") der Leistungsfähigkeit gegenüber dem Kunden an den Erbringer der Dienstleistung gebunden sind und gegebenenfalls auch mit diesem untergehen können.

Aus dem Merkmal der Abhängigkeit von adjunktiven Gütern im Dienstepotential aufgrund einer besonderen Fähigkeit oder Eignung der Person leiten sich vor allem in den Branchen Probleme ab, wo das versprochene Leistungsziel wiederholt angeboten werden soll, aufgrund des hohen Individualisierungsgrades aber nicht repetitiv durchgeführt werden kann (z.B. Arztleistung, Rechts- und Wirtschaftsdienste, wissenschaftliche und künstlerische Leistungen, Unterrichts- und Bildungsleistungen)[2]. Es muß gerade in diesen Bereichen, wo ein Versprechen gleichbleibender Leistung bzw. Verfügbarkeit besonderer Fähigkeiten über einen längeren Zeitraum hinweg gewährleistet sein soll, der Suche nach geeigneten Qualitätssicherungsmethoden besondere Aufmerksamkeit geschenkt werden. Auch die Abhängigkeit möglicher Personalfluktuationen stellt für diese Unternehmen eine besonders problematische Situation dar.

Der Prozeßcharakter von Dienstleistungen und die damit untrennbar verbundene Bedeutung von Menschen als Potentialfaktoren der Dienstleistungserstellung ziehen sich durch die einschlägige Literatur des Dienstleistungsmarketing und werden insbesondere in der Qualitäts- und Kundenzufriedenheitsforschung berücksichtigt.[3] Vor diesem Hintergrund stellt sich die Frage, ob und wie die Adjunktivität personenbezogener Leistungen an ausgewählten Dienstleistungen empirisch nachgewiesen werden kann und inwieweit diese durch Standardisierung von nicht-personenbezogenen Potential- und Prozeßqualitäten im Rahmen einer Faktorkombination des Angebotes kompensiert werden kann. Die Idee zu diesem Projekt entstand aus einer Erfahrung, die die Autoren im Rahmen einer von fünf ReferentInnen parallel geführten „standardisierten" Einführungslehrveranstaltung aus

1 Vgl. Scheuch (1982), S. 65 ff.

2 Vgl. Scheuch (1982), S. 61.

3 Vgl. bspw. das Qualitätsmodell von Meyer/Mattmüller (1987).

Marketing an einem österreichischen Fachhochschulstudiengang im Sommersemester 1996 machen konnten. Trotz der Verwendung gemeinsam erarbeiteter gleicher Unterlagen, dem Unterrichten in gleich großen nebeneinander liegenden Hörsälen mit gleich großen Klassenzahlen und gleich langer Lehrveranstaltungsdauer fielen die Evaluationsergebnisse der einzelnen Vortragenden sehr unterschiedlich aus. Abweichungen in der Beurteilung der Personen ließen sich noch relativ leicht erklären, schwieriger zu begründen waren aber die unterschiedlichen Bewertungen bei den standardisierten Potential- und Prozeßqualitäten (Skripten, Anzahl der Übungsaufgaben, Neuigkeitsgrad der Lehrveranstaltung, Vorbereitung auf die gemeinsame Prüfung, Teilnehmeranzahl, Größe des Klassenraums etc.). Die sich aufdrängende Hypothese, daß die Studierenden bei den Bewertungsdimensionen keine klare Abgrenzung vornehmen konnten, sondern Ausstrahlungseffekte der Person auch auf die anderen Dimensionen feststellbar waren, waren der Anlaß sicher näher mit dem in der Literatur als „Halo-Effekt“ bekannten Phänomen auseinanderzusetzen.[4]

2. Zielsetzung

Im gegenständlichen Projekt wird am Beispiel einer österreichischen Ausbildungsinstitution, konkret der Wiener Neustädter Bildungs- und Forschungsges.m.b.H. mit ihren beiden Fachhochschulstudiengängen, die dargestellte Problemstellung empirisch untersucht. Maßnahmen zur Qualitätssicherung des Ausbildungsangebotes haben nicht zuletzt aufgrund der gesetzlichen Rahmenbedingungen (Evaluation der Lehrveranstaltungen und der Forschungs- und Entwicklungsaktivitäten sowie eine Gesamtevaluation des Fachhochschulstudienganges sind durch den Fachhochschulrat vorgeschrieben) einen hohen Stellenwert an den österreichischen Fachhochschulen. Die Art der Dienstleistungserstellung der gewählten Ausbildungsstätte erfüllt alle dienstleistungsspezifischen Merkmale und verfügt zusätzlich über ein hohes Maß an Standardisierung des Angebotes seitens der Anbieter, was eine unmittelbare Vergleichbarkeit gleichartiger Verrichtungen gewährleistet. Darüber hinausgehend ist der Aufgabenbereich dieser Ausbildungsinstitution ein typisches Beispiel für eine Leistung, bei der vom Studierenden die Durchführung des Unterrichts durch einen Lehrveranstaltungsleiter beobachtet wird, diese jedoch das Ergebnis umfangreicher organisatorischer Vorleistungen darstellt.[5] Für die Beantwortung der dargestellten Forschungsfrage wird die regelmäßige Bewertung aller Lehrveranstaltungen durch die Studierenden herangezogen.

---

4 Vgl. Nisbett/Wilson (1977), S. 250; Bagozzi (1996), S. 235 ff.

5 Vgl. Scheuch (1982), S. 187.

Folgende Zielsetzungen werden am Beispiel dieser empirischen Erhebung der Kundenzufriedenheit (Prozeßqualität) in ausgewählten Lehrveranstaltungen eines Fachhochschulstudiengangs in Wiener Neustadt behandelt:

- Klärung der Frage, ob die Adjunktivität personenbezogener Leistungsfähigkeiten für eine Lehrveranstaltung ein charakteristisches Merkmal ist, um daraus Schlußfolgerungen für die Qualitätssicherung des Angebotes ableiten zu können. Nachgewiesen werden soll der dominierende Einfluß personenbezogener Merkmale des Referenten auf die Beurteilung der Zufriedenheit in einer Lehrveranstaltung.

- Den Versuch einer Beweisführung von sogenannten Halo-Effekten bei der Lehrveranstaltungsbeurteilung, durch die Wahl eines experimentellen Untersuchungsdesigns.

- Interpretation der Ergebnisse im Hinblick auf die Grenzen bzw. Probleme des angewandten Evaluationsverfahren und den darauf aufbauenden Qualitätssicherungsmaßnahmen, sowie

- weiterführende Schlußfolgerungen in Hinblick auf die Übertragbarkeit der Ergebnisse auf vergleichbare Dienstleistungsangebote mit hoher personenbezogener Adjunktivität.

3. Untersuchungsdesign

Die empirische Analyse wurden am Beispiel des österreichischen Fachhochschulstudiengangs für „Wirtschaftsberatende Berufe“ durchgeführt. Dieser Ausbildungszweig existiert in Österreich seit Wintersemester 1994. Um eine laufende Kontrolle über den in Österreich in den letzten Jahren rasch wachsenden Bildungstyp zu haben, wird vom Fachhochschulrat ein umfassendes Qualitätssicherungssystem gefordert. Wie bereits kurz dargestellt, wird die Qualität dieser Bildungsinstitution aufgrund der Bestimmungen des Fachhochschulstudienrates auf drei Ebenen analysiert.

- Evaluation der Lehrveranstaltungen: Alle Lehrveranstaltungen werden regelmäßig einer Bewertung durch die Studierenden unterzogen (FHStG § 32).

- Wissenschaftliche Evaluation: Die wissenschaftliche Evaluation der Forschungs- und Entwicklungsaktivitäten des Fachhochschul-Studienganges erfolgt erstmals nach vier Jahren und dann jedes fünfte Jahr (FHStG § 33).

- Gesamtevaluation des Fachhochschul-Studiengangs: Erstmals nach fünf Jahren und dann jeweils nach weiteren fünf Jahren wird der Lehrgang in geeigneter Form durch eine repräsentative Stichprobe der Absolventen und der Abnehmer in Wirtschaft und Verwaltung beurteilt (FHStG § 34).

Die dargestellten Forschungsfragen in Zusammenhang mit der Adjunktivität als Merkmal bei Lehrveranstaltungen und die damit verbundenen Konsequenzen werden in weiterer Folge am Beispiel der Evaluationsergebnisse ausgewählter Lehrveranstaltungen analysiert. Dieses spezifische Analysefeld hat sich nach eingehender Suche als idealtypischer Anwendungsfall herausgestellt. Da der Fachhochschulstudiengang erst seit zwei Jahren existiert, liegen zu den anderen beiden Evaluationsbereichen noch keine Ergebnisse vor. Die Tatsache schränkt die Untersuchung aber nicht ein, da diese Ergebnisse für die in diesem Beitrag behandelte Forschungsfrage von keinerlei Relevanz sind.

3.1. Konzeptioneller Rahmen der „Evaluation von Lehrveranstaltungen"

Charakteristische Merkmale von Dienstleistungen zur Abgrenzung von anderen Marktangeboten und die daraus resultierenden Konsequenzen für das Marketing sind aus der einschlägigen Fachliteratur hinreichend bekannt.[6] Auf das vorliegende Beispiel treffen die typischen Charakteristika, die zur Einordnung von Lehrveranstaltungen in den Dienstleistungsbegriff geeignet sind, mehrheitlich zu:

- die Immaterialität, der Verrichtungscharakter,
- das Tätigwerden einer Faktorkombination zur Leistungserstellung,
- das Präsenzkriterium,
- die Simultanität von Produktion und Konsumption,
- Prozeß- und Ergebnisdimensionen zur Leistungbeurteilung,
- die Problematik personenbezogener adjunktiver Güter am Beispiel der Lehrenden,
- Integration der Studierenden als "externer Faktor" in den Leistungserstellungsprozeß und
- die hohe Komplexität des Leistungsangebotes.

6 Vgl. Scheuch (1982); Meyer (1983); Zeithaml et al. (1985); Corsten (1988); Maleri (1994).

Aufgrund des Zutreffens der aufgelisteten Eigenschaften, ergeben sich eine ganze Reihe von Problemen im Zusammenhang mit der Qualitätsbeurteilung von Lehrveranstaltungen. Analysiert man Lehrveranstaltungen nach Potential- und Prozeßqualitäten, so lassen sich folgende Dimensionen der Angebotsspezifikation unterscheiden[7]:

- **Personen**, die als Lehrende tätig werden;
  Qualität ist dabei nicht nur über Potentialqualitäten wie fachliches Wissen und Kompetenz zu definieren, sondern schließt wesentliche Prozeßqualitäten in Sinne der rhetorischen und pädagogisch-didaktischen Fähigkeiten, der Interaktionsfähigkeit, der sozialen Kompetenz u.a.m. mit ein.

- die Rolle der Studierenden als **"externer Faktor"** bei einer Lehrveranstaltung;
  Ihre Inputqualitäten (u.a. Allgemeinwissen, Vorkenntnisse, praktische Erfahrungen, Erfolg bei Einstiegsklausuren), Persönlichkeit, Integrationswilligkeit (Mitarbeit), Interaktivität mit Kollegen (bei Diskussionen oder Gruppenarbeiten erwünscht, bei Vorlesungen unerwünscht), Lernfähigkeit, Motivation etc.

- **Materielle Hilfsmittel** der Lehrveranstaltung und das **Leistungsumfeld;**
  Darunter fallen Größe und Ausstattung der Hörsäle (Sitzplätze, Computerarbeitsplätze etc.), technische Hilfsmittel zur Gestaltung der Lehrveranstaltung (u.a. Overheadprojektor, Videokamera und -rekorder, Diaprojektor), Licht, Raumklima, Arbeitsunterlagen (Begleitliteratur, Skripten) u.a.m.

- **Prozesse.**
  Im Sinne organisatorischer Merkmale durch Zeitpunkt und Zeitdauer der Veranstaltung oder als Abläufe und Gestaltungselemente für den Lehrveranstaltungsprozeß (Lehrveranstaltungsstil, Gruppengröße, Eingehen auf studentische Fragestellungen und Probleme, Kontaktqualität), Gestaltungsfragen wie Klarheit, Nachvollziehbarkeit, Strukturiertheit, logischer Aufbau u.a.m.

Um die Rolle der personenbezogenen Adjunktivität bei Lehrveranstaltungen zu hinterfragen, d.h. die Dimension „Person“ als eine der zentralen Einflußgrößen auf die Zufriedenheit der Studierenden zu extrahieren, eignet sich der gewählte Studiengang aufgrund folgender spezifischer Eigenschaften für ein quasi-experimentelles Untersuchungsdesign:

---

[7] Vgl. Scharitzer (1994), S. 46ff.

- kleine Klassengrößen mit ca. 25 Studierenden,
- hoch-standardisierte Ausbildungsinhalte,
- homogene Vorkenntnisse und
- parallele Führung der Lehrveranstaltungen.

Experimentelle empirische Untersuchungsdesigns in der Dienstleistungsforschung zum Thema „Kundenzufriedenheit" sind sehr selten[8], da außerhalb des Labors kaum Bedingungen hergestellt werden können, bei denen anhand standardisierter Leistungen bei Variation entsprechender Variablen eine kausale Wirkung auf den Output beobachtet werden kann.

Die Entscheidung, die Eigenschaft der Adjunktivität einer Leistung, exemplarisch an der herausragenden Bedeutung der Person des Vortragenden einer Lehrveranstaltungen nachzuweisen, resultiert aus dem spezifischen Studienaufbau des betrachteten Fachhochschulstudiengangs für „Wirtschaftsberatende Berufe".

Das in Abschnitt 4.3 detailliert analysierte Beispiel der Einführungslehrveranstaltungen für "Marketing", verdeutlicht diese Standardisierung, da es sich bei diesen Einzelveranstaltungen um ein gemeinsam von fünf ReferentInnen entwickeltes Ausbildungsprogramm handelt. Die „Marketing-Lehrveranstaltungen" des Grundstudiums sind gekennzeichnet durch

- idente Inhalte und Anschauungsbeispiele (Praxisfälle),
- idente Stundenbilder,
- idente Literaturgrundlage,
- idente Foliensätze zur Lehrveranstaltungsunterstützung,
- ReferentInnen aus dem selben „Marketinginstitut" der WU-Wien, die vertraut mit den Lehrinhalten sind und
- eine gemeinsame Erarbeitung des Lehrveranstaltungskonzeptes und der -inhalte.

Diese Standardisierungsmerkmale können als typisches Beispiel einer Dienstleistung gesehen werden, bei denen die Ressourcen und die Leistungsfähigkeit durch Vervielfältigung der Angebotspotentiale vermehrt werden sollen.

Die Lehrveranstaltungen wurden exakt zum selben Zeitpunkt (Blockveranstaltung am Nachmittag) parallel von fünf verschiedenen ReferentInnen angeboten.

---

8 Vgl. bspw. Bitner (1990).

Der Vorteil dieser Versuchsanordnung liegt in der Tatsache, daß versucht werden kann, die Person des Vortragenden als die einzige variable Größe zu isolieren, sofern das in einer Nicht-Labor-Situation überhaupt möglich ist.

3.2. Erhebungsdesign der Lehrveranstaltungsevaluation

Die Lehrveranstaltungsevaluation aller Einzelveranstaltungen stellt wie bereits erwähnt eine der Säulen im Qualitätssicherungssystem des Fachhochschulstudiengangs in Wr. Neustadt dar. Als Instrumente werden eingesetzt:

- „Blitzlichtartige" Beurteilungen nach etwa einem Drittel der gehaltenen Lehrveranstaltung,
- in regelmäßigen Abständen stattfindende Qualitätszirkel und
- eine Bewertung jedes Lehrbeauftragten durch die Studierenden mittels eines schriftlichen vollstandardisierten Fragebogens am Ende jeder Lehrveranstaltung.

Für die dargestellte Forschungsfrage war die schriftliche Bewertung am Ende jeder Lehrveranstaltung Grundlage der empirischen Analysen. Bei dieser Befragung wurde eine Vollerhebung durchgeführt. Dazu wurden in der letzten Veranstaltungseinheit alle anwesenden Studenten gebeten, eine Beurteilung der entsprechenden Lehrveranstaltung mittels Fragebogen durchzuführen. Um die Anonymität der Untersuchung zu gewährleisten mußte jeder der Lehrveranstaltungsleiter während des Ausfüllens den Hörsaal verlassen. Die Bewertungsbögen wurden von den Studierenden direkt der Fachhochschuladministration übermittelt. Schlußendlich stand für die Auswertung das Datenmaterial des gesamten Studienjahres 1995/1996 zur Verfügung.

Der eingesetzte Fragebogen[9] war folgendermaßen strukturiert: 26 Fragen zu Merkmalen der Lehrveranstaltung aus den Bereichen Person des Vortragenden, Organisation der Veranstaltung, Struktur und Vermittlung der Inhalte; eine Frage zur Gesamtzufriedenheit und zwei Fragen zur Vorbildung bzw. wieviele Jahre der Schulabschluß zurückliegt. Alle Fragen wurden geschlossen gestellt und waren auf einer 5-teiligen Skala (1=trifft völlig, 5= trifft nicht zu) zu beantworten. Die Zuordnung zu den einzelnen ReferentInnen

[9] Anmerkung: Der verwendete Fragebogen wurde nicht von den Autoren entwickelt. Anpassungen und Veränderungen für die gegenständlichen Untersuchungsfragen waren aus Gründen der Vergleichbarkeit der Daten mit anderen Studiengängen seitens der Administration nicht möglich.

(Lehrveranstaltungen) war aufgrund entsprechender Kategorisierungsvariablen bei jedem Fragebogen gewährleistet.

Im Beobachtungszeitraum (September 1995 bis April 1996) wurden in 91 Lehrveranstaltungen insgesamt 3108 Bewertungen durchgeführt. Bei allen Erhebungen kam derselbe Fragebogen zum Einsatz.

3.3. Selektion der Lehrveranstaltungen

Eine Bearbeitung der aus der Vollerhebung im Studienjahr 1995/96 erhobenen Daten war ohne eine vorhergehende Segmentierung der Fälle nicht zweckmäßig. Zu unterschiedlich präsentierte sich das gesamte LV-Angebot des Grundstudiums des Fachhochschulstudiengangs.

Die Lehrveranstaltungen wurden daher nach folgenden Kriterien kategorisiert:

- **Zugehörigkeit zum Studiengang**:

In die zu analysierende Datenbasis wurden ausschließlich Veranstaltungen aus dem betriebswirtschaftlich orientierten Studiengang „Wirtschaftsberatende Berufe" einbezogen. Der zweite vor Ort angebotene Studiengang für „Präzisions-, System,- und Informationstechnik" wurde von den weiteren Analysen ausgeschlossen.

- **Fächer**:

Im Grundstudium des Studiengangs „Wirtschaftsberatende Berufe" sind

- betriebswirtschaftliche Lehrveranstaltungen (Rechnungswesen, Finanzierung, Marketing, Personal und Organisation, Materialwirtschaft und Logistik)
- volkswirtschaftliche Lehrveranstaltungen
- Rechtsfächer
- Wirtschaftssprache „Englisch"
- EDV sowie
- Persönlichkeitsbildende Fächer (Kommunikations- und Kooperationstraining, Präsentationstechnik, Moderationstechnik, Verhandlungstechnik etc.)

enthalten.

Aufgrund des besseren Einblicks und um eine Vergleichbarkeit der Lehrveranstaltungen zu gewährleisten, wurde eine Einschränkung auf betriebswirtschaftlich orientierte Veranstaltungen vorgenommen.

- **Lehrveranstaltungstyp**:

Die laut Studienplan vorgeschriebenen Lehrveranstaltungen lassen sich in Vorlesungseinheiten (große Hörerzahl, wenig Interaktion mit dem Vortragenden) und Übungen (25-30 Teilnehmer, hohe Interaktion mit dem Vortragenden, aktives Einbringen der Teilnehmer) unterscheiden. Es erschien für die gewählte Fragestellung nicht notwendig eine Differenzierung in Vorlesungen und Übungen vorzunehmen.

3.4. Prüfhypothesen

Zur Prüfung der Adjunktivität bzw. zum Nachweis des „Halo-Effektes" bei der Zufriedenheitsbeurteilung wurden folgende Kernhypothesen formuliert.

H1: Nachweis adjunktiver Merkmale bei Lehrveranstaltungen
Unter den Potentialqualitäten zur Beschreibung der Kundenzufriedenheit mit einer Lehrveranstaltung, nimmt der Faktor „Person des Lehrenden" eine dominierende Stellung gegenüber allen anderen Gestaltungsmerkmalen ein.

H2: Nachweis eines Halo-Effektes bei der Lehrveranstaltungsevaluation
Standardisierte Elemente einer Lehrveranstaltung (Inhalte, Unterlagen, organisatorische Rahmenbedingungen) werden weitgehend unabhängig von der Person des Lehrbeauftragten beurteilt.

4. Ergebnisse

4.1. Zusammensetzung der Stichprobe

Für die Bestimmung der **Qualitätsdimensionen bei Lehrveranstaltungen** (Abschnitt 4.2) wurde der Erhebungszeitraum September 1995 bis April 1996 gewählt und insgesamt 1093 Fragebögen in die Auswertungen einbezogen. Es wurde eine Reduktion auf ausschließlich betriebswirtschaftliche Lehrveranstaltungen (60% Vorlesungen und 40 % Übungsveranstaltungen) des ersten Studienabschnittes des Studiengangs „Wirtschaftsberatende Berufe“ vorgenommen. Diese Einschränkung bedeutet, daß die Stichprobe Lehrveranstaltungen aus Rechnungswesen, Marketing, Personal, Führung und Organisation, sowie Materialwirtschaft und Logistik beinhaltet.

Für die Analysen im Zusammenhang mit dem **Nachweis eines bestehenden Halo-Effektes** wurde die Stichprobe begrenzt auf die Lehrveranstaltungen „Marketing“, da nur bei diesen die notwendigen quasi-experimentellen Bedingungen (Standardisierungen) kontrolliert werden konnten. Die Auswertungen in Abschnitt 4.3 beziehen sich auf fünf Vortragende mit insgesamt 120 Fällen im Sommersemester 1996.

4.2. Qualitätsdimensionen bei Lehrveranstaltungen

Zur Ermittlung der Qualitätsdimensionen der Lehrveranstaltungen und zur Prüfung der Hypothese 1 wurde eine explorative Faktorenanalyse über sämtliche Bewertungsitems mit Varimax Rotation gerechnet. Die Ergebnisse der Faktorenanalyse zeigen eine fünf Faktorenstruktur mit einer Gesamtvarianzerklärung von 61,5.

Factor	Eigenvalue	Pct of Var	Cum Pct
1	10,81260	41,6	41,6
2	1,48712	5,7	47,3
3	1,34675	5,2	52,5
4	1,22043	4,7	57,2
5	1,13415	4,4	61,5

Tab. 1: Faktorstruktur und deren Varianzerklärung

n=1093	Factor 1	Factor 2	Factor 3	Factor 4	Factor 5
***Reliability** (Cronbach Alpha)*	,93	,86	,79	,67	,76
Faktor 1: Persönlichkeit					
Erläuterung komplizierter Sachverhalte (V7)	.76				
Tempo des Vortrags (V8)	.73				
Eingehen auf Studentenfragen (V12)	.71				
Angenehme Atmosphäre (V20)	.68				
Kontakt zwischen LV-Leiter und Studenten (V19)	.67				
Klare Ausdrucksweise (V14)	.67				
Sachliche Kompetenz (V13)	.56				
Vertiefung in Übungen (V6)	.55				
Akustische Verständlichkeit (V15)	.50				
Angemessene Hausaufgaben (V4)	.43				
Klarer Praxisbezug (V3)	.41				
Faktor 2: Methodik, Didaktik, Pädagogik					
Transparente Leistungsbeurteilung (V2)		.64			
Nutzung der Unterrichtsmaterialen (V10)		.63			
Verständliche Unterlagen (V9)		.58			
Einsatz von Hilfsmitteln (Folien, Kopien, ...) (V11)		.57			
Klare Lehrveranstaltungsziele (V1)		.56			
Übersichtlichkeit und Gliederung des Lehrstoffs (V5)		.53			
Faktor 3: Lehrziel					
Neuigkeit der Lehrinhalte (V16)			.78		
Spätere Anwendbarkeit des Gelernten (V17)			.60		
Abstimmung mit anderen Lehrveranstaltungen (V18)			.56		
Faktor 4: organisatorische Rahmenbedingungen					
Optimaler Klassenraum (V26)				.73	
Optimale Teilnehmerzahl (V25)				.72	
Veranstaltungsform (Doppelstunde, Block) (V 27)				.55	
Faktor 5: Prüfung					
Angemessener Umfang des Prüfungsstoffes (V23)					.75
Gute Prüfungsvorbereitung durch LV (V22)					.72
Gerechte Leistungsbeurteilung (V24)					.40

Tab. 2: Qualitätsdimensionen der Lehrveranstaltungsbeurteilung

Auffallend bei der Analyse der Daten ist die hohe Varianzerklärung des **Faktors 1** (41,6%). Dieser Faktor umfaßt Items, die sich auf die Person des Lehrveranstaltungsleiters beziehen. Es geht dabei insbesondere um solche Merkmale, die zeigen, wie ein Lehrbeauftragter seine persönlichen Potentiale (Kompetenz, Erfahrung, sozialer Umgang, Wissen) bei der Leistungserbringung einsetzt.

Beim **zweiten Faktor**, handelt es sich in erster Linie um Kriterien, die sich auf die didaktischen Hilfsmittel zur Unterstützung der Lehrveranstaltung beziehen. Im Gegensatz zum Persönlichkeitsfaktor zeichnen sich diese Items durch wesentlich größere Standardisierungsmöglichkeiten aus. Maßnahmen zur Qualitätssicherung können bereits in der Lehrveranstaltungsvorbereitung gesetzt werden.

Faktor 3 bezieht sich auf die Aktualität der Inhalte, deren spätere Anwendbarkeit und Vernetzung mit anderen Lehrveranstaltungen des Studienplans. Obwohl das Untersuchungsdesign sich auf die Prozeßevaluation beschränkt, repräsentiert dieser Faktor, neben Faktor 5, der prüfungsbezogene Variablen enthält, am stärksten eine Ergebnisorientierung. Die Bewertungen dieses Faktors sind mit einer Unsicherheit behaftet, da zu hinterfragen ist, ob die Studenten, die sich noch in der Ausbildung befinden, eine geeignete Beurteilungsgrundlage für die Beantwortung der Kriterien haben. Es ist zu vermuten, daß eine schlüssige Bewertung dieser Items erst nach entsprechender Erfahrung im Rahmen der beruflichen Praxis möglich ist.

Faktor 4 subsumiert die organisatorischen Rahmenbedingungen von Lehrveranstaltungen. Diese sind im wesentlichen durch die Studiengangsleitung und die Lehrveranstaltungsplanung der Fachhochschule vorgegeben. Aus der Sicht der Lehrbeauftragten stellen sie eine nicht beeinflußbare Größe, die weder durch die Person noch durch die individuelle Lehrveranstaltungsgestaltung veränderbar sind.

Faktor 5 beinhaltet Fragen in Zusammenhang mit der Leistungsbeurteilung und Prüfungsabhaltung. Bei der Analyse und Interpretation der Ergebnisse dieses Faktors muß darauf hingewiesen werden, daß die Beurteilung dieser Dimension vor dem Prüfungstermin stattgefunden hat. Ähnlich wie bei Faktor 3 sind die Ergebnisse daher als Erwartungen der StudentInnen zu interpretieren, ohne, daß diese auf gemachte Erfahrungen im Zusammenhang mit einer bereits stattgefundenen Prüfung zurückgreifen konnten.

Die Ergebnisse der 5-Faktor-Struktur werden auch durch das Quaiitätsmodell von Grönroos[10] gestützt, der zwischen der „technischen" (Grundlagen zur Erbringung der Leistung) und der „funktionalen" Qualität (Fähigkeit der Umsetzung der Potentialqualitäten im Leistungsprozeß) einer Leistung unterscheidet. Diese Differenzierung ist insbesondere aus der Betrachtung der Wirtschaftspädagogik von zentraler Bedeutung, da damit die Grenzen der Erlernbarkeit und Weitergabe von Wissen aufgezeigt werden. Weitere vergleichbare Unterscheidungen findet man auch bei anderen Autoren[11], die zwischen Struktur-, Prozeß- und Ergebnisqualität unterscheiden.

Für die Errechung der relativen Bedeutung der einzelnen Qualitätsdimensionen für Lehrveranstaltungen wurde als Verfahren eine multiple Regressionsanalyse gewählt. Zur Berechnung

---

10 Vgl. Grönroos (1983), S. 10.

11 Vgl. Parasuraman et al. (1985), S. 42; Meyer/Mattmüller (1987).

der Regressionsfunktion wurde das Globalmaß für die Gesamtzufriedenheit (Gesamteindruck der Lehrveranstaltung) als abhängige Variable und die fünf Qualitätsfaktoren als unabhängige Größen herangezogen. Die Faktoren wurden nach der Varimax-Rotation der Faktorenanalyse als Score-Variable pro Faktor anhand einer Funktion von SPSS-Windows ermittelt. Das Ergebnis dieser Berechnung ist nachstehender Abbildung 1 dargestellt. Dabei wurde durch die Regressionsanalyse ein R^2 von .64 für die fünf Faktoren ermittelt, die Berechnung der Anteile erfolgte durch die Umrechnung der Beta-Werte.

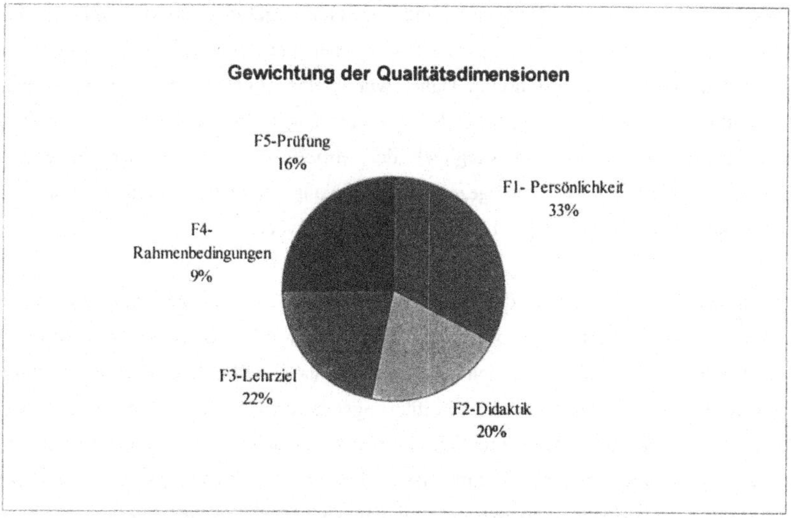

Abb. 1: Gewichtung der Qualitätsdimensionen

4.3. Halo-Effekt bei Lehrveranstaltungsevaluationen

Böhler[12] definiert das Phänomen des „Halo-Effekts" als „bei der Gestaltung des Fragebogens zu berücksichtigender Ausstrahlungseffekt vorhergehender Themen bzw. Fragen, so daß die Gedanken des Befragten systematisch in eine bestimmte Richtung gedrängt werden und die nachfolgenden Antworten verzerren."

12 Böhler (1992), S. 388.

Die Vermutung existierender Ausstrahlungseffekte einzelner Qualitätsbeurteilungsmerkmale auf andere, resultierte aus den Einzelergebnissen der Evaluation der fünf Lehrveranstaltungsleiter im Fachbereich „Marketing“. Anlaß zu detaillierten Analysen gab die Entdeckung, daß die Auswertungsprofile der fünf ReferentInnen der Einführungslehrveranstaltung „Marketing“ sehr unterschiedliche Ergebnisse zeigten. Nicht nur, daß die personenbezogenen Kriterien (Faktor 1) signifikante Beurteilungsunterschiede aufwiesen, zeigten auch fast alle standardisierten Lehrveranstaltungselemente große Abweichungen in der Studentenbewertung. Auffallend war dabei, daß sich offensichtlich dieser Effekt bei zwei Gruppen besonders zeigte: Drei Lehrbeauftragte, die bereits mehrjährige Hörsaalerfahrung hatten, erhielten signifikant bessere Durchschnittswerte bei der Beurteilung als zwei jüngere Kollegen mit geringer Lehrerfahrung. Daher wurde eine Unterscheidung in zwei Gruppen vorgenommen und diese einer weiteren Analyse unterzogen. Die nachstehende Tabelle zeigt in einer Gegenüberstellung den Vergleich der Mittelwerte dieser beiden Gruppen. Als Teststatistik wurde ein T-Test herangezogen, der wie aus den Daten ersichtlich, nur bei zwei Variablen keine signifikanten Mittelwertunterschiede aufweist.

Das vorliegende Ergebnis zeigt, daß von der Person des Lehrveranstaltungsleiters auch fast alle anderen Beurteilungskriterien wesentlich beeinflußt werden. Dies ist vor allem ein überraschendes Ergebnis, wenn man sich das eingangs dargestellte Untersuchungsdesign vergegenwärtigt. Die Konzeption der Einführungslehrveranstaltung „Marketing“ war so aufgebaut, daß im Sinne einer Qualitätssicherung versucht wurde, über die Einzellehrveranstaltung hinausgehend einen stark standardisierten Veranstaltungstyp zu konzipieren. Damit sollte v.a. den eher unerfahrenen Kollegen Unterstützung durch eine starke Struktur gegeben werden. Es bestand daher in Bezug auf die Evaluationsergebnisse der Einzellehrveranstaltungen die Vermutung, daß zwar in der Qualitätsdimension „Person des Lehrveranstaltungsleiters“ unterschiedliche Bewertungen der Zufriedenheit zu erwarten waren, daß aber bei den standardisierten Lehrveranstaltungselementen homogenere Bewertungen vorliegen müßten.

Analysiert man vor diesem Hintergrund die in der Tabelle 3 dargestellten Ergebnisse der Faktoren 2, 3 und 4, so muß Prüfhypothese 2 „Standardisierte Elemente einer Lehrveranstaltung werden nicht unabhängig von der Person des Lehrbeauftragten beurteilt“ in 11 von 12 Kriterien verworfen werden. Wie sich zeigt, ist selbst die Beurteilung standardisierter Lehrveranstaltungselemente nicht unabhängig von der wechselnden Personen des Vortragenden. So ergab beispielsweise die Beurteilung des Klassenraums (V26) trotz gleich großer Klassenräume mit gleicher Ausstattung signifikant schlechtere Werte bei den unerfahrenen

Kollegen ($\alpha<0.001$). Die Einzelergebnisse bezogen auf die beiden Referentengruppen streuten auf einer fünfteiligen Notenskala von 1,9 bis 2,7. Das gleiche Ergebnis zeigte sich auch bei der Beurteilung der Unterlagen. Auch hier wichen die Mittelwerte in Bezug auf die Verständlichkeit (V9) und die übersichtliche Gliederung des Lehrstoffes (V5) stark von einander ab und zeigten abhängig von den Referenten signifikante Unterschiede. Alle drei exemplarischen Beispiele zeigen deutlich, daß der Versuch der Qualitätssicherung über eine weitestgehende Standardisierung im Bereich der Hilfsmittel und den Rahmenbedingungen nur eingeschränkt möglich und die Wirkung dieser Maßnahmen im Einzelfall zu prüfen ist.

n=120	Gruppe 1 „mit Erfahrung"	Gruppe 2 „ohne Erfahrung"	T-Test Sig.
Faktor 1: Persönlichkeit	mean	mean	
Erläuterung komplizierter Sachverhalte (V7)	1,9	3,0	,000
Tempo des Vortrags (V8)	1,5	2,4	,000
Eingehen auf Studentenfragen (V12)	1,5	2,3	,000
Angenehme Atmosphäre (V20)	2,0	3,3	,000
Kontakt zwischen LV-Leiter und Studenten (V19)	1,9	3,3	,000
Klare Ausdrucksweise (V14)	1,5	2,6	,000
Sachliche Kompetenz (V13)	1,5	2,9	,000
Vertiefung in Übungen (V6)	1,8	2,8	,000
Akustische Verständlichkeit (V15)	1,3	1,8	,000
Angemessene Hausaufgaben (V4)	2,4	2,7	,243
Klarer Praxisbezug (V3)	1,7	2,3	,000
Faktor 2: Methodik, Didaktik, Pädagogik			
Transparente Leistungsbeurteilung (V2)	2,3	2,9	,002
Nutzung der Unterrichtsmaterialen (V10)	2,7	3,0	,288
Verständliche Unterlagen (V9)	1,8	2,5	,000
Einsatz von Hilfsmitteln (Folien, Kopien, ...) (V11)	1,6	1,9	,025
Klare Lehrveranstaltungsziele (V1)	2,3	3,8	,000
Übersichtlichkeit und Gliederung des Lehrstoffs (V5)	2,1	3,2	,000
Faktor 3: Lehrziel			
Neuigkeit der Lehrinhalte (V16)	2,2	2,8	,002
Spätere Anwendbarkeit des Gelernten (V17)	2,1	2,9	,000
Abstimmung mit anderen Lehrveranstaltungen (V18)	2,4	3,2	,000
Faktor 4: organisatorische Rahmenbedingungen			
Optimaler Klassenraum (V26)	1,9	2,7	,000
Optimale Teilnehmerzahl (V25)	1,7	2,3	,001
Veranstaltungsform (Doppelstunde, Block) (V 27)	3,4	3,8	,048
Faktor 5: Prüfung			
Zu diesem Faktor konnten bei der Lehrveranstaltung „Marketing" noch keine Beobachtungen gemacht werden, da eine Prüfung noch nicht stattgefunden hatte.			

Tab. 3: Vergleich der beiden Referentengruppen in einem Auswertungsprofil (Mittelwerte)/Signifikanztest

Für die Interpretation der vorliegenden Ergebnisse scheinen zwei Erklärungsvarianten möglich: Erstens wäre denkbar, daß sich die beiden jungen Kollegen nicht an das vereinbarte

Lehrveranstaltungskonzept gehalten und dadurch auch keine Vorteile aus der Standardisierung und dem Input der erfahrenen Kollegen gezogen haben. Ein zweiter Erklärungsansatz, der nach Rücksprache mit den Kollegen jedoch eher zutreffen dürfte, ist der, daß bei diesem Untersuchungsdesign Halo-Effekte im klassischen Sinn nachgewiesen werden konnten. Die Vermutung liegt nahe, daß es aufgrund der dominierenden Bedeutung des Faktors „Persönlichkeit des Referenten" zu Ausstrahlungen auf die anderen Beurteilungskriterien gekommen ist, so daß diese Antworten deutlich von der tendenziell schlechteren Gesamtbeurteilung gefärbt wurden.

Folgt man dem zweiten Erklärungsmuster, so bedeutet das, daß bei der Ableitung von Verbesserungsmaßnahmen aus Evaluationsergebnissen darauf geachtet werden muß, daß nicht voreilig unrichtige Schlüsse gezogen werden, im Sinne einer Bekämpfung der Symptome anstelle der Ursachen. Würde man in unserem exemplarischen Fall fordern, daß bspw. die bei den unerfahrenen Lehrveranstaltungsleitern signifikant schlechter beurteilten Unterlagen zu verbessern sind, oder würde man als organisatorische Maßnahmen eine andere Hörsaalgröße fordern, so ist zu bezweifeln, daß ohne Verbesserungen bei den persönlichkeitsabhängigen Werten eine deutliche Veränderung der Kundenzufriedenheit eintritt. Nicht zuletzt ist auch vor dem Hintergrund der hohen Gewichtung des Faktors 1 im Hinblick auf Zufriedenheit der Studenten die Bedeutung anderer Gestaltungsmöglichkeiten einer Lehrveranstaltung zu relativieren.

4.4. Adjunktiviät einer Dienstleistung und die Grenzen der Standardisierung

Aus den Ergebnissen gezeigt am Beispiel einer Lehrveranstaltung betreffend den Nachweis der personenbezogenen Adjunktivität lassen sich eine ganze Reihe von verallgemeinerbaren Implikationen für Gestaltungsentscheidungen einer Dienstleistung ableiten:

- Bei Dienstleistungen, bei denen die wesentlichen Potential- und Prozeßqualitäten von der Person des Leistungserbringers abhängig sind, wird auch das Qualitätsurteil der Gesamtleistung durch diese dominiert. Als eine Folge ergibt sich für die Qualitätssicherung das Problem im Umgang mit Leistungsschwankungen (z.B. schlechte Tagesverfassung), sowie im Falle einer Verhinderung oder Fluktuation die Frage der Nachbesetzung.

- Ein spezieller Problembereich betrifft die Duplizierung von Leistungsfähigkeiten. Der im Handelsmarketing gängige Filialisierungsansatz durch mehrfaches Anbieten einer standardisierten Faktorkombination ist bei vorliegender Adjunktivität nur eingeschränkt möglich. Dieses führt aufgrund von Ressourcenengpässen, die in der Leistungsfähigkeit und eingeschränkten Verfügbarkeit von Personen begründet sind, zu einer Abhängigkeit von wichtigen Leistungsträgern und schränkt gleichzeitig Expansionsvorhaben ein.

- Der in einigen Branchen sichtbare Trend, standardisierbare Leistungspakete personenunabhängig anzubieten (bspw. Angebot einer Lehrveranstaltung auf CD-ROM), muß vor dem Hintergrund der Ergebnisse der Lehrveranstaltungsanalyse auch kritisch hinterfragt werden. Bei Substitution des Dienstleistungspersonals durch technische Hilfsmittel und Kommunikationsmedien verzichtet der Anbieter auf möglicherweise wettbewerbsentscheidende Differenzierungsmöglichkeiten. Eine Gefahr liegt auch darin, daß ein erzielter Know-How-Vorsprung von einem Mittbewerber leichter kopiert werden kann, als personengebundene Fähigkeiten. In diesem Fall sind Kostenvorteile genau in Hinblick auf die genannten Risiken abzuwägen, bevor eine Entscheidung getroffen werden kann.

- Die Adjuktivität von personenbezogenen Merkmalen kann andererseits auch als USP vermarktet werden, der Profilierungsmöglichkeiten durch die Einzigartigkeit und Unverwechselbarkeit des Leistungsangebotes bietet.

5. Resümee und Forschungsausblick

In Bezug auf die der Arbeit zugrundeliegenden Kernhypothesen ist abschließend folgende Schlußfolgerung zu ziehen: Die von Scheuch postulierte Hypothese der Adjunktivität als Merkmal von Dienstleistungen, bei denen die Leistungsfähigkeit stark von der Person des Erbringers abhängt, konnte mit dem verfügbaren Datenmaterial eindeutig bestätigt werden. Betrachtet man dieses Ergebnis in Verbindung mit den Erkenntnisse in Bezug auf den festgestellten Halo-Effekt durch das Erhebungsdesign, läßt sich für Anbieter von Lehr- bzw. Seminarveranstaltungen als Fazit ableiten, daß Maßnahmen der Qualitätssicherung über Standardisierung von Ausbildungsinhalten und Durchführungskriterien nicht zwingend zu einer Verbesserung der Qualitätswahrnehmung aus Kundensicht führen.

Als Konsequenz dieser Aussage müssen die Möglichkeiten und Grenzen der pädagogischen Ausbildung für Vortragende relativiert werden. Es ist im Einzelfall zu analysieren, ob Schulungs- und Trainingsmaßnahmen zu einer deutlichen Verbesserung des Evaluationsergebnisses führen, da gerade Veränderungen im Bereich persönlichkeitsabhängiger Bewertungen des Referenten vielfach nur eingeschränkt möglich sind.

Erweitert man diese Schlußfolgerung auf andere Branchen mit ähnlichen Charakteristika der Leistung, so ist im Rahmen der sehr aktuellen Diskussion zur Qualitätssicherung - bspw. in Zusammenhang mit der ISO-Zertifizierung - die grundsätzliche Frage zu stellen, inwieweit personengebundene Leistungsfähigkeiten gesichert und als Ressource dauerhaft verfügbar gemacht werden können. Aus den vorliegenden Ergebnisse kann weiters abgeleitet werden, daß Qualitätssicherung durch Standardisierung vor allem bei vorliegender Adjunktivität nicht für alle Branchen gleichermaßen geeignet scheint.

In welchem Ausmaß personenbezogene Adjunktiviät zur bestimmenden Einflußgröße in Hinblick auf die wahrgenommene Leistung durch den Kunden wird, ist fallspezifisch zu untersuchen. Dieser Nachweis wird in manchen Bereichen schwierig zu führen sein. Es ist daher die Forderung an die Marketingforschung zu stellen, sich vermehrt auf quasi-experimentelle Untersuchungsdesigns, wie es hier dargestellt wurde, einzulassen bzw. danach zu suchen, um personenspezifische Einflüsse unter ceteris-paribus Bedingungen analysieren zu können.

An der Schnittstelle zum Personalmarketing stellt die Adjunktivität auch ein Personalmanagementproblem dar. Sowohl die Akquisition als auch Qualifizierung geeigneter Mitarbeiter, sowie die Bindung von personenabhängigen Erfolgspotentialen stellen vor allem bei hoher Mitarbeiterfluktuation oder bei starkem Wachstum Unternehmen vor entscheidende Probleme.

Den Abschluß bilden zwei methodengeleitete Feststellung zum Thema Zufriedenheitsforschung: Ist in Branchen der Nachweis der Dominanz des Faktors „Person" auf die Wahrnehmungsbeurteilung einer Dienstleistung festzustellen, so sollten die Ergebnisse vor dem Hintergrund möglicher Halo-Effekte kritisch hinterfragt werden. Dieser störende Einfluß kann die Bewertungen sowohl in positiver wie auch in negativer Hinsicht verzerren, was eine valide Interpretation von Kundenzufriedenheitsanalysen erschwert.
In diesem Zusammenhang sollte auch eine weitere Störgröße hinterfragt werden: die Reihenfolgeeffekte bei der Fragebatterie der Qualitätsmerkmale. Bei der vorliegenden Auswertung

mußte, wie bereits erwähnt, auf einen standardisierten Fragebogen zurückgegriffen werden. Bei einem weiteren empirischen Erhebungsschritt wäre es daher interessant, verschiedene Fragebogenvarianten mit einer unterschiedlichen Anordnung der Fragen zu entwickeln, um sie auf Auswirkungen in Hinblick auf die Antworttendenzen abzutesten zu können.

6. Literatur

Bagozzi, R.P. (1996), The Role of Arousal in the Creation and Control of the Halo Effect in Attitude Models, in: Psychology & Marketing, Vol. 13 (May 1996), S. 235-264

Bitner, M. J. (1990), Evaluating Service and Encounters: The Effects of Physical Surroundings and Employee Responses, in: Journal of Marketing, Vol. 54 (April 1990), S. 69-82

Böhler, H.(1992), Halo-Effekt, in: Diller, H. (Hrsg.): Vahlens Großes Marketing-Lexikon, Vahlen/Beck, München, S. 388

Chmielewicz, K. (1969), Wirtschaftsgut und Rechnungswesen, in: ZfbF, 1969, Heft 2/3, S. 85ff

Corsten, H. (1988), Betriebswirtschaftslehre der Dienstleistungsunternehmungen, Oldenbourg, München 1988

Grönroos, Ch. (1983), Innovative Marketing Strategies and Organization Structures for Service Firms, in: Berry, L.L./Shostack, G.L./Upah, G.D.: Emerging Perspectives on Services Marketing, AMA Proceeding Series, Chicago 1983, S. 9-21

Maleri, R. (1994), Grundlagen der Dienstleistungsproduktion, 3. vollst. überarb. Aufl., Springer 1994

Meyer, Anton (1983), Dienstleistungs-Marketing, Forkel-Verlag, Augsburg 1993

Meyer, A./**Mattmüller**, R. (1987), Qualität von Dienstleistungen, in: Marketing ZFP, Heft 3, August 1987, S. 187-195

Nisbett R.E./**Wilson**, T.D. (1977), The Halo Effect: Evidence of Unconscious Alteration of Judgements. in: Journal of Personality and Social Psychology, Vol. 35, S. 250-256

Parasuraman, A./**Zeithaml**, V.A./**Berry** L.L. (1985), A Conceptual Model of Service Quality and Its Implications for Future Research, in: Journal of Marketing, Vol. 49 (Fall 1985), S. 41-50

Scharitzer, D. (1994), Dienstleistungsqualität - Kundenzufriedenheit. Schriftenreihe "Forschungsergebnisse der Wirtschaftsuniversität Wien", herausgegeben von Topritzhofer, E., Service Fachverlag, Wien 1994

Scheuch, F. (1982), Dienstleistungsmarketing, Verlag Vahlen, 1982

Zeithaml, V.A./**Parasuraman**, A./**Berry**, L.L. (1985), Problems and Strategies in Services Marketing, in: Journal of Marketing, Vol. 49 (Spring 1985), S. 33-46

Herbert Woratschek*

CONJOINT MEASUREMENT - EIN DURCHBRUCH BEI DER PREISENTSCHEIDUNG IM DIENSTLEISTUNGSBEREICH?

Inhalt

* Prof. Dr. Herbert Woratschek, Universität Bayreuth, Lehrstuhl für Betriebswirtschaftslehre VIII, Dienstleistungsmanagement, 95440 Bayreuth

1. Problemstellung

Das Conjoint Measurement ist ein Verfahren zur Schätzung der Präferenzen von Konsumenten. Es wurde erstmals in den 70er Jahren in Amerika für die Schätzung von Präferenzen verwandt.[1] Allerdings wurde die Methode erst in den 80er Jahren für preispolitische Analysen in Deutschland eingesetzt.[2] Simon und Kucher haben 1987 im Harvard Manager ihre preispolitische Analyse unter dem Titel "Conjoint Measurement - Ein Durchbruch bei der Preisentscheidung" veröffentlicht.[3]

Die Aktualität des Themas dokumentiert sich in einem Boom empirischer Anwendungen der Conjoint-Analyse in den letzten zwei bis drei Jahren in Deutschland. 1994 haben Bauer/Herrmann/Mengen ihren Ansatz, den sie "Conjoint + Cost" nennen, in der ZfB vorgestellt.[4] In diesem Ansatz integrieren sie die Kosten von Produktvarianten in die Conjoint Analyse.

Die Empirie-Euphorie der letzten Jahre bezüglich der Conjoint-Analyse lassen eine kritische Reflexion aus theoretischer Sicht in den Hintergrund treten. Ein Verfahren kann nicht losgelöst von den spezifischen Gegebenheiten des Untersuchungsgegenstandes auf seine Eignung hin beurteilt werden. Daher soll beurteilt werden, ob der besagte Durchbruch bei der Preisentscheidung im Dienstleistungsbereich als gelungen zu bezeichnen ist.

Die Diskussion um die Abgrenzung von Sachgütern und Dienstleistungen hat gezeigt, daß es aus ökonomischer Sicht nicht sinnvoll ist, diese voneinander zu trennen, da ohnehin in fast allen Fällen Kombinationen aus den drei Komponenten abgesetzt werden. Aus dieser Erkenntnis heraus, wird zunächst eine informationsökonomisch fundierte Typologie der Dienstleistungen zugrundegelegt, deren Abgrenzungskriterien von zentraler marketingpolitischer Bedeutung sind.[5] Anhand dieser Typologie kann die Eignung verschiedener Marketing-Instrumente und hier die Eignung des Conjoint Measurement vorgenommen werden.

---

1 Vgl. zu einem Überblick empirischer Conjoint Studien z.B. Cattin/Wittink (1982).

2 Vgl. z.B. Albers (1983) und (1989); Kucher (1985); Dichtl/Thomas (1986).

3 Vgl. Kucher/Simon (1987).

4 Vgl. Bauer/Herrmann/Mengen (1994). Der Ansatz wird als Innovation (S. 85) eingeführt. Im Rahmen der Produktlinienoptimierung wurden in der amerikanischen Literatur merkmalsbezogene bzw. variantenbezogene Kosten bereits seit längerem integriert. Vgl. Green/Krieger (1985); Kohli/Sukumar (1990) und Green/Krieger (1992). Ein Überblick findet sich bei Gaul/Aust/Baier (1995).

5 Vgl. Woratschek (1996), S. 34.

2. Typologie der Dienstleistungen

Dienstleistungen können kumulativ nach dem Grad der Individualisierung, der Integrativität und der Verhaltensunsicherheit unterschieden werden.

Der Individualisierungsgrad ordnet die Dienstleistungen auf einem Kontinuum ein, dessen Extremausprägungen standardisiert und maßgeschneidert sind.[6] Die Auswirkunken des Individualisierungsgrades auf die Kosten einer Unternehmung sind unmittelbar einleuchtend.

Die Integrativität bezieht sich auf das Ausmaß, in dem der Kunde selbst oder Produktionsfaktoren des Kunden in den Produktionsprozeß eingebunden werden.[7] Beim Friseur oder der Akupunktur muß der Kunde sich selbst einbringen, damit die Dienstleistung erstellt werden kann. Auch hier lassen sich die Dienstleistungen auf einem Kontinuum abbilden, dessen Pole autonome und hoch integrative Produktionsprozesse darstellen.[8] Die Integrativität bezieht sich also auf das jeweilige Ausmaß der für die Produktion notwendigen Kooperation zwischen den Marktpartnern.

Der Grad der Verhaltensunsicherheit bezieht sich auf die Unsicherheiten über die Leistungsfähigkeiten und den Leistungswillen der Marktpartner. Hierin sind auch die Unsicherheiten über die Produktqualität einbezogen. Verhaltensunsicherheit und Integrativität sind nicht vollständig unabhängig voneinander. Einerseits spielt bei einer hohen Integrativität die Unsicherheit des Kunden über das Verhalten des Anbieters eine größere Rolle als bei niedrigerer Integrativität. Andererseits wird durch die Dauer einer Geschäftsverbindung die Verhaltensunsicherheit bei bleibender hoher Integrativität abgebaut.

Bei einfachen Konsumgütern ist die Qualität bei Vertragsabschluß leichter zu beurteilen als bei komplexen Dienstleistungen, die häufig erst noch produziert werden müssen. Beim Privatunterricht hängt die Qualität nach Vertragsabschluß von den Leistungsfähigkeiten und dem Leistungswillen des Anbieters ab. Leistungsfähigkeiten sind in diesem Zusammenhang z.B. Einfühlungsvermögen und Didaktik. Leistungswillen kommt in der Anstrengung zum Ausdruck.

---

6 Vgl. Meffert (1994), S. 524-525 und Meffert/Bruhn (1995), S. 30-35.

7 Vgl. Engelhardt/Kleinaltenkamp/Reckenfelderbäumer (1993), S. 415.

8 Vgl. Engelhardt/Kleinaltenkamp/Reckenfelderbäumer (1993), S. 417.

Das Conjoint Measurement soll nach seiner Eignung für die beiden Extremausprägungen in der beschriebenen Typologie beurteilt werden, die in der Abbildung 1 grau unterlegt sind.

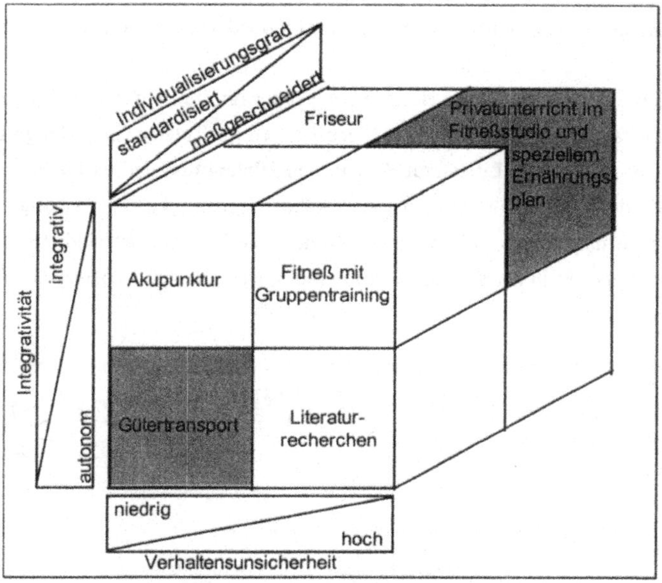

Abbildung 1: Typologie von Dienstleistungen

3. Conjoint Measurement

Beim Conjoint Measurement werden den Versuchspersonen verschiedene Produktvarianten vorgegeben, in denen das Produkt der betrachteten Unternehmung und die Konkurrenzprodukte enthalten sind. Dies geschieht anhand der Vorgabe von Mustern, Modellen, Bildern oder verbalen Beschreibungen. Am Beispiel eines Fitneßstudios soll diese Vorgehensweise gezeigt werden.[9]

---

9 Der Vortrag des Workshops bezog sich auf ein anderes Beispiel aus der Dienstleistungsbranche, in dem verbale Stimuli mit einem Bild kombiniert den Probanden zur Beurteilung vorgelegt wurden.

3.1. Untersuchungsdesign

Es können, wie in diesem Beispiel, den Versuchspersonen Produktkarten vorgelegt werden. Auf jeder Karte wird eine Variante beschrieben. In diesem vereinfachten Beispiel werden verbale Stimuli den Probanden zur Beurteilung auf Produktkarten vorgelegt.

Die Produktkarten enthalten verbale Beschreibungen der für die Kaufentscheidung relevanten Produkteigenschaften. Die Festlegung der Eigenschaften im Untersuchungsdesign tritt leider in den meisten empirischen Literaturquellen in den Hintergrund und es bleibt unklar nach welchen Kriterien die Eigenschaften ausgewählt werden. Es ist wichtig, daß nur Eigenschaften in das Design aufgenommen werden, die kaufrelevant sind. Hierzu gibt es verschiedene Methoden in der Konsumentenforschung wie, z.B. das Repetory Grid[10] und die Elicitation-Technik.[11]

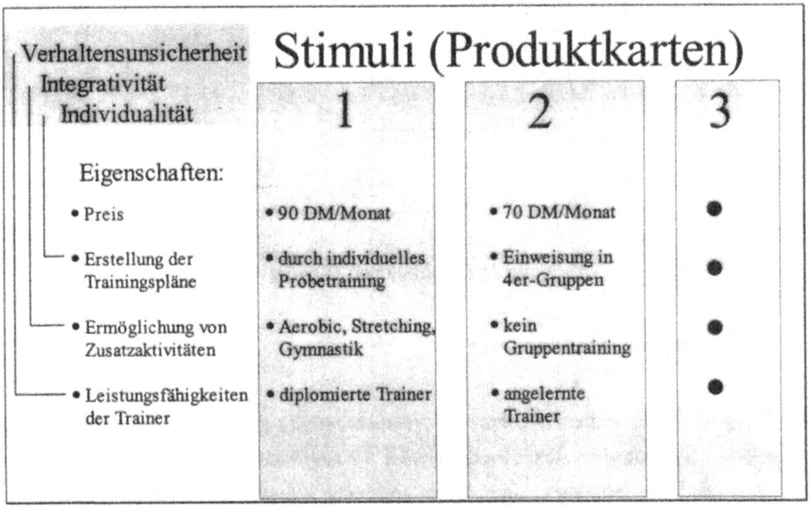

Abbildung 2: Stimuli im Conjoint Measurement

Beim Repetory Grid, werden drei Produktmarken ausgewählt, von denen der Kunde ein Paar auswählen soll, das sich von der dritten Marke weitgehend unterscheidet. Danach soll er die unterscheidenden Merkmale benennen. Sobald keine Unterschiede mehr genannt werden

---

10 Vgl. z.B. Müller-Hagedorn/Vornberger (1979), S. 185-207.

11 Vgl. z.B. Böhler (1979), S. 270.

können, wird dieser Vorgang mit einer neuen Markentriade solange wiederholt bis keine diskriminierenden Eigenschaften mehr genannt werden können. Fraglich dabei ist, ob die genannten Eigenschaften wirklich für die Kaufentscheidung relevant sind, da durch das Verfahren häufig eine übermäßige Konzentration auf Unterschiede erzeugt wird, die bei realem Kaufverhalten in diesem Ausmaß nicht gegeben ist. Bei der Elicitation-Technik soll der Kunde spontan relevante Eigenschaften benennen und es werden die am häufigsten genannten Merkmale in das Untersuchungsdesign aufgenommen. Ich glaube, daß die Abbildung realen Kaufverhaltens besser gelingt, wenn die Eigenschaften theoriegeleitet erfolgt, d.h. diese Techniken durch typologiegestützte Überlegungen ergänzt werden. Dabei kann z.B. der hohe Individualisierungsgrad dazu führen, daß diesbezügliche Eigenschaften wie z.B. die Art der Erstellung der Trainingspläne in das Design aufgenommen werden.

Wichtig ist, daß der Preis im Rahmen des Conjoint Measurement als eine von vielen Produkteigenschaft in das Untersuchungsdesign aufgenommen wird. Die Produktvarianten werden generiert, indem alle möglichen Ausprägungen der einzelnen Eigenschaften miteinander kombiniert werden. Die Varianten bzw. die unterschiedlichen Produktkarten werden den Probanden vorgelegt. Die Aufgabenstellung für die Probanden könnte lauten: "Bitte bringen Sie die Produktkarten in eine Reihenfolge, die Ihrer Präferenz entspricht. Legen Sie die Karte mit dem Fitneßstudio, das Ihnen am liebsten ist nach vorne. Das am wenigsten geliebte Fitneßstudio ordnen Sie ganz hinten ein."

Diese Form der Erfassung der Präferenzen nennt man Ranking. Es gibt auch hier unterschiedliche Techniken. Beim Rating sollen die Probanden ihre Präferenz für die einzelnen Varianten durch Ankreuzen auf einer Skala zum Ausdruck bringen. Das Ergebnis der empirischen Untersuchung ist eine individuelle Präferenzreihenfolge der vorgelegten Produktvarianten. Aus dieser empirischen Präferenzreihenfolge sollen metrische Nutzenfunktionen auf individueller Basis geschätzt werden. Hierzu ist es notwendig ein Nutzenmodell zu spezifizieren, dessen Parameter geschätzt werden.

3.2. Nutzenmodell und Schätzmethode

Es gibt verschiedene Nutzenmodelle im Rahmen einer Conjoint-Analyse, die hier nicht im einzelnen dargestellt werden sollen. Die Ausführungen beschränken sich auf die anerkanntermaßen flexibelste Variante, dem Teilnutzenmodell. Im Gegensatz zu den Varianten "Idealvektormodell" und "Idealpunktmodell" können Eigenschaften auf Nominalskalenniveau geschätzt werden, d.h. es können auch Eigenschaften berücksichtigt werden, für die nicht einmal eine ordinale Reihenfolge angegeben werden kann, wie z.B. die Eigenschaft "Leistungsfähigkeiten der Trainer" mit den Ausprägungen "diplomierte Trainer" oder "angelernte Trainer". Desweiteren muß kein bestimmter Funktionstyp für die Teilnutzenfunktionen wie in den anderen Varianten vorgegeben werden. Häufig wird daher in empirischen Anwendungen das Teilnutzenmodell spezifiziert:

$$U = \sum_{n=1}^{N}\sum_{m=1}^{M} u_{nm}x_{nm} \text{ mit } x_{nm} = \begin{cases} 1 & \text{wenn die Eigenschaft } n \text{ in der Ausprägung } m \text{ vorliegt} \\ 0 & \text{sonst} \end{cases}$$

mit Unternehmen für den Gesamtnutzen eines Probanden (auf den Index für die Probanden wurde aus Vereinfachungsgründen verzchtet), n für die Eigenschaft, m für die Ausprägung der Eigenschaft und x für die Hilfsvariable

Für jede Variante des vorgelegten Fitneßstudios, d.h. jedem Stimulus, kann der Gesamtnutzenwert eines Probanden aus dem Nutzenmodell ermittelt werden. Der Gesamtnutzen kommt zustande, indem die Teilnutzenwerte einer jeden Eigenschaftsausprägung des betrachteten Stimulus addiert werden. Nur wenn die spezifizierte Ausprägung auf der Produktkarte enthalten ist, geht der zugehörige Teilnutzenwert in die Bildung des Gesamtnutzenwertes als Summand ein. Wenn diese nicht vorliegt, wird die Hilfsvariable 0 und der Teilnutzenwert (genauer: das Produkt aus Hilfsvariable und Teilnutzenwert) bestimmt somit nicht den Gesamtnutzenwert.

Der Teilnutzenwert u drückt die Bewertung des Probanden für die entsprechende Eigenschaftsausprägung aus. Dieser kann als Regressionskoeffizient der Hilfsvariablen betrachtet werden. Die Gesamtnutzenwerte sind durch die empirisch erhobene Reihenfolge gegeben. Die Teilnutzenwerte werden aus den empirisch erhobenen Reihenfolgen geschätzt. Hierzu wird in der Regel die monotone Regression und das Gradientenverfahren angewandt. Als Ergebnis der Schätzung erhält man für jeden Probanden eine metrische Nutzenfunktion, die die empirischen Rangdaten möglichst gut wiedergibt. Dies bedeutet, daß stark präferierte Stimuli höhere Nutzenwerte erhalten als schwach präferierte Stimuli.

Da der Preis als eine Eigenschaft in das Teiluntzenmodell eingeht, kann der Teilnutzenwert für den Preis geschätzt werden. Für die Bestimmung gewinnoptimaler Preise reicht die Kenntnis der Teilnutzenwerte des Preises, d.h. der Preiswichtigkeit, für einzelne Probanden nicht aus. Die indiviudellen Nutzenfunktionen müssen zu einer Preisreaktion aggregiert werden.

3.3. Modellierung der Preisreaktion

Die Aggregation erfolgt im Conjoint Measurement zum einen durch die First Choice-Regel und zum anderen durch die Attraktionsregel.

Bei der First Choice-Regel wird unterstellt, daß jeder Konsument seinen Nutzen maximiert. Jede Variante, die dem Angebot der betrachteten Unternehmung oder der Konkurrenz entspricht, wird mit dem Nutzenmodell des Probanden konfrontiert. Es wird dabei unterstellt, daß der Proband die für ihn nutzenmaximale Variante wählt. Der Anteil der Konsumenten, die das Fitneßstudio i* als nutzenmaximal empfinden, wird als Marktanteil dieses Fitneßstudios in der Stichprobe interpretiert. Stufen z.B. von 60 von 100 Probanden i* als nutzenmaximal ein, beträgt der Marktanteil von i* 60%.

Der geschätzte Marktanteil ergibt sich demzufolge:

$$\hat{m}_{i^*} = \frac{\#\left\{ k \middle| U_{i^*k}^{max} \right\}}{K}$$

*mit als geschätzter Marktanteil von Fitneßstudio i**
und den Konsumenten k=1,...,K.

Es ist offensichtlich, daß diese Regel nicht geeignet ist, Dienstleistungen mit einem hohen Grad an Verhaltensunsicherheit und hoher Integrativität abzubilden. Bei diesen Dienstleistungen kann nicht davon ausgegangen werden, daß ein deterministischer Zusammenhang zwischen gemessenem Nutzen und dem Kaufverhalten gegeben ist. Situative Faktoren führen dazu, daß z.B. aus Zeitdruck ein Produkt gewählt wird, das die "zweite Lösung" darstellt. Persönliche Präferenzen, die im Laufe von Gesprächen vor Vertragsabschluß gebildet werden, führen zur Auswahl eines Fitneßstudios, das nicht dem gemessenem Nutzenmaximum entspricht.

Aus dieser Kritik hat sich die Attraktionsregel etabliert, die einen stochastischen Zusammenhang zwischen gemessenen Nutzen und dem Kaufverhalten modelliert. Die Attraktionsregel unterstellt eine Kaufwahrscheinlichkeit für die einzelnen Produkte. Die Kaufwahrscheinlichkeit ist hierbei als das Verhältnis des Nutzens von i* zu der Summe aller Nutzen aus den möglichen Alternativen definiert:

$$w_{i^*k} = \frac{U_{i^*k}}{\sum_i U_{ik}} \quad mit\ i, i^* \in A\ und\ i \neq i^*$$

mit A als Menge der Anbieter i= 1,...,I und w als Wahrscheinlichkeit dafür, daß k die Dienstleistung von i in Anspruch nimmt.*

Die durchschnittliche Kaufwahrscheinlichkeit wird als Marktanteil des Anbieters i* in der Stichprobe definiert:

$$\hat{m}_{i^*} = \frac{1}{K}\sum_{k=1}^{K} w_{i^*k}$$

Ein in der Literatur zum Conjoint Measurement selten diskutiertes Problem ist die Hochrechnung des Marktanteils in der Stichprobe auf den betrachteten, relevanten Markt. Hier wird häufig von einer repräsentativen Stichprobe ausgegangen und der Marktanteil der Stichprobe als prognostizierter Marktanteil der Gesamtheit angesehen. Dieses Problem muß m.E. im Rahmen von Conjoint-Analysen intensiver diskutiert werden, um Fehlprognosen zu reduzieren.

Unabhängig davon, welche der beiden grundlegenden Aggregationsregeln im Conjoint Measurement zum Einsatz kommt, können für die betrachtete Variante des Fitneßstudios Marktanteile ermittelt werden. Da der Preis eine Eigenschaft dieser Variante darstellt, kann dieser sukzessive variiert werden, und somit punktweise eine Preisabsatzfunktion bzw. eine Marktanteilsfunktion ermittelt werden. Die resultierenden Preisabsatzfunktionen unterscheiden sich in Abhängigkeit der gewählten Aggregationsregel.

Aus der ermittelten Preisabsatzfunktion läßt sich eine Erlösfunktion ableiten. Kennt man die Kostenfunktion in Abhängigkeit der Absatzmenge, läßt sich ein gewinnoptimaler Preis bestimmen für das Angebot des betrachteten Fitneßstudios bestimmen. Kucher und Simon bestimmen in einer Studie von 1987 den gewinnoptimalen Preis auf Basis einer aus dem Conjoint Measurement abgeleiteten Preisabsatzfunktion[12]. Dabei sind prinzipiell drei Vorgehensweisen denkbar:

1. Für jeden Preispunkt wird zunächst ceteris paribus der Marktanteil bestimmt. Auf dieser Basis werden die Erlöse berechnet. Der Preis mit dem höchsten Gewinn wird gewählt.

---

12 Vgl. Kucher/Simon (1987), S. 30-32.

2. Die Preisabsatzfunktion wird zwischen den Preispunkten als stückweise linear angenommen und die Erlösfunktion bestimmt. Die Gewinnfunktion wird ermittelt, indem die Kostenfunktion zugeordnet wird. Das Gewinnoptimum wird analytisch berechnet.

3. Die ermittelten Preis-Marktanteilskombinationen bilden den Dateninput für eine weitere Regression[13].

Die beiden ersten Vorgehensweisen entsprechen der Grundidee von Kucher/Simon und unterscheiden sich nur durch den Berechnungsmodus. Wenn Preisschwellen existieren, ist die Annahme der stückweisen Linearität inadäquat und kann zu erheblichen Prognosefehlern führen. Da die Nutzenfunktion im Conjoint Measurement lediglich punktweise definiert ist, wenn das Teilnutzenmodell zugrunde liegt, ist die erste Vorgehensweise theoretisch besser abgesichert.

Im linken Teil der Abbildung 3 ist die erste Vorgehensweise skizziert. Auf der Basis individueller Nutzenfunktionen wird zunächst ein anzusprechendes Kundensegment für das Angebot i* identifiziert. Für dieses Segment schätzt man die individuelle Preisabsatzfunktion. Dies geschieht, indem die erste Preisausprägung mit dem individuellen Nutzenmodell des Konsumenten 1 konfrontiert wird. Das Konkurrenzangebot bleibt dabei konstant. Auf dieser Basis ist für den Konsumenten 1 die Kaufwahrscheinlichkeit ermittelbar. Diese Berechnung erfolgt für alle Konsumenten. Aus den individuellen Kaufwahrscheinlichkeiten berechnet sich der Markanteil und der Erlös. Der Erlös ist gleich Marktanteil mal Marktvolumen mal Preis. Die Kosten müssen in Abhängigkeit des Marktanteils ermittelt werden. Auf dieser Basis läßt sich für die entsprechende Preisausprägung der Gewinn bestimmen. Diese Rechenschritte werden für jede untersuchte Preisausprägung wiederholt, so daß für jede Preisausprägung der Gewinn errechnet ist. Es wird der Preis für i* gesetzt, der den höchsten Gewinn verspricht.

Bei der beschriebenen Konzeption wird eine Vorgehensweise gewählt, die dem Denken in Preislagen entspricht. Die Qualität für i* wird definiert und ein gewinnoptimaler Preis bestimmt. Denkbar wäre aber auch eine gleichzeitige Variierung von Qualität und Preis. Es ist möglich, daß die Gewinnsituation sich verbessert, wenn nicht nur der Preis, sondern auch die Qualität variiert wird. Die simultane Variation von Preis und Qualität ist für den 1994 vorgestellten Conjoint + Cost-Ansatz kennzeichnend[14], der im folgenden dargestellt wird.

---

[13] Vgl. zu einer solchen Vorgehensweise Albers (1983), S. 222-224.

[14] Vgl. Bauer/Herrmann/Mengen (1994).

4. Conjoint Measurement und Kosten

Ausgangspunkt von Conjoint + Cost ist wiederum die Ermittlung individueller Nutzenfunktionen durch das Conjoint Measurement. Allerdings werden die einzelnen Nutzenmodelle mit jeder denkbaren Variante konfrontiert, d.h. im genannten Beispiel wird das Fitneßstudio mit allen möglichen unterschiedlichen Eigenschaftsausprägungen getestet. Bei diesem Vorgang bleibt das Konkurrenzangebot wiederum konstant.

Die Vorgehensweise ist im rechten Teil der Abbildung 3 gezeigt. Für jede denkbare Produktvariante s=1,...,S werden die individuellen Kaufwahrscheinlichkeiten ermittelt und die resultierenden Gewinne errechnet. Hierzu beginnt man mit einer konkreten Variante, dem Stimulus s=1. Dieser Stimulus wird im Vergleich zum Konkurrenzangebot durch das Nutzenmodell auf individueller Basis bewertet und die individuelle Kaufwahrscheinlichkeit wird ermittelt. Dieser Vorgang ist für jeden Konsumenten durchzuführen und auf dieser Basis sind Marktanteile und Erlöse zu bestimmen. Um die Gewinne zu ermitteln, müssen Kostendaten einer jeden Variante bekannt sein. Dies bedeutet, daß Conjoint + Cost eine Matrix mit merkmalsbezogenen Kosten voraussetzt. Die Gewinne sind unter diesen Voraussetzungen für jede Variante ermittelbar.

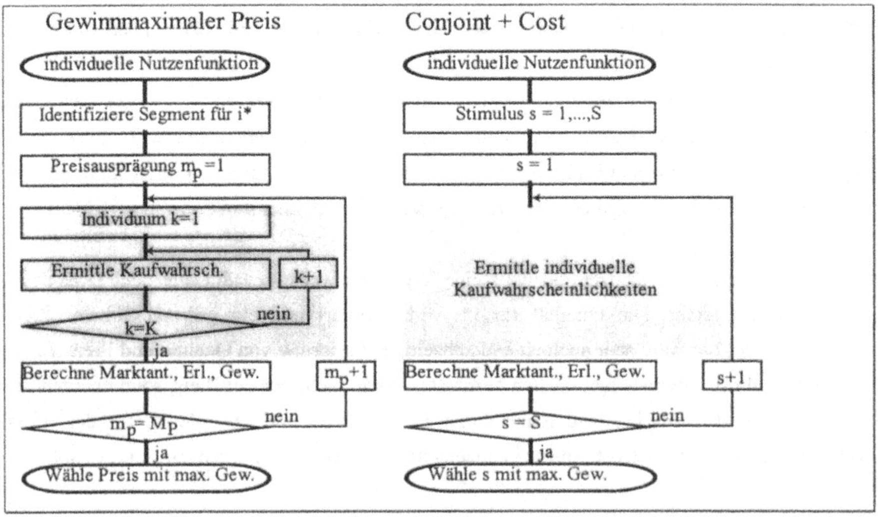

Abbildung 3: Ablaufdiagramme der Conjoint-Analyse

Dieser Rechenvorgang erfolgt für jeden Stimulus. Es wird dann die Variante bzw. die Leistung eines Fitneßstudios angeboten, die den maximalen Gewinn verspricht. Für eine begrenzte Anzahl von Merkmalsausprägungen ist der Rechenaufwand mit der heutigen Technologie enumerativ zu bewältigen. Durch Conjoint + Cost ist es prinzipiell möglich Qualität und Preis simultan festzulegen.

5. Beurteilung der Conjoint Analyse

5.1. Grundlegende Kritik

Das dem Conjoint Measurement zugrundeliegende Nutzenmodell ist in der häufig spezifizierten Form des Teilnutzenmodells linear additiv. Die inhaltlichen Konsequenzen dieser Formalstruktur liegen darin, daß die Eigenschaften in Bezug auf den resultierenden Gesamtnutzen vollständig kompensatorisch sind. Dies bedeutet, daß ein Nachteil bezüglich einer Eigenschaft durch einen Vorteil einer anderen Eigenschaft ausgeglichen werden kann. Es werden im Conjoint-Nutzenmodell demzufolge keine K.O.-Kriterien abgebildet. Bei einem Fitneßstudio bedeutet dies, daß die Unfreundlichkeit des Personals durch die Qualifikationen des Trainers aufgefangen werden können. Mangelnde Freundlichkeit während kann aber ein K.O.-Kriterium sein. Insbesondere kann auch der Preis ein solches K.O.-Kriterium sein. Dies ist aber im linear additiven Nutzenmodell nicht abbildbar.

Budgetrestriktionen werden ebenfalls nicht abgebildet, da der Preis im Conjoint Measurement eine disnutzenstiftende Eigenschaft ist. Wenn ein Konsument maximal 80 DM einen Monatsbeitrag ausgeben kann, dieser aber 100 DM beträgt, wird das Angebot nicht in Anspruch genommen werden, auch wenn es den maximalen Nutzen stiften würde.

Eine wesentliche Einschränkung der Anwendungsmöglichkeiten ergibt sich daraus, daß nur wenige Eigenschaften in die Analyse eingehen dürfen, da die Anzahl der zu beurteilenden Produktkarten exponentiell in Abhängigkeit der Merkmalsausprägungen steigt.

In dem bereits angeführten Beispiel wurden für das Fitneßstudio vier Eigenschaften als relevant erachtet. Wenn man für jede dieser vier Eigenschaften nur fünf Ausprägungen berücksichtigt, ergeben sich bereits 1024 Produktkarten, die der Proband in eine Reihenfolge bringen soll. Es ist unmittelbar einsichtig, daß der Proband mit einer solchen Aufgabe überfordert ist. In der Regel wird der Proband vereinfachte Entscheidungsregeln anwenden und die Validität der ermittelten Nutzenfunktion ist in Frage zu stellen.

Anzahl der möglichen Stimuli bei n Eigenschaften mit je m Ausprägungen

m \ n	2	3	4	5	6
2	4	8	16	32	64
3	9	27	81	243	729
4	16	64	256	1024	4096
5	25	125	625	3125	15625
6	36	216	1296	7776	46656
7	49	343	2401	16807	117649
8	64	512	4096	32768	262144

s < 20

Abbildung 4: Dilemma des Conjoint Measurement

In der Literatur wird versucht, dieses Problem zu lösen, indem fraktionierte oder Designs zur Verfügung verwendet werden.[15] Fraktionierte Designs sind Untersuchungsanordnungen, die die Komplexität der Bewertungsaufgabe für den Probanden reduzieren. Sie sind mit dem Verzicht auf die Aufdeckung von Interaktionseffekten verbunden. Es werden Produktkarten ausgesondert, die für die Schätzung nicht wesentlich sind und Eigenschaftskombinationen, die ohnehin unrealistisch sind, z.B. ein Fitneßstudio mit individuellem Trainings- und Ernährungsplan, diplomierten Trainern, einer großen Anzahl von Zusatzangeboten und niedrigem Preis. Unabhängig von der konkreten Ausgestaltung des fraktionierten Designs, geht die Komplexitätsreduktion zu Lasten der Validität. Besonders problematisch dürfte dies bei der hier beispielhaft gezeigten Anwendung sein, wenn man bedenkt, daß für die Auswahl eines Fitneßstudios weitere Eigenschaften wie z.B. Gerätevielfalt, Studioatmosphäre, Öffnungszeiten und Qualität der Sanitäranlagen relevant sein dürften.

Wenn man desweiteren bedenkt, daß ein Proband maximal 20 Profile sinnvoll bewerten kann, bleibt das Problem strukturell erhalten, selbst wenn man fraktionierte Designs verwendet. Abbildung 4 zeigt eindrucksvoll wie stark die Anzahl der Produktkarten ohne

---

15 Vgl. Addelman (1962), S. 21-46 und Green (1974), S. 61-68.

Berücksichtigung fraktionierter Designs in Abhängigkeit der Anzahl der Eigenschaften und der Anzahl der Eigenschaftsausprägungen wächst. Einerseits ist für die Validität der Schätzung individueller Nutzenfunktionen eine hohe Anzahl von Eigenschaftsausprägungen und damit der Stimuli notwendig. Andererseits führt aber eine hohe Anzahl von Stimuli zu einer Überforderung der Probanden. Dies kann als Dilemma des Conjoint Measurement bezeichnet werden.

Es ist ebenfalls wichtig, daß die für das Untersuchungsdesign ausgesuchten Eigenschaften relevant für die Kaufentscheidung der Konsumenten sind und vollständig die Kaufentscheidung bestimmen. Es ist möglich, daß aber aufgrund der Komplexität der Beurteilung eines Fitneßstudios, nicht die einzelnen Komponenten bewertet werden, sondern der Konsument seine Entscheidung sich vereinfacht. Dabei kann er z.B. auf einen ihm bekannten Sportlehrer vertrauen. Er wählt dann das von seinem Bekannten empfohlene Fitneßstudio. In solchen Fällen bildet das Conjoint-Nutzenmodell die Entscheidungsituation nicht adäquat ab. Inbesondere bei Dienstleistungen mit niedrigem Involvement dürfte der Kunde vereinfachte Entscheidungsregeln anwenden, die nicht dem im Conjoint-Nutzenmodell unterstellten Trade-Off der Eigenschaftsausprägungen entsprechen. Das Abwägen verschiedener Merkmale einer Dienstleistung setzt ein hohes Involvement der Kunden voraus.

Ein weiterer Punkt ist die im Conjoint Measurement ermittelte relative Wichtigkeit einer Eigenschaft, z.B. der Preiswichtigkeit. Die ermittelte Preiswichtigkeit hängt von der Anzahl der zu berücksichtigten Merkmalsausprägungen ab.

Um dies zu verdeutlichen stelle man sich ein vereinfachtes Nutzenmodell vor, bei dem die Trainingsplan und der Preis als relevante Eigenschaften in die Untersuchung eingehen. Die zu diesem Nutzenmodell gehörigen Teilnutzenwerte sind der Abbildung 5 zu entnehmen. Zunächst berücksichtigen wir für den Preis drei Ausprägungen und für die Erstellung des Trainingsplans zwei Ausprägungen. Die ermittelte relative Preiswichtigkeit kommt im Teilnutzenmodell in der relativen Spannweite der Teilnutzenwerte zum Ausdruck. Dies führt dazu, daß die Wichtigkeit des Preise errechnet werden kann: (5-3)/[(5-3)+(5-1)] = 2/(2+4)=2/6=1/3.

Stellen man sich ein alternatives Untersuchungsdesign vor, bei dem fünf Ausprägungen für den Preis berücksichtigt werden und ansonsten alles andere unverändert bleibt, d.h. die Probanden entscheiden unter den gleichen Nutzenvorstellungen und der Trainingsplan wird weiterhin mit zwei Ausprägungen in der Analyse berücksichtigt. Angenommen, die "wahre" Teilnutzenfunktion verläuft monoton wie in Abbildung 5. Dann errechnet sich die relative Preiswichtigkeit: (5-1)/((5-1)+4)= 4/(4+4)=4/8=1/2. Die Preiswichtigkeit verändert sich demzufolge von 1/3 auf 1/2. Diese Veränderung ist ausschließlich darauf zurückzuführen, daß mehr Ausprägungen der Eigenschaft Preis im Design berücksichtigt werden.

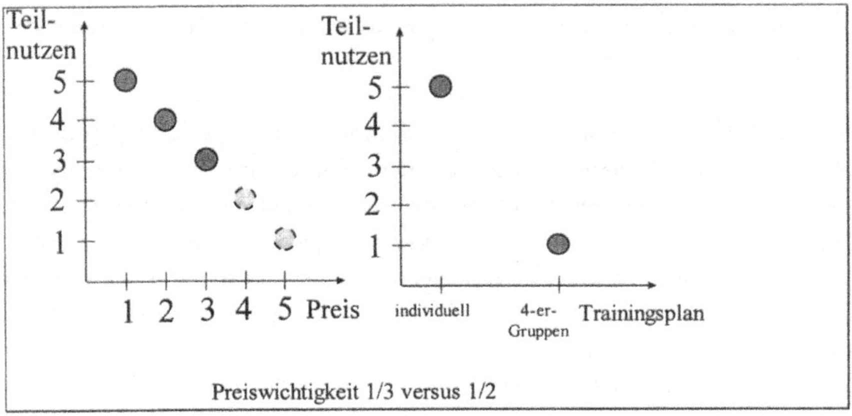

Abbildung 5: Verzerrung der relativen Wichtigkeit einer Eigenschaft

Dies bedeutet, daß die Wichtigkeit der einzelnen Eigenschaften von der Anzahl der im Design berücksichtigten Ausprägungen abhängen kann. Der Forscher steuert somit durch die Festlegung der Anzahl der Ausprägungen die relative Wichtigkeit der einzelnen Eigenschaften. Um korrekte relative Wichtigkeiten zu ermitteln müßte er im Prinzip die "wahre" Spannbreite der Teilnutzenwerte bereits vor der Analyse kennen.

5.2. Conjoint-Preis-Analyse und Typologiefit

Da im Teilnutzenmodell alle stetigen Variablen diskretisiert werden, werden in der Conjoint Analyse zwangsläufig Informationen vernichtet.[16] Dieser Informationsverlust führt bei der Ableitung von Preisabsatzfunktionen dazu, daß diese nur punktweise ermittelt werden. Daraus folgt, daß man die ermittelte Preisabsatzfunktion auch nur punktweise interpretieren darf und nicht über den gesamten Verlauf. Insbesondere wenn Preisschwellen existieren kann der Fehler groß sein, wenn man die ermittelte Preisabsatzfunktion stetig interpretiert.

---

[16] Vgl. Balderjahn (1994), S. 17.

In der Literatur wird darüber hinaus die formale Kritik geäußert, daß die Rechenoperation der Attraktionsregel ratioskalierte Nutzenwerte erfordern.[17] Eigentlich ist beim Conjoint Measurement das Ratioskalenniveau nicht gegeben. Die Nutzenwerte sind allenfalls intervallskaliert. Die inhaltliche Bedeutung dieser formalen Kritik muß jedoch ebenfalls verdeutlicht werden, damit dem Anwender klar ist, welche Annahmen hinter der Anwendung der Attraktionsregel stehen.

Die individuelle Kaufwahrscheinlichkeit wird bei der Attraktionsregel als Quotient gebildet. Es wird der individuelle Nutzen einer Alternative ins Verhältnis zur Summe der Nutzenwerte aller Alternativen gesetzt. Um einen solchen prozentualen Nutzen zu bilden, müßte sichergestellt sein, daß jeder Proband einen absoluten Bezugspunkt hat, an dem er alle Objekte in seinem jeweiligen Wert bemessen kann. Darüber hinaus müßte das Meßverfahren diesen Bezugspunkt erfassen. Dies ist im Conjoint Measurement nicht der Fall. Die Formulierung der Kaufwahrscheinlichkeit in Abhängigkeit vom relativen Nutzen ist somit inhaltlich nicht begründbar.

Zur Schätzung des Marktanteils werden die individuellen prozentualen Nutzenwerte über alle Probanden addiert. Es werden somit individuelle Nutzenwerte miteinander verknüpft, ohne daß sichergestellt ist, daß die individuellen Nutzenwerte auf der gleichen Skaleneinheit gemessen werden. Der Nutzenwert für i* für einen Probanden kann nicht mit dem Nutzenwert für i* eines anderen Probanden verglichen werden. Dies gilt auch für die relativen Nutzenwerte, da nicht sichergestellt ist, daß alle Individuen den gleichen absoluten Bezugspunkt in der Wertbemessung zugrunde legen. Es wird implizit ein interindividueller Nutzenvergleich bei der Attraktionsregel unterstellt. Das Problem des interindividuellen Nutzenvergleichs läßt sich auch nicht durch die häufig in der Literatur vorgenommene Normierung auf ein Intervall von 0 bis 1 beseitigen. Je nachdem welche individuelle Maßeinheit dem Probanden vorschwebt, erhält ein Stimuli unterschiedliche Positionen in diesem Intervall, so daß die Problematik unterschiedlicher Maßstäbe für den individuellen Nutzen nicht beseitigt ist. Die Attraktionsregel ist aus diesen Gründen abzulehnen.

Die verbleibende First Choice-Regel erscheint grundsätzlich geeignet, wenn man an Dienstleistungen denkt, die mit einer geringen Verhaltensunsicherheit verbunden sind. Für diesen Typ von Dienstleistungen könnte die Formulierung eines deterministischen Zusammenhangs zwischen gemessenem Nutzen und dem Kaufverhalten vertretbar sein. Allerdings kommt die Formulierung eines deterministischen Zusammenhangs für Dienstleistungen mit hoher Unsicherheit über die Qualität der Dienstleistung, die

[17] Vgl. Green/Rao (1971), S. 355 und Balderjahn (1994), S. 16.

Leistungsfähigkeiten und den Leistungswillen des Anbieters nicht in Frage. Für diese Dienstleistungen ist die stochastische Formulierung des Zusammenhangs notwendig. Wenn man die Attraktionsregel ablehnt, ist die Conjoint-Analyse allenfalls für die Untersuchung von Dienstleistungen mit niedrigem Grad an Verhaltensunsicherheit geeignet. Die Eignung der Conjoint-Analyse hängt also von der Position in der eingangs vorgestellten Typologie der Dienstleistungen ab, die noch von den Komponenten Integrativität und Individualität abhängt.

Hoch integrative Dienstleistungen bestehen aus einer Vielzahl von Kontakten zwischen Anbieter und Nachfrager, da ein hohes Maß an Kommunikation zwischen den Partnern notwendig ist. Wenn z.B. für ein Fitneßstudio die Freundlichkeit pauschal beurteilt wird, so kann die Beurteilung ein Ergebnis der Erfahrungen an verschiedenen Kontaktpunkte während des Prozesses der Leistungserstellung sein. Die begrüßende Person kann einen sehr freundlichen Empfang bereiten, der durch die Unfreundlichkeit des Trainers zunichte gemacht wird. Wie bewertet der Konsument den Anbieter bezüglich der Freundlichkeit?

Die hohe Integrativität erfordert die Berücksichtigung der Eigenschaftsmessung in den einzelnen Stufen der Leistungserstellung, wie dies bei der ereignisorientierten Qualitätsmessung[18] geschieht. Wenn man die verschiedenen Stufen der Leistungserstellung im eigenschaftsorientierten Conjoint Measurement erfassen wollte, resultiert daraus eine relativ hohe Anzahl von Eigenschaften im Design, die aufgrund des vorher beschriebenen Dilemmas des Conjoint Measurement nicht berücksichtigt werden kann. Das Conjoint Measurement ist somit für hoch integrative Dienstleistungen kaum geeignet.

Individuell erbrachte Dienstleistungen haben eine Variation der Eigenschaftsausprägungen in Abhängigkeit der individuellen Kundenwünsche zur Folge. Es gibt bei individuellen Dienstleistungen nicht ein bestimmtes Set an konkreten Eigenschaftsausprägungen, das diese kennzeichnet. Allenfalls ließe sich eine individuelle Dienstleistung über den Grad der Fähigkeit des Anbieters beschreiben, auf individuelle Wünsche zu reagieren. Derartig grobe Formulierungen lassen große Interpretationsspielräume der Probanden zu, die sich wiederum auf die geäußerte Präferenzreihenfolge und somit auf die gemessene Nutzenfunktion auswirkt. Ein unspezifisch gemessener Nutzenwert ist aufgrund des hohen Aggregationsniveaus der zugrundeliegenden Eigenschaften nur beschränkt tauglich für die Prognose des Kaufverhaltens.

Für Dienstleistungen mit niedriger Integrativität und niedrigem Grad der Verhaltensunsicherheit ist das Conjoint Measurement m.E. meistens vertretbar, da die

[18] Vgl. zur ereignisorietierten Qualitätsmessung z.B. Stauss/Hentschel (1990), S. 232-259.

Beschränkung auf wenige Eigenschaften und die Konkretisierung der Ausprägungen plausibel ist sowie ein deterministischer Zusammenhang zwischen gemessenem Nutzen und dem Kaufverhalten die Entscheidungssituation hinreichend modelliert. Für Diensleistungen mit hoher Verhaltensunsicherheit, hoher Integrativitäg und hohem Induvidualitätsgrad ist das Conjoint Measurement ungeeignet.

5.3. Wettbewerb und Kosten

Die Ableitung gewinnoptimaler Preise erfordert die Berücksichtigung der Kostensituation der betrachteten Unternehmung. Der Conjoint + Cost-Ansatz behandelt nicht die Probleme, die mit einer merkmalsbezogenen Kostenzurechnung behaftet sind. Der Hinweis der Vertreter des Conjoint + Cost-Ansatzes darauf, daß die Daten "aus dem internen Rechnungswesen" stammen[19] genügt keineswegs. Das interne Rechnungswesen stellt in der Praxis merkmalsbezogene Kostendaten nicht bereit.[20]

Fröhling schlägt als Ausweg die Einbindung von Verfahren der Variantenkalkulation in Conjoint + Cost vor.[21] Selbst wenn man merkmalsbezogene Kosten in der Conjoint-Preis-Analyse sinnvoll integrieren kann, erfolgt die Ableitung gewinnoptimaler Preise immer unter der Bedingung konstanter Konkurrenzangebote. Allerdings können preispolitische Maßnahmen Konkurrenzreaktionen auslösen, die im Extremfall zu ruinösem Wettbewerb führen und somit keinesfalls gewinnoptimal nach erfolgter Konkurrenzreaktion für die betrachtete Unternehmung sind. Demzufolge ist es notwendig, daß Konkurrenzreaktionen in die Conjoint-Analyse einbezogen werden.

Aus der Oligopol- und der Spieltheorie weiß man, daß es eine Vielzahl möglicher Reaktionsweisen der Konkurrenz gibt. Ein Konkurrent kann nicht nur mit preispolitschen Maßnahmen, sondern zudem mit der Qualtitätsvariationen reagieren. Stabile Marktlösungen, die zudem noch gewinnoptimal sind, existieren nicht für jede Konstellation auf einem Markt. Das Auffinden eines globalen Gewinnmaximums scheitert an der Komplexität der Realität.

---

19 Vgl. Bauer/Herrmann/Gutschke (1995), S. 1443.

20 Vgl. Fröhling (1994), S. 1150.

21 Vgl. Fröhling (1994), S. 1150.

Daher ist notwendig, wenn man Konkurrenzreaktionen in die Conjoint-Analyse einbezieht, die Komplexität zu reduzieren. Keinesfalls dürfen aufgrund der Komplexität mögliche Konkurrenzreaktionen außer Acht gelassen werden.

Darüber hinaus tritt im Dienstleistungsbereich der Kunde selbst als potentieller Konkurrent auf. Viele Dienstleistungen können durch Eigenleistungen der Kunden ersetzt werden. Die Möglichkeit einer solchen "Make or Buy"-Entscheidung wird in der Conjoint Anlayse vernachlässigt. Insbesondere bei zu teuren einfachen Dienstleistungen ist der jeweilige Anbieter ständig durch die Ausschaltung seiner eigenen Kunden bedroht.

6. Fazit

Die Conjoint Anlayse ist für die Preisanalyse von Dienstleistungen geeignet, wenn folgende Bedingungen erfüllt sind:

1. Es werden Absatzleistungen mit niedriger Integrativität und niedriger Verhaltensunsicherheit untersucht (Typologiefit).

2. Die notwendigerweise geringe Anzahl der modellierten Eigenschaften bestimmt die Kaufentscheidung vollständig.

3. Die Auswahlentscheidung ist mit hohem Involvement der Konsumenten verbunden.

4. Die Auswahlentscheidung ist nicht vom Typ "Make or Buy".

5. Für die Gewinnberechnung erfolgt eine kostentheoretische Anbindung auf Basis merkmalsbezogener Kosten.

6. Das Konkurrenzverhalten wird in die Analyse einbezogen.

Diese Bedingungen sind in den meisten empirischen Studien zum Conjoint Measurement nicht erfüllt. Das Conjoint Measurement hat somit keinen Durchbruch bei der Preisentscheidung erzielt. Es ist allenfalls ein kleiner Schritt getan, um die Preisbereitschaft der Nachfrager besser zu erforschen.

Es muß somit vor der leichtfertigen Anwendung der Conjoint Analyse gewarnt werden. Die empirische Umsetzung wird durch eine Vielzahl an leicht zu bedienenden Programmen erleichtert, die immer ein Rechenergebnis liefern. Diese Programme warnen jedoch nicht vor dem unzweckmäßigen Einsatz der Conjoint Analyse. Ein unzweckmäßiger Einsatz kann erhebliche Falschprognosen von Preisreaktionen der Nachfrager zur Folge haben.

7. Literatur

Addelman, Sidney: Orthogonal Main-effect Plans for Asymmetrical Factorial Experiments, in: Technometrics, 1962, S. 21-46.

Albers, Sönke: Gewinnorientierte Neuproduktpositionierung in einem Eigenschaftsraum, in: ZfbF, Jg. 41, 1989, S. 186-209.

Albers, Sönke: Schätzung von Nachfragereaktionen auf Variationen des Tarif- und Leistungsangebots im öffentlichen Personennahverkehr, in: Zeitschrift für Verkehrswissenschaft, Jg. 54, 1983, S. 207-230.

Balderjahn, Ingo: Der Einsatz der Conjoint-Analyse zur empirischen Bestimmung von Preisresponsefunktionen, in: Marketing ZFP, Jg. 16, 1994, S. 12-20.

Bauer, Hans H./**Herrmann**, Andreas/**Gutschke**, Jens: Grundprobleme und Perspektiven einer gewinnmaximalen Produktgestaltung mittels des Conjoint+Cost-Ansatzes, in: ZfB, Jg. 65, 1995, S. 1443-1451.

Bauer, Hans H./**Herrmann**, Andreas/**Mengen**, Andreas: Eine Methode zur gewinnmaximalen Produktgestaltung auf der Basis des Conjoint Measurement, in: ZfB, Jg. 64, 1994, S. 81-94.

Böhler, Heymo: Beachtete Produktalternativen und ihre relevante Eigenschaften im Kaufentscheidungsprozeß von Konsumenten, in: Meffert, Heribert/Steffenhagen, Hartwig/Freter, Hermann (Hrsg.): Konsumentenverhalten und Information, Wiesbaden 1979, S. 261-289.

Cattin, Philippe/**Wittink**, Dick R.: Commercial Use of Conjoint Analysis: a Survey, in: Journal of Marketing, Vol. 46, 1982, S. 44-53.

Dichtl, Erwin/**Thomas**, Uwe: Der Einsatz des Conjoint Measurement im Rahmen der Verpackungsmarktforschung, in: Marketing ZFP, Jg. 8, 1986, Heft 1, S. 27-33.

Engelhardt, Werner H./**Kleinaltenkamp**, Michael/**Reckenfelderbäumer**, Martin: Leistungsbündel als Absatzobjekte, in: ZfbF, Jg. 45, 1993, S. 395-426.

Fröhling, Oliver: Verbesserungsmöglichkeiten und Entwicklungsperspektiven von Conjoint+Cost, in: ZfB, Jg. 64, 1994, S. 1143-1164.

Gaul, Wolfgang/**Aust**, Eberhard/**Baier**, Daniel: Gewinnorientierte Produktliniengestaltung unter Berücksichtigung des Kundennutzens, in: ZfB, Jg. 65, 1995, S. 835-855.

Green, Paul E./**Krieger**, Abba M.: An Application of a Product Positioning Model to Pharmaceutical Products, in: Marketing Science, Vol. 11, 1992, S. 117-132.

GREEN, Paul E./**KRIEGER**, Abba M.: Models and Heuristics for Product Line Selection, in: Marketing Science, Vol. 4, 1985, S. 1-19.

GREEN, Paul E./**RAO**, Vithala R.: Conjoint Measurement for Quantifying Judgmental Data, in: Journal of Marketing Research, Vol. 8, 1971, S. 355-363.

GREEN, Paul E.: On the design of choice experiments involving multifactor alternatives, in: Journal of Consumer Research, 1974, S. 61-68.

KOHLI, R./**SUKUMAR**, R.: Heuristics for Product-Line Design Using Conjoint Analysis, in: Marketing Science, Vol. 36, 1990, S. 1464-1478.

KUCHER, Eckhard/**SIMON**, Hermann: Conjoint-Measurement - Durchbruch bei der Preisentscheidung, in: Harvard manager, 1987, 3. Quartal, S. 28-36.

KUCHER, Eckhard: Scannerdaten und Preissensitivität bei Konsumgütern, Wiesbaden 1985.

MEFFERT, Heribert/**BRUHN**, Manfred: Dienstleistungsmarketing: Grundlagen, Konzepte, Methoden, Wiesbaden 1995.

MEFFERT, Heribert: Marktorientierte Führung von Dienstleistungsunternehmen - neuere Entwicklungen in Theorie und Praxis, in: DBW 1994, S. 519-541.

MÜLLER-HAGEDORN, Lothar/**VORNBERGER**, Eva: Die Eignung der Grid-Methode für die Suche nach einstellungsrelevanten Dimensionen, in: Meffert, Heribert/Steffenhagen, Hartwig/Freter, Hermann (Hrsg.): Konsumentenverhalten und Information, Wiesbaden 1979, S. 185-208.

STAUSS, Bernd/**HENTSCHEL**, Bert: Verfahren der Problementdeckung und -analyse im Qualitätsmanagement von Dienstleistungsunternehmen, in: Jahrbuch der Absatz- und Verbrauchsforschung, 1990, S. 232-259.

WORATSCHEK, Herbert: Die Typologisierung von Dienstleistungen aus informationsökonomischer Sicht, in: "der markt" - Zeitschrift für Absatzwirtschaft und Marketing, 1996, Heft 1, S. 59-71

Mihai Calciu/Franck Delagrande*

ATTRACTIVENESS SENSITIVE VERSUS ATTRACTIVENESS NEUTRAL TERRITORIAL MARKET PARTITIONS

Comparative analysis and congruence measures in the case of bank agencies in an intrabrand context

Contents

---

* Université des Sciences et Technologies de Lille, Ecole Universitaire d'Ingeneur de Lille (EUDIL), Cité Scientifique, F-59655 Villeneuve d'Ascq

1. Introduction

Unlike other service firms which, by definition, lack patent protection for their products, banks have historically had a certain monopoly for the services they offered. This monopoly vanishes under the pressure of deregulation and technology and causes fundamental change in the way retail banks territorially compete.

J.E.G. Bateson (1995) considers that services firms have four basic choices when competing territorially, these choices result from four possible combinations of static and mobile clients and servuction systems.

During a long period of time when regulations and state control limited products, pricing and location, banks had a static servuction system and were **competing for reach** with customers considered mobile within a relatively big urban area.

In France the deregulation process started by liberalising opening and location of agencies, 1966-67 (M. Zollinger, 1992). The approach to competition changed. The servuction system became mobile in order to attract (drain) "static" customers. In those years banks started **competing for geography**. The number of agencies increased from 8000 in 1967 to more than 25000 in 1984 when it seemed to stabilise. France became one of most "bancarised" countries of the world, with less than 1300 inhabitants per bank counter, with more than 99% of the French customers of a credit institution and 96% of them having a cheque account.

This geographic expansion came to saturation in the nineties due to competition (especially the one from non bank actors like insurance companies and big retailers) favoured by further deregulation of prices and products and due to technology.

Credit cards, telephone banking and direct marketing techniques are subtly moving banks towards a situation were **competing for market share** is less dependent on geography.

Under these circumstances banks are feeling the burden of too large and not enough specialised (differentiated) retail networks. They are closing agencies and restructuring the network. To do this, management needs methods and tools to appreciate territorial performance and estimate market areas for their retail networks.

In this paper we apply an attractiveness sensitive method to divide a market territory among the agencies of a bank within a big metropolitan area , using outlet patronage and performance data. We analyse the sensitivity of the method compared to attractiveness neutral methods and suggest some measures of congruence between managerially defined market territories and computed market territories (using our method or other methods).

2. Geometric approximations of market areas

Estimating trade areas is central to sales forecasting, to shop location, relocation or dismantling, to management of retail networks. Many services are highly dependent upon location and available trade area.

There is a variety of methods to estimate trade areas of an outlet. All rely on some measure of accessibility, based on the consumer's travel time, distance, of cost or a combination of these. To evaluate accessibility some use simple geometric approximations based on Euclidean (straight line) measurement on distance others rely on more detailed (and costly) often survey based techniques to register travel patterns and deriving there from the travel cost (time, distance, etc.).

In this paper we focus on geometric approximations that consider the market place as a simple flat surface where the distance is the straight line geometric distance. The methods whose validity and sensitivity we empirically test here rely on such geometric simplifications.

Ghosh and McLafferty (1987) in their review of trade area estimation methods consider three approaches: the **space-ratio method** that uses the relative selling space to determine the market area, the **proximal area method** that uses Dirichlet(1850) or Thiessen and Alter (1911) polygons to compute the nearest distance area around an outlet, and a method based on Reilly's Law of Retail Gravitation.

The **space-sales method** uses initial circular approximations of trade area, subjective or experience based radii equal to expected travel distance to separate the total market area. It then estimates the distribution of buying power within the joint market area using secondary or internal data and finally divides the joint area among outlets proportionally to size of each outlet in the total retail space.

The **proximal area method** defines nearest point polygons around each outlet based on the nearest centre hypothesis of classical central places theory (Christaller, 1935, Lösch 1954). It identifies for each outlet the nearest neighbouring outlets (normally using some nearest point triangulation) and intersects bisectors to the imaginary adjacent lines linking the outlet to the neighbours. In this way the method demarcates the area that is closer to an outlet than to any other.

The method based on **Reilly's Law of Retail Gravitation** is demarcating trade areas for outlets fixing the boundary between two neighbouring outlets there where attractiveness of the two outlets is equal. The formula used was derived by analogy to the Newtonian law of planetary attraction. It states that shoppers from an area between two cities are attracted by each city in direct proportion to the city's population and in inverse proportion of the square of the distance between the shopper's location and the city. We suggest an extended formulation of this relation in formulas (1) and (4).

3. Spatial choice models

Despite their relative empirical success these methods have one major limitation, which is the lack of underlying theory to explain consumer spatial choice behaviour.

Luce's (1959) fundamental choice axiom which states that individuals select among alternatives probabilistically in relation to the utilities offered by each choice, inspired probabilistic models of spatial choice that have gained large acceptance.

Huff (1964, 1966) was the first to suggest a probabilistic formulation of a spatial choice model. His model states that the probability that a customer patronises a facility is proportional to its floor area and inversely proportional to a power of the distance to it. Nakanishi and Cooper's (1974) multiplicative competition interaction (MCI) model replaces the floor area by a product of factors. Attractiveness is now an aggregate of more variables: image of the facility (Stanley and Sewall, 1976), appearance, price, service (Jain and Mahajan, 1979), proximity to other centres (Hansen and Weinberg, 1979), transportation modes (Gautschi 1981). Nakanishi and Cooper's log transformation procedures made it possible to estimate model parameters by ordinary least squares.

4. Introducing attractiveness and probability in the nearest centre approach (the gravity polygons)

In Calciu and Salerno (1996) we introduced a new method for partitioning the market area among outlets, which is sensitive to the distance from consumers to outlets and to some measure for outlet attractiveness. The method computes what we called "gravity polygons" dividing the area into nearest point triangles (Delaunay triangles) uniting the nearest outlets. The same triangulation can be used to compute Voronoi polygons (1907, 1908) , known also as Thiessen, Alter polygons or Dirichlet polygons (in Hilbert and Cohn-Vosson, 1990).

In a **nearest points triangle** or Delaunay (1932, 1934) triangle the attraction limits between two points are fixed on each edge bilaterally. We suggested a general formula for computing the attraction limit between two points A and B of a triangle (limit noted L_{AB}):

$$L_{AB} = \frac{1}{1+\left(\frac{a_B}{a_A}\right)^{\beta}} \quad (1)$$

where a_A and a_B are attractiveness indexes of the points A and B and β is the elasticity coefficient towards distance. We also suggested that the attractiveness index and the value of β can be fixed using spatial choice models (the gravity model of Reilly 1931, Huff's model 1964, the MCI model of Nakanishi and Cooper, 1974) or a direct utility assignment model.

In this paper we adapt the formula (1) to make it able to accept previously calibrated spatial choice model parameters.

We suggest a probabilistic approach to the attraction limit between two outlets considering that this limit can be fixed on a straight line in point i, where the probability of patronising the outlet A and the one of patronising the outlet B are equal.

To compute the probability of a point i to patronise an outlet j we use Nakanishi, Cooper's (74) generalisation of Huff's (64) model:

$$p_{ij} = \frac{d_{ij}^{\lambda} \prod_{k} a_{kj}^{\beta k}}{\sum_{j} d_{ij}^{\lambda} \prod_{k} a_{kj}^{\beta k}} \qquad (2)$$

where:

d_{ij} = distance (or other measure of spatial separation) between consumers in point i and outlet j

λ = parameter reflecting consumer patronage sensitivity du to distance.

a_{kg} = marketing variable k (where k = 1, 2 .. K) for outlet j and

β_k = parameter reflecting consumer patronage sensitivity due to variable k.

so the limit between A and B can be derived form the following expression

$$p_{iA} = \frac{d_{iA}^{\lambda} \prod_{k} a_{kA}^{\beta k}}{\sum_{j} d_{ij}^{\lambda} \prod_{k} a_{kj}^{\beta k}} = \frac{d_{iB}^{\lambda} \prod_{k} a_{kB}^{\beta k}}{\sum_{j} d_{ij}^{\lambda} \prod_{k} a_{kj}^{\beta k}} = p_{iB} \qquad (3)$$

that symbolises the point i with equal probability of patronising outlet A and B

Here from we obtain the formula for the attraction limit between A and B (L_{AB}) seen from A as a fraction of the distance between A and B:

$$L_{AB} = \frac{1}{1 + \left(\frac{\prod_{k} a_{kA}^{\beta k}}{\prod_{k} a_{kB}^{\beta k}} \right)^{1/\lambda}} \qquad (4)$$

It is easy to see that the bigger the value of λ the bigger the influence of distance and smaller the effect of marketing variables. For big λs the L_{AB} tends towards 0.5, meaning the middle of the distance between A and B.

For the polygonal partition of the market areas this corresponds to the special case of Voronoi polygons (Figure 1 a.) while gravity polygons are, in this case, a more flexible approach (Figure 1. b).

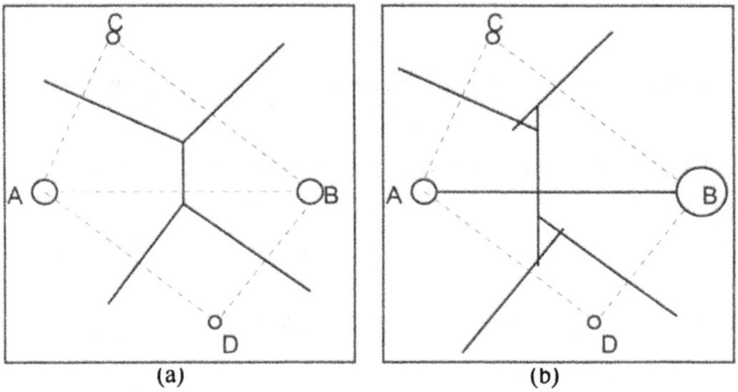

Fig. 1 :. Attraction limit to obtain Voronoi polygons and gravity polygons (a) When attraction limit tends towards 0.5 it intersects the straight line between A and B through the middle and Voronoi polygons are obtained, if attraction limit is variable along AB gravity polygons are obtained.

Using the gravity polygons and this probabilistic definition of the attraction limit we hope to obtain market areas for each outlet, so that relative probability of the consumers within this area and patronising the outlet should be bigger than the probabilities of patronising other surrounding outlets.

In this way managers can obtain quick market area estimations that are sensitive to marketing variables, and use them as tools in managing services retail networks.

In the rest of the paper we calibrate several MCI models using a big matrix of outlet patronage by census tract, in which 36552 flows between the 70 outlets and 5600 census tracts are identified. We test the predictive accuracy of the models and use them to perform sensitivity analysis on market area partitions obtained with the "gravity polygons" method.

To evaluate the market area partitions we suggest some measures for geographic congruence of managerial and computed market areas.

5. Estimating attractiveness parameters

5.1. The data

Our data deal with the retail network of a bank in a large metropolitan area in France. The network consists of 70 bank agencies, (with 1 to 20 employees) and covers an area containing 5600 census tracts representing a population of nearly one million inhabitants (ANNEX 1, Map 1). The agencies were dispersed over the territory with densities proportional to the ones of the population.

The data used in the study include patronage data concerning number of persons from each census tract patronising each agency. Marketing data concerning each agency included total accounts and total active accounts at the moment of the study.

Other attractiveness variables were screened but rejected due to weak relationship with the criterion variable of outlet patronage probability.

In the end the matrix of outlet patronage by tract included 29770 patronage directions (flows) with intensities ranging from 1 to 480 customers per flow. In this way the travel directions towards 60 retail outlets of the bank for 206535 people were identified. This matrix is a valuable means to study clients spatial choice behaviour because it offers complete geographic coverage and gives information about actual outlet patronage and not only intentions.

Unfortunately we had only patronage data for each census tract and no information about actual sales, which could have revealed more accurate flows.

5.2. Multiple choice model specification

Estimation of attractiveness sensitive market area partitions, supposes previous estimation of the sensitivity of patronage to the outlet's location and to nonlocational marketing variables. MCI model are very flexible in incorporating multiple indicators of attractiveness and proximity and computationally easy to estimate.

Two model forms were tested using the available data a simple model, the basic spatial model having as unique explanatory variable distance and an extended spatial model including besides distance a set of available nonlocational variables.

The **basic spatial model** assumes equal attractiveness for each outlet, implying that the outlet's market potential depends uniquely on proximity to consumers. It is expressed by the following relation:

$$p_{ij} = \frac{d_{ij}^{\lambda}}{\sum_{j} d_{ij}^{\lambda}} \quad (5)$$

where:

d_{ij} = distance (or other measure of spatial separation) between consumers in point i and outlet j

λ = parameter reflecting consumer patronage sensitivity du to distance.

The **extended spatial model** adds nonlocational variables, essentially marketing variables, whose effect on patronage is assumed similar among all outlets.

The model is :

$$p_{ij} = \frac{d_{ij}^{\lambda} \prod_{k} a_{kj}^{\beta k}}{\sum_{j} d_{ij}^{\lambda} \prod_{k} a_{kj}^{\beta k}} \quad (6)$$

where:

d_{ij} = distance (or other measure of spatial separation) between consumers in point i and outlet j

λ = parameter reflecting consumer patronage sensitivity du to distance.

a_{kg} = marketing variable k (where k = 1, 2 .. K) for outlet j and

β_k = parameter reflecting consumer patronage sensitivity due to variable k.

5.3. Results

The parameters for the two models one without and the other one with marketing variables were estimated. Log-centering transformation was applied to data before estimation by ordinary least squares.

Results in table 1, show that the model with marketing variables fits data better than the one without, proving that marketing variables increase predictive ability of the basic spatial model. Unfortunately the contribution of marketing variables, we could use, was not very significant compared to the one of distance. This proves the dominant role of distance in explaining patronage probability for the retail network of the analysed bank. It shows that the services offered by this network are perceived as proximity services.

The overwhelming role of distance in consumers' spatial choice for this kind of service, makes the main objective of this paper difficult to prove. It isn't easy to show that a method for dividing a market area among outlets, which reflects attractiveness of outlets, the "gravity polygons" is better than one who doesn't (Voronoi polygons), when the market is not sensitive to outlet attractiveness.

	Model without marketing variables	**Model with marketing variables**
Parameters:		
Distance	-0,969193 [a]	-0,996125 [a]
	(0,004931)	(0,004767)
Total new accounts (TAC0693)		0,539773 [a]
		(0,039676)
Total current accounts (TCL0693)		-0,045664 [b]
		(0,024170)
Predictive Accuracy		
Adjusted R^2	0,51380	,55331

[a] $p < 0.001$; [b] $p < 0.05$

Tab. 1: Parameter Estimates for Multiplicative Competitive Interaction

Total credits (TOTPR)	-0,004924 [c]
	(0,011927)
Turnover per Employee	0,004011 [c]
(ENCEMPL)	(0,011525)
Employees	0,002763 [c]
	(0,022597)

[c] rejected variables because not significant

Tab. 2: Estimated parameters for other marketing variables screened but rejected due to week relationship to consumer spatial choice.

6. Polygonal market partition using estimated parameters

6.1. Descriptive analysis of patronage flows

The geographical analysis of the patronage flows using the Geographic Information System (GIS) MapInfo on an PC computer and some self programmed procedures in MapBasic offered an interesting view on travel patterns toward the outlets forming the retail network of the analysed bank. From each census tract customers were patronising an average of 7 outlets, the number of outlets patronised from each tract varying from 1 to 39. The 74 outlets situated in this metropolitan area were attracting people from 5600 census tracts. Each outlet had customers originating from 33 to 1640 census tracts, with an average of 468 census tracts per outlet. The number of customers visiting each outlet varied from 41 to 16213, with an average of 3246 customers per outlet. Although travelling patterns varied a lot some proximity behaviour could already be observed from initial graphical analysis. Statistical analysis of the distribution of travelled distances gave a better insight to patronage behaviour.

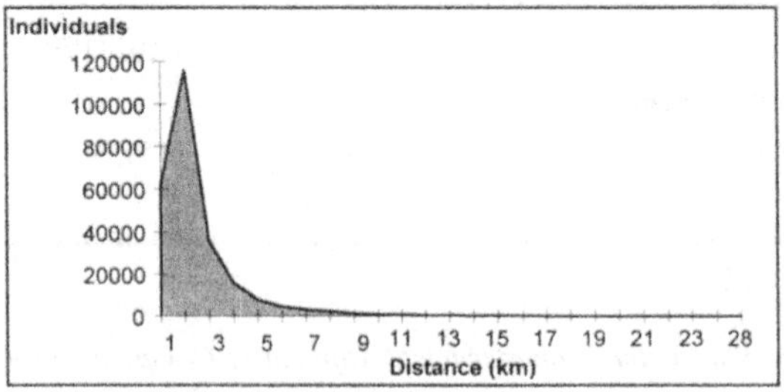

Fig. 2: Distances travelled by individuals to outlets (km)

Figure 2 shows that the majority of the travelled distances is concentrating towards the minimum in a range which varied between 0 and 28 kilometres. The average distance travelled by the 254744 customers first analysed was 1,5 km. Nearly three quarters of the customers (70%) travelled less than 2 km and only 10% of the customers travelled more than 4 km.

The majority of the analysed outlets seemed to drain their part of proximity customers (see ANNEX 1, Map 2 and 3). This means that even if there are big differences between the analysed outlets, and if some of the bigger and more accessible once are attracting customers from remote places, they all act as proximity agents too. Therefore we used them all in our study, although a finer central place theory based analysis should have distinguished and separated proximity agencies from agencies with larger attraction fields and belonging to higher levels in the hierarchy of central places.

The proximity buying behaviour could also be highlighted by applying our attractiveness sensitive market partition method.

6.2. Attractiveness sensitive market partition

The best fitting MCI model was selected to build an attractiveness index based on previously estimated parameters and to compute attractiveness scores for each of 70 outlets taken into account. Attraction limits and "gravity polygons" were computed (ANNEX 1, Maps 4 to 7) applying the formula (4). The algorithm for computing "gravity polygons" was written in C++ programming Language and implemented as a function in a DLL (Dynamic Link Library) and introduced as an option to the MapInfo GIS using MapBasic.

An attractiveness sensitive market partition resulted, consisting of 70 "gravity polygons" out of which 54 were retained for further analysis[1].

The 54 market areas captured within their borders 12,7% of the total flows and 51,69% of the paths travelled by the 206535 customers. This proved that although more than 87% of the patronage flows were exceeding the frontiers of each market area, in terms of intensity of these flows (number of customers) the gravity polygons were able to circumscribe the

1 Marginal outlets with their polygonal market areas have been deliberately eliminated, because the polygonal market areas computed for them were to big due to clipping reasons

majority of the paths travelled. Such a good concentration of paths travelled, could be estimated from high correlation of patronage probability with distance that came out from estimating parameters of the MCI Model.

Testing the quality of this attractiveness sensitive partition could be better put in evidence by comparing it to a partition not taking into account other variables than distance. The data of the study show high relationship of patronage probability to distance and low relationship to other variables including marketing variables. This makes it difficult to prove the advantage of our method. Despite this situation we still try to find some evidence of better behaviour of the "gravity polygons" method compared to methods neutral to attractiveness.

6.3. Comparison to a market partition neutral to attractiveness

"Gravity polygons", when sensitivity to distance is high, converge toward Voronoi polygons that fix attraction limit between two neighbouring outlets at the middle. At first view, in the analysed case, Voronoi polygons seemed to perform slightly better than "gravity polygons" in capturing patronage flows and travel paths. But the difference is really very small, Voronoi polygons circumscribe 13,05% of the total flows and 51,74% of the individual travel paths compared to 12,68% of the patronage flows and 51,68% of the travel paths for the "gravity polygons".

Despite this very slight difference we can prove that gravity polygons are more efficient.
First, compared to their surface they capture more paths. If the surface filled by the two partitions was the same (the surface of the Voronoi polygons partition is 1,05255 bigger than the "gravity polygons" partition) then Voronoi polygons would capture only 12,04% of the flows and 49,15% of the individual paths compared to the 12,68% of the flows and 51,68% of the individual paths of the "gravity polygons" (ANNEX 1, Maps 8 to 11).

Second, analysing the flow map (ANNEX 1, Maps 4 to 7) several particular situations appear were the superiority of "gravity polygons" is obvious while the opposite cant be observed.
Third, the method we chose to compute "gravity polygons" is deliberately avoiding overlapping of market territories, by leaving free space between market areas that is no man's land (see Figure 1 b) and for the partition of which we didn't suggest a solution yet. Finding a solution for dividing these territories between neighbouring gravity polygons using similar

attractiveness sensitive rules, could increase the capacity of this partition to capture the main flows.

Applying the "gravity polygons" method to data from other retail networks or other services or industries where customers' spatial behaviour is more sensitive to marketing variables would probably be useful in showing the advantages of this method.

6.4. Measuring congruence of market areas

Affecting market territory to outlets is an important decision when managing a retail network. Attractiveness sensitive market partitioning methods could be a useful managerial tool for affecting territory and evaluating territorial performance.

In an intrabrand network, partition of market areas among outlets is often needed, in order to control the local impact of the outlets and their proximity performance. Therefore it is desirable to define market areas around each outlets that hopefully don't overlap. Avoiding overlapping is not so important when performing bulky quantitative analysis. The extent of overlapping could become crucial, in qualitative analysis, when taking into account each outlet's specialisation and level in a hierarchy of outlets:

Outspread market areas, obviously including the market areas of several other outlets testify different travel paths, people considering to visit that outlet on their travel path to work, on their shopping tours in the centre of towns, or on the main roads. Such outlets belong to a different hierarchical level within a retail network and should be treated separately from outlets with spatially concentrated market areas which rely heavily on customers proximity behaviour. This hierarchical separation is consistent with central place theory, the "best known and most widely accepted" (Mason and Mayer 1981) theory of the location and spacing of retail centres.

When affecting sales territory to outlets management should consider the size of the catchment area and the distance the customers are willing to travel to use the service and distinguish between proximity outlets and higher level outlets.

The simplest way of affecting market areas to proximity outlets in the analysed case was to affect the census tracts to the outlet that attracted the main flow of customers. A managerial market partition was obtained with quite contiguous territories for each outlet.

In order to compare managerially decided market partitions among outlets to attractiveness sensitive market partitions obtained by our method and to asses their consistency, we suggest a market area congruence indicator.

The indicator uses a confusion matrix approach. The lines of the matrix represent the market areas of the actual partition (managerial partition) and the columns represent the market areas of the computed partition. The method counts the number of census tracts falling within each couple of market areas (managerial and computed), filling the corresponding cases of the matrix. The entries on the diagonal of the matrix represent the hit rate or the proportion of the coincidentally included census tracts in both definitions of the market areas for the same outlet. The ratio of the sum of hit rates to the number of census tracts gives an overall measure of congruence of the two partitions.

We developed a MapBasic program to implement this indicator and applied it to a sample area. 55% congruence was obtained when a territorial inclusion operator was used to asses that one census tract belonged to a certain area. Congruence was much higher when only census tract's centroid inclusion into area was considered. This is logically obvious because in the first case all marginal census tracts that were not entirely within the tested area were excluded, lowering the hit rate.

7. Conclusions

In this paper a probabilistic formulation of the attraction limit between two neighbouring retail outlets has been suggested by integrating probabilistic spatial choice models. This attraction limit has then been used to obtain an attractiveness sensitive territorial market partition among retail outlets of a bank using the gravity polygons method.
Attractiveness sensitive and attractiveness neutral territorial market partition methods (Gravity polygons versus Voronoi polygons) have been compared, using a large database, including a big outlet patronage matrix.

The lack of pertinent marketing variables to describe outlet attractiveness and the overwhelming role of distance in explaining patronage behaviour of individuals made it difficult to prove the overall superiority of the attractiveness sensitive method. However in many individual situations the better performance of "gravity polygons" in defining the catchment area of an outlet was largely shown.

The geographic congruence measure we suggested, applied to compare attractiveness sensitive to attractiveness neutral market partitions or to managerial market partitions can help to reveal inconsistencies in managerial partitions or to reveal inconsistencies in the qualitative separation of proximity outlets from outlets higher in the retail hierarchy.

The results show that some additional empirical and theoretical support is needed in order to turn gravity polygons into an efficient territorial market partitioning method. Empirical support should be found in patronage data for retail outlets from other services or industries. Some additional theoretical elements from the central places theory, especially those concerning the hierarchy of central places can be better integrated in this approach. Clustering retail outlets on consumer patronage behaviour could reveal different levels in the hierarchies of retail outlets e.g. rural and urban outlets and the urban outlets could also be separated in proximity outlets and central outlets. Calibrating separate spatial choice models for each group of outlets would probably reveal different elasticities with distance and different priorities for marketing variables, confirming retail network specialisation. In this way better territorial market partition could probably be obtained, where higher level retail outlets would contain within their catchment area the sales territory of several lower level outlets.

8. References

Bateson, J.E.G. (1995): Managing Services Marketing. Text and Readings, 3rd Edition

Calciu, M.; **Salerno, F.** (1996): A new Approach to Spatial Management of Retail Networks, based on German School's Central Place Theory. Application to Bank Location, Working paper, First French-German Workshop on Services Marketing, Innsbruck, 2.28-3.1.1996

Christaller, W. (1935): Die zentralen Orte in Süddeutschland, Jena, G. Fischer

Craig, C. Samuel; **Ghosh,** Avijit; **McLafferty,** Sara (1984): Models of Retail Location Process: A Review, in: Journal of Retailing, Vol.60, No.1, Spring, S. 5-36

Delaunay, B. (1932): Neue Darstellung der geometrischen Krystallographie, in: Zeitschrift für Krystallographie, Vol.84, S.109-149

Delaunay, B. (1934): Sur la sphère vide, in: Izv.Akad.Nauk SSSR Otdelenie Matemat.Estestvennyka Nauk Vol.7, S.793-800

Dirichlet, G.L. (1850): Über die Reduktion der positiven quadratischen Formen mit drei unbestimmten ganzen Zahlen, in: Journal für angewandte Mathematik, Vol. 40, S.216

Gautschi, D.A. (1981): Specification of Patronage Models for Retail Center Choice, in: Journal of Marketing Research, Vol. 18, S.162-174

Ghosh, A.; **McLafferty**, S.L. (1987): Location Strategies for Retail and Service Firms, Lexington, MA: Lexington Books, S.64-88

Hansen, M.M.; **Weinberg** C.B. (1979): Retail Market Share in a Competitive Environment, in: Journal of Retailing, Vol. 55 (Spring) , S.37-46

Hilbert, S.; **Cohn-Vosson,** S. (1990): Geometry and Imagination, Chelsea Publishing Company, New York 1990

Huff, D.L. (1964): Defining and Estimating a Trade Area, in: Journal of Marketing, Vol. 28: S.34-38

Huff, D.L. (1966): A Programmed Solution for Trading for Approximating an Optimum Retail Location, in: Land Economics, Vol. 42, S.293-303

Huff, D.L. (1981): Retail Location Theory, in: R. Stampf et E. Hirschman (Hrsg.), Theory in Retailing: Traditional and Non Traditional Sources, Chicago: American Marketing Association

Jain, A.K.; **Mahajan,** V.(1979): Evaluating the Competitive Environment in Retailing Using Multiplicative Competitive Interactive Models, in: Sheth (Hrsg.) Research in Marketing, Greenwich 1979

Lösch, A. (1954): The Economics of Location, New Haven, Conn.: Yale University Press

Luce, R. (1959): Individual Choice Behaviour, John Wiley & Sons, New York 1959

Mason, J.B.; **Mayer,** M.L. (1981): Modern Retailing Theory and Practice, Piano, Tex, Business Publication

Nakanishi, M.; **Cooper,** L.G. (1974): Parameter Estimate for Multiplicative Interactive Choice Model: Least Squares Approach, in: Journal of Marketing Research, Vol.11, S.303-311

Reily, W.J. (1931): The Law of Retail Gravitation, Knickerbocker Press, New York 1931

Stanley, T.J.; **Sewall,** M.A. (1976): Image Inputs to a Probabilistic Model: Predicting Retail Potential, in: Journal of Marketing, Vol.40, S.48-53

Thiessen, A.H.; **Alter,** J.C. (1911): Precipitation Averages for Large Areas, in: Monthly Weather Review, Vol. 39, S.1082-1084

Voronoi, G. (1907): Nouvelles applications des paramètres continus à la théorie des formes quadratiques. Premier memoire: Sur quelques propriètes des formes quadratiques parfaites, in: J. Angew. Math. Vol. 133, S.97-178

Voronoi, G. (1908): Nouvelles applications des paramètres continus à la théorie des formes quadratiques. Deuxième mémoire: Recherches sur les parallélloédres primitifs, in: J. Angew. Math. Vol. 134, S.167-171

Zollinger, M. (1992): "Marketing bancaire", Eyrolles, Paris 1992, S.66-67

9. ANNEX 1

Maps and tables illustrating the analysis of market areas and patronage flows in a metropolitan area

CONTENTS

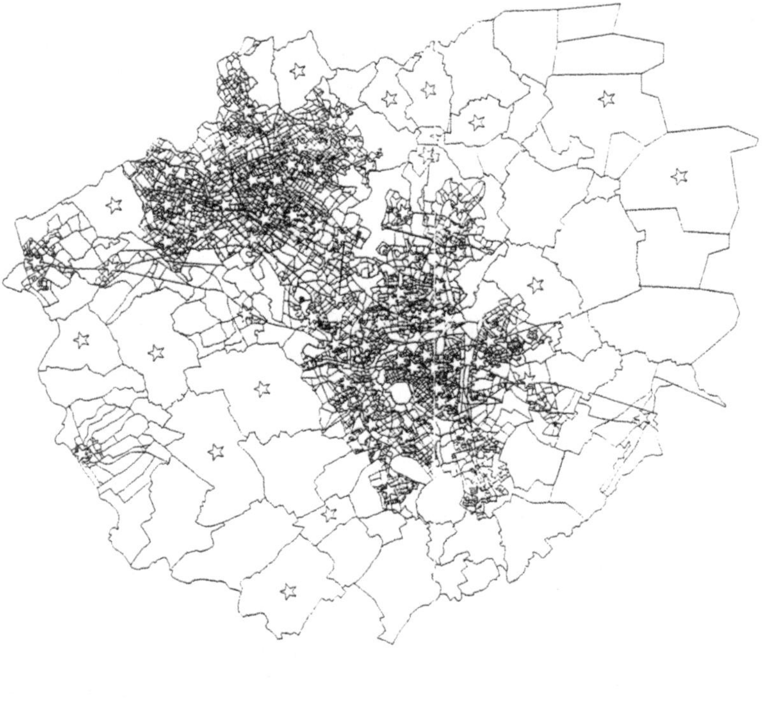

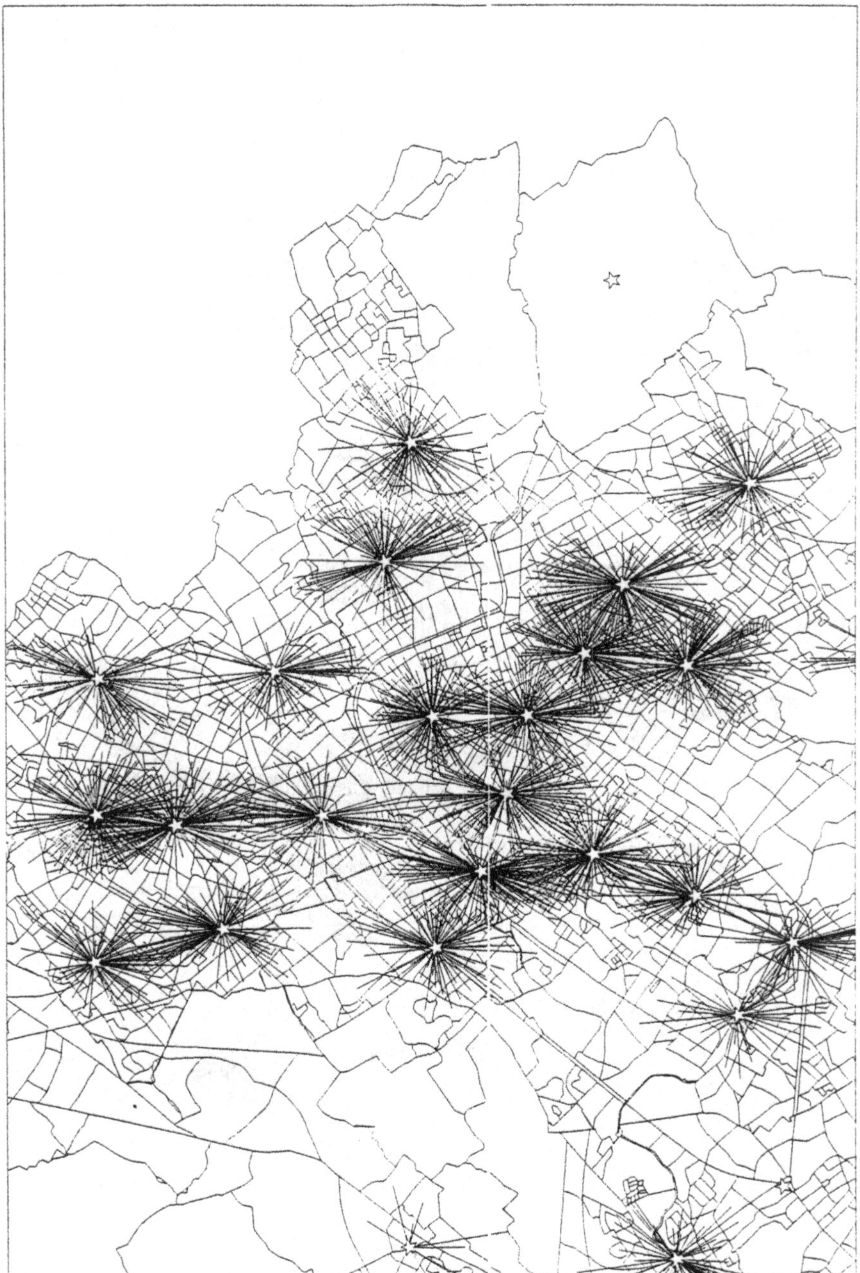

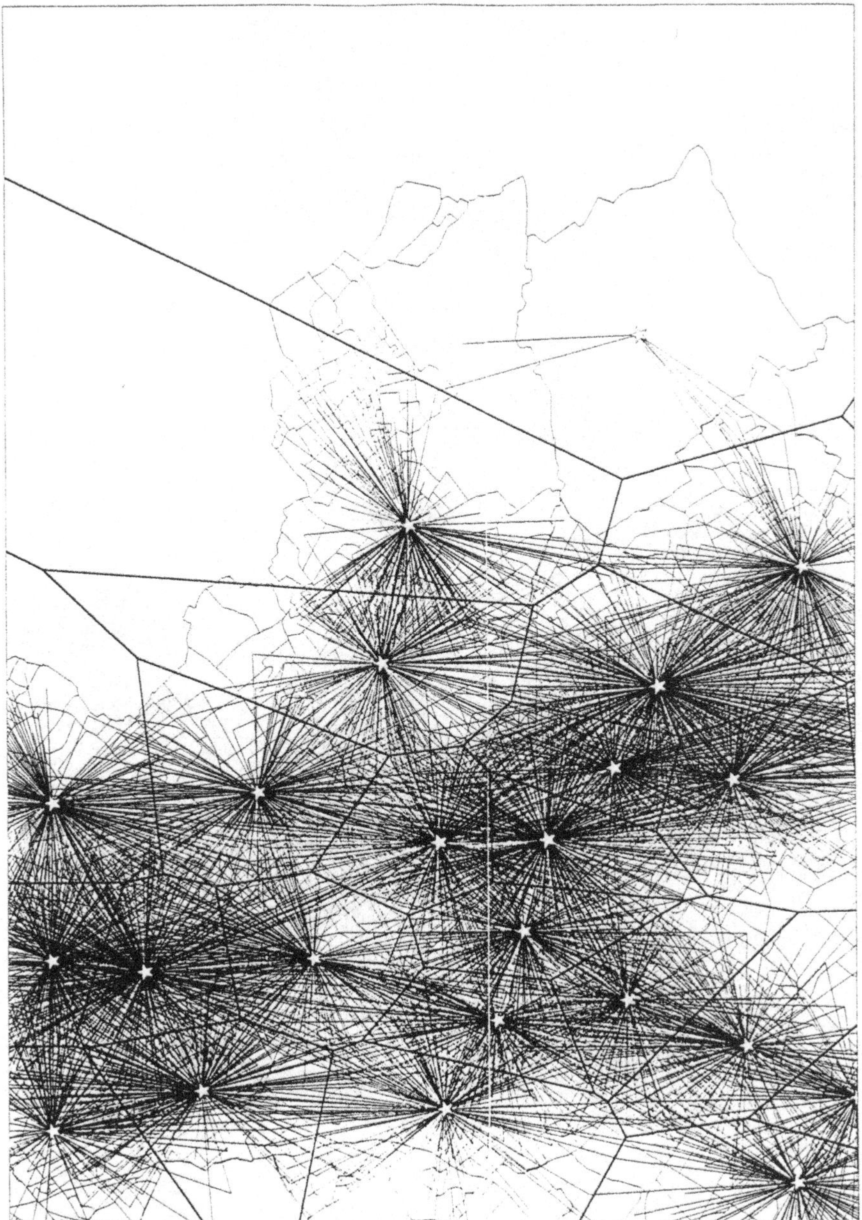

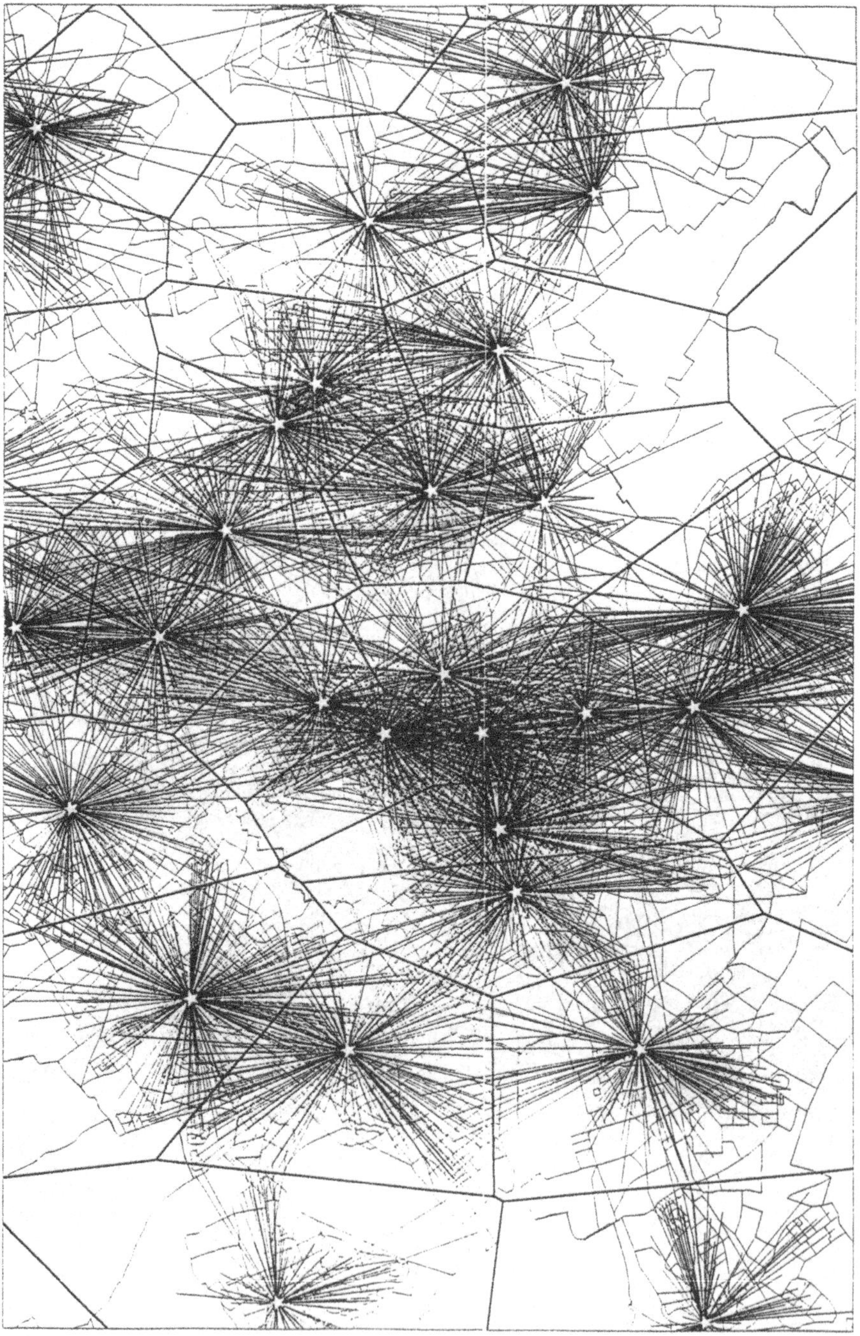

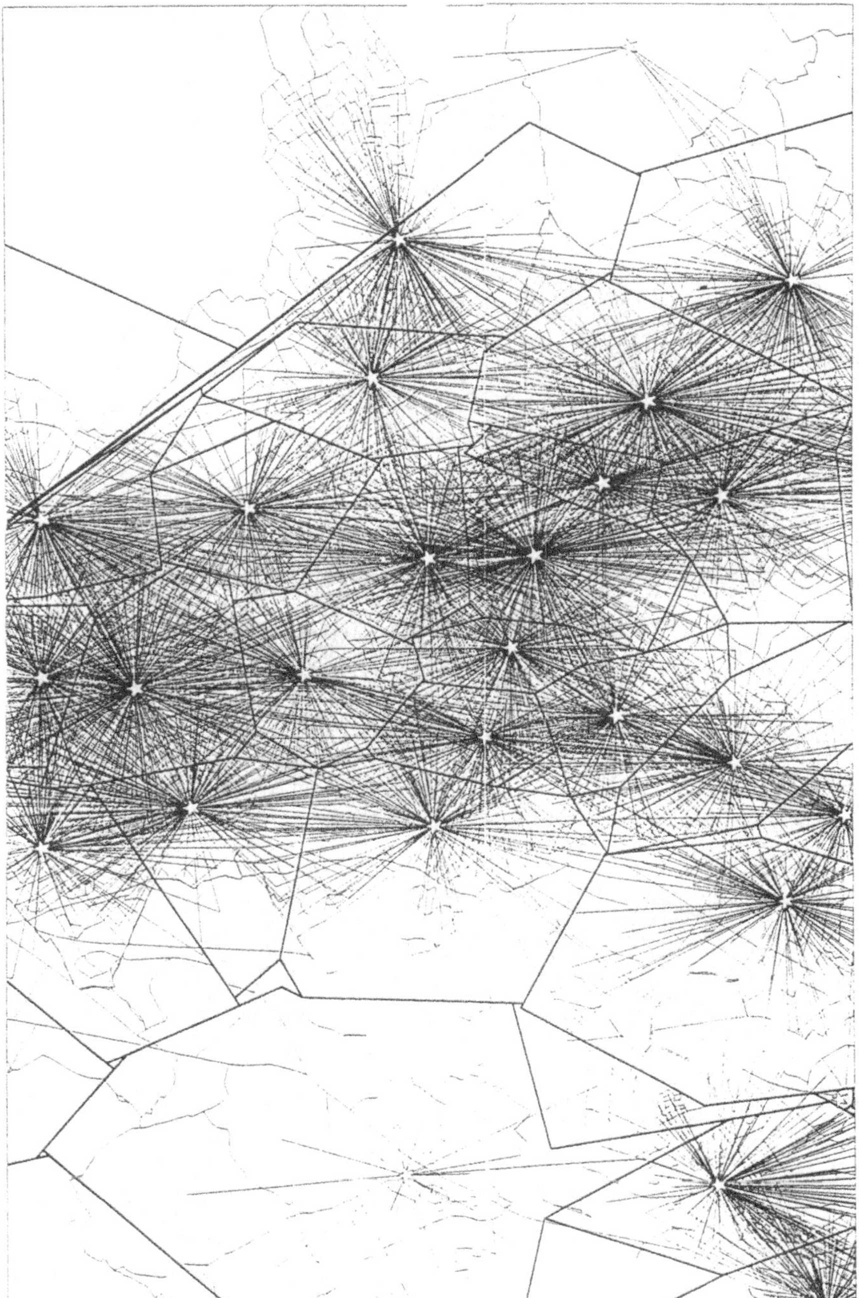

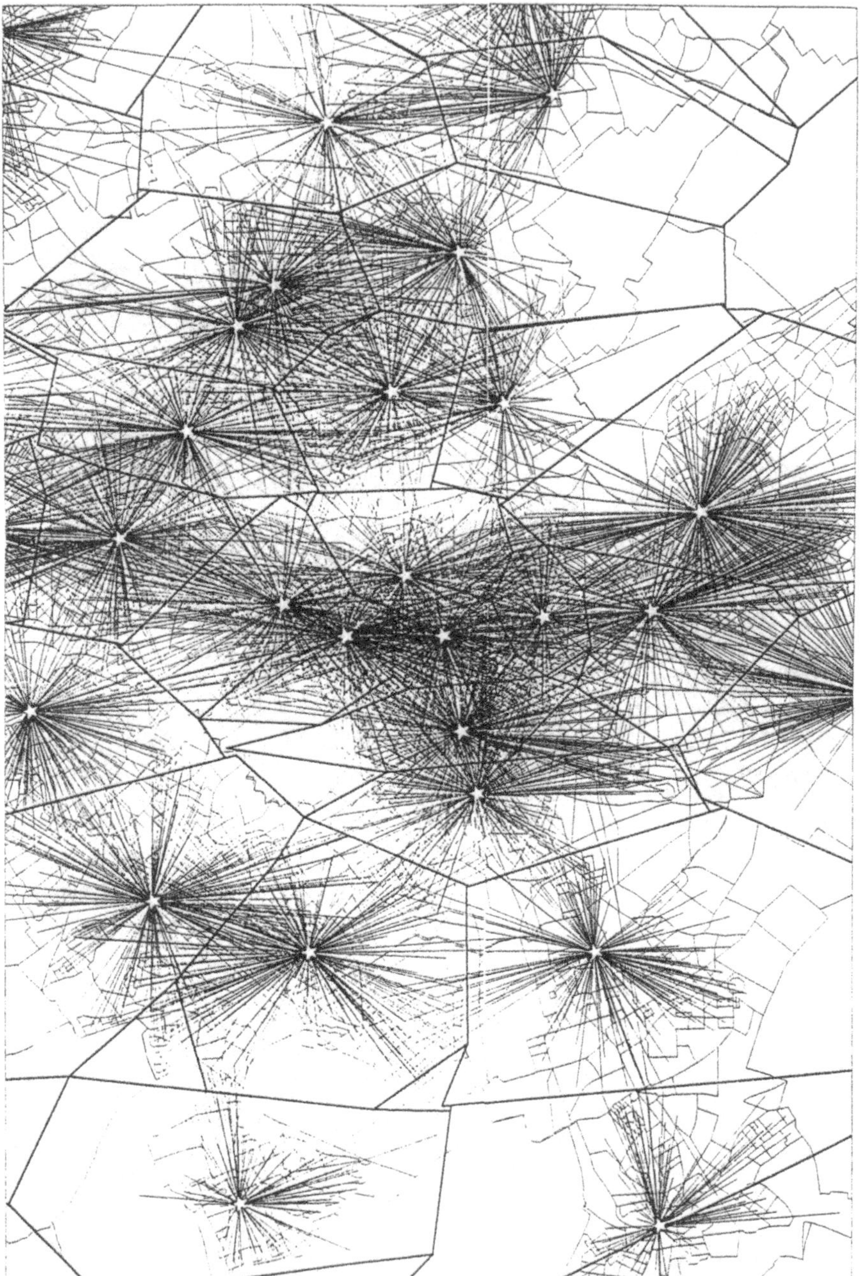

PJTOGRVO

AGE	FLOWS	CLIENTS	VOROFLOW	VOROCLIENT	GRAVIFLOW	GRAVICLIEN	Grav_Are	VoroArea	Voro/Grav_Area	PJVOROFLOW	PJGRAVIFLO	AdjPjVorFl	PJVOROCLIE	PJGRAVICLI	AdjPjVorCli
602	1161	3440.00	58	710.00	59	698.00	0.7186	0.689	0.9588	5.00	5.08	5.30019	20.64	20.29	21.53
603	604	3194.00	88	2002,00	80	1663.00	1,10906	1,39954	1,26192	14,57	13,25	10.496	62.68	58.33	49.67
611	613	3605.00	114	2064.00	123	2219.00	0,84299	0,73709	0,87438	18.60	20.07	22.9481	57.25	61.55	65.48
612	675	6577.00	160	4920.00	157	4897.00	2,01633	1,86453	0.92471	23,70	23.28	25,1529	74.81	74.46	80.90
613	770	3541.00	103	1357.00	97	1325.00	0,60518	0.8286	1,36919	13,38	12,60	9,20061	38,32	37,42	27.99
615	425	3326.00	35	1197.00	31	1079.00	0,60245	0.57654	0.957	8,24	7.29	7,62189	35.99	32,44	37.61
616	1411	6602.00	66	1189.00	78	1094.00	0,45631	0,54695	1,20301	6.09	5.53	4.59512	18.01	16,57	14,97
617	548	4906.00	97	3561.00	98	3631.00	0,61704	0,78496	0.96073	17,70	17,88	18.6141	72,58	74,01	75,55
618	582	6286.00	85	2670.00	85	2823.00	1,41249	1,63437	1,15706	14.60	14,60	12,6221	42,48	44,91	38,71
619	498	5630.00	123	4069.00	126	3953.00	4,16678	3,37147	0,80874	24,70	25,30	31,2846	72.63	70,21	89,80
620	484	4544.00	121	3732,00	122	3762,00	3,99235	3,94572	0,98832	25.00	25.21	25,5045	82,13	82.79	83,10
621	487	4308.00	81	2192,00	74	2023.00	0.8482	0,8728	1,029	16,63	15,20	14,7668	50.68	46.96	49,45
622	716	2433.00	50	1063.00	43	997.00	0,60166	0,69742	1,15916	6,98	6.01	5,18097	43,69	40.98	37,69
623	557	5778.00	168	4167,00	174	4724.00	2,33824	2,31539	0,99023	30.16	31,24	31.5471	72,12	81,76	72,83
625	358	3151.00	105	2302,00	97	2025.00	2,16942	2,31367	1,06649	29.33	27.09	25.4057	73.06	64.27	68.50
627	442	2556.00	79	1556.00	77	1530.00	1.48458	1.37971	0.92936	17.87	17.42	18.7449	60.88	59.86	65,50
628	353	2416.00	60	1672.00	59	1643.00	0.97617	0.83966	0.86038	17.00	16,71	19.4262	69,21	68.00	80.44
629	389	3758.00	95	2606.00	83	2466.00	2,40435	4,52841	1,88342	24.42	21,34	11.3287	69,38	65,65	36.84
630	383	2064.00	61	1271,00	55	1174.00	1,04745	1,27124	1,21365	15,93	14,36	11.8323	61.58	56.88	50.74
631	454	3090.00	90	2097.00	86	2046.00	1,47797	1,57341	1,06458	19.62	18.94	17.7037	67.86	66.21	63.75
632	406	3121,00	79	2292.00	72	2233.00	0,90038	0,94935	1,05438	19.46	17,73	16.8194	73,44	71,55	69.65
640	401	1207.00	19	277.00	17	253.00	4.58145	5,59511	1,22661	4.74	4.24	3.4562	22,95	20.96	18.71
641	420	1745.00	77	917.00	60	806.00	0,28918	0.53482	1,84944	16.33	14.29	7,72434	52.55	46.19	28.41
801	824	4003.00	64	2083.00	65	2090,00	1,23799	1,14602	0.92733	10.26	10,42	11.233	52.04	52,21	56.11
802	412	3200.00	85	2389.00	82	2392.00	0,59532	0,7657	1,2862	20.63	19,90	15.4742	74,97	74.75	58.29
804	228	640.00	22	297.00	17	252,00	0.8848	1,75595	1,98458	9.65	7,46	3.75705	46.41	39.38	23.38
805	431	945.00	22	179,00	17	126.00	0.83914	1,16681	1,39049	5.10	3.94	2.83664	18,94	13.33	13,62
810	155	1338.00	38	1117.00	34	1069.00	1,31687	2,1499	1,63258	24,52	21.94	13.4361	83.48	79,90	51,14
820	1640	12205.00	49	1156.00	76	2018.00	0,72795	0,53037	0.72856	2.99	4.63	8,36049	9.47	16.53	13.00
821	831	6460.00	117	3226.00	139	3519.00	1,29375	1,0703	0,82729	14.08	16,73	20,219	49.94	54.47	60.36
822	745	5006.00	108	2928.00	106	2900.00	0,73907	0.70396	0,95249	14.50	14.23	14,9379	58,49	57.93	61,41
823	526	2306.00	70	950.00	44	750.00	0,33213	0.56752	1,70872	13,31	8.37	4,89549	42,50	32,52	24,87
826	520	3715.00	129	2365.00	112	2093.00	0.96561	1,17497	1,21682	24,81	21,54	17,7006	63.66	58.34	52,32
827	451	2646,00	81	1596.00	57	1189.00	0,3237	0,53362	1,64852	17,96	12,64	7,66663	60,32	44,94	36,59
836	403	3503,00	51	2165.00	47	1892.00	3,70447	2,17297	0,58658	12,66	11,66	19.8822	61,60	54,01	105.36
838	479	4821.00	103	3625.00	102	3695.00	2,87886	2,20292	0.76521	21,50	21,29	27.8283	75,19	76.64	98.26
848	135	353.00	26	117.00	22	106.00	3,59324	4,83317	1,34507	19.26	16,30	12.1155	33,14	30.03	24.64
863	440	3610.00	59	2106.00	65	2232.00	1,43374	1.40948	0,98308	13.41	14.77	15,027	58.34	61,83	59.34
865	362	3562.00	50	2761.00	51	2764.00	1,72069	1.6042	0.9323	13.81	14.09	15,1114	77,08	77.16	82,68
866	402	1118.00	40	343.00	39	330.00	1,08756	1,1787	1.0838	9.95	9.70	8.95135	30.68	29.52	28.31
867	525	2900.00	24	1311.00	23	1310.00	1,34293	1.8129	1.42442	4.57	4.38	3.0756	45.21	45.17	31,74
950	407	2050.00	84	1310.00	81	1247.00	0.45599	0.56767	1,24492	15,72	14.99	12.0391	63.90	60.83	51,33
951	423	3888.00	87	2916.00	84	2676.00	1,99472	2,15591	1.08081	20.57	19,86	18.3734	75,43	69.22	69.79
954	413	3425.00	25	2245.00	26	2246.00	5,14276	4,71071	0,91599	6.05	6.30	6,87279	65.55	65.58	71.56
956	207	339.00	1	11,00	1	11.00	6.04749	5.93688	0.98171	0,48	0.48	0,49209	3.24	3.24	3.31
957	490	4015.00	89	2564,00	71	2573.00	2,06487	2,07693	1,00584	14.08	14,49	14.4057	63.86	64.08	63.49
959	401	4913.00	31	3513.00	30	3506.00	4,38106	3,9657	0.90519	7,73	7.48	8,26487	71,50	71,36	78.99
961	590	3101.00	75	1693.00	58	1595.00	0,75966	0,69015	1,17146	12.71	9.83	8.39184	54.60	51.44	46.60
962	470	3301,00	71	2066.00	53	1750.00	1,02006	1,26704	1,24212	15,11	11,28	9.07849	62,59	53.01	50.39
965	471	4677.00	202	6680,00	90	3209.00	0.80689	0,91954	1,13962	42,89	19,11	16.7673	142.83	68.61	125,33
969	1261	16213.00	76	3150,00	124	4676.00	1,04476	0,64741	0.61968	6,19	9.63	15.6687	18.43	28.84	31.35
Tota	27579	########	3875	106805,00	3649	103480,00	84,58	89,27	1,05551	14,05	13,23	12,5353	54,62	52,92	51,75
Min	135	339.00	1	11.00	1	11.00	0.29	0.53		0.48	0.48	0.49	3.24	3.24	3.31
Max	1640	16213.00	202	6680.00	174	4897.00	6.05	5.94		42.89	31.24	31.55	142.83	82.79	125.33
Mea	541	3833,86	76	2094,22	72	2029.02	1,66	1,75			14,16				

Non coincident polygons															
601	1044.00	3801			64.00	1105,00	0,32062		1		6,130268199			29.07	
635	130	234.00	8,00	46.00				12,8414	1	6,153846154			19.66		
645	57	78.00	2,00	4.00				10,0495	1	3.50877193			5,13		
808	412	839.00			12.00	46.00	2.9608	1,92969	1		2,912621359			5.48	
963	548	6056.00			49,00	2124.00	0,70548		1		8.941605839			35.07	
Tota	2191	11008	10	50	125	3275			1	0,46	5,71		0,45	29,75	0,45
Tota	28770	206535	3885	106855	3774	106755			1,05255	13,05	12,68	12,0443	51,74	51,69	49,15

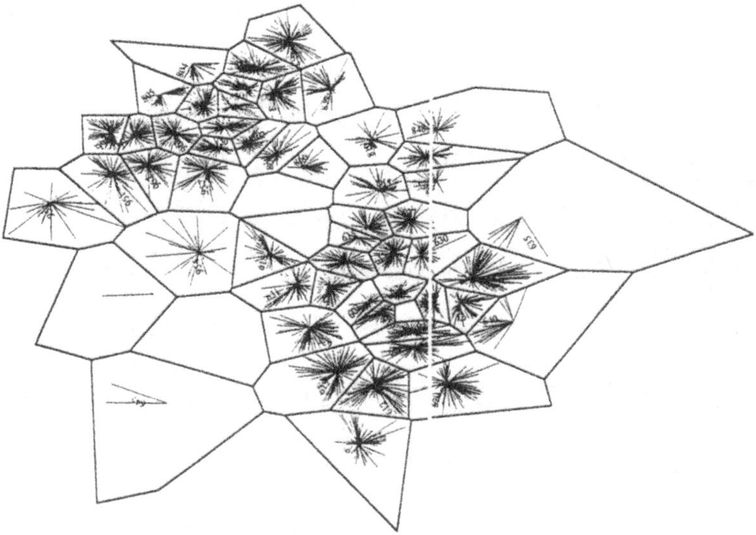

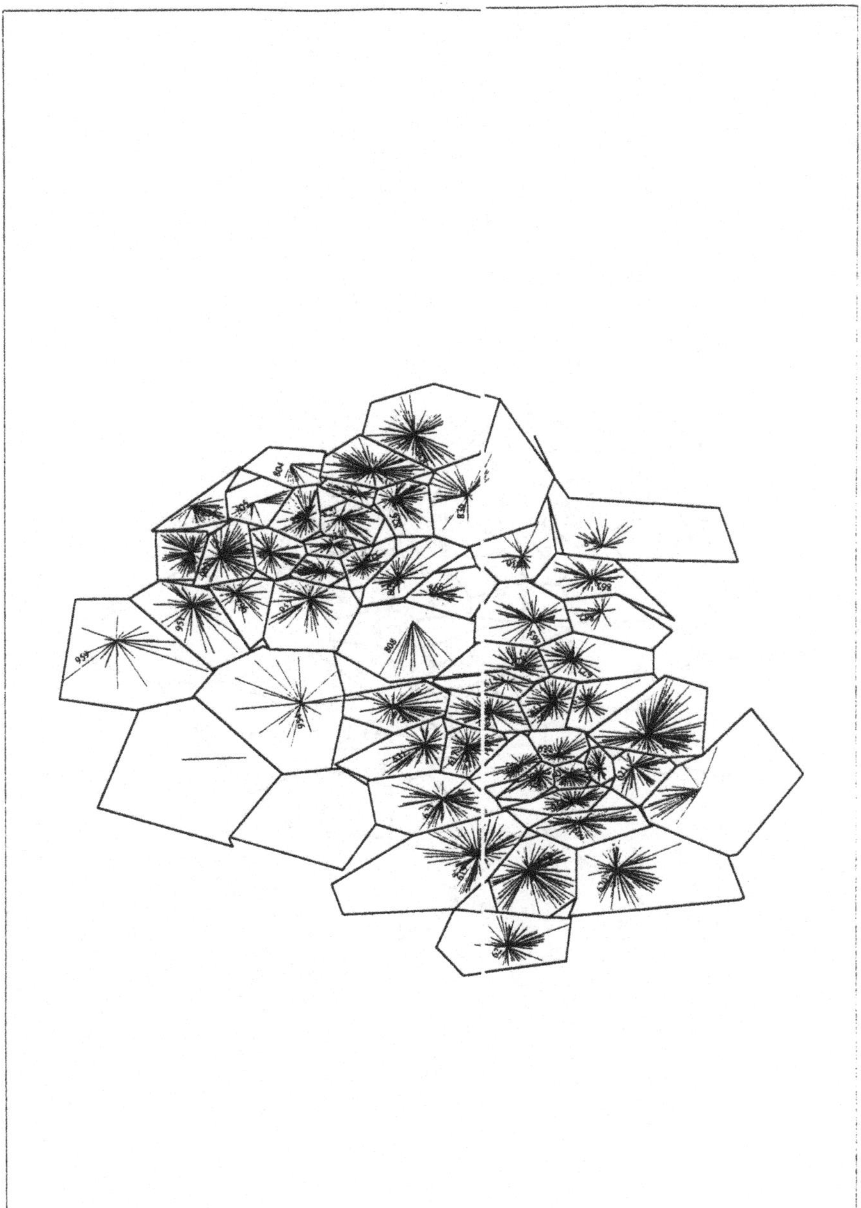

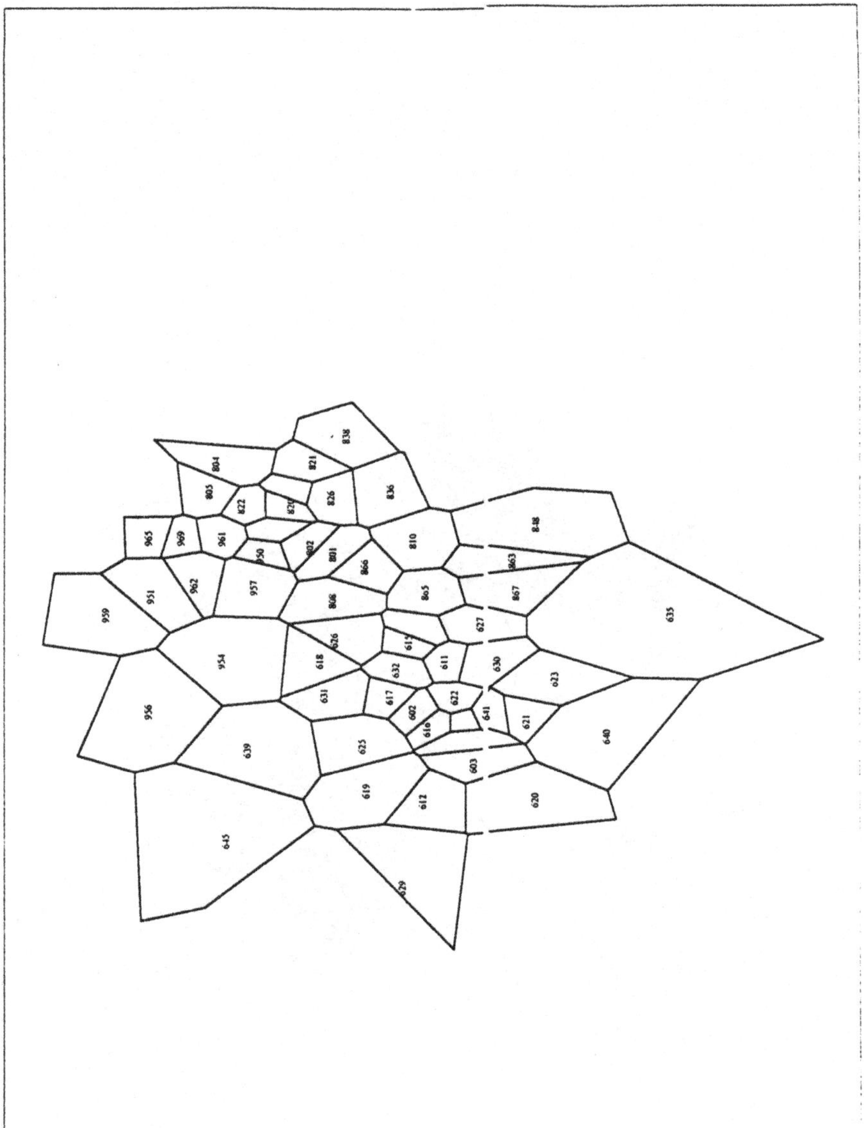
838
821
804
805
822
820
826
836
848
810
965
969
961
950
802
801
866
863
959
951
962
957
808
865
867
635
627
626
615
954
618
611
630
632
623
631
617
622
956
602
641
621
616
639
625
640
603
619
612
620
645
629

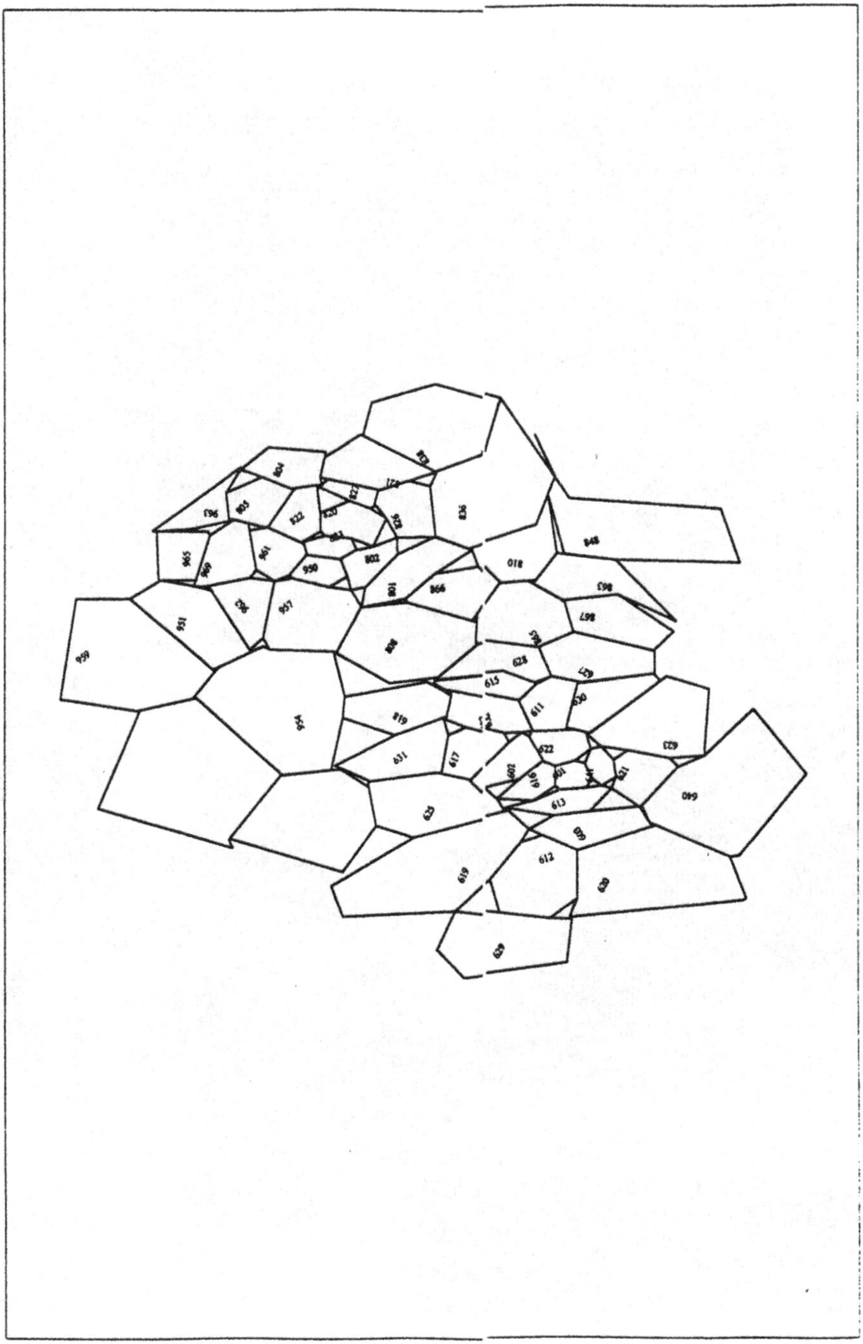
959
951
957
950
802
866
848
628
615
617
622
613
612

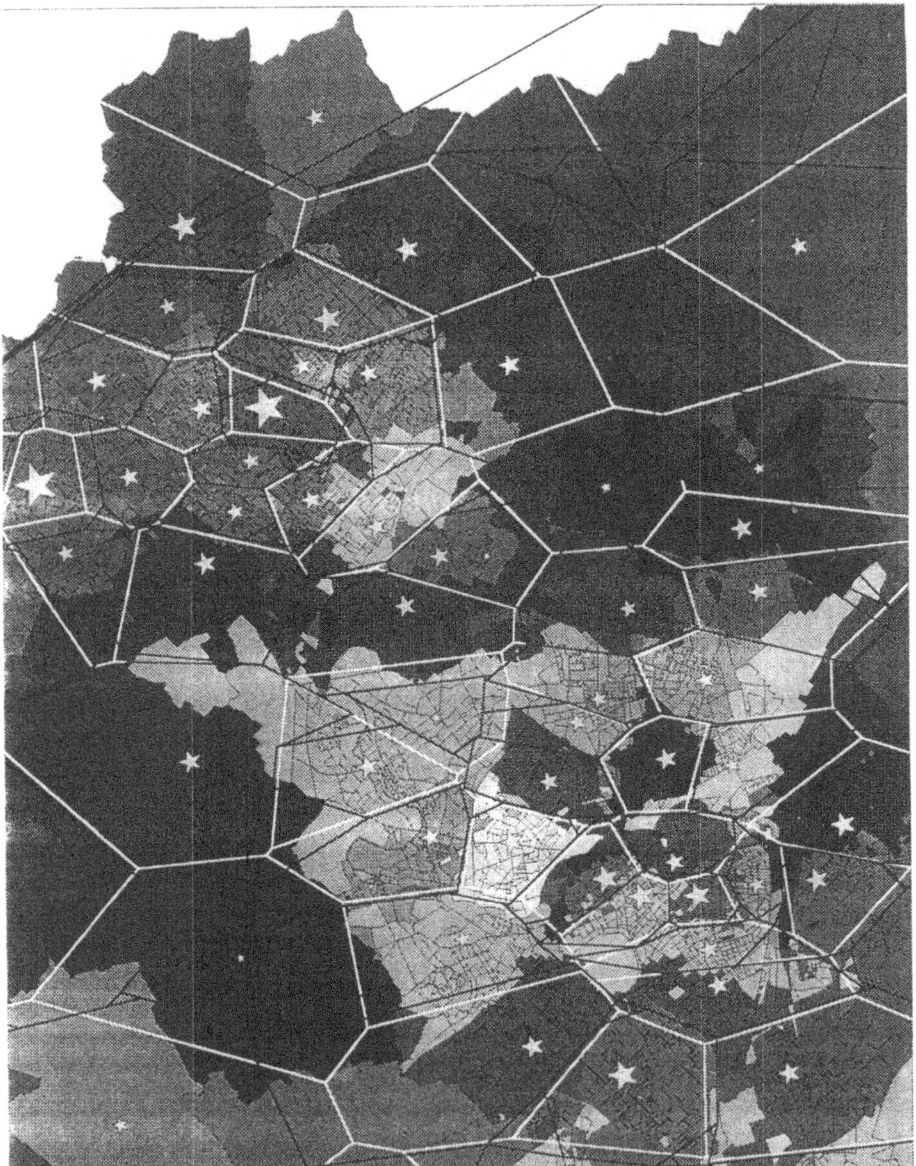

Michael Paul/Stephan Paul*

ILLOYALITÄT ALS CHANCE?

Zu alternativen Wegen des Geschäftsbeziehungsmanagements im Privatkundengeschäft von Banken und deren Anforderungen an das Controlling

Inhalt

* Dipl.-Ök. Michael Paul ist wissenschaftlicher Mitarbeiter am Lehrstuhl für Angewandte Betriebswirtschaftslehre III (Marketing), Dr. Stephan Paul wissenschaftlicher Assistent am Lehrstuhl für Angewandte Betriebswirtschaftslehre II (Finanzierung und Kreditwirtschaft), Ruhr-Universität Bochum. - Die beiden Autoren widmen diesen Beitrag ihren Eltern und ihrem Bruder mit Dank für die vielfältige Unterstützung ihrer bisherigen Arbeit.

1. Einleitung

Widmete man sich im Spätsommer 1996 bei der Urlaubslektüre den Hochglanzmagazinen der überregionalen Zeitungen, so begegnete man einem freundlichen Herrn, der die Leser aufforderte:

„Bleiben Sie bei Ihrer Bank. Aber testen Sie unsere Immobilienfinanzierung. Sicher gibt es gute Gründe, Ihrer Bank die Treue zu halten. Mindestens ebenso gute Argumente sprechen aber dafür, in Sachen Baugeld mit der Vereinsbank fremdzugehen."[1]

Vergegenwärtigt man sich, daß es seit Jahrzehnten ein Kernelement der Marketing-Aktivitäten deutscher Kreditinstitute ist, die Loyalität ihrer Kunden zu stärken, so kann nur der erste Teil der Botschaft (und auch nur vordergründig) beruhigen („Bleiben Sie..."). Die unverblümte Animation zum Seitensprung („in Sachen Baugeld ... fremdgehen") setzt dagegen bewußt auf die Illoyalität bestimmter Nachfragergruppen und schlägt damit einen für die Bankenwerbung bislang ungewohnten Ton an.

Im folgenden wird die Theorie der Bankloyalität kurz rekapituliert (2.) und sodann gefragt, ob empirische Hinweise für eine Auflösung traditioneller Bindungen bestehen (3.). Im Anschluß daran werden die Geschäftsbeziehungen im Privatkundengeschäft der Banken detaillierter beleuchtet und drei Haupttypen von Bankkunden herausgearbeitet (4.). Nach der Diskussion der Möglichkeiten der Erfolgsmessung bei Geschäftsbeziehungen (5.) werden aus der Kundentypologisierung resultierende, strategische Stoßrichtungen für das Geschäftsbeziehungsmanagement vorgestellt, die eine entsprechende Ausgestaltung des Bank-Controlling erfordern (6.). In diesen Zusammenhang eingebrachte, aktuelle Beispiele aus der Kreditwirtschaft (7.) lassen daran zweifeln, daß die Planung, Steuerung und Kontrolle der Geschäftsbeziehungen bereits hinreichend systematisch erfolgt.

2. Zur Theorie der Bankloyalität

Vor knapp 30 Jahren wurde aus der Theorie der Markentreue (Brand Loyality) von SÜCHTING die Theorie der Bankloyalität entwickelt. Unter der Bankloyalität verstand er *die Bereitschaft eines Wirtschaftssubjektes, dauerhaft die Leistungen eines bestimmten Kreditinstituts*

[1] Süddeutsche Zeitung Magazin, Nr. 39 v. 27. 9. 1996, S. 4f.

nachzufragen.[2] Von zentraler Bedeutung ist dabei die Auffassung, daß die zunehmende (positive) Erfahrung mit einem Kreditinstitut zu wachsender Treue gegenüber diesem führt. Seine Ursache findet dieser Lerneffekt im spezifischen Charakter der Bankleistung. Unabhängig von ihrer vielgestaltigen (im IV. Abschnitt näher beleuchteten) Ausprägung vom Sparbuch über die Baufinanzierung bis zur umfassenden Vermögensbetreuung ist diese doch aus Sicht des Kunden

- besonders *erklärungsbedürftig*, da es sich um eine abstrakte, immaterielle Leistung handelt und

- besonders *vertrauensempfindlich*, da sie auf Geld gerichtet ist und den Kunden mehr oder weniger lang bindet.

Der Bankmitarbeiter kann deshalb als der zentrale Präferenzenträger angesehen werden, der dem Kunden über die Kompliziertheit der Leistung hinweghilft und sein Mißtrauen abbaut. „Die fachliche Kompetenz und die persönliche Akzeptanz des Betreuers prägen das Bild des Kunden von der Bank und seine Entscheidung, bei welcher Bank er seine Geschäfte abwickelt.“[3] Nicht die Produkte im engeren Sinne, sondern den Bankmitarbeiter lernt der Kunde im Zeitablauf kennen.[4] Hierdurch wächst das Vertrauen, das den Kunden an die Bank bindet, sein Entscheidungsprozeß erfordert zunehmend weniger Aufwand für Überlegung und Informationssuche. Durch die wachsende (noch einmal: positive) Erfahrung des Kunden im Umgang mit dem Bankmitarbeiter verläuft die Abnahme neuer Leistungen zunehmend automatisch, ohne Prüfung von Anbieteralternativen ab. Im Gegenteil: Ein lange mit einem Kreditinstitut zusammenarbeitender Kunde wird wenig geneigt sein, seine Bankverbindung zu wechseln, da dieses mit Lästigkeiten und Kosten verbunden ist. Als Handlungsempfehlung wurde dementsprechend herausgearbeitet, diejenigen absatzpolitischen Maßnahmen zu forcieren, die das menschliche Element als Berater und Verkäufer den Kunden gegenüber möglichst intensiv zum Einsatz bringen.

Den Einstieg wählten die Kreditinstitute dabei zumeist über das Girokonto, um auf der Basis dieses „Informationspools“ Cross-selling, also ein Verkaufen über das gesamte (relevante) Sortiment hinweg zu betreiben. Das jüngste Beispiel dieser Strategie lieferte die vielbeachtete Kampagne der BfG Bank AG, die den Privatkunden seit Anfang 1996 ein entgeltfreies

---

2 Vgl. Süchting (1967 und 1972).

3 Schütte (1991), S. 219.

4 Vgl. Süchting/Boening (1971).

(„kostenloses") Girokonto anbietet, bei dem für die Kontoführung, das Telefonbanking, die Euroscheck- sowie eine Kreditkarte keine Preise erhoben werden. Bei der Einführung hieß es:

„Der Kampf um den Kunden beginn(t) beim Girokonto. (Die BfG Bank) setzt bewußt auf die Akquisition von Neukunden und die Erträge aus dem Cross-selling. Aus Erfahrung wisse man, daß ein Kunde mit Gehaltskonto im Rahmen seiner Hauptbankverbindung etwa zwei weitere Produkte bei seiner Bank in Anspruch nehme. Hiervon will die BfG Bank gezielt profitieren. Um den Wegfall der Gebühreneinnahmen aus den derzeitigen Girokonten zu kompensieren - er wird auf 20 Mill. DM beziffert - benötigt man im ersten Jahr 60.000 Neukunden."[5]

Offenbar sind also derzeit beide strategische Stoßrichtungen im Privatkundengeschäft zu erkennen: Das unverminderte, ja eher noch verstärkte Setzen auf die umfassende Beziehung (Beispiel BfG) sowie das Herausschneiden eines Teils aus der Gesamtbeziehung (Beispiel Vereinsbank).

3. Empirische Hinweise auf eine nachlassende Bankloyalität

Angesichts der zentralen Rolle, die die Bankloyalität nach den bisherigen Ausführungen spielt, ist es erstaunlich, daß empirische Untersuchungen zu diesem Thema bislang kaum vorliegen. Zwar könnte man sich mit der Annahme trösten, einzelne Kreditinstitute würden doch sicherlich Loyalitätsstudien in ihrer Kundschaft durchführen, diese lediglich nicht publizieren. POLAN berichtete in seiner Untersuchung 1995 jedoch, daß in keiner der von ihm betrachteten Großbanken die Loyalität und - spiegelbildlich - die Kundenabgänge systematisch analysiert werden.[6] In einem Pressegespräch stellte es die Deutsche Bank AG Anfang November 1996 als Innovation heraus, ihre Kunden zukünftig regelmäßig nach deren Zufriedenheit zu fragen.[7]

Dabei ist indes auch nicht eindeutig geklärt, mit Hilfe welcher Meßgrößen das Ausmaß an Bankloyalität quantifiziert werden kann. SEITZ hat vorgeschlagen, Zahl, Wechsel und Dauerhaftigkeit von Bankverbindungen zu betrachten - diese Daten werden ca. alle fünf Jahre

---

5 O.V.: Aggressive Strategie (1995).

6 Vgl. Polan (1995), S. 21f. und 204.

7 Vgl. o. V.: Deutsche Bank: Regelmäßige Kundenbefragungen (1996).

vom Spiegel-Verlag erhoben, wobei die Vergleichbarkeit der Zahlen durch die deutsche Wiedervereinigung gelitten hat.[8] Ähnliche Ergebnisse liefert das (allerdings nicht allgemein zugängliche) GfK-Finanzmarktpanel.[9]

Es zeigen sich folgende Entwicklungen:

- Die Zahl derjenigen privaten Haushalte, die mehr als eine Bankverbindung unterhalten, ist von 17% (1973) über 29% (1980) auf mittlerweile fast 40% gestiegen - dies deutet auf eine rückläufige Loyalität zu jeweils einer Bank als „Allein-Lieferant" hin.[10]
- Ihre Bankverbindung schon einmal gewechselt hatten 1980 lediglich 16% der privaten Haushalte, 1995 hat sich diese Zahl mit fast 30% bald verdoppelt. Auch dieses Kriterium weist auf eine gesunkene Bankloyalität hin und ist nicht allein durch die höhere Mobilität der Bankkunden (Wechsel der Bankverbindung durch Umzug) erklärbar.[11]
- WITT hat schon vor 10 Jahren gezeigt, daß der Anteil der Wechsler mit der Dauer der Beziehung abnimmt, wobei er den „kritischen Zeitpunkt" nach etwa 1,8 Jahren sah.[12] Eine jüngere, unveröffentlichte Studie eines deutschen Kreditinstituts bestätigt diesen Wert exakt.[13] Leider sind die Daten der regelmäßigen Spiegel-Studie nicht differenziert genug, um zu überprüfen, ob dieser Wert allgemeine Gültigkeit besitzt und sich in den letzten Jahren verschoben hat: die unterste Klasse wird als „Hauptbankverbindung kleiner fünf Jahre" zu global abgegrenzt.

Insbesondere aus dem Bereich der Unternehmensberatung werden häufig punktuelle Ergebnisse vorgestellt, deren Erhebungsweise allerdings regelmäßig nicht bekannt ist. Zwei Zahlen seien dennoch zur Illustration ausgewählt: Die „Kundenanbindungsquote" im Neugeschäft beträgt im Durchschnitt der Banken nur noch ca. 50%, so daß die Hälfte des Neugeschäfts zur Konkurrenz abwandert. Mittlerweile hat der durchschnittliche Bankkunde

---

8 Vgl. Seitz (1976) sowie Spiegel-Verlag (1980 - 1996); zu den davorliegenden Zahlen vgl. Becker (1975).

9 Vgl. Epple (1991).

10 Vgl. Spiegel-Verlag (1996). Nach dem GfK-Panel liegt diese Zahl sogar schon über 50% (Epple, 1991).

11 Vgl. Spiegel-Verlag (1996). Dem liegt ein Bild der Bankloyalität als ausschließliche Bindung an eine Bank zugrunde. Wie im weiteren noch gezeigt wird, muß diese Sichtweise relativiert werden. Wenn ein Kunde das Gesamtbündel „Bankleistung" aufschnürt und einzelne Angebote bei unterschiedlichen Banken nachfragt, kann er bezogen auf die einzelne Leistung und das jeweilige Institut durchaus loyal sein. Eine steigende Zahl von Bankverbindungen deutet aber darauf hin, daß das Band zwischen Kreditinstitut und Kunde immer dünner wird, was insgesamt schon als Illoyalität bezeichnet werden kann.

12 Vgl. Witt (1986).

13 Vgl. Polan (1995), S. 137.

14 Produkte bei insgesamt sieben Finanzdienstleistern (allerdings inkl. Versicherungen) im Bestand.[14]

Nimmt man die genannten Ergebnisse zusammen, so kann man - auch bei vorsichtiger Interpretation - doch von einer tendenziell rückläufigen Bankloyalität sprechen.[15]

Will man die illoyalen Nachfragergruppen näher bestimmen, so bieten sich aufgrund der nur schmalen Datenbasis lediglich die Kriterien Alter, Beruf und Einkommen an:

- Besonders illoyal sind die 30 - 49jährigen, bei denen 11% über mehr als drei Bankverbindungen verfügen. Ihre Bankverbindung bereits einmal gewechselt haben schon 34%, nur noch 65% besitzen dementsprechend noch ihre erste Bankverbindung. Jenseits eines Lebensalters von 50 gilt tendenziell: je älter, desto loyaler. In der Gruppe der über 65jährigen besitzen noch 82% ihre erste Bankverbindung.[16]

- Während 85% der Facharbeiter ihre Bankverbindung noch nicht gewechselt haben, sind dies bei Selbständigen und Angehörigen freier Berufe nur noch 74%. Bei letzteren verfügen auch 11% über mehr als eine Bankverbindung, während dieses in der Gruppe der Facharbeiter nur auf 5% zutrifft.[17]

- Mit zunehmendem Einkommen steigt die Zahl der Bankverbindungen. Bedienen sich noch knapp zwei Drittel der niedrig verdienenden Haushalte nur einer Bank, so sinkt diese Quote stetig bis zu einem Drittel der Haushalte, die netto 5000 DM und mehr monatlich verdienen. In dieser Gruppe verfügt jeder vierte Haushalt über drei und mehr Bankverbindungen.[18]

Dies leitet über zu der Frage nach den Ursachen der zurückgegangenen Bankloyalität. Einige wesentliche Trends seien schlaglichtartig genannt:

---

[14] Vgl. Szallies (1996), S. 101.

[15] Damit haben sich die zu Beginn der neunziger Jahre abgegebenen Prognosen bestätigt - vgl. Süchting (1991) sowie Epple (1991).

[16] Vgl. Spiegel-Verlag (1996).

[17] Vgl. Spiegel-Verlag (1996).

[18] Vgl. Epple (1991), S. 549.

- Erstens besteht mittlerweile eine weitaus größere Zahl von Anbieteralternativen als noch vor 10 oder gar 20 Jahren. Den Privatkunden werden Finanzdienstleistungen immer stärker offeriert durch Tochterinstitute großer Industrie- (z.B. Automobilbanken) und Handelsunternehmen (z.B. Quelle-Bank). Zudem haben die Versicherungen ihren Anteil an der Geldvermögensbildung der privaten Haushalte auf über 25% ausweiten können.[19] Auch kommen viele Haushalte eher unbewußt in Kontakt zu anderen Banken - etwa durch den Kauf einer „Bahncard“ mit Zahlungsfunktion, die den Besitzer zum Kunden der Citibank macht.

- Über dieses vermehrte Angebot kann sich der Private - zweitens - zunehmend schneller und kostengünstiger einen Überblick verschaffen - am ehesten bei den stark standardisierten Produkten wie Spar- und Termineinlagen. Der Weg über T-Online oder das Internet ermöglicht es, binnen kürzester Zeit Angebote quer durch Deutschland und darüber hinaus zu vergleichen. Diesem Weg gehört die Zukunft, da er für die nachwachsende Generation bereits heute selbstverständlich ist.[20]

  Die Markttransparenz wird in den letzten Jahren zudem erhöht durch Verbraucherverbände einerseits, Medien andererseits, die regelmäßig etwa Konditionenvergleiche von Musterkonten im Bereich des Zahlungsverkehrs verbreiten. Nach einer Allensbach-Umfrage halten es mittlerweile bei einer Anlagesumme von 10.000 DM bereits 46% der westdeutschen Bankkunden für ratsam, zunächst die Angebote verschiedener Banken miteinander zu vergleichen und erst dann zu entscheiden, wo das Geld tatsächlich angelegt wird.[21]

- Drittens wird die Bereitschaft, ein unter Preis/Leistungs-Gesichtspunkten günstigeres Angebot tatsächlich wahrzunehmen und dafür auch die angestammte Bank zu wechseln, zum einen durch den gestiegenen ökonomischen Bildungsgrad breiter Bevölkerungsschichten befördert. So ist die Quote der Abiturienten unter den privaten Haushalten auf mittlerweile 17% angestiegen. Die Aufgeklärtheit der Bankkunden zeigt sich in der Nachfrage nach renditestärkeren und zugleich liquideren Alternativen zur klassischen Bankeinlage wie etwa Geldmarktfonds oder Wertpapieren. Hielten die privaten Haushalte 1970 erst rd. 7% ihres Finanzvermögens in Form von Wertpapieren, so waren es 1994 bereits über 16%. Dazu trug auch bei, daß die überwiegend in der Nachkriegszeit

---

[19] Vgl. zur Quantifizierung der nachlassenden Bankenintermediation auch St. Paul (1994).

[20] Vgl. auch hierzu entsprechende Zahlen der Spiegel-Studie.

[21] Vgl. Köcher (1997).

akkumulierten Vermögen nun verstärkt vererbt werden und die Privaten es sich somit erlauben können, vom reinen „Notfallsparen“ abzugehen. Zum anderen erzwingt die Arbeitsmarktlage in immer stärkerem Ausmaß die Mobilität der Arbeitnehmer. Von daher kann es nicht überraschen, daß auch der Wohnungswechsel häufig als Grund für den Wechsel der Bankverbindung genannt wird.

Nicht zuletzt trägt der - wenn auch nur schwer zu fassende - sogenannte „Wertewandel“ dazu bei, daß „Loyalität“ in der Gesellschaft immer weniger verwurzelt zu sein scheint - in bezug auf die Familien, Parteien und Gewerkschaften, die Kirche und eben (last but not least) die Bank.[22] Die Bedeutung des Vertrauensverhältnisses zum Bankmitarbeiter läßt nach, Problemlösungskompetenz und die „Angemessenheit“ des Preises werden vom Kunden bei seiner Kaufentscheidung stärker gewichtet.

Die Kreissparkasse Recklinghausen beispielsweise fand 1995 in einer mit der Bochumer Marktforschungsagentur TPC durchgeführten Befragung von 12.000 Kunden (= 11% ihrer Privatkunden) heraus, daß ein fester Ansprechpartner nur noch von gut der Hälfte der Privaten für „äußerst wichtig“ oder zumindest „wichtig“ gehalten wurde; bei den jungen Kunden spielte dieser Aspekt eine weitaus geringere Rolle als bei den älteren Kunden.[23]

Immer schwieriger wird daher die Bindung durch den langjährigen, persönlichen Kontakt zwischen Kunde und Bankmitarbeiter, die Basis der Bankloyalität wird brüchig.

4. Betrachtung der schwindenden Bankloyalität aus Sicht des Geschäftsbeziehungsmanagements

Angesichts des angesprochenen gesamtgesellschaftlichen Wertewandels ist die in der Kreditwirtschaft festzustellende, sinkende Loyalität ein branchenübergreifendes Phänomen. Immer mehr Unternehmen erkannten in diesem Zusammenhang, daß ein einseitiger Fokus auf Neukundengewinnung bei gleichzeitiger Abwanderung von Stammkunden auf Dauer negative Folgen für den Unternehmensgewinn haben kann; dementsprechend gewann der Begriff der „Kundenbindung“ an Bedeutung.[24]

---

[22] Vgl. Wünsche/Swoboda (1994) sowie Klages (1987).

[23] Vgl. Online - Mitarbeiterzeitschrift der Kreissparkasse Recklinghausen, 10/1995.

[24] Vgl. zum Überblick Meyer/Oevermann (1995), Diller (1996), sowie Engelhardt/Freiling (1994 und 1995).

Mit Wurzeln im Investitionsgütermarketing der siebziger Jahren - damals mit anderen Begriffen umschrieben -, verstärkt seit Beginn der neunziger Jahre hat sich daher auch das Beziehungsmanagement zu einem wesentlichen Marketing-Konzept entwickelt.[25] Hierunter wird verstanden die „aufeinander abgestimmte Gesamtheit der Grundsätze, Leitbilder und Einzelmaßnahmen zur langfristig zielgerichteten Selektion, Anbahnung, Steuerung und Kontrolle von Geschäftsbeziehungen."[26]

Von besonderer Bedeutung ist dabei die investitionspolitische Perspektive: Geschäftsbeziehungen werden als Investitionsfelder betrachtet, die effizient, ressourcen- und zeitgerecht zu bearbeiten sind sowie die langfristige Bindung des Kunden sicherstellen sollen[27] - hier zeigen sich starke Berührungspunkte zwischen diesem Konzept des „Relationship-Marketing"[28] und der Theorie der Bankloyalität.[29]

Die theoretische Fundierung des Beziehungsmanagements durch die Institutionenökonomik[30] hat dazu beigetragen,

- Geschäftsbeziehungen zu typisieren,
- das Eingehen von Bindungen zu erklären,
- verschiedene Verhaltensweisen in Geschäftsbeziehungen zu anlysieren
- sowie auf Probleme des Managements von Geschäftsbeziehungen hinzuweisen.

Es bietet sich daher an, mit Hilfe dieses Rasters auch die zunehmende Illoyalität von Bankkunden zu beleuchten, sie aus der Perspektive des Beziehungsmanagements anzuschauen.

Nach PLINKE kann unter einer Geschäftsbeziehung eine Kette von Transaktionen zwischen zwei Partnern verstanden werden, die nicht zufällig ist, sondern einen inneren Zusammenhang aufweist[31] ; diesen stellt die Bindung der Partner aneinander dar.

---

25 Vgl. Diller/Kusterer (1988).

26 Diller (1995), Sp. 285.

27 Vgl. Plinke (1989).

28 Vgl. Plinke (1992).

29 Vgl. dazu auch Süchting (1992), S. 456f.

30 Vgl. Kleinaltenkamp (1994), Kleinaltenkamp/Marra (1995), speziell S. 112ff. und Schäfer (1995).

31 Vgl. Plinke (1989), S. 303ff., Plinke (1997) und Kleinaltenkamp/Plinke/Söllner (1996).

Analysiert man die Geschäftsbeziehungen von Banken zu ihren Kunden im Privatkundengeschäft, so fällt auf, daß sich unter dem Dach der Geschäftsbeziehung sehr unterschiedliche Transaktionen abspielen können; die abgesetzten Leistungsbündel weisen mitunter eine hohe Vielfalt auf. Je nach Untersuchungszweck lassen sie sich in bezug auf verschiedene Dimensionen systematisieren. Für die hier verfolgte Fragestellung kann zum einen im Hinblick auf die Dauer der Problemlösung unterschieden werden:[32]

- Die „Zeitpunktleistung"[33] : Sie wird nachgefragt für Probleme, die zu einem bestimmten Zeitpunkt auftreten und in diesem (i.d.R.) abschließend gelöst werden. Beispiele dafür sind Kredite für den Autokauf, den Hausbau, bestimmte Anlageentscheidungen etc. Für eine Anschaffung benötigt der Bankkunde in einem bestimmten Zeitpunkt Liquidität. Wenn die Bank ihm diese einräumt, ist das Problem gelöst. Zwar kann sich die Rückzahlung über einen längeren Zeitraum erstrecken, doch wenn es nicht zu Zahlungsaufschüben oder Kreditaufstockungen kommt, ist die Problemlösung beendet. - Wenn ein Anleger vor der Frage steht, wie er 100.000 DM für drei Monate anlegen kann, so wird ihm das Kreditinstitut möglicherweise eine Termineinlage für diesen Zeitraum empfehlen. Zwar sieht der Kunde in der Folge monatlich einen Auszug seines (Unter-)Kontos, doch wiederum ist die Problemlösung im Zeitpunkt des Absatzes der Termineinlage abgeschlossen. Hat der Kunde in einer späteren Periode erneut Anlagebedarf, so wird eine neue Beschaffungsentscheidung getroffen, je nachdem welche dann zugrundeliegenden Probleme bei dem Nachfrager auftreten. Damit ist bei derartigen Leistungen möglicherweise auch der Anbieter jedesmal wieder in Frage gestellt. Um Mißverständnissen vorzubeugen, sei noch einmal ausdrücklich betont: Der Begriff der „Zeitpunktleistung" stellt auf die Dauer der Problemlösung, nicht die Vertragslaufzeit ab.

- Die „Zeitraumleistung": Sie löst für den Nachfrager ein Problem, das dieser dauerhaft hat bzw. bei ihm immer wieder auftritt. Das Problem, den Zahlungsverkehr abzuwickeln, ist ein solches. Solange man in einer durch den bargeldlosen Geldverkehr geprägten Gesellschaft lebt, muß man ein Girokonto unterhalten, um mit dessen Hilfe daran teilzunehmen. Auch der in der Regel damit in Verbindung stehende Dispositionskredit ist eine solche Leistung. Durch Schwankungen im Einkommensstrom entsteht immer wieder der Bedarf nach zusätzlicher Liquidität für einen beschränkten Zeitraum. Der Bankkunde

[32] Vgl. Süchting (1968), der von „kontakthäufigen bzw. -seltenen Leistungen" spricht, wobei der Kontakt über die eigentliche Problemlösung hinausgehen kann; insofern wird hier eine Fokussierung vorgenommen.

[33] Vgl. zu einer ähnlichen Einteilung Corsten (1985), S. 122. Im Unterschied zu der hier vertretenen Auffassung bezieht Corsten diese Begriffe aber nur auf die Dauer des Leistungs*erstellungs*prozesses, nimmt also eher die Perspektive des Anbieters ein.

möchte aber dauerhaft Sicherheit, daß die Bank ihm diese in einem vereinbarten Rahmen auf Abruf zur Verfügung stellt. Die Zeitraumleistung besteht also im Grunde aus mehreren Transaktionen oder Teilleistungen, die in einem großen Leistungsbündel zusammengefaßt sind. Es gibt deshalb auch meist nur einen Vertrag, der lediglich Spielregeln, nicht aber die Details der Zeitraumleistung regelt. Eine solche Regelung wäre nämlich nur schwer möglich, da über den zunächst unbeschränkten Zeitraum, über den sich die Leistungserstellung erstreckt, nicht alle Zukunftslagen prognostizierbar sind. Als bekanntes Beispiel hierfür mag der Zinssatz für einen Dispositionskredit dienen. Üblicherweise wird beim Absatz dieser Leistung nur der Rahmen der Inanspruchnahme festgelegt, der Zins aber verändert sich entsprechend den Refinanzierungsmöglichkeiten der Bank.

Neben dem unbestimmten Zeitraum und der nur ungenauen Spezifizierung des Umfangs der Leistung ist für die Zeitraumleistungen typisch, daß der Nachfrager die Entscheidung über ihre Beschaffung nur in größeren Abständen, evtl. sogar lediglich einmal im Leben trifft. Solange er keine bessere Möglichkeit sieht oder die Wahl der Kontoverbindung für ihn wegen mangelnder Evidenz[34] kein Problem darstellt[35], wird er keinen neuen Beschaffungsprozeß einleiten. Dieses gilt - um ein weiteres Beispiel zu nennen - auch für die umfassende Vermögensverwaltung, bei der der Kundenbetreuer in regelmäßigem Kontakt mit dem Nachfrager steht, seine Vermögenssituation analysiert und Anlageempfehlungen gibt.

Im Hinblick auf die Bindungsmöglichkeiten des Kunden bietet sich darüber hinaus eine Unterteilung nach der Komplexität des zu lösenden Problems an, die sich auf die Intensität des Kontakts Bank/Kunde auswirkt:[36]

- Seine Lösungskompetenz kann der Anbieter bei komplexen Problemen und den auf sie zugeschnittenen („Individual"-)Leistungen wie dem Wertpapierkauf eines Privaten, der kurz vor der Pensionierung steht und sich mit ständig ändernden Steuergesetzen konfrontiert sieht, wesentlich stärker unter Beweis stellen als bei einer („Standard"-)

---

34 Vgl. zum Begriff der Evidenz Engelhardt/Schwab (1982).

35 Vgl. Stauss/Neuhaus (1995), die drei Kategorien loyaler Kunden unterscheiden: den fordernd zufriedenen Kunden, der wegen hoher Erwartungen schnell bereit ist, den Anbieter zu wechseln; den resignativ zufriedenen Kunden, der mangels besserer Alternativen nicht wechselt, bei einem überzeugend attraktiven Angebot aber wechselbereit ist und den stabil zufriedenen Kunden, der dauerhaft bei „seinem" Anbieter bleibt. Die Intervalle der Beschaffung von Zeitraumleistungen dürften vom ersten zum letzten Typen länger werden.

36 Daher spricht Süchting (1968) auch von mehr oder weniger „kontaktintensiven" Leistungen.

Lösung wie z.B. einer Termingeldanlage für drei Monate. In beiden Fällen handelt es sich in der Regel um "Zeitpunktleistungen", da der Bedarf des Nachfragers vollständig gedeckt wird. Dies bedeutet nicht, daß - um im Beispiel zu bleiben - der Private in Folgeperioden kein Geld mehr anlegt. Es wird jedoch hierfür ein neuer Vertrag erforderlich sein, so daß die Position des Anbieters nicht zementiert ist.

- Auch bei „Zeitraumleistungen" scheint eine Differenzierung erforderlich. Obwohl sich die Problemlösung sowohl bei einem Girokonto in Verbindung mit einem Dispokredit als auch bei einer umfassenden Vermögensbetreuung über mehrere Jahre oder gar Jahrzehnte erstrecken kann, ist die Bindungsmöglichkeit im zweiten Fall aufgrund des wesentlich höheren Komplexitätsgrades des Kundenproblems deutlich größer. Durch den intensiven Austausch erhält der Anbieter die Chance, sich eingehend zu präsentieren.

Zusammenfassend kann man also von folgender Typologie ausgehen:

		Komplexität des Problems	
		niedrig	*hoch*
Dauer der Problemlösung	*in einem Zeitpunkt*	**Termingeldanlage**	**Wertpapierkauf u.B.d. Steuersituation**
	über mehrere Zeitpunkte	**Girokonto mit Dispositionskredit**	**Umfassende Vermögensbetreuung**

Abb. 1: Systematisierung von Bankleistungen im Privatkundengeschäft

Die Ausgangsthese der Strategieentwicklung in vielen Banken war, daß bestimmte Zeitraumleistungen eine gute Grundlage für den Aufbau und den Erhalt von Geschäftsbeziehungen darstellen. Speziell Girokonten wurden als Einstieg in eine engere Beziehung gesehen. Dabei ging - und geht (siehe die BfG Bank) - es darum, Nachfrageverbunde in einem Zeitpunkt (der Berufseinstieg bringt z.B. eine Reihe von gleichzeitig auftretenden Finanzierungs- und Geldanlageproblemen) und/oder über einen Zeitraum (aus bestimmten Einkommenssituationen ergeben sich über die Zeit miteinander verbundene Fragen der Geldanlage, der Altersvorsorge etc.) zu nutzen[37].

Hat sich der Nachfrager einmal dafür entschieden, sein Girokonto bei einer Bank zu eröffnen, so war dies über lange Zeit eine sehr dauerhafte Festlegung. Diese Dauerhaftigkeit und die immer wiederkehrenden Kontakte waren selbst bindend, gaben der Bank darüber hinaus aber

37 Vgl. zu den Nachfrageverbunden Engelhardt (1976).

auch noch die Möglichkeit, zusätzliche Bindung aufzubauen. Je intensiver Kreditinstitute die sich ergebenden Kontakte und die daraus erwachsenden Informationen nutzten, desto besser konnten sie sich auf die Bedürfnisse einzelner Nachfrager einstellen. Die Nachfrager wiederum bauten darauf, besser verstanden und betreut zu werden als bei anderen Kreditinstituten, die erst wieder einen entsprechenden Erfahrungsfundus hätten aufbauen müssen. Gerade im Bereich der Kreditleistungen läßt sich das preis(mit)bestimmende Merkmal der Bonität nur schwer an ein anderes Institut transferieren, da es auf Erfahrungswerten der Vergangenheit basiert - der Nachfrager ist „informationell eingeschlossen."[38]

Aus dieser genauen Kenntnis der Verhältnisse des Bankkunden, so der zweite Teil dieser Idee, ließen sich weitere Angebote zielgerichtet an diese Nachfrager vermarkten. Verkürzt gesagt: Wenn die Bank die Entwicklung des Saldos auf dem Girokonto und die Einstellungen des Kunden eine Zeit lang kennt, fällt es ihr leichter, ihn auf bestimmte Anlagemöglichkeiten anzusprechen. Wenn der Nachfrager seinerseits ein Problem hat, wird er sich am ehesten an diejenige Bank wenden, die er über seine Kontoverbindung schon kennt - ideale Voraussetzungen also, um Cross-selling[39] zu betreiben. Insbesondere, wenn der Kunde Zeitpunktleistungen benötigt, muß nicht jedesmal ein neuer Akquisitionsprozeß durchlaufen werden. - Dies war im übrigen auch einer der Grundgedanken bei der Kreierung von sogenannten „Allfinanz"-Konzepten.

Für die Banken ergab sich aus dieser Vorstellung über das Marktgeschehen die Notwendigkeit, Girokonten zu gewinnen bzw. zu halten und darüber hinaus eine möglichst breite Palette an Leistungen anzubieten, um den Nachfrager umfassend bedienen zu können. Ziel war es dabei, Abwanderung bei einzelnen Leistungen als Gefährdung für die Geschäftsbeziehung zu verhindern; auch dies eines der Motive von „Allfinanz"-Strategien. Angestrebt wurde deshalb eine möglichst hohe Bankloyalität des Nachfragers, die sich entsprechend der eingangs gegebenen Definition so auswirken sollte, daß dieser sämtliche der aus seiner Sicht erforderlichen Bankleistungen bei seiner Hausbank beschafft.

Bei dieser Argumentation wurde dementsprechend unterstellt, daß *enge Bindungen und umfassende Geschäftsbeziehungen die Grundlage von Rentabilität* sind, weil:

---

38 Vgl. Sharpe (1990), S. 1070 und Engelhardt/Freiling (1996), S. 147.

39 Für den Bereich der Finanzdienstleistungs-Geschäftsbeziehungen hat Farny (1995, Sp. 2602f.) diese Option auch aus der Perspektive der Versicherungswirtschaft beleuchtet.

- das *Erlös*potential des Kunden besser ausgeschöpft werden kann,
- sich Einsparungen von Transaktions*kosten* z.B. für die Kundensuche, -einschätzung und -kontrolle ergeben
- sowie eine Ergebnis*stabilisierung* durch die Dauerhaftigkeit der Verbindung eintritt.

Wie unter 3. gezeigt, entsprechen aber die realen Verhältnisse im Finanzdienstleistungsmarkt für private Kunden nicht mehr den Annahmen, die dieser Argumentation zugrunde liegen. Insbesondere zwei zentrale Änderungen scheinen danach offensichtlich:

- Die Intervalle, in denen Bankkunden die Entscheidung über die Zeitraumleistungen (insbesondere die Girokonten) überdenken, sind kürzer geworden. Die Nachfrager sind bei Unzufriedenheit bereit, schneller als zuvor die Bankverbindung zu wechseln. Die Wirkung solcher Leistungen als Bindung an sich hat nachgelassen.

- Die Nachfrager sehen in der Bank, bei der sie ihr Girokonto unterhalten, nicht mehr unbedingt den ersten oder einzigen Ansprechpartner für ihre Finanzprobleme. Es gibt aus Sicht der Nachfrager mehrere Anbieter, mit denen sie ebenso gut über ihre Fragen reden können.

Durch diese Veränderungen sind auf einem gedachten Kontinuum drei Haupttypen von Bankkunden beobachtbar:

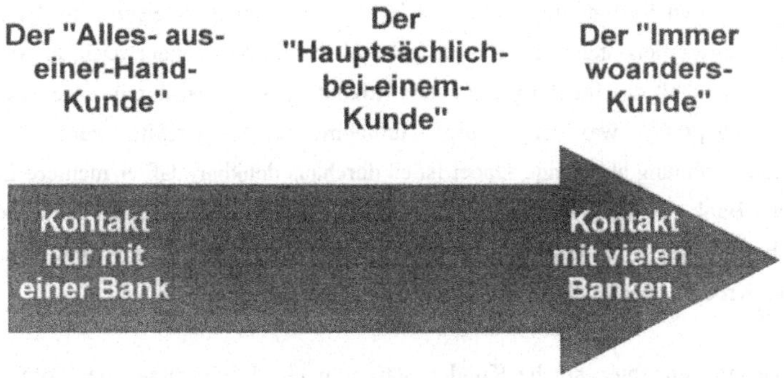

Abb. 2: Kundentypologie

- Der **„Alles-aus-einer-Hand-Kunde"** entspricht dabei dem, was bisher als Normalfall angesehen wurde. Er weist eine Loyalität zu seiner angestammten Bankverbindung auf, die so stark ist, daß er Bankleistungen nicht bei anderen Kreditinstituten beschaffen würde. Dabei sei zunächst dahingestellt, warum er so verfährt. Von mangelnder Information und einem deshalb besonders stark ausgeprägten Risikoempfinden über Bequemlichkeit bis hin zur mangelnden Möglichkeit, überhaupt mehrere Bankleistungen abzunehmen, dürften hier sehr unterschiedliche Motive zu beobachten sein.

- Der **„Hauptsächlich-bei-einem-Kunde“** ist von diesem bisherigen Bild schon ein Stück entfernt. Zwar betrachtet er immer noch ein Institut als seine Haupt- oder Hausbank, bei der er möglicherweise auch die meisten Leistungen kauft. In Einzelfällen ist er aber bereit, diese auch bei anderen Banken zu beschaffen; sei es, daß er „seiner“ Bank bei den entsprechenden Problemen nicht die notwendige Kompetenz beimißt, sei es, daß er bei diesen Leistungen eine besonders hohe Preissensibilität aufweist und deshalb zu einem anderen Kreditinstitut wechselt. Es besteht also nach wie vor eine - vielleicht sogar durchaus enge - *grundsätzliche Bindung* an die Hausbank, doch bewirkt diese nicht mehr eine absolute, sondern nur noch eine beschränkte Loyalität. Der Nachfrager ist grundsätzlich an einer dauerhaften Geschäftsbeziehung interessiert; bei Angeboten, die ihm besser erscheinen als die der Hausbank, ist er aber auch bereit, Kontakt zu anderen Instituten aufzunehmen und somit aus Sicht der Hausbank im traditionellen Sinne „illoyal“ zu werden.

- Der **„Immer-woanders-Kunde“** schließlich stellt den genauen Gegentyp zum hergebrachten Nachfragerbild am anderen Ende dieses Kontinuums dar. Er fühlt sich nicht an ein einzelnes Institut gebunden, sondern entscheidet immer wieder neu und unabhängig von bestehenden Verbindungen über die Beschaffung der Bankleistungen. Zwar benötigt auch er Zeitraumleistungen, doch ist er jederzeit bereit, diese anderweitig in Anspruch zu nehmen. Er wählt das für ihn günstigste Girokonto aus und ist durch diese Entscheidung nicht vorgeprägt, was etwa die Aufnahme eines Kredits zum Kauf einer Eigentumswohnung anbelangt. Dabei ist es durchaus denkbar, daß er mehrere Leistungen bei einer Bank beschafft. Das wäre allerdings eher als Zufall anzusehen, da die betreffende Bank bei all' diesen Leistungen in den wesentlichen dem Nachfrager wichtigen Kriterien anderen Kreditinstituten überlegen sein müßte.

Die Banken betrachten solche Kunden stärker noch als diejenigen der vorhergehenden Kategorie durch die Brille der bisherigen Marktsicht als *„illoyal“*. Aus Sicht der Nachfrager kann aber eine Art *„selektiver Loyalität"* konstatiert werden: Solange Preis und/oder Qualität der Leistung den Kunden überzeugen, wird er *bei einem einzelnen Bankprodukt* loyal zu der anbietenden Bank stehen. Er weist lediglich *keine umfassende Loyalität* hinsichtlich aller nachgefragten Leistungen mehr auf, hat das

Gesamtleistungsbündel auseinandergeschnürt. Wichtig ist auch, daß jede Bank, mit der der Kunde Geschäfte tätigt, zu diesem eine Geschäftsbeziehung unterhält. Diese besteht lediglich aus weniger Transaktionen und Interaktionen als dies früher der Fall war. Die Banken haben auch zu diesen Nachfragern einen Kontakt, der sich für weitere Geschäfte nutzen ließe - dies ist allerdings wesentlich schwieriger als zuvor.[40]

5. Möglichkeiten der Erfolgsmessung bei Geschäftsbeziehungen

Diese „selektive Loyalität" muß indes nicht ein Weniger an Rentabilität bedeuten - wie auch umgekehrt eine starke, umfassende Bankloyalität und Rentabilität nicht gleichgesetzt werden können. POLAN systematisiert in Übertragung einer Idee von PLINKE vier potentielle Kundenattraktivitäts/Kundenbindungs-Kombinationen. Dabei erscheinen im hier gewählten Kontext besonders interessant die „A"-Kunden (in der folgenden Abbildung links oben), die zwar ein nur geringes Bindungspotential aufweisen, zugleich jedoch - gemessen an ihrem jährlichen Deckungsbeitrag - sehr attraktiv sind.

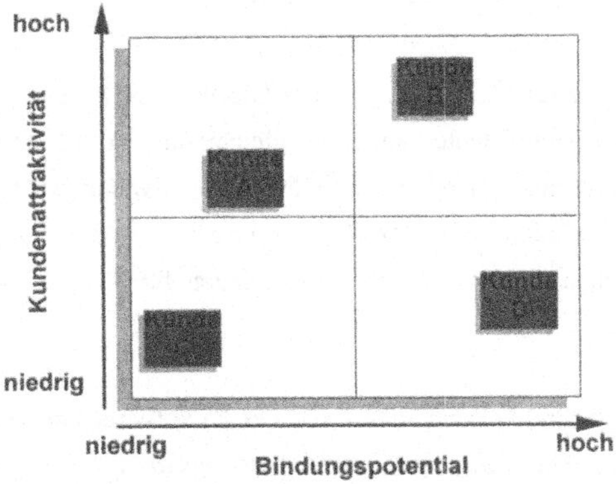

Abb. 3: Kundenattraktivitäts/Kundenbindungs-Portfolio[41]

Aussagekräftige empirische Studien zu diesem Zusammenhang sind bisher rar. Die Existenz von vier Kundenklassen wurde jedoch jüngst in der sorgfältigen Studie von HALLOWELL bestätigt. Die Befragung von 12.000 Kunden aus 59 Filialen einer Bank und ihre Kombination mit den Daten aus dem internen Rechnungswesen zeigte, daß es tatsächlich eine quantitativ

[40] Von daher ist ein reines „transaction marketing" kaum vorstellbar; vgl. Wehrli/Jüttner (1994).

[41] Polan (1995), S. 189. Vgl. zu den Vorläufern Plinke (1989), S. 316 sowie Diller/Götz (1991).

erhebliche Gruppe von Nachfragern gibt, deren Kundenbindung (dort gefaßt als Dauer und Tiefe = Cross-selling-Rate der Beziehung) nur gering ist, deren Attraktivität (gemessen als Aufwandsrentabilität) aber als hoch eingestuft werden kann (aufgrund der anderen Achseneinteilung in der folgenden Abbildung links unten):

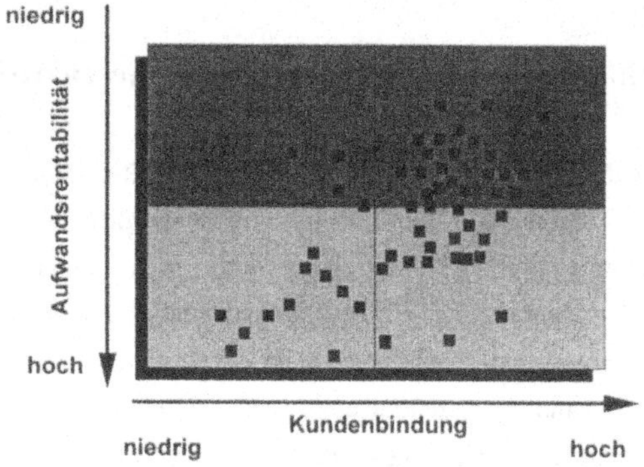

Abb. 4: Rentabilitäts/Bindungs-Portfolio[42]

Umgekehrt zeigt sich aber eben auch, daß ein Großteil der loyalen Kunden unattraktiv ist (Sektor rechts oben). Darauf deuten auch die (gleichwohl nur auf empirisch schmaler Basis gewonnenen) Hinweise aus anderen Studien, 50% der Privatkunden seien unprofitabel bzw. mit 10% der Kunden würden 100% des Gewinns erzielt.[43] In der deutschen Kreditwirtschaft gilt eine Faustformel, nach der 20% der Privatkunden für 80% der Erträge verantwortlich zeichnen sollen.[44]

Indes drängt sich der Eindruck auf, daß es in der Kreditwirtschaft (noch immer) *an systematischen Kundenergebnisrechnungen*[45] *als Ausgangsbasis für ein zielgerichtetes Beziehungsmanagement mangelt* bzw. die bereits existierenden Ansätze mit nicht unwesentlichen *Schwachstellen* behaftet sind. In dem 1995 erschienenen, beinahe 1.000seitigen „Handbuch Bankcontrolling" gibt es in diesem Zusammenhang lediglich den folgenden lapidaren Hinweis:

---

42 Vgl. Hallowell (1996), S. 35.

43 Vgl. Storbacka/Strandvik/Grönroos (1994).

44 Vgl. Polan (1995), S. 41.

45 Zu den Grundlagen der Kundenergebnisrechnung vgl. Plinke/Rese (1995).

„3.4.4 Führung von Kundenbeziehungen

Sogenannte Senior Banker und Account Manager sind für den Erfolgsbeitrag von Kundenbeziehungen verantwortlich. Insbesondere bei Großkunden ... setzt sich diese Beziehung aus diversen Dienstleistungen und Produkten zusammen, die in der Verantwortung mehrerer Sparten stehen und bei mehreren Regionen in Anspruch genommen werden. Bedingt durch die Komplexität ist es oftmals schwierig, das exakte Kundenergebnis zu bestimmen.“[46]

Die in der Praxis anzutreffenden Ergebnisrechnungen setzen in der Regel an einem *aktuellen Kundendeckungsbeitrag* der Geschäftsbeziehung an. SCHÜTZ/KRUG haben zuletzt auf die Problematik dieser Größe hingewiesen, die insbesondere

- nur ein stichtagsbezogenes Bild liefert,
- durch die übliche periodische Abgrenzung keine Informationen über „Vorlaufinvestitionen“ in die Beziehung enthält,
- und auch keine Aussage über die Rentabilität des Einsatzes weiterer finanzieller Mittel macht.[47]

Ziel muß es daher sein, in der Planung, Steuerung und Kontrolle einer Geschäftsbeziehung auf einen laufend ermittelten *„Lifetime Value“* abzustellen[48], also einen auf den Kalkulationszeitpunkt auf- bzw. abgezinsten Barwert der vergangenen und zukünftigen Ergebnisse.

Hiervon sind die meisten deutschen Kreditinstitute aber noch ein gutes Stück entfernt. Nach einer intensiven Methodendiskussion in den achtziger Jahren gehört zwar die sogenannte „Marktzinsmethode“ immerhin zum Standard des internen Rechnungswesens. Danach werden die Zinssätze am Geld- bzw. Kapitalmarkt zur „Benchmark“ für Kredit- und Einlagengeschäfte. Über die Aggregation der Differenz zwischen Kunden- und Marktzinssätzen („Margen“) läßt sich der Erfolg von Kundenbetreuern, Produkten und eben auch Kundenbeziehungen sachgerechter ermitteln als in der zuvor verbreiteten

[46] H. Steinmann, Generaldirektor Schweizerische Bankgesellschaft, (1995, S. 500f.).

[47] Vgl. Schütz/Krug (1996).

[48] Meyer/Oevermann (1995), Sp. 1345; vgl. weiterhin in diesem Sinne Oggenfuß (1993), S. 6 - 14.

„Schichtenbilanzmethode".[49] Doch liegt dem Grundmodell der Marktzinsmethode eine nur einperiodige Betrachtungsweise zugrunde.

Kaum Umsetzung gefunden hat bisher die in der Literatur vorgeschlagene Erweiterung der Marktzinsmethode durch das *„Barwertkonzept"*.[50] Hierbei wird der Versuch gemacht, die Erfolgswirkungen einzelner Bankgeschäfte über ihre gesamte Laufzeit zu berechnen. Statt diese Information insbesondere für die Kalkulation von Geschäftsbeziehungen nutzbar zu machen, beschäftigt sich allerdings auch die Wissenschaft wesentlich intensiver mit der Frage, wie dieser periodenübergreifende - und daher für die auf Dauer angelegte Geschäftsbeziehung einzig aussagekräftige - Barwert mühsam mit den dem engen Korsett des externen Rechnungswesens entstammenden Ergebnisinformationen in Einklang gebracht werden kann.[51]

Bei der Behandlung der über den Zinsanteil hinausgehenden Komponenten der Kundenerfolgsrechnung sind in der Literatur ebenfalls Inkonsistenzen festzustellen. So plädiert SCHIERENBECK in seinem Standardwerk zum Bank-Controlling zwar sachgerecht dafür, den Barwert der (bonitätsbedingten) Risikokosten im Kreditgeschäft anzusetzen, will jedoch mit den Betriebskosten und den Dienstleistungserträgen (z.B. Kontoführungsgebühren) anders verfahren - nämlich diese nicht abzinsen. Für die Personal- und Sachkosten lautet die Begründung, daß *„ein Großteil (dieser Kosten) ohnehin zum Zeitpunkt des Vertragsabschlusses anfällt, sie im weiteren Verlauf relativ niedrig sind und erst gegen Vertragsende wieder ansteigen... Da der überwiegende Kostenteil bei einer Multiplikation mit den exakten Abzinsfaktorn aufgrund seiner Zukunftsnähe nur geringfügig abgezinst würde, sind die möglichen Abweichungen relativ unbedeutend."* Die Dienstleistungserträge werden von ihm ebenfalls nicht diskontiert, *„... zumal ihr Gewicht im bilanzrelevanten Geschäft im Regelfall nur gering sein wird."* SCHIERENBECK gesteht aber zu: *„Wenn man die Berechnung allerdings exakt durchführen will, können die Dienstleistungserträge natürlich auch im Kunden-Cash flow mit aufgeführt und entsprechend abgezinst werden."*[52]

Obwohl diese Argumentation aufgrund der tendenziell enger gewordenen Margen schon im bilanzrelevanten Geschäft auf einer brüchigen Basis steht, ist sie im bilanzindifferenten

---

49 Vgl. St. Paul (1987). - Allerdings ist die Kontroverse um die Marktzinsmethode (insbesondere die Grenzen ihrer Anwendbarkeit) noch immer nicht abgeschlossen: vgl. Adam/Hering/Schlüchtermann (1994).

50 Vgl. Benke/Gebauer/Piaskowski (1991) sowie Schierenbeck/Wiedemann (1993).

51 So bei Schierenbeck (1994), S. 175 - 193.

52 Alle Zitate Schierenbeck (1994), S. 285.

Geschäft kaum noch haltbar. Diejenigen Leistungen aber, über die sich die Kreditinstitute im Privatkundengeschäft besonders profilieren, durch die sie den Kunden mithin gut binden können, sind insbesondere Beratungsleistungen (wie die Vermögensverwaltung), also bilanzirrelevante Provisionsgeschäfte. Gerade diese Leistungen müssen sorgfältig geplant und dann abgezinst Eingang in einen Barwert der Geschäftsbeziehung finden, um diese adäquat zu steuern.[53] Noch werden speziell die Betriebskosten und Dienstleistungserträge in dieser Hinsicht von der Praxis, aber auch der Wissenschaft stiefmütterlich behandelt.

Daß dabei vom Postulat der Genauigkeit Abstriche gemacht werden müssen, ist schon aufgrund der nicht auflösbaren Erlös- und Kostenverbundwirkungen in Banken[54] sowie der sich im Zeitablauf ändernden Prozeß- und damit Kosten- und Erlösstruktur banal. Doch eine Annäherung an das Gesamtergebnis der Geschäftsbeziehung scheint immer noch besser zu sein als eine Steuerung auf Basis periodisierter Zahlen unter bewußter Ausklammerung bestimmter Ergebnisbestandteile bzw. deren ungleicher Einbeziehung.

Darüber hinaus ist der *absolute* Kundendeckungsbeitrag - auch ein über mehrere Perioden berechneter Barwert - allein wenig aussagekräftig[55]. SCHÜTZ/KRUG schlagen daher vor, auf die *Kundenrentabilität* als

$$\frac{\text{Kundendeckungsbeitrag}}{\text{Kundeninvestment}}$$

abzustellen.[56] Das läßt allerdings noch die Frage unbeantwortet, ob schon bei einem positiven Vorzeichen dieses Terms weiter in die Geschäftsbeziehung investiert werden sollte. Will man den Shareholder Value der Bank[57] nicht aus den Augen verlieren, so hat auch für die einzelne Geschäftsbeziehung im Prinzip und auf Dauer dasselbe wie für ganze Geschäftsfelder zu gelten: Die Kundenrentabilität muß die von der Bank angestrebte, als Renditeforderung der Eigenkapitalgeber beispielsweise aus dem Capital Asset Pricing Model abgeleitete Mindestverzinsung überschreiten - nur dann tragen weitere Investitionen in die Beziehung zur Steigerung des Unternehmenswertes bei:

[53] Vgl. Paul/Siewert (1997), S. 133 - 136.

[54] Vgl. Süchting (1992), S. 102.

[55] Das ist auch der Haupteinwand gegen die Untersuchung von Sachenbacher (1991), die aber zumindest als eine der wenigen Arbeiten eine periodenübergreifende Erfolgsermittlung anstrebt.

[56] Schütz/Krug (1996), S. 193.

[57] Vgl. grundsätzlich Süchting (1996).

$$\frac{\text{Gesamt(plan)barwert der Kundenbeziehung}}{\text{Gesamt(plan)investment}} \rangle r_{EK}.$$

Begrenzte Unterschreitungen der Mindestrendite durch den Ist-Barwert können demnach hingenommen werden, wenn begründete Anhaltspunkte für Kompensationen in späteren Perioden vorliegen, so daß der geplante Lifetime Value wiederum die Mindestverzinsung überschreitet.

In diese Planung müssen Annahmen über die Bankloyalität bzw. Kundenbindung eingehen, auf die zumindest näherungsweise z.B. mit Hilfe von Zufriedenheitsstudien und eine Analyse der Kundenbeschwerden geschlossen werden kann.[58] Dabei erweist es sich als Problem, daß die Umfeldbedingungen zunehmend instabil werden, typische Verläufe von Geschäftsbeziehungen also immer seltener ohne Korrekturen in die Zukunft extrapoliert werden können. Dies darf indes nicht in die Aufforderung für das Bank-Controlling münden, vor diesem - zugegeben weiten - Aufgabenfeld zu kapitulieren.

6. Mögliche Strategien der Banken als Reaktion auf den Wandel von Geschäftsbeziehungen im Privatkundengeschäft

Für die Kreditinstitute eröffnen sich mehrere Möglichkeiten, auf die Veränderung der Märkte zu reagieren; eine allgemeine Strategie des Geschäftsbeziehungsmanagements kann es nicht geben. Alle drei Grundtypen von Kunden (Abbildung 2) erfordern eine sorgfältige Behandlung des Kontakts, diese wird aber für die einzelnen Gruppen unterschiedlich aussehen. Nur wenn das Geschäftsbeziehungsmanagement darauf ausgerichtet ist, diesen differenzierten Beziehungen gerecht zu werden, kann die Bank auch unter den veränderten Umfeldbedingungen rentabel bleiben.

Eine für das jeweilige Institut passende Positionierung kann in fünf Schritten erfolgen:

[58] Meyer/Dornach (1993).

1. Identifikation der erreichbaren Zielsegmente[59],
2. Analyse, welches Angebot für die Nachfrager des betreffenden Zielsegments hinsichtlich (vor allem) Qualität und Preis adäquat ist,
3. Analyse des erreichbaren Cash-flows in der Zeit,
4. Auswahl der gemessen am Shareholder Value attraktiven Segmente,
5. Abstimmung der Strategie und des Instrumenten-Mix auf diese Segmente sowie entsprechende Gestaltung der Potentiale.

Eine ***erste Strategie*** könnte darin bestehen, die verbliebenen „Alles-aus-einer-Hand-Kunden" mit einem umfassenden Angebot anzusprechen bzw. mit den Vorteilen eines solchen Angebots derzeitige „Hauptsächlich-bei-einem-Kunden" wieder fester an sich zu binden. Dieses Segment kann attraktiv sein im Hinblick auf zwei unterschiedliche Kundenklassen:

- Zum einen trifft man hier den mäßig vermögenden Nachfrager, der einige wenige Geldgeschäfte tätigt, die er grundsätzlich auf verschiedene Institute verteilen könnte. Da er in Geldfragen sehr unsicher ist, neigt er nicht dazu, über einen Wechsel der Bankverbindung nachzudenken. In diese Geschäftsbeziehungen muß im Vergleich wenig investiert werden, da der Kunde von sich aus die Beziehung nicht in Frage stellt. Daher ist der Nachfrager auch hinsichtlich des Preis/Leistungs-Verhältnisses relativ unsensibel, solange es sich nicht im negativen Sinne deutlich von dem entfernt, was ihm als „normal" oder „angemessen" erscheint. Es ergibt sich dann auch ein vergleichsweise stabiler Cash-flow.

- Zum anderen befindet sich hier auch der vermögende Privatkunde, der von seinem umfangreichen Bedarf an Bankleistungen her erst recht eine Aufteilung auf verschiedene Institute vornehmen könnte. Er tut dies zwar ebenfalls aus Gründen der Risikoaversion und/oder der Bequemlichkeit nicht, stellt aber deutlich höhere Qualitätsansprüche als der Kunde im ersten Fall. Hier sind dementsprechend verstärkt (z.B. Personal-)Investitionen erforderlich, um die notwendige Problemlösungskompetenz sicherzustellen. Angesichts des Ergebnispotentials dieser Kunden muß um eine Amortisation aber nicht gefürchtet werden, denn für die Covenience, die ihnen ein solches Angebot bietet, sind sie bereit, bei einzelnen Teilleistungen einen höheren Preis zu bezahlen, als dies marktüblich ist.

---

59 Dabei wird die Loyalität nur ein Segmentierungskriterium unter mehreren sein, allerdings mit einer herausgehobenen - da kaufverhaltensbestimmenden - Bedeutung. Wenn im folgenden nur auf dieses Kriterium zurückgegriffen wird, dient dies lediglich der gedanklichen Vereinfachung.

Ein Kreditinstitut, das auf dieses Segment setzt, muß nicht nur ein umfangreiches Sortiment bereithalten, um dem Nachfrager tatsächlich „alles aus einer Hand" anbieten zu können. Um das Beziehungsziel *absolut* loyaler Kunden erreichen zu können, ist auch die abgestimmte Vermarktung erforderlich, die es diesen unattraktiv erscheinen läßt, weitere Geschäftsbeziehungen zu anderen Banken zu unterhalten.

Grundlage dieses Sortiments sind - klassisch - die Zeitraumleistungen. Unabhängig vom Grad der Komplexität werden sie so angeboten, daß ein häufiger und zugleich intensiver persönlicher Kontakt besteht. Idealerweise müßte auch außerhalb der Absatzakte im engeren Sinne die Nähe zu den Nachfragern durch ein „Einklinken" in das persönliche Umfeld (z.B. Vereinsleben, Freizeitveranstaltungen) gesucht werden.

Aus dieser Anforderung an die Zeitraumleistungen ergibt sich die Notwendigkeit, die Potentiale und Prozesse des Anbieters entsprechend zu gestalten. Das bedingt zunächt die Schaffung oder Erhaltung möglichst vieler Kontaktpunkte. Eine solche Bank benötigt ein Geschäftsstellennetz, das zumindest dort, wo regionale Schwerpunkte der Kundschaft identifiziert werden können, sehr eng geknüpft sein sollte. Ergänzend gilt es aber auch in hohem Maße, die Chancen der Integration des Bankkunden als externen Faktor in die Potential- und Prozeßgestaltung zum Zwecke der Bindung zu nutzen. Der integrative Aufbau spezifischer Potentiale[60] besteht z.B. in der Sammlung und systematischen Auswertung der Kundenhistorie sowie des gesamten Umfelds der Geschäftsbeziehung. Auf Mitarbeiterseite muß Interesse für die über die finanziellen hinausgehenden Probleme des Kunden bestehen.[61] In der Prozeßgestaltung kann man die große Eingriffshäufigkeit[62] (der Kunde soll so oft wie nur möglich Kontakt zu seiner Geschäftsstelle aufnehmen) für die Informationssammlung nutzen. Dazu muß sich selbstverständlich eine ausreichende Zahl von Mitarbeitern in der Geschäftsstelle befinden, die diesen Prozeß durchführen können. Dabei sollte man einem Nachfrager dieses Typs auch das Gefühl geben, daß er intensiv in die Prozeßgestaltung eingreifen kann, selbst wenn man ihn schließlich nur zwischen standardisierten Teilelementen wählen läßt. Der Eindruck, mitbestimmen zu können, steigert sein Sicherheitsgefühl in der Beziehung.

---

60 Vgl. Engelhardt/Freiling (1995), S. 908ff..

61 Vgl. Süchting (1994).

62 Zu den Eingriffsdimensionen vgl. Engelhardt/Kleinaltenkamp/Reckenfelderbäumer (1993) und Engelhardt/Freiling (1995), S. 910.

Im Bereich des Kostenmanagements sind Banken bei einer solchen Strategie somit aber enge Grenzen gesetzt, kann man doch bei den hohen Personalkosten im direkten Kundenkontakt dann nur wenig einsparen. Die Rentabilität läßt sich allenfalls steigern durch eine „Entschlackung" der Prozesse jenseits der „Line of visibility", dem Back-office. Hier scheint es sehr sinnvoll, mit Hilfe eines kombinierten Einsatzes von Target Costing und Prozeßkostenrechnung ein integriertes Preis- und Kostenmanagement zu betreiben[63].

Als Abwandlung und gleichzeitig Bindeglied zu einem radikal anderen Vorgehen kann die ***zweite Strategie*** angesehen werden. Hierbei würde versucht, diejenigen Kunden, die zumindest „hauptsächlich bei einer" Bank bleiben wollen, zu halten, bzw. „Grenzfälle" aus den beiden anderen Kundengruppen zu akquirieren.

Für die Sortimentspolitik birgt dies die Aufgabe, einen Kern zu definieren, in dem die Bank ihren Sortimentsschwerpunkt setzen will. Um ihn herum werden diejenigen Leistungen gruppiert, die die Kunden des anvisierten Segments nach Möglichkeit ebenfalls abnehmen sollen, bei denen die Bank sich von der Leistungsqualität her aber allenfalls im Durchschnitt des Marktes bewegt.

Beziehungsziel dieser Kreditinstitute wäre es, eine *prinzipielle* Loyalität zu erzeugen, die sie in den Augen der Nachfrager im Hinblick auf das Kernsortiment zur alleinigen Bezugsquelle, bei den Leistungen „in der zweiten Reihe" zumindest zur ersten Wahl macht. Eine so begrenzte Loyalität, die sich in Abwanderungen zumindest bei bestimmten Leistungen äußert, wird bewußt hingenommen - in der Erkenntnis, daß ein Vollsortiment für diese Banken nicht rentabel darstellbar ist.

Fragt man nach der Art des Kernsortiments, so läßt sich dieses mit Blick auf die Leistungskomplexität „von unten" oder aber „von oben" definieren. Einerseits kann sich eine Bank auf die wenig komplexen Routineleistungen konzentrieren und für die anspruchsvolleren Kundenprobleme lediglich Standardlösungen anbieten. Zum anderen ist als Schwerpunkt das hochkomplexe Geschäft wie die genannte Vermögensbetreuung denkbar; Routineleistungen wie Termingelder würden nur „nebenbei" und in geringer Variantenzahl angeboten.
Im zweiten Fall ist es unmittelbar einsichtig, daß die Zeitraumleistung die Basis der Beziehung bildet, die personalintensiv ausgestaltet werden wird, um eine weitreichende Integration des externen Faktors gewährleisten zu können. Im ersten Fall drängt es sich zunächst auf, die

[63] Vgl. M. Paul/Reckenfelderbäumer (1995).

weniger komplexen Leistungen durch hohen Technikeinsatz zu einem möglichst niedrigen Preis anzubieten. Es wäre allerdings ebenso denkbar, auch hierbei den persönlichen Kontakt zu suchen, zumal bereits solche Banken für derartige Leistungen den anonymeren Weg wählen werden, die in ihrem Kernsortiment auf komplexe Leistungen setzen. Während demnach im zweiten Fall eine Konzentration besonders qualifizierter Mitarbeiter in wenigen Kompetenzzentren bzw. einem Außendienst stattfinden kann, bleibt es für den ersten Fall offen, ob unvermindert ein dichtes Zweigstellennetz erforderlich oder aber dessen Ausdünnung und Kompensation z.B. durch Telefon-, PC- und SB-Banking möglich ist.

Die ***dritte Strategie*** ist die des „Rosinenpickens". Kreditinstitute, die diese Vorgehensweise wählen, nutzen bewußt die Illoyalität einzelner Nachfrager ihren vormaligen „Hausbanken" gegenüber aus. Es werden gezielt einige wenige Leistungen ausgewählt, die in Qualität und/oder Preis wesentlich attraktiver gestaltet werden, als dies am Markt üblich ist. Dabei gelten hinsichtlich der Aufnahme von mehr oder weniger komplexen Leistungen in das Sortiment ähnliche Überlegungen wie bei der zweiten Strategie - mit dem Unterschied, daß das vorsichtige (wenn auch gegenüber der „Alles"- Strategie abgemilderte) „sowohl als auch" zu einem „entweder oder" wird. Insofern handelt es sich um eine Zuspitzung der zweiten Strategie.

Das Beziehungsziel der *selektiven* Loyalität besteht darin, die Nachfrager bei bestimmten Leistungen fest an die jeweilige Bank zu binden, nicht an das Kreditinstitut insgesamt. Das wäre auch wenig sinnvoll, ist doch die diese Strategie wählende Bank nur in sehr begrenztem Umfang in der Lage, über die ausgewählten Leistungen hinaus weitere Angebote kompetent darzustellen. Institute mit dieser strategischen Stoßrichtung haben in erster Linie, aber nicht allein die „Immer-woanders-Kunden" im Visier. Auch das partielle Herausbrechen von Nachfragern der beiden ersten Gruppen aus ihren bestehenden Geschäftsbeziehungen erscheint sinnvoll, je nach dem, ob man hier gegenüber den anderen Anbietern Vorteile preislicher oder qualitativer Art besitzt.

7. Status quo: Konformität statt notwendiger Differenzierung

Es hat den Anschein, daß derzeit noch die Mehrzahl der deutschen Banken unverändert auf die "Alles-bei-einem-Kunden" setzt. Öffentlich-rechtliche Institute, Kreditgenossenschaften aber auch die privaten Großbanken versuchen, die Jagd nach dem absolut loyalen Bankkunden mit einem möglichst umfassenden Leistungsangebot zu gewinnen. Stark vergröbert stellt man fest: Sparkassen und Genossenschaftsbanken streben - mehr oder weniger intensiv, insgesamt jedoch einem Herdentrieb folgend - in den bisher von ihnen vernachlässigten Bereich der anspruchsvollen privaten Vermögensanlage und wollen sich den Großbanken insofern annähern. Dort wiederum wird das Breitengeschäft weiterhin mit Verve betrieben, etwa wenn die Deutsche Bank ankündigt, nun auch in Supermärkten Präsenz zu zeigen.[64]

Ob diese Strategie erfolgreich - also rentabel - ist, läßt sich extern insofern schwer beurteilen, als die Publizität deutscher Kreditinstitute noch keine Segmentberichterstattung enthält. Erst durch den Einfluß der anglo-amerikanischen auf die deutsche Rechnungslegung sind hier Fortschritte zu erwarten.[65] Allerdings kann von Aussagen der Großbanken, die das inländische Filialgeschäft (das jedoch auch das Firmenkundengeschäft enthält) als „Sorgenkind" bezeichnen, das der Branche „wie ein Mühlstein am Halse hängt", auf sicherlich unterhalb der angestrebten Mindestverzinsung des Eigenkapitals liegende Margen geschlossen werden.[66]

Offenbar gelingt die Darstellung eines Vollsortiments zu einem akzeptablen Preis/Leistungs-Verhältnis in den Augen der Kunden immer schlechter. Im jüngst veröffentlichten Bericht über das „Deutsche Kundenbarometer 1996" schneiden sowohl die Sparkassen (Wert von 2,99) als auch die Deutsche Bank (3,00 = Mitte zwischen „völlig zufrieden" und „unzufrieden") in dieser Beziehung wesentlich schlechter ab als z.B. die Citibank.[67] Diese hat es in den letzten Jahren verstanden, ein eng abgegrenztes Sortiment mit starker Standardisierung und hohem Technikeinsatz „preiswert" anzubieten. In anderen Bankengruppen jedoch führen die Investitionen in die bislang noch nicht angesprochenen Kundengruppen zu hohen Belastungen und damit Deckungsbedarf durch die angestammten Kunden via Quersubventionierung.

Neben diesen schon heute sichtbar werdenden Problemen hatten die vorhergehenden Ausführungen gezeigt, daß das „Alles-bei-einem"- Segment der absolut loyalen Kunden immer weiter erodiert, ja sich zu einer Marktnische entwickelt, in der nur noch wenige Anbieter Platz haben werden. Die hier vertretene These lautet daher: Nur eine schärfere Profilierung durch Konzentration auf die Strategie 2 oder 3 bewahrt die Kreditinstitute davor, gegen Ende dieses Jahrzehnts doch noch die „Stahlindustrie der neunziger Jahre"[68] zu

64 Vgl. Deutscher Sparkassen- und Giroverband (1995), S. 49ff. sowie o. V.: Deutsche Bank geht (1996).

65 Vgl. o.V.: „Werkstatt" Vereinsbank (1997).

66 Vgl. o. V.: Die Großbanken (1996), S. 20, o. V.: Filialgeschäft (1996), und Voss (1995).

67 Vgl. Erzweiler/Tilger (1996).

68 U. Cartellieri, Vorstandsmitglied der Deutsche Bank AG, (1990).

werden. Die zunehmende Illoyalität der Kunden eröffnet hierzu den Weg. Durch Preis- und Qualitätssignale muß eine verstärkte *Selbstselektion* der Nachfrager initiiert werden. Stellt ein Kunde fest, daß er bei bestimmten Leistungen nicht (mehr) der „passende" externe Faktor im Rahmen der Leistungserstellung der Bank ist, so wird er schneller bereit sein, zumindest mit Teilen seines Engagements abzuwandern. Dies erspart der Bank weitere Investitionen in (zumindest für sie) unrentable Kundenbeziehungen. Gleichzeitig besteht - umgekehrt - die Möglichkeit, illoyale Kunden anderer Institute anzusprechen.

Für diejenigen Kunden, die bleiben respektive neu hinzukommen sollen, müssen die richtigen Bindungspotentiale aufgebaut werden. Einige Schlaglichter sollen zeigen, wie dies für die unterschiedlichen Gruppen des Kreditgewerbes ansatzweise aussehen könnte:

Der strategische Vorteil der *Großbanken* liegt darin, daß sie frühzeitig ihr Provisionsgeschäft intensiviert haben und im Hinblick auf die komplexen und zugleich besonders zukunftsträchtigen Leistungen „rund um das Wertpapier" Marktführer sind. Als Ausdruck dessen werden etwa 50 % der Depots inländischer Privatpersonen bei ihnen unterhalten.[69] Insbesondere aufgrund der spezifischen Qualifikation ihres Potentialfaktors Mitarbeiter bietet es sich an, auf die Strategie 2 zu setzen und aus den genannten sowie weiteren besonders komplexen Leistungen (dem rechten Strang der Abb. 1) den Kern des Sortiments zu formen. Hier scheint das im Oktober 1996 verkündete, neue Strategieziel der Dresdner Bank konsequent: „Ziel im Privatkundengeschäft (ist) es, sich als Nummer eins für Vermögensanlage und Vermögensaufbau zu positionieren."[70] Ihr neuer Slogan lautet: „Die Beraterbank". - Fraglich bleibt dann noch, inwiefern die Leistungen mit nur geringem Komplexitätsgrad überhaupt und wenn, dann in welcher Form angeboten werden sollen.

Eine wichtige Rolle dürften in diesem Zusammenhang die sogenannten *Direktbanken* spielen, die seit etwa drei Jahren in zunehmender Zahl und Konsequenz, meist als Töchter der Großbanken den Markt betreten haben. Überwiegend wird dabei auf den Vertrieb einiger weniger Standardleistungen mittels Telefon, Fax und den PC gesetzt, eine persönliche Beratung nicht angeboten. Eine Ausnahme macht hier die Advance Bank, Tochter der Vereinsbank, die „Banking für Fortgeschrittene" anpreist und auf die unvermindert mögliche Beratung hinweist.[71] - Noch sind die Erfolgsrechnungen der Direktbanken zu stark durch Vorlaufinvestitionen belastet, um bewerten zu können, ob sie dauerhaft rentabel arbeiten

---

[69] Vgl. Oehler (1995).

[70] O. V.: Dresdner plant (1996).

[71] Vgl. zum Überblick die Sonderbeilage „Direct Banking" (1996).

werden. Aber auch der Kundenzustrom als Erlösbasis liegt bisher unter den Erwartungen. So hat eine der ersten Direktbanken, die comdirect, Tochter der Commerzbank, statt der anvisierten 90.000 erst 73.000 Kunden gewonnen. Dabei hielt sich der Kannibalisierungseffekt aus dem Kundenstamm der Mutter heraus mit 9 - 10% noch in Grenzen[72]. Die Direktbank der Frankfurter Sparkasse konnte dagegen - selbst mit deutlich über dem Markt liegenden Konditionen für die Geldanlage - nur ein Drittel Neukunden verzeichnen, zwei Drittel waren bisher schon Kunden der Mutter[73]. Prognosen gehen dennoch davon aus, daß mittel- bis langfristig 25 % des Privatkundengeschäfts auf die Direktbanken zulaufen könnte.[74] Unabhängig davon, ob und wann dieses Szenario vollständig Wirklichkeit wird, ist ein Nebeneinander von Direktbanken und Filialnetz in der heutigen Form aber nicht denkbar. Eine noch darüber hinausgehende, „nicht als Konkurrenz, sondern als Parallele zur Filiale" vorgenommene Eröffnung von „Bankingshops" in Supermärkten, um „Kundennähe ganz wörtlich (zu) nehmen"[75], wirft die Frage nach der Existenz eines sorgfältigen Ressourcencontrolling auf. Bisherige Erfahrungen mit derartigen Einrichtungen im Handelsbereich geben jedenfalls noch keinen Anlaß zur Euphorie.[76] Darf in der Aussage „Dabei wird die Eröffnung von Bankingshops keinerlei Schließung traditioneller Filialen zur Folge haben."[77] vor diesem Hintergrund mehr als eine „Beruhigungspille" für die Arbeitnehmer gesehen werden?

Die Auslagerung von Teilen des Privatkundengeschäfts in die Direktbanken scheint mithin der richtige Weg zu einem rationellen Angebot der Routineleistungen (linker Strang der Abb. 1) durch Großbanken, der jedoch wesentlich konsequenter als bisher gegangen werden sollte. Es kann sich bei den neuen Vertriebswegen nicht um eine schlichte Ergänzung des Geschäftsstellennetzes handeln, sondern es muß langfristig eine Substitution angestrebt werden. Nur auf diese Weise lassen sich die notwendigen Mittel für den Ausbau der Potentiale zum Vertrieb der komplexen Leistungen freisetzen.

Von den Direktbanken bedroht werden die *öffentlich-rechtlichen Institute* und die *Kreditgenossenschaften*. Die bisherigen Erfahrungen zeigen, daß besonders Sparkassen Kunden an

---

[72] Vgl. Gloystein (1997).

[73] Vgl. o.V.: 1822 testiert (1997).

[74] Vgl. o. V.: Direktbanken haben (1995).

[75] Zitate von G. Krupp, für das Privatkundengeschäft zuständiges Vorstandsmitglied der Deutsche Bank AG, nach o. V.: Deutsche Bank zeigt (1996), o. V.: Geldgeschäfte im Supermarkt (1996).

[76] Vgl. o. V.: Deutsche Bank geht (1996) und Radecki/ Wenninger/Orlow (1996).

[77] So B. Pauluhn, Bereichsvorstand Privat- und Geschäftskunden der Deutsche Bank AG, (1997), S. 67.

die Newcomer verlieren.[78] Es dürfte für diese Bankengruppen schwierig sein, einerseits den Preiswettbewerb gegen die Direktbanken zu gewinnen und andererseits ausreichend Ressourcen für die Forcierung des anspruchsvollen Privatkundengeschäfts zur Verfügung zu stellen. Auch hier muß deshalb die Strategie 2 eingeschlagen werden. Den Kern des Sortiments können (im Gegensatz zu den Großbanken) nur die wenig bis mäßig komplexen Leistungen bilden. In diesem Bereich aber sollte zur Abgrenzung von den Direktbanken auf (1) umfassenden, (2) persönlichen Service (3) vor Ort gesetzt werden.

„Umfassend" (1) meint hier eine breitere und zudem stärker individualisierbare Palette von weniger komplexen Leistungen als diejenige der Groß- und Direktbanken, die die wesentlichen Bedürfnisse der „Hauptsächlich-bei-einem"- Kunden abdeckt. Dazu kommen aber z.B. auch die Baufinanzierung sowie die Immobilienvermittlung, Geschäfte, bei denen sich Sparkassen und Kreditgenossenschaften aufgrund lokaler Informationsvorteile besonders profilieren können. Für noch komplexere Finanzprobleme sollten allerdings nur wenige Standardlösungen angeboten[79], ansonsten aber intensiver die Möglichkeiten des Verbundsystems genutzt werden. Damit könnten auch anspruchsvolle Leistungen durch das Einzelinstitut angeboten, jedoch durch die Landes- bzw. Zentralbanken erstellt werden (z.B. ein Wertpapier-Informationsservice).

Mit der persönlichen Beratung (2) kann wiederum eine Differenzierung gegenüber den anderen genannten Bankengruppen, aber auch im Vergleich mit stark auf neue Vertriebsmedien setzende Institute (wie die Citibank) gelingen. Es werden die Kunden „aufgefangen", die auf das Beratungsmerkmal Wert legen und daher - in bezug auf die erwähnten Leistungen - von Groß- und Direktbanken langfristig „ausgesteuert" werden dürften. Diese Personalisierung erscheint aussichtsreicher, als - wie allerdings geplant[80] - ebenfalls in den Direktbankbereich einzutreten, zumal dort eine Profilierung gegenüber der Konkurrenz wesentlich schwieriger sein dürfte. - Dabei spart der Nachfrager Transaktionskosten, wenn die Sparkassen und Genossenschaftsbanken ihre Potentiale in geographischer Hinsicht aufrecht erhalten und weitgehend unvermindert mit einem dichten Zweigstellennetz „vor Ort" vertreten bleiben (3).

---

78 Vgl. o. V.: Abschied von (1996).

79 Vgl. etwa zu den diesbezüglichen Angeboten der Stadtsparkasse Köln Drewes/Böhm (1993) und o. V.: Zwischen Marmor-Tresen (1993).

80 Vgl. o. V.: Direktmarkt (1996) sowie die umfangreichen Bemühungen der genossenschaftlichen Bankengruppe mit dem „KontoDirect", dargestellt im Heft 2/1997 der Zeitschrift „Bankinformation".

Der Erfolg dieser Strategie wird insbesondere davon abhängen, inwieweit eine ausreichende Zahl von Nachfragern auch zukünftig noch den physischen Kontakt präferiert. Geben sich immer mehr Kunden auch mit einem Kontakt via Bildtelefon zufrieden, so besitzen die Direktbanken mit den bereits aufgebauten bzw. noch im Aufbau befindlichen Potentialen einen Wettbewerbsvorteil, da sie über geeignetere technische Plattformen verfügen.

Für Banken mit keinem oder einem sehr beschränkten Filialnetz bietet sich eine noch weitergehende Sortimentseinengung in Richtung der *Strategie 3* an. Die BHF-Bank kann hier als ein Musterbeispiel genannt werden, da sie sich im Privatkundengeschäft ausschließlich auf die Vermögensberatung konzentriert[81] und entsprechend in den Potentialfaktor des Mitarbeiter-Know-hows investiert. - Auch Institute wie die Vereinsbank und die Bayerische Hypotheken- und Wechsel-Bank, die nur in einem enger begrenzten Gebiet die Möglichkeit zur persönlichen Kundenansprache besitzen, werden über diesen Weg nachdenken müssen. Die eingangs präsentierte Anzeige deutet in die richtige Richtung.

8. Zusammenfassung

Abschließend seien die sieben Kernaussagen noch einmal thesenartig zusammengestellt:

1. Die Zahl der absolut loyalen Bankkunden nimmt stetig ab; dies macht ein differenzierteres Management unterschiedlicher Geschäftsbeziehungen erforderlich.

2. Voraussetzung hierfür ist eine aussagekräftige Kundenergebnisrechnung, mit der der Lifetime Value einer Geschäftsbeziehung geplant, gesteuert und kontrolliert werden kann; auf diesem Gebiet sind bislang allenfalls Ansätze zur Problemlösung erkennbar.

3. Das weitgehend gleichgerichtete strategische Vorgehen von Großteilen der Kreditwirtschaft führt zu einer Konturlosigkeit der einzelnen Institute und dadurch in eine Sackgasse.

4. Am Shareholder Value ausgerichtete Renditeziele lassen sich nur durch eine Abkehr vom „Alles-bei-einem“- Kunden und damit auch vom Vollsortiment erreichen. Notwendig sind

[81] Vgl. o. V.: Die BHF-Bank (1995).

dafür eine wesentlich stärkere Fokussierung auf bestimmte Zielgruppen und der Aufbau zu ihnen passender Bindungspotentiale.

5. Für die Großbanken scheint eine Konzentration auf komplexere Problemlösungen unter weitgehender Auslagerung von Standardleistungen angezeigt.

6. Sparkassen und Kreditgenossenschaften müssen dagegen einen Weg der Personalisierung gerade von weniger komplexen Leistungen finden, um nicht langfristig von den Direktbanken verdrängt zu werden.

7. Zunehmende Illoyalität ist dann kein Schicksal, sondern - richtig aufgenommen - eine Chance: Die Kreditinstitute müssen sich systematischer und konsequenter von unattraktiven Kunden trennen und vice versa attraktive Kunden der Konkurrenz akquirieren. Hierfür ist jedoch eine eindeutigere Positionierung am Markt dringend erforderlich.

9. Literatur

ADAM, D./HERING, TH./SCHLÜCHTERMANN, J.: Die Eignung der Marktzinsmethode als Partialmodell zur Beurteilung der Vorteilhaftigkeit von Investitionen, in: Die Betriebswirtschaft, 54. Jg. (1994), S. 775 - 786

BECKER, D.: Bankbetriebliche Zweigstellenexpansion und Standortplanung, Diss. Göttingen 1975

BENKE, H./GEBAUER, B./PIASKOWSKI, F.: Die Marktzinsmethode wird erwachsen: Das Barwertkonzept, (I) und (II), in: Die Bank, o. Jg., 8/1991, S. 457 - 468 und 9/1991, S. 514 - 521

CARTELLIERI, U.: Aktuelle Perspektiven deutscher Banken im internationalen Wettbewerb, in: Süchting, J. (HRSG.): Semesterbericht Nr. 32 des Instituts für Kredit- und Finanzwirtschaft an der Ruhr-Universität Bochum, Sommersemester 1990, S. 36 - 39

CORSTEN, H.: Die Produktion von Dienstleistungen: Grundzüge einer Produktionswirtschaftslehre des tertiären Sektors, Berlin 1985

DEUTSCHER SPARKASSEN- UND GIROVERBAND: Jahresbericht, Bonn 1995

DILLER, H.: Beziehungsmanagement, in: Tietz, B. (Hrsg.): Handwörterbuch des Marketing, 2. Aufl., Stuttgart 1995, Sp. 285 - 300

DILLER, H.: Kundenbindung als Marketingziel, in: Marketing ZFP, 18. Jg. (1996), S. 81 - 94.

DILLER, H./GÖTZ, P.: Die Kundenportfolioanalyse - ein Instrument zur Steuerung von Kundenbeziehungen, Arbeitspapier Nr. 1 des Lehrstuhls für Marketing an der Universität Erlangen-Nürnberg 1991

DILLER, H./KUSTERER, M.: Beziehungsmanagement. Theoretische Grundlagen und explorative Befunde, in: Marketing ZFP, 10. Jg. (1988), S. 210 - 220

DREWES, W./BÖHM, ST.: Effiziente Vermögensverwaltung durch standardisiertes Management-Depot, in: Sparkasse, 110. Jg. (1993), S. 190 - 192

ENGELHARDT, W. H.: Erscheinungsformen und absatzpolitische Probleme von Angebots- und Nachfrageverbunden, in: ZfbF, 28. Jg. (1976), S. 69 - 82

ENGELHARDT, W. H./**FREILING**, J.: Integrativität als Brücke zwischen Einzeltransaktion und Geschäftsbeziehungen, in: Backhaus, K./Diller, H. (Hrsg.): Dokumentation des 1. Workshops der Arbeitsgruppe "Beziehungsmanagement" v. 27./28. 9. 1993, Münster u.a. 1994, S. 53 - 68

ENGELHARDT, W. H./**FREILING**, J.: Die integrative Gestaltung von Leistungspotentialen, in: ZfbF, 47. Jg. (1995), S. 899 - 918

Engelhardt, W. H./**Freiling**, **J**.: Prekäre Partnerschaften, in: Absatzwirtschaft, 39. Jg. (1996), Sonderheft Oktober, S. 145 -151

ENGELHARDT, W. H./**KLEINALTENKAMP**, M./**RECKENFELDERBÄUMER**, M.: Leistungsbündel als Absatzobjekte, in: ZfbF, 45. Jg. (1993), S. 395 - 426

ENGELHARDT, W. H./**SCHWAB**, W.: Die Beschaffung von investiven Dienstleistungen, in: Die Betriebswirtschaft, 42. Jg. (1982), S. 503 - 513

EPPLE, M. H.: Die Kundenbindung wird schwächer: Vertrieb von Bankprodukten, in: Die Bank, o. Jg., 10/1991, S. 544 - 550

ERZWEILER, T./**TILGER**, C.: Störenfried Kunde, in: Capital, 35. Jg. (1996), Nr. 11, S. 48 - 55

FARNY, D.: Versicherungsmarketing, in: Tietz, B. (Hrsg.): Handwörterbuch des Marketing, 2. Aufl., Stuttgart 1995, Sp. 2600 - 2612

GLOYSTEIN, P.: Erste Erfahrungen mit einer Direktbank, in: SÜCHTING, J./PAUL, ST. (HRSG.): Semesterbericht Nr. 45 des Instituts für Kredit- und Finanzwirtschaft an der Ruhr-Universität Bochum, Wintersemester 1996/97, S. 41 - 45

HALLOWELL, R.: The relationships of customer satisfaction, customer loyality, and profitability: an empirical study, in: International Journal of Service Industry Management, vol. 7 (1996), no. 4, S. 27 - 42

KLAGES, H.: Indikatoren des Wertewandels, in: VON Rosenstiel, L./Einsiedler, H. E./Streich, R. K. (Hrsg.): Wertewandel als Herausforderung für die Unternehmenspolitik, Stuttgart 1987, S. 1 - 16

KLEINALTENKAMP, M.: Institutionenökonomische Begründung der Geschäftsbeziehung, in: Backhaus, K./Diller, H. (Hrsg.): Dokumentation des 1. Workshops der Arbeitsgruppe "Beziehungsmanagement" v. 27./28. 9. 1993, Münster u.a. 1994

KLEINALTENKAMP, M./MARRA, A.: Institutionenökonomische Aspekte der Customer Integration, in: Kaas, K. P. (Hrsg.): Kontrakte, Geschäftbeziehungen, Netzwerke: Marketing und neue Institutionenökonomik, ZfbF Sonderheft 35, Düsseldorf 1995, S. 101 - 119

KLEINALTENKAMP, M./PLINKE, W./SÖLLNER, A.: Drum prüfe, wer sich ewig bindet, in: Absatzwirtschaft, 39. Jg. (1996), Sonderheft Oktober, S. 152 - 157

KÖCHER, R.: Zur aktuellen Attraktivität der Direktbanken, in: Bankinformation, 23. Jg. (1997), S. 4 - 6

KREISSPARKASSE RECKLINGHAUSEN (HRSG.): Mitarbeiterzeitschrift "Online", 10/1995

MEYER, A./DORNACH, F.: Feedback für strategische Vorteile, in: Absatzwirtschaft, 36. Jg. (1993), Sonderheft Oktober, S. 120 - 135

MEYER, A./OEVERMANN, D.: Kundenbindung, in: Tietz, B. (Hrsg.): Handwörterbuch des Marketing, 2. Aufl., Stuttgart 1995, Sp. 1340 - 1351

O. V.: 1822 testiert sich einen „Traumstart“, in: Börsen-Zeitung, Nr. 19 v. 29. 1. 1997, S. 9

O. V.: Abschied von der Alleskönner-Bank, in: Börsen-Zeitung, Nr. 41 v. 28. 2. 1996, S. 12

O. V.: Aggressive Strategie im Privatkundengeschäft, in: Börsen-Zeitung, Nr. 244 v. 20. 12. 1995, S. 4

O. V.: Deutsche Bank geht in die Supermärkte, in: Börsen-Zeitung, Nr. 145 v. 31. 7. 1996, S. 4

O. V.: Deutsche Bank zeigt im Supermarkt Flagge, in: Süddeutsche Zeitung, Nr. 253 v. 2./3. 11. 1996, S. 34

O. V.: Deutsche Bank: Regelmäßige Kundenbefragungen, in: Handelsblatt, Nr. 213 v. 4. 11. 1996, S. 16

O. V.: Die BHF-Bank wird ein „High-Quality-Player“, in: Börsen-Zeitung, Nr. 182 v. 21. 9. 1995, S. 6

O. V.: Die Großbanken gewähren neue Einblicke in ihr Rechenwerk, in: Frankfurter Allgemeine Zeitung, Nr. 79 v. 2. 4. 1996, S. 20

O. V.: Direktbanken haben den Durchbruch geschafft, in: Börsen-Zeitung, Nr. 216 v. 9. 11. 1995, S. 19

O. V.: Direktmarkt fast schon „overbanked“, in: Börsen-Zeitung, Nr 240 v. 12. 12. 1996, S. 8

O. V.: Dresdner plant eigene Direktbank, in: Börsen-Zeitung, Nr. 208 v. 29. 10. 1996, S. 5

O. V.: Filialgeschäft erweist sich als Sorgenkind, in: Handelsblatt, Nr. 62 v. 27. 3. 1996, S. 20

V.: Geldgeschäfte im Supermarkt, in: Westdeutsche Allgemeine Zeitung, Nr. 258 v. 1. 11. 1996, S. 14

O. V.: Sonderbeilage „Direct Banking“, in: Börsen-Zeitung, Nr. 212 v. 2. 11. 1996, S. 13 - 18

O. V.: Zwischen Marmor-Tresen und Barfuß-Bankiers, in: Süddeutsche Zeitung v. 22. 3. 1993, S. 20

O.V.: „Werkstatt“ Vereinsbank, in: Börsen-Zeitung, Nr. 56 v. 21. 3. 1997, S. 6

OEHLER, A.: Eine Analyse des Wettbewerbs im Privatkundengeschäft der Universalbanken, in: Sparkasse, 112. Jg. (1995), S. 125 - 130

OGGENFUß, C. W.: Keine Betreuung von der Stange, in: Geldinstitute, o. Jg., Heft 1 + 2/1993, S. 6 - 14

PAUL, M./**RECKENFELDERBÄUMER**, M.: Preispolitik und Kostenmanagement - neue Perspektiven unter Berücksichtigung von Immaterialität und Integrativität, in: Kleinaltenkamp, M. (Hrsg.): Dienstleistungsmarketing, Wiesbaden 1995, S. 225 - 260

PAUL, St.: Lenkungssysteme in Filialbanken - Steuerung über Komponenten oder Verrechnungszinsen?, Wiesbaden 1987

PAUL, St.: Bankenintermediation und Verbriefung, Wiesbaden 1994

PAUL, St./**SIEWERT**, K.-J.: Bank-Controlling I: Ertragsmanagement, 2. Aufl., Frankfurt/M. 1997

PAULUHN, B.: Die Bank kommt zum Kunden, in: Die Bank der Zukunft, Sonderbeilage der Frankfurter Allgemeinen Zeitung, Nr. 29 v. 4. 2. 1997, S. 7

PLINKE, W.: Die Geschäftsbeziehung als Investition, in: Specht, G./Silberer, G./Engelhardt, W. H. (Hrsg.): Marketing-Schnittstellen, Festschrift f. H. Raffée, Stuttgart 1989, S. 305 - 325

PLINKE, W.: Ausprägungen der Marktorientierung im Investitionsgüter-Marketing, in: ZfbF, 44. Jg. (1992), S. 830 - 846

PLINKE, W.: Grundlagen des Geschäftsbeziehungsmanagements, in: Kleinaltenkamp, M./Plinke, W. (Hrsg.): Technischer Vertrieb. Bd. 2: Geschäftsbeziehungsmanagement, Berlin u.a. 1997, S. 1-62

Plinke, W./**Rese**, M.: Analyse der Erfolgsquellen, in: Kleinaltenkamp, M./Plinke, W. (Hrsg.): Technischer Vertrieb. Bd. 1: Grundlagen, Berlin u.a. 1995, S. 597 - 660

Polan, R.: Ein Meßkonzept für die Bankloyalität, Investitionen in Bank/Kunde-Beziehungen unter Risikoaspekten, Wiesbaden 1995

Radecki, L. J./**Wenninger**, J./**Orlow**, D. K.: Bank Branches in Supermarkets, in: Federal Reserve Bank of New York (Ed.): Current Issues in Economics and Finance, vol. 2, no. 13, december 1996

Sachenbacher, H. U.: Prospektive Lebensdauerkalkulation von Kundenbeziehungen in Kreditinstituten, München 1991

Schäfer, H.: Beziehungsmanagement durch Dialogmarketing: Bankloyalität aus institutionenökonomischer Sicht, in:. Kaas, K. P. (Hrsg.): Kontrakte, Geschäftbeziehungen, Netzwerke: Marketing und neue Institutionenökonomik, ZfbF Sonderheft 35, Düsseldorf 1995, S. 119 - 139

Schierenbeck, H.: Ertragsorientiertes Bankmanagement, 4. Aufl., Wiesbaden 1994

Schierenbeck, H./**Wiedemann**, A.: Das Treasury-Konzept der Marktzinsmethode, (I): Integration von Grundmodell und Barwertkalkül, in: Die Bank, o. Jg., 11/1993, S. 670 - 676 und (II): Die Messung des Treasury-Erfolges, in: Die Bank, o. Jg., 12/1993, S. 731 - 737

Schütte, M.: Anforderungen an die Entwicklung von Kundenbetreuern, in: Süchting, J./van Hooven, E. (Hrsg.): Handbuch Bankmarketing, 2. Aufl., Wiesbaden 1991, S. 211 - 232

Schütz, P./**Krug**, H.: Top oder Flop? Kundenbeziehungen profitabel gestalten, in: Absatzwirtschaft, 39. Jg. (1996), Sonderheft Oktober, S. 188 - 193

Seitz, J.: Die Determinanten der Bankwahl und der Bankloyalität, Diss. Münster 1976

Sharpe, St. A.: Asymmetric Information, Bank Lending, and Implicit Contracts: A Stylized Model of Customer Relationship, in: The Journal of Finance, vol. 45 (1990), S. 1069 - 1087

Spiegel-Verlag (Hrsg.): Soll und Haben, Hamburg, 1: 1980, 2: 1985, 3: 1990, 4: 1996

Stauss, B./**Neuhaus**, P.: Das Qualitative Zufriedenheitsmodell (QZM), in: Diller, H. (Hrsg.): Beziehungsmanagement, Nürnberg 1995, S. 137 - 165

STEINMANN, H.: Der dreidimensionale Ergebnisausweis als Grundlage der Controllingfunktion, in: SCHIERENBECK, H./MOSER, H. (HRSG.): Handbuch Bankcontrolling, Wiesbaden 1995, S. 491 - 515

STORBACKA, K./STRANDVIK, T./GRÖNROOS, C.: Managing customer relationships for profit: the dynamics of relationship quality, in: International Journal of Service Industry Management, vol. 5 (1994), no. 2, S. 105 - 115

SÜCHTING, J./BOENING, D.: Der personale Produktions- und Verkaufsprozeß von Bankleistungen, in: Bank-Betrieb, 11. Jg. (1971), S. 364 - 370

SÜCHTING, J.: Theorie und Politik des Banksortiments - Grundlagen einer Sortimentslehre der Bank, unveröff. Habilitationsschrift, Frankfurt/M. 1967

SÜCHTING, J.: Die Einkaufswirtschaftlichkeit für Bankleistungen und die Zweigstellenpolitik, in: Bank-Betrieb, 8. Jg. (1968), Nr. 10, S. 277 - 280

SÜCHTING, J.: Die Bankloyalität als Grundlage zum Verständnis der Absatzbeziehungen von Kreditinstituten, in: Kredit und Kapital, 5. Jg. (1972), S. 269 - 300

SÜCHTING, J.: Die Theorie der Bankloyalität - (noch) eine Basis zum Verständnis der Absatzbeziehungen von Kreditinstituten, in: Süchting, J./van Hooven, E. (Hrsg.): Handbuch Bankmarketing, 2. Aufl., Wiesbaden 1991, S. 25 - 43

SÜCHTING, J.: Bankmanagement, 3. Aufl., Stuttgart 1992

SÜCHTING, J.: Vertrieb von Finanzdienstleistungen auf dem Markt für Privatkunden, in: Die Bank, o. Jg., 8/1994, S. 449 - 457

SÜCHTING, J.: Unternehmenssteuerung in Aktienbanken nach dem Shareholder Value-Konzept, in: International Bankers Forum e.V. (Hrsg.): Die Banken auf dem Weg ins 21. Jahrhundert, Wiesbaden 1996, S. 406 - 418

SZALLIES, R.: Vom Bankkunden zum Finanzverkäufer, in: Absatzwirtschaft, 39. Jg. (1996), Sonderheft Oktober, S. 94 - 101

VOSS, G.: Sparwelle: Bankberatung bald nur noch für Betuchte, in: Westdeutsche Allgemeine Zeitung, Nr. 255 v. 1. 11. 1995, S. 23

WEHRLI, H. P./JÜTTNER, U.: Relationship Marketing in Value Generating Systems, in: Sheth, J. N./Parvatiyar, A. (Eds.): Relationship Marketing: Theory, Methods and Applications, Atlanta 1994, Section I: Paradigm and Prospectives

WITT, F.-J.: Bankloyalität - eine empirische Untersuchung, in: bank und markt, 15. Jg. (1986), Nr. 1, S. 20 - 23

WÜNSCHE, G./SWOBODA, U.: Die Bedeutung von Zielgruppen für die fokussierte Universalbank, in: Die Bank, o. Jg., 5/1994, S. 275 - 279

Matthias Schnittka*

DAS „SCHÖNE-WOCHENENDE-TICKET" DER DB AG ALS INSTRUMENT DES KAPAZITÄTSMANAGEMENTS

Inhalt

* Dipl.-Ök. Matthias Schnittka, Ruhr-Universität Bochum, Lehrstuhl für Angewandte BWL III (Marketing), Prof. Dr.Dr.h.c. Werner H. Engelhardt, Universitätsstraße 150, 44780 Bochum, Tel. 0234 / 700 2897, Fax 0234 / 7094 256

1. Das „Schöne-Wochenende-Ticket" - Hintergrund und Struktur

1.1. Die Situation des Nahverkehrs der DB AG vor Einführung des SWT

Mit der Umwandlung in eine Aktiengesellschaft ging bei der Deutschen Bahn AG eine Neuorganisation einher. Die Zuständigkeit für den Nahverkehr wurde in einem eigenen Geschäftsbereich zusammengefaßt. Gleichzeitig wurde die Ergebnisverantwortung der Teilbereiche gestärkt, so daß die vorher weitgehend vernachlässigte Kapazitätsauslastung für den Geschäftsbereich „Personennahverkehr" zunehmend an Bedeutung gewann: Aufgrund des erheblichen Fixkostenanteils der DB AG im Personenverkehr ist der wirtschaftliche Erfolg entscheidend von der Kapazitätsauslastung abhängig. Den verschwindend geringen Grenzkosten eines weiteren Fahrgastes stehen zusätzliche Erlöse gegenüber, die fast vollständig einen zusätzlichen Deckungsbeitrag bedeuten.

Die durchschnittliche Kapazitätsauslastung im Schienenpersonennahverkehr (SPNV) liegt vor Einführung des SWT bei ca. 8%[1] - eine Situation, die auf den ersten Blick bereits einen Handlungsbedarf signalisiert. Noch eklatanter tritt die Problematik zu tage, wenn man die Situation einzelner Züge betrachtet, die selbst von den Verantwortlichen als „Geisterzüge" bezeichnet werden.[2] Neben der Belastung der Ertragssituation hat eine solche Situation auch negative Auswirkungen auf das Sicherheitsgefühl der Reisenden.

Von den zwei als Basisstrategien des Kapazitätsmanagements bezeichneten Alternativen[3] schied die Anpassung des Angebots an die Nachfrage weitgehend aus: Die Zubringerfunktion zum Fernverkehr ließ eine einschneidende Reduktion des Nahverkehrsangebots nicht realisierbar erscheinen. Vor diesem Hintergrund sollte die Einführung des SWT zusätzliche Nachfrage in Form von Freizeitreisenden akquirieren.

---

1 Vgl. Beiersdorf (1995), S. 1; die DB AG sah sich nicht in der Lage, detailliertere Zahlen zur Verfügung zu stellen.

2 Klaus Daubertshäuser, Vorstandsmitglied DB AG und verantwortlich für den Bereich Nahverkehr, in einem Focus-Interview, Heft 11/1995, S. 37.

3 Vgl. Corsten (1992), S. 241ff.; Armistead/Clark (1994), S. 5ff.

1.2. Konstruktion des SWT

Zur Einführung des SWT am 4. Februar 1995 galt folgende Regelung: Mit den Erwerb eines Tickets können fünf Personen zwischen Samstag, 00.00 Uhr und Sonntag, 24.00 Uhr alle Nahverkehrszüge der DB AG in der 2. Klasse zum Preis von 15,- DM ohne jede Kilometerbegrenzung benutzen. Darüber hinaus gab es noch einen Gruppentarif, der aber sehr schnell wieder abgeschafft wurde.[4]

Diese Tarifkonstruktion läßt sich als eine Kombination von sachlicher[5] und zeitlicher Preisdifferenzierung charakterisieren. Es handelt sich nicht um eine Sonderaktion, die auf einen bestimmten Zeitraum begrenzt ist. Die Tarifgestaltung weicht aber von den üblichen Bahnangeboten ab, da der Fahrpreis nicht entfernungsabhängig berechnet wird. Als Vorbild können die Tagestickets angesehen werden, die von vielen Unternehmen des ÖPNV bereits seit längerem angeboten werden. Im Unterschied zu diesen Tickets ist im SWT jedoch eine Beschränkung enthalten, die bahnspezifisch ist: der Fernreiseverkehr - genauer diejenigen Züge, die primär für den Fernreiseverkehr bestimmt sind - sind nicht zur Benutzung mit dem Wochenendticket freigegeben. Eine solche Beschränkung ist für andere Anbieter im ÖPNV nicht erforderlich, da es sich um reine Nahverkehrsunternehmen handelt.

Die Angebotsgestaltung hat sich seit der Einführung verändert: Der Preis für ein SWT ist in zwei Stufen auf 35,- DM erhöht worden. Damit einhergehend wurde die Gültigkeit des Tickets auf die Angebote der meisten Verkehrsverbunde erweitert sowie die Gültigkeitsdauer bis zum Montag morgen, 02.00 Uhr, verlängert.

Die DB AG begründet die einschneidende Preiserhöhung mit der sachlichen und zeitlichen Leistungsausweitung[6] - eine Argumentation, die vor dem Hintergrund der Kapazitätsauslastung als Ziel des SWT wenig überzeugt. Vielmehr läßt sich die begründete Vermutung aufstellen, daß die Preiserhöhung eine Reaktion auf den in diesem Ausmaß nicht erwarteten Zuspruch der Kunden darstellt. Am ersten Wochenende im Mai 1995 wurden mehr als 210.000 Tickets verkauft, die gleichbedeutend mit etwa 650.000 Fahrgästen sind.[7] Mit der Preiserhöhung auf 35,- DM sank die Zahl der verkauften Tickets von durchschnittlich 157.000 auf un-

---

4 Vgl. Franz (1995), S. 94f.

5 Sachlich deshalb, weil nur Nahverkehrszüge im Angebot enthalten sind. Auf die Diskussion, ob eine sachliche Preisdifferenzierung überhaupt eine Preisdifferenzierung sein kann, soll hier verzichtet werden.

6 Vgl. Franz (1995), S. 94.

7 Vgl. Franz (1995), S. 95.

ter 100.000 Stück. Pro Wochenende erzielt die DB AG somit einen Erlös von mehr als 3 Mio. DM.

Im folgenden soll das SWT nicht primär als Erlösträger, sondern in seinen Eigenschaften als Instrument des Kapazitätsmanagements betrachtet werden. Zunächst soll die Frage diskutiert werden, welche Möglichkeiten der Kapazitätssteuerung für integrative Leistungen denkbar sind und wie das SWT darin eingeordnet werden kann. Anschließend wird eine Interpretation der Ergebnisse versucht, die über die Ermittlung von Auslastungskennzahlen hinausgeht.

2. Grundlagen des Kapazitätsmanagements integrativer Leistungen

2.1. Beschaffung externer Faktoren

Unter Kapazität wird weitgehend übereinstimmend die „Leistungsfähigkeit einer wirtschaftlichen oder technischen Einheit beliebiger Art, Größe und Struktur in einem Zeitabschnitt“[8] verstanden. Diese sehr allgemein gehaltene Definition führt zu verschiedenen Kapazitätsarten, wenn man die Begriffe Leistungsfähigkeit, Einheit und Zeitabschnitt mit unterschiedlichen Inhalten belegt.[9]

Das Kapazitätsmanagement als zielgerichtete Gestaltung der Leistungsfähigkeit hat im wesentlichen zwei Aufgaben zu erfüllen: Zunächst muß die Kapazität in qualitativer und quantitativer Hinsicht dimensioniert werden, d.h. es ist eine Entscheidung über den Umfang der Leistungsfähigkeit im weiteren Sinne zu treffen. Die zweite, damit untrennbar verbundene Funktion besteht darin, die Auslastung der bereitgestellten Kapazität im Zeitablauf zu überwachen und zu steuern.[10] Der Grad der Erfüllung dieser Aufgabe wird in der Regel über Beschäftigungskennzahlen zu messen versucht.

Dieses Kapazitätsverständnis basiert auf einer produktionswirtschaftlichen Betrachtung und ist für einen Industriebetrieb entwickelt worden. Noch Gutenberg trennt eindeutig zwischen der Produktion von Sachleistungen und der Bereitstellung von Dienstleistungen.[11] Nachfol-

[8] Kern (1962), S. 27.

[9] Vgl. Wiegand (1968), S. 27ff., Layer (1979), Sp. 873ff.

[10] Vgl. Steven (1996), Sp. 875, die von Kapazitätsgestaltung und Kapazitätsnutzung spricht.

[11] Vgl. Gutenberg (1958), S. 19f., Gutenberg (1965), S. 2.

gend ist in der Literatur eine Diskussion darüber geführt worden, inwiefern dieses Kapazitätsverständnis auf Dienstleistungen übertragbar sei. Im Mittelpunkt stand dabei die Frage, ob die Analyse der Dienstleistungsproduktion ein eigenes Faktorsystem erfordere, welches die externen Faktoren als eigene Gruppe berücksichtigt.[12] Gegen ein solches Vorgehen spricht zunächst die Systematik, da sich die Unterscheidung intern-extern ausschließlich an der Verfügbarkeit der Faktoren aus Sicht des Anbieters orientiert, nicht aber das Verhalten während des Leistungserstellungsprozesses berücksichtigt. Externe Faktoren sind als Spiegelbild der herkömmlichen Produktionsfaktoren auf Seiten des Nachfragers zu interpretieren. Sie können grundsätzlich in denselben Ausprägungen wie interne Faktoren auch auftreten. Demzufolge ist es nicht statthaft, die Gruppe der externen Faktoren neben Potential- und Verbrauchsfaktoren zu stellen. Zum anderen muß der Einwand erhoben werden, daß die Gegenüberstellung von Dienstleistungen und Sachleistungen weder trennscharf noch weiterführend ist.[13]

Dennoch ist die Integration externer Faktoren der Ansatzpunkt, um Kapazitätsplanung und Kapazitätssteuerung in vielen Dienstleistungsbranchen mit angemessenen Instrumenten anzugehen. Die Verfügbarkeit über externe Faktoren in entsprechender Qualität und Quantität - nicht ihre fertigungswirtschaftlichen Eigenschaften - ist der Schlüssel zum erfolgreichen Kapazitätsmanagement bei integrativer Leistungserstellung.[14] Über die Integrativität läßt sich die als wesentliches Problem angeführte schwankende Nachfrage bei „Dienstleistungen" systematisch in das Kapazitätsmanagement einbetten. Die Ursache von Kapazitätsdefiziten ist darin zu sehen, daß das qualitative oder quantitative Verhältnis von internen und externen Faktoren gestört ist. Ist die erforderliche Menge an externen Faktoren nicht erreicht, besteht ein Auslastungsdefizit; im umgekehrten Fall entsteht eine Überlastung, die sich auf verschiedene Art und Weise äußern kann.

Gelingt es einem Anbieter, die Beschaffung externer Faktoren[15] zu optimieren, so ist das Absatzproblem in Form einer schwankenden Nachfrage ebenfalls gelöst. Dabei darf der technische Ausdruck der Beschaffung nicht darüber hinwegtäuschen, daß es sich keinesfalls um einen Kaufvertrag handelt. Zum einen ist die Beschaffung eines externen Faktors immer unmittelbar mit dem Absatz der Leistung verbunden. Zum anderen ist die Verfügungsgewalt

---

12 Vgl. hierzu vor allem Corsten (1985) und die dort angegebene Literatur.

13 Vgl. Engelhardt / Kleinaltenkamp / Reckenfelderbäumer (1993), S. 395ff.

14 Die Übertragung der Konzeption und Instrumente von Just-in-time Systemen liefert wichtige Ansatzpunkte, vgl. Harvey (1989), Duclos / Siha / Lummus (1995), Schnittka (1996).

15 Vgl. hierzu Kleinaltenkamp (1993), der die Beschaffung externer Faktoren für das Investitionsgütermarketing untersucht hat; vgl. zur Übertragung auf die Kapazitätplanung in Dienstleistungsunternehmen Schnittka (1996), S. 22ff.; eine branchenspezifische Betrachtung findet sich bei Paul / Schnittka (1996).

über diesen Faktor immer zeitlich begrenzt, und zwar in der Regel auf die Dauer des Leistungserstellungsprozesses. Ein Nachfrager wird nur dann bereit sein, die in seiner Verfügung befindlichen Faktoren bereitzustellen, wenn zuvor über das mit der Leistungserstellung bezweckte Ergebnis Einigung erzielt werden konnte.

Beide Teilgebiete des Kapazitätsmanagements sind primär unter der Fragestellung zu betrachten, welchen Einfluß eine bestimmte Maßnahme auf die Art und Weise der Beschaffung bzw. Anlieferung externer Faktoren hat.

Die zu Erstellung einer integrativen Leistung erforderliche Beschaffung externer Faktoren ist für den Nachfrager immer auch mit Kosten verbunden. Aus seiner Sicht handelt es sich dabei um die Übernahme einer Zulieferfunktion, die neben unmittelbaren Kostenwirkungen auch einen Verzicht auf die uneingeschränkte Verfügbarkeit über den einzubringenden Faktor während der Leistungserstellung bedeutet. Die Aufgabenverteilung zwischen Anbieter und Nachfrager kann über den Erfolg einer integrativen Leistung entscheiden.[16]

Eine stärkere Differenzierung dieser Aussagen ist im Rahmen dieses Beitrags nicht möglich.[17] Dies gilt auch für die Berücksichtigung der Art externer Faktoren, die zu beschaffen sind. Im vorliegenden Beispiel handelt es sich in erster Linie um die Person des Reisenden, daneben aber auch um Informationen hinsichtlich Reiseziel und Reisedauer. Im folgenden Abschnitt soll der Leistungserstellungsprozeß im Nahverkehr der Bahn betrachtet werden.

2.2. Der SPNV als kollektive Dienstleistung

Ein Fahrgast im Nahverkehr der DB AG kommt mit der Bereitstellungsleistung auf vielfältige Art und Weise direkt in Kontakt. Ein Blueprinting[18], wie es vor allem für das Qualitäts- und Kostenmanagement durchgeführt wird, zeigt die zahlreichen Kontaktpunkte auf. Im Hinblick auf das Kapazitätsmanagement führt dieser Umstand dazu, daß die Kapazität nicht nur objektiv erfaßt werden muß, sondern auch einer subjektiven Bewertung durch den Nachfrager unterzogen wird.[19] In Ermangelung eines fertigen Leistungsergebnisses gewinnt die Bereitstel-

---

16 Vgl. zum Verhältnis von Absatz und Produktion bei integrativen Leistungen Meyer / Blümelhuber (1994).

17 Vgl. vor allem Corsten (1985); Gerhardt (1987).

18 Vgl. hierzu Shostack (1982), Vavra (1993), S. 97ff., Gersch (1995), S.55ff.

19 Vgl. zur Qualitätsermittlung im Personenverkehr Klaus (1984), insb. S. 58ff.

lungsleistung aus Sicht des Nachfragers den Charakter eines Sortiments.[20] Die Verwandtschaft dieser beiden auf den ersten Blick sehr verschiedenen Begriffe zeigt sich auch bei der Gegenüberstellung zweier gängiger Definitionen.

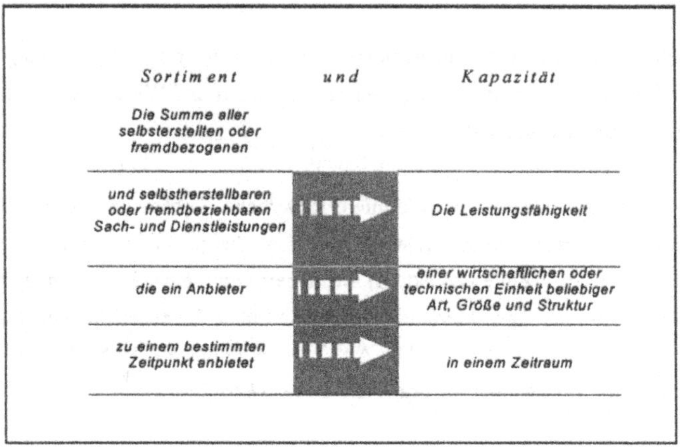

Abb. 1: Kapazität und Sortiment[21]

Einerseits ist der Sortimentsbegriff umfassender als der Kapazitätsbegriff, finden in ihm doch auch die bereits erstellten Leistungen Berücksichtigung. Gerade dieser Sortimentsbestandteil ist jedoch bei integrativen Leistungen dann nicht vorhanden, wenn man bedenkt, daß zur Fertigstellung einer Leistung immer eine Mitwirkung des Nachfragers erforderlich ist. Das Angebot von Leistungsfähigkeiten - häufig als Charakteristikum von Dienstleistungen bezeichnet - schließt diesen Sortimentsbestandteil aus.

Dann aber kann der Sortimentsbegriff als Unterfall oder Spezifizierung des Kapazitätsbegriffs interpretiert werden. Auch der scheinbare Widerspruch zwischen der Zeitpunktbetrachtung des Sortiments und der Zeitraumbetrachtung der Kapazität steht dem nicht entgegen. In vielen Branchen ist es durchaus üblich, daß nicht alle angebotenen Leistungen ohne zeitliche Verzögerung dem Nachfrager zur Verfügung gestellt werden. Eine pragmatische Interpretation des

20 Vgl. zu differierenden Erwartungen zwischen Anbieter und Nachfragern und Möglichkeiten ihrer Ermittlung Hubbert / Sehorn / Brown (1995).

21 Vgl. Schnittka (1996), S. 32

Zeitpunktbegriffs im Sortiment muß aus der Perspektive des Nachfragers und seiner Toleranz bezüglich einer zeitlichen Verzögerung erfolgen.[22]
Das Charakteristikum kollektiver Leistungen liegt in dem Verhältnis der Nachfrager untereinander begründet. Ein Fahrgast wird in der Regel die Zugfahrt - also den Leistungserstellungsprozeß - mit anderen Nachfragern gemeinsam erleben. Im Rahmen des Qualitätsmanagements ist diese Tatsache bereits ausführlich diskutiert worden.[23] Für das Kapazitätsmanagement ergeben sich ebenfalls wichtige Rückschlüsse:
Zunächst läßt sich am Beispiel eines Zuges die als dienstleistungstypisch angesehene Kostenstruktur hoher Fixkosten bei minimalen variablen Kosten exemplifizieren. Die Grenzkosten eines zusätzlichen Fahrgastes sind annähernd null, sofern die Kapazitätsauslastung unter 100% liegt. Diesem Umstand hat es die DB AG zu verdanken, daß das SWT trotz des geringen Preises einen hohen Deckungsbeitrag erzielt.

Kollektive Dienstleistungen sind aber auch dadurch gekennzeichnet, daß der Nachfrager nicht nur die Bereitstellungsleistung, sondern auch die Auslastung der Bereitstellungsleistung wahrnimmt. Auch dies läßt sich wiederum nicht für den einzelnen Nachfrager isoliert betrachten: Ist ein Zug überfüllt, so sind alle Fahrgäste in diesem Zug davon betroffen. Übersteigt die Auslastung 100% - aufgrund der Flexibilität der Kapazität eines Zuges ist das ohne weiteres möglich - sind nicht nur die zusätzlichen Fahrgäste, sondern alle Reisenden davon betroffen.

Gleichzeitig ergibt sich hieraus ein weiterer Hinweis auf die Relevanz einer subjektiven Kapazitätsbetrachtung. Eine vollständig ausgelastete Kapazität bedeutet aus Nachfragersicht zunächst, daß er entweder Wartezeiten akzeptieren muß oder aber - wie im vorliegenden Fall - Unannehmlichkeiten und Qualitätseinbußen in Kauf zu nehmen hat.

Eine intersubjektiv unterschiedliche Beurteilung wird aus der Konkurrenzsituation der Nachfrager um die Kapazität des Anbieters verständlich. Reisende in einem überfüllten Zug werden sich hinsichtlich der Frage, ob die bereitgestellte Kapazität ausreicht anders äußern, als die Fahrgäste in einem Geisterzug[24]. Extremsituationen ergeben sich dann, wenn einzelne Fahrgäste - wie durch die Einführung des SWT geschehen - wegen Überfüllung des Zuges am Bahnsteig zurückgelassen werden müssen. Neben die Beschäftigungsdimension tritt eine Sortimentsdimension, die die Beurteilung der Kapazität aus Sicht der Nachfrager widerspiegelt.

---

22 Vgl. zum Sortimentsbegriff vor allem Gümbel (1963), S. 17ff.

23 Vgl. Klaus (1984), S. 59ff.; Pranter / Martin (1991); Meyer / Westerbarkey (1991).

24 Auf intersubjektiv unterschiedliche Beurteilungen derselben Kapazitätsauslastung wird an dieser Stelle nicht eingegangen.

Auf den Zusammenhang beider Dimensionen sowie auf die Konsequenzen für die Kapazitätsmessung und -gestaltung wird im folgenden näher eingegangen.

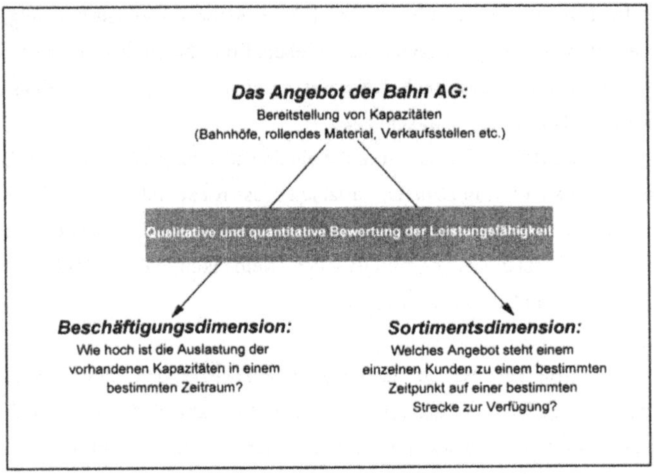

Abb. 2: Kapazität und Sortiment der Deutschen Bahn AG

2.3. Steuerungsmechanismen des SWT

Die Beschaffung externer Faktoren und damit die Steuerung der Kapazitätsauslastung kann auf unterschiedliche Art und Weise erfolgen. Zur Klassifizierung sollen zwei Merkmale herangezogen werden:

1. Zunächst ist eine Entscheidung darüber zu treffen, ob und in welcher Form eine Anmeldung der Nachfrager erfolgt. Ist eine Anmeldung vorgesehen, so nimmt der Anbieter eine Zuordnung der Kapazitäten zu den externen Faktoren vor. Damit ist ein zweiseitiger Informationsfluß verbunden, indem der Nachfrager den Anbieter über seine Reisewünsche informiert, der Anbieter im Gegenzug freie Kapazitäten darstellt und die Nutzung dieser Kapazitäten reserviert. Für den Anbieter resultiert aus einem solchen System in erster Linie ein Dispositionsvorteil, der sich aus dem der Leistungserstellung zeitliche vorgelagerten Informationsfluß ergibt.

2. Weiterhin besteht die Möglichkeit, hinsichtlich der Art der externen Faktoren zu differenzieren. Basierend auf einer Marktsegmentierung lassen sich Gruppen von Nachfragern - und damit auch externen Faktoren - bilden, die eine gegebene Leistungsfähigkeit in unterschiedlichem Ausmaß oder auf unterschiedliche Art und Weise in Anspruch nehmen.

Für das SWT ist zu konstatieren, daß weder eine Anmeldung erfolgt noch eine Differenzierung in der Integration der externen Faktoren vorgenommen wird. Zwar nimmt nicht jeder Nachfrager des SWT die Leistung im selben Umfang in Anspruch, grundsätzlich wird aber jedem Reisende ein identisches Angebot unterbreitet. Der Weg über ein Reservierungssystem wird offensichtlich nicht beschritten. Ohne hier auf Einzelheiten eingehen zu können, mögen folgende Gründe hierfür ausschlaggebend gewesen sein: Der Aufbau eines Reservierungssytems ist zunächst mit erheblichen Kosten verbunden, die durch die Schaffung der informationstechnischen Voraussetzungen sowie die Umsetzung und Überwachung eines derartigen Systems zurückzuführen sind. Gleichzeitig ist ein zeitlicher Vorlauf erforderlich, der kurzfristige Verbesserungen der Kapazitätsauslastung unmöglich macht. In dieser Beziehung hat das SWT sicherlich Vorteile.

Anders ausgedrückt: Die Lieferung externer Faktoren wird vollständig dem Nachfrager überlassen. Es erfolgt weder eine Absprache des Lieferzeitpunkts noch eine Übernahme bestimmter Teilaufgaben durch den Anbieter.[25] Damit handelt es sich um ein undifferenziertes Go-show-System im Sinne des Systematisierungsansatzes in Abb. 3.

Zum anderen wird mit einem Reservierungssystem gleichzeitig der Anspruch beim Nachfrager herausgebildet, daß die Kapazitätsauslastung vom Anbieter zu steuern sei. Der mit einer Reservierung verbundene Platzanspruch erfordert zwangsläufig eine viel höhere Genauigkeit der Planung, die zumindest im Nahverkehrsbereich nur mit erheblichem Aufwand realisiert werden kann. Bei Nichteinhaltung eines Reservierungsversprechens ist im Vergleich zur bisherigen Situation eine weitaus schärfere Reaktion des Nachfragers zu erwarten, da ein Reservierungssystem zu einer differierenden Erwartungsbildung des Nachfragers führt. Die Bahn steht in diesem Fall vor der Frage, ob sie das mit einer Reservierung verbundene Versprechen auch einzulösen in der Lage ist.

[25] Der Service des Gepäcktransports von Tür zu Tür stellt einen solchen Ansatzpunkt dar. Für den SPNV, insbesondere für die Inhaber eines SWT, ist dieser Service aber nicht relevant.

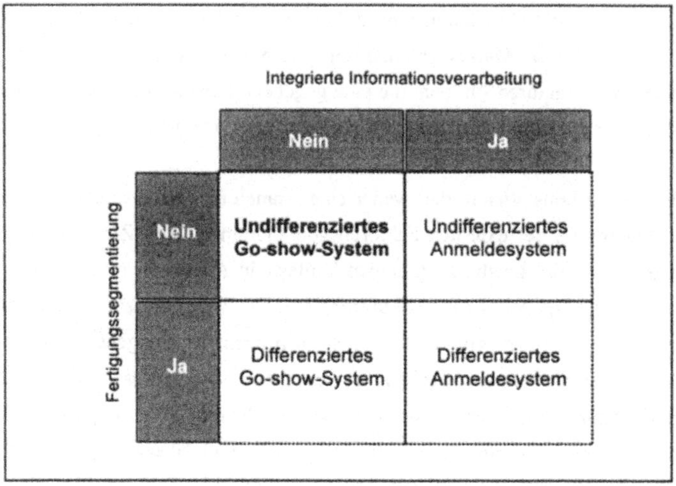

Abb. 3: JIT-Systemelemente bei externen Faktoren

Der mit dem SWT verbundene Informationsfluß im Hinblick auf die Kapazität ist eindimensional: mit dem Nahverkehrsfahrplan gibt die DB AG Auskunft über die Leistungen, die mit dem SWT in Anspruch genommen werden können. Dabei handelt es sich um eine pauschale Information, die keinerlei Angaben darüber machen, ob zu einem bestimmten Zeitpunkt in einem bestimmten Zug auf einer bestimmten Strecke noch eine Reisemöglichkeit für einen bestimmten Fahrgast besteht. Mit dem SWT ist eine Kapazitätsinformation verbunden, die auf ein ungenutztes Angebot am Wochenende hindeutet.

Auf Basis dieser Informationen ist der potentielle Fahrgast angehalten, sich im Wege der Selbstselektion das für ihn passende Angebot herauszusuchen. Im folgenden soll nun untersucht werden, welchen Einfluß der Nachfrageanstieg auf die Beschaffung externer Faktoren einerseits, die Kapazitätsauslastung in Beschäftigungs- und Sortimentsdimension andererseits gehabt hat.

3. Die Auslastungsrechnung der DB AG

Die durchschnittliche Auslastung der Nahverkehrszüge am Wochenende beträgt mittlerweile ca 40% - ein Wert, der die positive Resonanz der Nachfrage auf das SWT eindrücklich unterstreicht. Mit der - in den Grenzen des Nahverkehrs - ausschließlich zeitabhängigen Nutzungsbegrenzung des Tickets wurde eine Tarifkonstruktion gewählt, die einfach und verständlich ist sowie dem Nachfrager eine hohe Flexibilität in der Nutzung gewährt. Mit ähnlichen Angeboten hatten andere Anbieter im Bereich des ÖPNV bereits einen ähnlichen Erfolg.

Mit Einführung des SWT entstanden jedoch eine Reihe von Schwierigkeiten. Diese resultieren vor allem daher, daß einige Züge mit einer Auslastung von 180 % fahren.[26] In erster Linie sind die Fahrgäste von diesen Zuständen betroffen, wenn man sich vor Augen hält, daß bei einer derartigen Auslastung auf einen sitzenden Fahrgast fast ein stehender Reisender kommt. Auch für die Mitarbeiter der DB AG sind negative Folgen spürbar: so klagten beispielsweise die Zugbegleiter, daß in vielen überfüllten Zügen eine Fahrkartenkontrolle nicht möglich sei. Eine Überprüfung wird dadurch zusätzlich erschwert, daß bis zu fünf Personen mit einem Ticket reisen dürfen. Darüber hinaus bekamen die Zugbegleiter vielfach den Unmut der Reisenden zu spüren.

Diese Extremauslastung hat weitere Konsequenzen: Das rollende Material ist erheblichen Beanspruchungen ausgesetzt, die in jedem Fall zu einer erhöhten Verschmutzung führen. Gleiches ist für viele Bahnhöfe zu konstatieren. Nicht zuletzt zeitigt das SWT auch Wirkungen auf andere Leistungsangebote der Bahn: die Zubringer- und Verteilfunktion des Nahverkehrs für die Fernreiseverkehr ist ebenfalls betroffen. Dies ist besonders bedenklich, weil damit nicht nur die Inhaber von „Billigtickets" in überfüllten Zügen reisen müssen, sondern unter Umständen auch langjährige und zahlungskräftige Kunden, die viel Geld für eine Fernreise bezahlt haben.

Die Reaktion der Bahn eröffnet einen Hinweis darauf, wie Kapazitätsmanagement für integrative Leistungen häufig betrieben wird. Zwar werden die Einzelprobleme gesehen und teilweise auch abgestellt, eine Berücksichtigung der Interdependenz von Beschäftigungs- und Sortimentsdimension unterbleibt jedoch. In erster Linie ist dies auf die Indikatoren zurückzuführen, die die Beschäftigung widerspiegeln sollen.

Mit den Zuständen in einigen Zügen auf besonders belasteten Strecken konfrontiert, machen die Verantwortlichen der DB AG folgende Rechnung auf:[27] Bei einer wochenenddurchschnittlichen Auslastung im Nahverkehr von 40 % seien lediglich 2% der Züge einer Überla-

---

[26] Vgl. Beiersdorf (1995), S. 1; teilweise wird sogar von Auslastungszahlen in Höhe von 230% berichtet. Es drängt sich jedoch die Frage auf, wie solche Zahlen zu ermitteln sind.

[27] Vgl. zu den folgenden Aussagen sowie zu den Zahlen Daubertshäuser (1995), S. 37f.; Franz (1995), S. 95; Neuhaus (1996), S. 24.

stung in der o.g. Größenordnung ausgesetzt. Die nachfolgende Abbildung verdeutlicht, welche Perspektive dieser Argumentation zugrunde liegt.

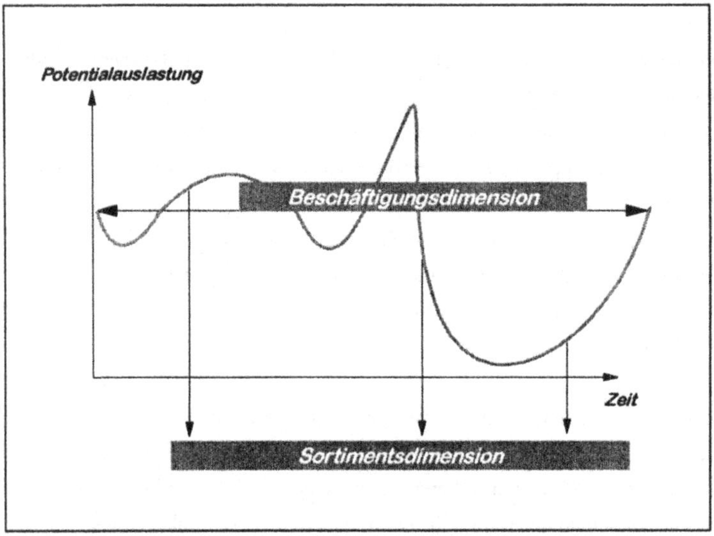

Abb. 4: Perspektiven der Auslastungsbetrachtung

Die vollständige Vernachlässigung der Sortimentsdimension ist auf eine verkürzte Analyse zurückzuführen, die ausschließlich die Beschäftigung der internen Faktoren zum Maßstab erhebt. Diese Sicht der Dinge kann aus Marketing-Sicht nicht befriedigen, was wie folgt begründet werden kann.

Die Sinnhaftigkeit der Kapazitätsfestlegung muß angesichts der Tatsache bezweifelt werden, daß sie offenbar fast problemlos um das 1,8fache überschritten werden kann. Ohne auf die Diskussion um Maximal- und Normalkapazität im einzelnen einzugehen, kann konstatiert werden, daß die Bestimmung der Leistungsfähigkeit ausschließlich anhand der Sitzplätze eines Zuges zu kurz greift. Nicht berücksichtigt werden die Ein- und Ausstiegskapazitäten, die bereits bei einer Auslastung unterhalb 100% zum Engpaß werden und neben Unannehmlichkeiten auch Verspätungen verursachen können.

Weiterhin kann eine Bewertung einer bestimmten Kapazitätsauslastung nur dann erfolgen, wenn zuvor eine Zielgröße formuliert worden ist. Dabei muß der Verdrängungseffekt berücksichtigt werden, der dazu führt, daß ein vollständig ausgelasteter Zug keine weiteren Fahrgäste mehr zu transportieren in der Lage ist. Die Informationsfunktion des Fahrplans wird damit nachhaltig gestört: er verliert seinen Sortimentscharakter zumindest für die Reisenden, die am Bahnhof zurückbleiben müssen. Aber auch für diejenigen, die im Zug reisen dürfen, geht im Hinblick auf zukünftige Fahrten die Planungssicherheit verloren, müssen sie doch damit rechnen, beim nächsten mal weniger Glück zu haben. Der Nutzen, der aus der Möglichkeit resultiert, die Leistung der Bahn nach Maßgabe des Fahrplans jederzeit in Anspruch nehmen zu können, geht teilweise oder vollständig verloren. Dieser Umstand betrifft unmittelbar das Kapazitätsmanagement und darf bei einer Auslastungsbetrachtung keinesfalls vernachlässigt werden. An dieser Stelle ergibt sich die Notwendigkeit, den vielfach hervorgehobenen Nutzen der Bereitstellungsleistung an sich einer Operationalisierung zu unterziehen.[28] Überdies täuschen die Zahlen über das tatsächliche Ausmaß der Kapazitätsspitzen hinweg, wie eine einfache Rechnung zeigt:

Auslastungsgrad	*Zahl der Züge*	*Zahl der Fahrgäste*
0,37	49.000	3.626.000
1,8	1.000	360.000
Summe	50.000	3.986.000
Durchschnittliche Auslastung	0,98 * 0,37 + 0,02 * 1,8 =	**40 %**
Anteil Fahrgäste in überfüllten Zügen	360000 / 3.986.000 =	**9%**

Tab. 1: Auslastungskennzahlen[29]

Auf Basis der vorliegenden Beschäftigungskennzahlen sowie einiger, im Hinblick auf die Gleichverteilung sogar noch sehr optimistischer Annahmen stellt sich heraus, daß 9% aller Fahrgäste in völlig überfüllten Zügen reisen. Dieser Umstand ist nicht verwunderlich, sind doch für eine hohe Kapazitätsauslastung mehr Fahrgäste vonnöten als für einen Geisterzug.

---

[28] Vgl. vor allem Oettle (1970).

[29] Pro Wochenende verkehren etwa 50.000 Züge im Nahverkehr, vgl. Franz (1995), S. 94. Zusätzlich wird die Annahme getroffen, daß jeder Zug über 200 Sitzplätze verfügt.

Potentialüberlastung und Zahl der Fahrgäste in überlasteten Zügen stehen in einem Verhältnis von 1:4,5. Dieser eklatante Unterschied in den Auslastungszahlen kann für kollektive integrative Leistungen als typisch angesehen werden. Dies liegt in dem o.g. Kumulationseffekt begründet, der durch die folgende Graphik illustriert werden soll.

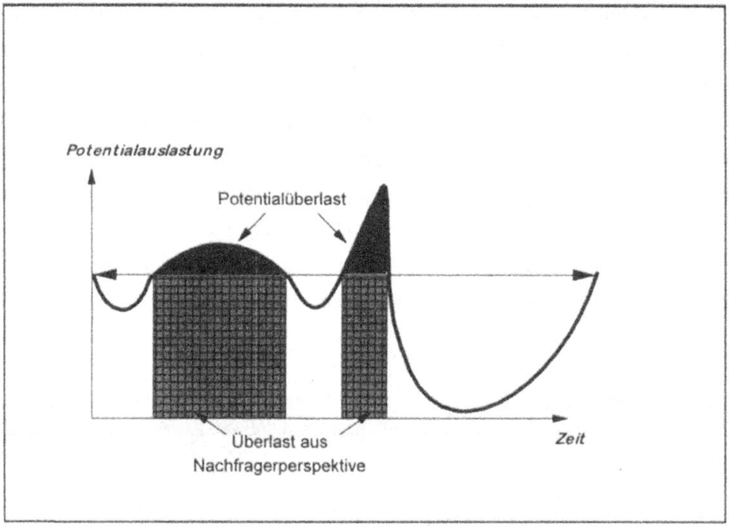

Abb. 5: Kumulationseffekt der Kapazitätsauslastung

Die Auslastungsrechnung der DB AG bringt die ausschließlich intern orientierte, von Kostenüberlegungen dominiert Sichtweise der Kapazität zum Ausdruck. Zudem erfolgt eine Beschränkung der Beschäftigungsbetrachtung auf ein Element der Leistungserstellung. Zwar mag dies aus Anbietersicht deshalb gerechtfertigt erscheinen, weil über die Disposition des rollenden Materials ein erheblicher Teil der Kosten disponiert wird. Die Kennzahlen in Tabelle 1 lassen jedoch erkennen, daß eine potentialorientierte Auslastungsbetrachtung unter Berücksichtigung der externen Faktoren deutlich andere Ergebnisse zeigt.

Im Zentrum der Überlegungen der DB AG steht eindeutig die Steigerung der Durchschnittsauslastung. Damit wird eine Verrechnung von Kapazitätsspitzen und -tälern vorgenommen, die dem Schicksal des einzelnen Reisenden keinerlei Bedeutung zumißt. Zudem signalisiert die Operationalisierung der Kapazitätsspitzen in der Form „Zahl der überfüllten Züge" nur einen geringen Handlungsbedarf. Vergegenwärtigt man sich, daß die Nachfrager mit ihren Wahlentscheidungen die Kapazitätsauslastung maßgeblich bestimmen, so wiegt das

Fehlen einer Berücksichtigung der Nachfragerperspektive im Rahmen der Auslastungsanalyse besonders schwer.

Eine Durchschnittsauslastung stellt im Extremfall einen Wert dar, der für einen einzelnen Zug niemals zu beobachten ist. Diese Problematik des arithmetischen Mittels ist seit langem bekannt.[30] Die Argumentation mit diesem Wert der Öffentlichkeit gegenüber bleibt unverständlich. Die einseitige Konzentration auf Auslastungstäler - in diesem Fall „Nahverkehrszüge am Wochenende“ - läßt eine Sensibilität für Auslastungsspitzen vermissen, die nicht nur wenig kundenfreundlich, sondern auch sehr kurzsichtig ist. Um dies zu unterstreichen, soll im folgenden Abschnitt die Sortimentsdimension der Kapazität bei integrativen Leistungen näher betrachtet werden. Im Unterschied zu den bisher angestellten Betrachtungen geht es jetzt um eine Argumentation aus der Perspektive des einzelnen Nachfragers.

4. Die Sortimentsdimension der Kapazität

4.1. Informationswirkung und Informationsbedarf

Das Sortiment der DB AG äußert sich in dem veröffentlichten Fahrplan, der alle Verbindungen enthält.[31] Jeder Nachfrager, der einen gültigen Fahrschein besitzt, ist zur Benutzung jedes im Fahrplan aufgeführten Zuges berechtigt. Das Angebot des SWT beinhaltet ausdrücklich diesen Teil des gesamten Leistungsangebots der DB AG.

Vor diesem Hintergrund bedeutet ein überfüllter Zug, der einige Reisende am Bahnhof zurückläßt, für die Betroffenen eine Verminderung des Sortiments. Im günstigsten Fall verlängert sich die Dauer der gesamten Reise, im ungünstigsten Fall kann eine derartige Verzögerung den gesamten Reiseplan eines Fahrgastes obsolet werden lassen. Der Bereithaltungsnutzen wird an dieser Stelle sichtbar, wenn auch nur dadurch, daß er offensichtlich durch die Kapazitätsauslastung geschmälert wird.

Dieser Fall wird die absolute Ausnahme bleiben, wird er doch nur dann Wirklichkeit, wenn die Auslastung so extreme Formen annimmt, daß selbst ein Stehplatz nicht mehr zu haben ist.

---

30 Gleichzeitig werden durch Kompensationseffekte Probleme verdeckt, vgl. Corsten (1994), S. 51.

31 Vgl. zu dieser Interpretation des Sortimentsbegriffs Schnittka (1996), S. 31ff.; dem Verfasser ist keine weiterführende Literatur zum Sortiment von Dienstleistungsunternehmen bekannt.

Die Informationswirkung solcher Einzelfälle darf dennoch nicht unterschätzt werden. Multipliziert durch die Medien läßt Sie den potentiellen Reisenden gewahr werden, daß durchaus die Gefahr besteht, einen bestimmten Zug nicht benutzen zu können. Damit verliert die Bereitstellungsleistung, wie sie durch den Fahrplan dargestellt wird, erheblich an Glaubwürdigkeit. Je nach Anlaß der Reise führt dies zu einer Änderung der Reisplanung, die zur Sicherstellung einer bestimmten Ankunftszeit gewisse Polster einkalkulieren wird. Abgesehen von den damit verbundenen Unannehmlichkeiten für den Reisenden ergeben sich hieraus Verschiebungen im zeitlichen Nachfrageanfall, die nicht nötig wären und eventuell sogar wieder neue Probleme hervorrufen. Die Beinträchtigung hängt nicht direkt von der tatsächlichen Kapazitätsauslastung ab, sondern primär von der Einschätzung des Nachfragers im Hinblick auf die Verfügbarkeit der Bereitstellungsleistung.

Diesem vom einzelnen Reisenden in unterschiedlichem Ausmaß verspürten Informationsdefizit begegnet die DB AG mit der beruhigenden Aussage, lediglich für 2% der Züge seien Engpässe zu befürchten. Wie oben geschildert, täuscht diese Angabe über die wahren Verhältnisse hinweg. Zudem ist sie nicht geeignet, ex-ante darüber Informationen zu liefern, ob der einzelne Reisende auf einer bestimmten Strecke von dieser Überlast betroffen sein könnte.

Konzipiert man ein Kapazitätsmanagement auf Basis der Selbstselektion, wie es im vorliegenden Fall geschehen ist, so steht und fällt der Erfolg des Systems mit validen Informationen, die dem Nachfrager als Basis für eine Entscheidung dienen können.

Die Situation im Nahverkehr am Wochenende ist dadurch gekennzeichnet, daß insbesondere die Ausflugsstrecken von einer Vielzahl von Nachfragern frequentiert werden. Gleiches gilt für den Einkaufs- und Besorgungsverkehr sowie im Falle von Sonderveranstaltungen im sportlichen und kulturellen Bereich.[32] Es ist also wenig zutreffend, von *der* Auslastung des SPNV am Wochenende zu sprechen.

In der Öffentlichkeit muß aber der Eindruck entstehen, die vielen negativen Erlebnisse seien bis zu einem gewissen Maße eine Situation, die jedem Benutzer auf jeder Strecke widerfahren könne. Dies ist insbesondere deshalb zu befürchten, weil mit dem SWT gezielt Neukunden angesprochen werden sollen[33], die mangels Erfahrung die Auslastung auf den für sie relevanten Strecken kaum antizipieren können. Welche Schlußfolgerungen für Kapazitätsmessung

---

[32] Vgl. Franz (1995), S. 95

[33] Vgl. Franz (1995), S. 96, der die Zahl der durch das SWT gewonnenen Neukunden mit 40% beziffert.

und Kapazitätssteuerung aus diesen Erkenntnissen zu ziehen sein könnten, soll im folgenden Abschnitt untersucht werden.

4.2. Umsetzung in Kapazitätsmessung und Kapazitätssteuerung

4.2.1. Outputbezogene Kapazitätsmessung

Im Rahmen der produktionswirtschaftlich ausgerichteten Diskussion um Kapazität und Kapazitätsmessung ist immer wieder die Frage aufgeworfen worden, in welchen Einheiten die Leistungsfähigkeit zu messen sei.[34] Diese Frage besitzt immer dann Relevanz, wenn verschiedene Teileinheiten zum Entstehen eines Leistungsergebnisses beitragen. Um zu einer einheitlichen Maßgröße zu kommen und damit die Maßgrößen der Leistungsfähigkeit der Teileinheiten gleichnamig zu machen, ist das Leistungsergebnis als Maßstab zu wählen.

Die o.g. Angaben der DB AG haben jedoch einen anderen Hintergrund: In Anlehnung an den Begriffsursprung[35] wird Kapazität als Fassungsvermögen, hier bezogen auf einen Zug, verstanden. Damit wird der Prozeßcharakter der Leistung in doppelter Hinsicht negiert.

Zum einen fehlt bei einer derartigen Größe der dynamische Charakter der Kapazität. Wie in der Definition zum Ausdruck kommt, erstreckt sich eine Leistungsfähigkeit immer auf einen bestimmten Zeitabschnitt, dessen Länge im Hinblick auf unterschiedliche Analyseziele variiert werden kann. Die Zahl der Plätze in einem Zug ist dann nur als Eingangsgröße zu verstehen, die mit der Dauer der Fahrt und der Auslastung auf unterschiedlichen Teilstrecken erst zu einer sinnvollen Kapazitätsgröße verbunden werden kann. Als Einheit hierfür kommt nur die Beförderungsleistung zwischen unterschiedlichen Haltepunkten in Betracht. Das würde dazu führen, daß die Kapazität in Verbindungen ausgedrückt wird, wie es dem Ziel des Bahnangebots - vereinfacht als Ortsveränderung zu bezeichnen - und in der Regel auch dem Empfinden des Nachfragers entspricht. Wie unschwer zu erkennen ist, hätte eine solche Kapazitätsangabe den Vorteil, daß die Folgewirkungen eines überfüllten Zuges sehr viel besser erfaßt werden könnten. Jeder Bahnreisende wird aus eigener Erfahrung die teilweise gravierenden Auswirkungen eines verpaßten Anschlußzuges, oder - wie in diesem Fall - eines überfüllten An-

---

34 Vgl. Betge (1996); Kern (1993) sowie die dort zitierte Literatur.

35 Vgl. Clar (1964), S. 28; Henzel (1967), S. 76; Wiegand (1968), S. 5; Selchert (1970), S. 681; Schmitt (1981), S. 49; Kern (1975), Sp. 2083.

schlußzuges bestätigen können. Auf die Wirkungen des SWT angewendet resultiert daraus, daß ein überfüllter und damit häufig auch gleichzeitig verspäteter Zug eine erhebliche Reduzierung der Kapazität der DB AG in bezug auf mehrere Verbindungen haben kann.

Zum anderen führt nur eine Kapazitätsmessung der Größe „Mögliche Fahrgäste zwischen zwei Orten in einem Zeitabschnitt" dazu, daß der Sortimentsdimension der Kapazität Rechnung getragen werden kann. Auch aus Sicht des Nachfragers ist es der Prozeß des Reisens und sein Ergebnis, die die Leistung der DB AG ausmachen.

4.2.2. Berücksichtigung der Sortimentsdimension der Kapazität

Wie oben bereits geschildert, stellt die Summe der Züge im Nahverkehr das Sortiment der DB AG für diesen Bereich dar. Aus Sicht des einzelnen Reisenden ist die Frage nach der verfügbaren Kapazität anders zu formulieren. Seine Anforderungen sind in der Regel auf eine bestimmte Verbindung, bestehend aus einem oder mehreren Zügen, die er zu einem bestimmten Zeitpunkt oder Zeitraum in Anspruch nehmen möchte. Die folgende Abbildung unternimmt den Versuch, diesen Aspekt der Kapazität aus einem intern orientierten, ausschließlich potentialbezogenen Kapazitätsverständnis abzuleiten. Es handelt sich dabei insofern noch um eine Vereinfachung, als Umsteigevorgänge nicht betrachtet werden.

Wie bereits ausgeführt, läßt sich eine enge Verbindung von Kapazität und Sortiment feststellen,[36] der im vorliegenden Fall auf folgende Weise dargestellt werden kann. Eine Verkürzung des Zeitraums der Kapazitätsmessung bringt unterschiedliche Leistungsfähigkeiten im Zeitablauf zum Ausdruck. Riebel trägt diesem Umstand Rechnung, indem er zwischen der generellen Leistungsfähigkeit und einer sofort verfügbaren Leistungsbereitschaft unterscheidet.[37] Damit verbunden ist eine Spezifizierung des Zeitraums, wie sie in Abb. 6 durch Datum und Uhrzeit zum Ausdruck kommt.

---

[36] Vgl. die Ausführungen in Abschnitt 2.2 auf den Seiten 127ff.

[37] Vgl. Riebel (1954), S. 14.

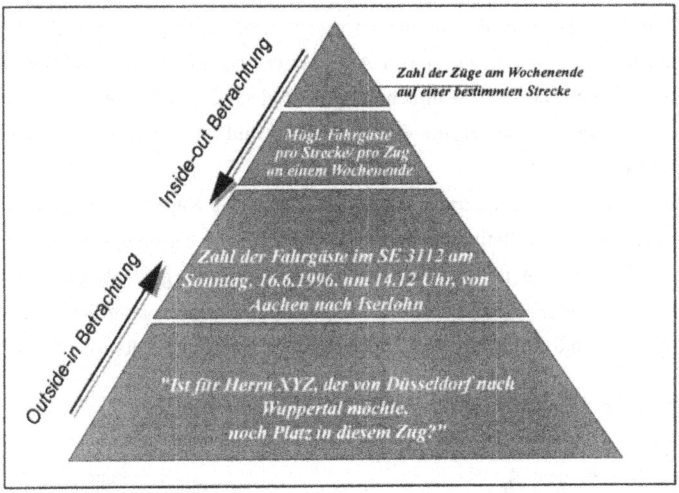

Abb. 6: Kapazitätsstufen[38]

Für die Sortimentsdimension der Kapazität - und damit für das dem einzelnen Nachfrager zur Verfügung stehende Angebot - ist es jedoch unerheblich, ob ihm ein Angebot aufgrund einer zu geringen Kapazität oder einer zu hohen Kapazitätsauslastung nicht zur Verfügung steht. Die Sortimentsdimension der Kapazität ergibt sich demzufolge erst dann, wenn Kapazitätsdimensionierung und Kapazitätsauslastung simultan betrachtet werden. Für die Auswahl bestimmter Angebote aus dem Sortiment sind die Erwartungen des Nachfragers hinsichtlich der Leistungsqualität maßgebend. Das Urteil des Nachfragers äußert sich aber nicht nur in der Inanspruchnahme bestimmter Bahnleistungen, sondern eben auch in der bewußten Entscheidung gegen die DB AG. Eine vollständige Messung von Kapazität und Kapazitätsauslastung muß diesen Umstand berücksichtigen. Die folgende Abbildung zeigt mögliche Ansatzpunkte auf.

Die Kapazitätsmessung beschränkt sich häufig auf den Punkt 4, in dem eine einfache Beschäftigungskennzahl ermittelt wird, die zudem bei Anbietern integrativer Leistungen nicht selten inputorientiert vorgenommen wird. [39] Ähnlich wie für den Qualitätsbegriff kann jedoch davon ausgegangen werden, daß Kapazität und Kapazitätsauslastung immer dann zu einer Erfahrungsgröße werden, wenn die Nachfrager im Rahmen eines Selbstselektionsprin-

[38] Vgl. Schnittka (1996), S. 41.

[39] Hotelkapazitäten werden in der Regel über die Bettenzahl erfaßt; Theaterkapazitäten in Sitzplätzen ausgedrückt. Vgl. hierzu Franz (1969), S. 71ff.; Schulz (1955), S. 65.

zips direkt mit der Leistungsfähigkeit konfrontiert werden. Das Angebot der DB AG wird vom Einzelnen immer nur in Form von Ausschnitten wahrgenommen werden können. Mit jeder Reise geht eine selektive Wahrnehmung der Leistungsqualität, aber auch der Kapazität und Kapazitätsauslastung einher, die ein bestimmtes Bild beim Nachfrager entstehen lassen. Die Meßpunkte 1 bis 3 in

Abb. *7* geben einen Hinweis darauf, in welcher Weise das Kapazitätsimage eines Anbieters erfaßt werden könnte.[40] Relativ einfach zu operationalisieren ist Meßpunkt 1: Neben den Bedürfnissen der Nachfrager in bezug auf Art und Zeitpunkt der gewünschten Leistungserstellung muß erfaßt werden, welche und wieviel potentielle Kunden aufgrund einer Diskrepanz zwischen Angebot und Nachfrage nicht zu Nachfragern werden konnten.

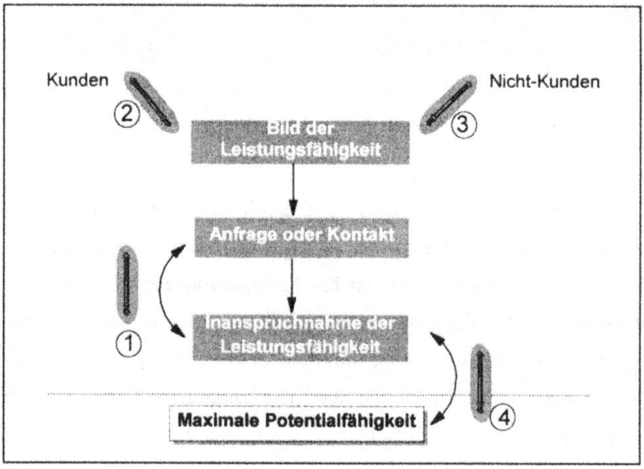

Abb. 7: Meßpunkte von Kapazität und Kapazitätsauslastung

In jedem Fall liegt es nahe, daß Kapazitätsspitzen und -täler nicht isoliert voneinander betrachtet werden können.[41] Der Reisende in einem überfüllten Nahverkehrszug wird sein Bild von der qualitativen und quantitativen Leistungsfähigkeit der DB AG durch dieses Erlebnis verändern. Ohne dies hier im Detail nachweisen zu können, kann eine Veränderung des Nachfrageverhaltens als sehr wahrscheinlich angesehen werden. Diese Auswirkungen müssen im Rahmen des Kapazitätsmanagements in Rechnung gestellt werden.

40 Nicht geleugnet werden kann, daß die Meßpunkte 1 und 2 noch einer Operationalisierung bedürfen.

41 Vgl. analog für die Produktivitätsmessung Corsten (1994), S. 50ff.

Zwischen Kapazität und Qualität bestehen vielfältige Interdependenzen, wie das Beispiel eines überfüllten Zuges deutlich macht. Vor diesem Hintergrund stellt sich die Frage, wie diese Interdependenzen berücksichtigt werden können. Die erste Aufgabe besteht in der Definition einer Normalkapazität, deren Inanspruchnahme einer Beschäftigung von 100% entspricht. Im Hinblick auf die Leistungsqualität bietet es sich an, diejenige Kapazität als 100% zu bezeichnen, bei deren Inanspruchnahme noch keine negativen Auswirkungen auf die Leistungsqualität zu befürchten sind. Damit müssen sowohl aus der Auslastung resultierende Unannehmlichkeiten als auch Verspätungen, beispielsweise in Folge zu langer Ein- und Ausstiegszeiten auf den Bahnhöfen ausgeschlossen werden.

Unabhängig davon, ob man auf diese Weise verfährt, ist die explizite Formulierung eines Kapazitätsauslastungsziels erforderlich, das bisher zu fehlen scheint. Dabei kann es nicht darum gehen, jeden Platz in jedem Zug auszulasten. Die Interdependenz zwischen der Auslastung verschiedener Züge müssen in einer solchen Zielformulierung ihren Niederschlag finden. Nur dann kann verhindert werden, daß Groß- und Stammkunden zugunsten von Gelegenheitskunden zurücktreten müssen.

Im Rahmen der Zielformulierung ist es problematisch, daß eine Beeinträchtigung der Leistungsqualität durch eine zu hohe Kapazitätsauslastung intersubjektiv verschieden wahrgenommen wird. Hinzu kommt, daß negative Konsequenzen auf die wahrgenommene Leistungsqualität auch bei einer zu geringen Auslastung entstehen können. Anders ausgedrückt: Kapazitätsmanagement besteht nicht nur darin, eine bestimmte Zahl von Nachfragern für ein bestimmtes Leistungsangebot zu gewinnen, sondern muß auch darauf achten, um welche Nachfrager es sich handelt. An dieser Stelle wird der Unterschied zwischen dem Absatz einer Leistung und der Beschaffung externer Faktoren besonders deutlich.

Eine aktive Selektion der Nachfrager und gezielter Einsatz eines Kompatibilitätsmanagements ist im Nahverkehr kaum möglich, da sich eine dafür erforderliche Anmeldung und Reservierung nicht wird durchsetzen lassen. In konsequenter Anwendung des Prinzips der Selbstselektion kann die Aufgabe der DB AG dann nur darin bestehen, denjenigen Nachfragern, für die die Kapazitätsauslastung eines Zuges ein Auswahlkriterium darstellt, die nötigen Informationen zur Verfügung zu stellen. Würde die DB AG innerhalb des Fahrplans oder als Zusatzinformation auf Anfrage mitteilen, welche Verbindungen zur welcher Zeit wie stark frequentiert werden, könnten zwei Ziele zugleich erreicht werden:

1. Zumindest eine Tendenz zur Gleichverteilung ist anzunehmen, auch wenn ein gewisser kontraproduktiver Effekt zu befürchten ist.[42]
2. Gerade diejenigen Nachfrager, die durch eine besondere Sensibilität im Hinblick auf die Kapazitätsauslastung gekennzeichnet sind, könnten ein für sie besonders negatives Erlebnis eher vermeiden, als dies bisher der Fall ist. Auf diese Weise wird der Heterogenität der Nachfrage Rechnung getragen.

Für die Umsetzung dieser Maßnahme sollte es ausreichend sein, Kategorien zu bilden, die verschiedene Auslastungsklassen angeben. Der Reisende wäre aufgrund dieser Angaben sehr viel besser in der Lage, seine Reise zu planen und an die bereitgestellten Kapazitäten anzupassen. Damit hätte die Bahn ein Instrument in der Hand, um die Vorstellungen ihrer Kunden über ihre Kapazitätsauslastung aktiv zu beeinflussen. Gleichzeitig würde transparent, wo Auslastungsspitzen und -täler im Detail zu finden sind.

In diesem Zusammenhang könnte auch der Einsatz neuer Medien einen Ansatzpunkt für das Kapazitätsmanagement darstellen. Die immer weitere Verbreitung findenden elektronischen Fahrplananzeigen sowie die Großbildschirme, die in ausgewählten Bahnhöfen der Kategorie A installiert worden sind, könnten für die Übermittlung von Kapazitätsauslastungsinformationen genutzt werden. Ihr Vorteil gegenüber dem Fahrplan als Informationsinstrument liegt in ihrer Flexibilität, die eine höhere Aktualität der Kapazitätsangaben gewährleisten könnte.

5. Fazit: Kapazitätsmanagement als Informationsmanagement

Das SWT stellt einen Versuch dar, mit dem Instrument der Preispolitik die Auslastung der Kapazitäten in einem bestimmten Teilbereich zu steuern. Der scheinbare Erfolg, wie er sich in Verkaufszahlen und Durchschnittsauslastung widerspiegelt, erscheint in einem anderen Licht, wenn man die zahlreichen Nebeneffekte dieses Bahnangebots berücksichtigt. Da sich mit der Preiserhöhung auf DM 35,- ein spürbarer Nachfragerückgang eingestellt hat, sind einige der oben geschilderten Effekte mittlerweile nicht mehr in gleicher Intensität anzutreffen. Im Zentrum der Diskussion stand deshalb eher die grundsätzliche Eignung der Vorgehensweise, wie sie die DB AG zur Verbesserung der Kapazitätsauslastung gewählt hat.

---

[42] In diesem Zusammenhang kann man von einer „self destroying prophecy“ für den Fall sprechen, daß sehr viele Nachfrager ihr Verhalten an den Kapazitäts- und Beschäftigungsgrößen ausrichten und somit eine Umkehrung der vorher ermittelten Verhältnisse entsteht. Selbst dann wäre einem solchen Vorgehen noch etwas Positives abzugewinnen, da die DB AG zuverlässige Informationen über die Sensibilität ihrer Kunden in bezug auf die Kapazitätsauslastung sowie die Flexibilität in bezug auf Reisezeiten gewinnen würde.

Der intendierte Imagegewinn für den Nahverkehr sowie ein beabsichtigter positiver Imagetransfer auf die DB AG muß zumindest in Frage gestellt werden.[43] Die anfänglich durchweg positive Beurteilung durch die Öffentlichkeit ist zunehmend negativen Schlagzeilen und Erlebnisberichten gewichen. Zusätzlich ist davon auszugehen, daß einige Kunden in einer Weise verärgert worden sind, die nicht ausschließt, daß sie sich durch negative Propaganda als „Terroristen"[44] betätigen. Ebenfalls nicht auszuschließen ist, daß es sich bei diesen Kunden um - vormalige - Stammkunden handelt. Diese Zielgruppe wurde bei der Konzeption des Tikkets vernachlässigt.
Auch dann, wenn man von einer qualitätsorientierten zu einer quantitativ orientierten Betrachtung übergeht, lassen sich erhebliche Zweifel an der Zweckmäßigkeit eines SWT anmelden. Im Ergebnis ist allenfalls die Kapazitätsschwankung auf ein höheres Niveau gehoben worden, eine Beseitigung oder Glättung der Spitzen ist jedoch nicht erreicht worden.

Die Interpretation der Ergebnisse läßt darauf schließen, daß die notwendige Analyse bereits im Vorfeld unterblieben ist. Die Zielformulierung „Steigerung der Kapazitätsauslastung im Nahverkehr am Wochenende" ist für ein effektives Kapazitätsmanagement nicht geeignet, weil sie sowohl sachlich als auch zeitlich zu undifferenziert ist. Zahlreiche Informationen, deren Einfluß auf Kapazität und Beschäftigung in diesem Beitrag nachgewiesen werden sollte, finden keinen Niederschlag in den Betrachtungen der Bahn. Allenfalls werden sie als Nebeneffekte betrachtet, die nicht unmittelbar dem Kapazitätsmanagement zuzuordnen sind.

Die Konstruktion des SWT kann ebenfalls nicht vollständig überzeugen, da sie einen Konflikt enthält, der vielen Ansätzen inhärent ist, die über preispolitische Maßnahmen eine Steuerung der Beschäftigung erreichen wollen. Ein großer Vorteil des SWT wird in seiner einfachen und verständlichen Tarifkonstruktion gesehen. Im Unterschied zu vielen anderen Angeboten der DB AG sind Geltungsbereich und -dauer für jeden Nachfrager verständlich formuliert worden. Damit geht zwangsläufig ein Verzicht auf ein Differenzierung einher, die für einen Abbau von Kapazitätsspitzen und -tälern unerläßlich ist. Diese Differenzierung kann aber bei der Gestaltung der Preispolitik nur auf Kosten der Übersichtlichkeit der Tarifgestaltung vorgenommen werden. Insofern ist mit der Wahl des Steuerungsinstruments, wie sie die DB AG getroffen hat, bereits ein Konflikt zwischen kundenfreundlicher Preisgestaltung und effektiver Kapazitätsauslastungssteuerung angelegt.

---

43 Vgl. zu diesen Zielformulierungen Franz (1995), S. 94.

44 Vgl. Heskett et.al. (1994), S. 52f.

Dieser Konflikt offenbart den Unterschied zwischen dem Absatz der Leistung und der Beschaffung externer Faktoren: mit dem Absatz des Tickets wird die Kapazitätsauslastung keinesfalls sichergestellt. Vielmehr besteht einer der Kaufanreize in der Möglichkeit, aus der Vielzahl der bereitgestellten Kapazitäten individuell und unabhängig eine Auswahl treffen zu können. Eine gleichmäßige Kapazitätsauslastung kann nur dann sichergestellt werden, wenn unter Berücksichtigung möglicher Kriterien der Auswahlentscheidung des Nachfragers eine Äquivalenz von internen und externen Faktoren herbeigeführt wird.[45]

Der Einsatz der Preispolitik ist noch aus einem anderen Grund kritisch zu betrachten: Er legt den Verdacht nahe, daß unter Verzicht auf eine detaillierte Analyse dem Aktionismus das Feld überlassen wird. Die im Hinblick auf eine Selbstselektion der potentiellen Reisenden ausgesendeten Signale dieses Vorgehens sind nicht geeignet, eine Verstetigung der Kapazitätsauslastung zu unterstützen. Damit werden die Kapazitätsinformationen von einem preispolitischen Anreiz überlagert, der notwendigerweise weniger differenziert wirkt.

Besonders schwer wiegt, daß gerade diejenigen Anreize ungenutzt bleiben, die aus den Interessen und Bedürfnissen der Nachfrager heraus auf ein Gleichgewicht hinwirken. Diese könnten dann nutzbar gemacht werden, wenn den Nachfragern auslastungsrelevante Informationen zur Verfügung gestellt würden, die zunächst den potentiellen Reisenden Transparenz über die Auslastung einzelner Züge oder Verbindungen schafft. Im Anschluß daran ist die Veränderung der Kapazitätsauslastung in der Zeit zu erfassen und zu bewerten.
Sollten die verbleibenden Auslastungsspitzen und -täler in den Augen der Verantwortlichen nicht akzeptabel sein, könnte sich ein weiterer Schritt anschließen. Offensichtlich sind dann die Eigeninteressen der Nachfrager nicht stark genug, um die Ziele der DB AG zu erreichen. Dann ist zu überlegen, ob zusätzliche Anreize in Form preispolitischer Zugeständnisse zweckmäßig sein könnten. Ein Erfolg ist aber nur dann zu erwarten, wenn vorhandene Bedürfnisse beim Nachfrager verstärkt werden, nicht aber dann, wenn eine Verstetigung der Kapazitätsauslastung gegen Nachfragerpräferenzen durchgesetzt werden soll.

Die Gestaltung des Tarifsystems in einfacher und damit kundenfreundlicher Art und Weise ist eine positiv zu beurteilende Absicht. Vor diesem Hintergrund ist die Einführung des SWT sicherlich zu begrüßen. Man darf allerdings an dieses Instrument nicht Erwartungen stellen, die es aufgrund seiner Konzeption niemals erfüllen kann.

[45] Vgl. Schnittka (1996), S. 23ff.

6. Literatur

ANDREASSEN, Tor Wallin (1995): (Dis-)satisfaction with public services: the case of public transportation, in: Journal of services marketing, 9. Jg. (1995), Nr. 5, S. 30 - 41

ARMISTEAD, Colin G. / CLARK, Graham (1994): The „coping“ capacity management strategy in services and the influence on quality performance, in: International journal of service industry management, 5. Jg. (1994), Nr. 2, S. 5 - 22

BEIERSDORF, Wilfried (1995): Schönes Wochende der Bahn wird teurer, in: Westdeutsche Allgemeine Zeitung, Nr. 104 vom 5.5.1995, S. 1

BETGE, Peter (1996): Kapazität und Beschäftigung, in: Kern, Werner / Schröder, Hans-Horst / Weber, Jürgen (Hrsg.), Handwörterbuch der Produktionswirtschaft, 2. Auflage, Stuttgart 1996, Sp. 852 - 861

CLAR, Peter (1964): Die Kapazitätsausnutzung in der Industrieunternehmung, Berlin 1964

CORSTEN, Hans (1985): Die Produktion von Dienstleistungen, Berlin 1985

CORSTEN, Hans (1992): Kapazitätsplanung in Dienstleistungsunternehmen, in: Corsten et.al. (Hrsg.), Kapazitätsmessung, -gestaltung, -optimierung: eine betriebswirtschaftliche Kernfrage, Stuttgart 1992, S. 229 - 254

CORSTEN, Hans (1994): Produktivitätsmanagement bilateraler personenbezogener Dienstleistungen, in: Corsten, Hans / Hilke, Wolfgang (Hrsg.), Dienstleistungsproduktion, Schriften zur Unternehmensführung Band 52, Wiesbaden 1994, S. 43 - 77

DAUBERTSHÄUSER, Klaus (1995): Interview im Nachrichtenmagazin Focus, Heft 11/1995, S. 37ff.

DUCLOS, Leslie K. / SIHA, Samia / LUMMUS, Rhonda R. (1995): JIT in services: a review of current practices and future directions for research, in: International journal of service industry management, 6. Jg. (1995), S. 36 - 52

ENGELHARDT, Werner H. / KLEINALTENKAMP, Michael / RECKENFELDERBÄUMER, Martin (1993): Leistungsbündel als Absatzobjekte, in: ZfbF, 45. Jg. (1993), S. 395 - 426

FRANZ, Jürgen (1969): Die Labilität der Nachfrage bei investitionsintensiven, kundenpräsenzbedingten Dienstleistungsbetrieben und die Möglichkeit einer betriebspolitischen Anpassung, Diss. München 1969

FRANZ, Hans-Werner (1995): Das „Schöne-Wochenende-Ticket“ - die Erfolgsstory der DB AG, in: Der Nahverkehr, 13. Jg. (1995), Heft 10, S. 94 - 96

GERHARDT, Jürgen (1987): Dienstleistungsproduktion, Bergisch-Gladbach 1987

GERSCH, Martin (1995): Die Standardisierung integrativ erstellter Leistungen, Arbeitsbericht Nr. 57 des Instituts für Unternehmungsführung und Unternehmensforschung der Ruhr-Universität Bochum, Bochum 1995

GÜMBEL, Rudolf (1963): Die Sortimentspolitik in den Betrieben des Wareneinzelhandels, Beiträge zur betriebswirtschaftlichen Forschung Band 21, Köln/Opladen 1963

GUTENBERG, Erich (1958): Einführung in die Betriebswirtschaftslehre, Wiesbaden 1958

GUTENBERG, Erich (1965): Grundlagen der Betriebswirtschaftslehre, Band 1: Die Produktion, 11. Auflage, Berlin 1965

HARVEY, Jean (1989): Just-in-time health and human service: a client approach, in: Public productivity and management review, 13. Jg. (1989), S. 77 - 88

HENZEL, Friedrich (1967): Kosten und Leistung, 4. Auflage, Essen 1967

HESKETT, James L. et. al. (1994): Dienstleister müssen die ganze Service-Gewinn-Kette nutzen, in: Harvard manager, 24. Jg. (1994), S. 50 - 61

HUBBERT, Amy R. / SEHORN, Annette G. / BROWN, Stephen, W.: Service expectations: the consumer versus the provider, in: International journal of service industry management, 6. Jg. (1995), Nr. 1, S. 6 - 21

KERN, Werner (1962): Die Messung industrieller Fertigungskapazitäten und ihrer Ausnutung, Köln/Opladen 1962

KERN, Werner (1975): Kapazität und Beschäftigung, in: Grochla, Erwin / Wittmann (Hrsg.), HWB, 4. Auflage (1975), Sp. 2083-2090

KERN, Werner (1993): Kapazität, in: Chmielewicz, Klaus / Schweitzer, Marcell (Hrsg.), Handwörterbuch des Rechnungswesens, 3. Auflage, Stuttgart 1993, Sp 1055 - 1063

KLAUS, Peter G. (1984): Service-Qualität im öffentlichen Personenverkehr: ein retrograder Ansatz zur Analyse und Veränderung, in: Zeitschrift für öffentliche und gemeinwirtschaftliche Unternehmen, 1. Jg. (1984), Nr. 7, S. 54 - 73

KLEINALTENKAMP, Michael (1993): Investitionsgütermarketing als Beschaffung externer Faktoren, in: Thelen, Eva / Mairamhof, Gabi (Hrsg.), Dienstleistungsmarketing, Tagungsband zum 2. Workshop für Dienstleistungsmarketing, Frankfurt et.al. 1993, S. 101 - 126

LAYER, Manfred (1979) : Kapazität: Begriff, Arten und Messung, in: Kern, Werner (Hrsg.), Handwörterbuch der Produktionswirtschaft, Stuttgart 1979, Sp. 1636 - 1647

MEYER, Anton / BLÜMELHUBER, Christian (1994): Interdependenzen zwischen Absatz und Produktion in Dienstleistungsunternehmen und ihre Auswirkungen auf konzeptionelle Fragen des Absatzmarketing, in: Corsten, Hans / Hilke, Wolfgang (Hrsg.), Dienstleistungsproduktion, Schriften zur Unternehmensführung Band 52, Wiesbaden 1994, S. 5 - 41

MEYER, Anton / WESTERBARKEY, Peter (1991): Bedeutung der Kundenbeteiligung für die Qualitätspolitik von Dienstleistungsunternehmen, in: Bruhn, Manfred / Stauss, Bernd (Hrsg.), Dienstleistungsqualität, Konzepte, Methoden, Erfahrungen, Wiesbaden 1991, S. 83 - 103

NEUHAUS, Heinz (1995): „Bahn frei in die Freizeit", Interview in Mobil, Heft 4/1995, S. 22 - 24

OETTLE, Karl (1970) : Die Dienstbereitschaft in einzelwirtschaftlicher und gesamtwirtschaftlicher Sicht, in: Linhardt, H. / Petzkofer, P. / Scherpf, P. (Hrsg.), Dienstleistungen in Theorie und Praxis, Stuttgart 1970, S. 16 - 36

PAUL, Michael / SCHNITTKA, Matthias (1996): Der Handel mit immateriell-integrativen Leistungen: Implikationen für das Marketing von Reiseveranstaltern, in: Meyer, Anton (Hrsg.), Grundsatzfragen und Herausforderungen des Dienstleistungsmarketing, Wiesbaden 1996, S. 233 - 273

PRANTER, Charles A. / MARTIN, Charles L. (1991): Compatibility management: roles in service performers, in: The journal of services marketing, 5. Jg. (1991), Nr. 2, S. 43 - 53

RIEBEL, Paul (1954): Die Elastizität des Betriebes. Eine produktions- und marktwirtschaftliche Untersuchung, Köln/Opladen 1954

SCHMITT, W.M. (1981): Die Problematik von Leistung, Kapazität, Kosten und Erträgen in der Containerlinienschiffahrt, Frankfurt a.M. 1981

SCHNITTKA, Matthias (1996): Dienstleistungskapazität als Gegenstand des Marketing - Überlegungen auf Basis eines subjektiven Kapazitätsbegriffs, Arbeitsbericht Nr. 62 des Instituts für Unternehmungsführung und Unternehmensforschung der Ruhr-Universität Bochum, Bochum 1996

SCHULZ, H. (1955) : Kapazität, Beschäftigungsgrad und Betriebsgröße im Hotelgewerbe, Jahrbuch für Fremdenverkehr, 4. Jg. (1955/56), Heft 2, S. 62 - 75

Selchert, Friedrich W. (1970): Lagerkapazitäten und die Möglichkeit ihrer Messung, in: ZfbF, 22. Jg. (1970), S. 681 - 693

Shostack, Lynn G. (1982): How to design a service, in: European Journal of Marketing, 16. Jg. (1982), Heft 1, S. 49 - 63

Steven, Marion (1996): Kapazitätsgestaltung und -optimierung, in: Kern, Werner / Schröder, Hans-Horst / Weber, Jürgen (Hrsg.), Handwörterbuch der Produktionswirtschaft, 2. Auflage, Stuttgart 1996, Sp. 874 - 883

Vavra, Terry G. (1992): Aftermarketing: How to keep customers for life through relationship marketing, Homewood 1992

Wiegand, Bernd (1968): Darstellung und Vergleich der Berechnungsmethoden industrieller Kapazitäten und deren Auslastungsgrad, Diss. Darmstadt 1968

Reinhard Hünerberg/Andreas Mann*

STRATEGISCHE IMPLIKATIONEN DES SERVICE-MARKETING IN INDUSTRIEUNTERNEHMEN

Konzeptionelle Überlegungen und empirische Befunde

Inhalt

* Prof. Dr. Reinhard Hünerberg, Lehrstuhl Marketing an der Universität Gesamthochschule Kassel; Dipl.-Oec. Andreas Mann, wissenschaftlicher Assistent am Lehrstuhl

1. Bedeutung des Customer Service

Serviceleistungen werden von immer mehr Unternehmen in unterschiedlichen Wirtschaftszweigen und Branchen eingesetzt, um sich von Wettbewerbern zu differenzieren sowie Kunden zu gewinnen, zufriedenzustellen und zu binden[1]. In Abbildung 1 sind wesentliche Einflußfelder auf die Unternehmensführung und Ansatzpunkte für die Servicepolitik dargestellt, die besonders für industrielle Anbieter relevant sind.

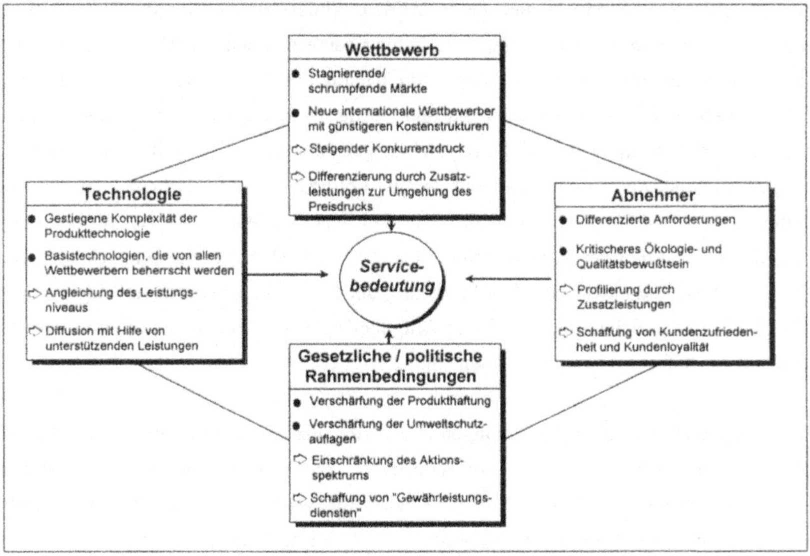

Abb. 1: Bedeutungszunahme des Customer Service

Als Service werden dabei alle **Sekundärdienstleistungen** verstanden, die zusätzlich zu einer Kernleistung angeboten werden. Hierzu gehören beispielsweise personen-/abnehmerbezogene Leistungen wie Kundenberatung und -information, Schulungen, Anwendungs- und Wirtschaftlichkeitsstudien sowie kernleistungs-/produktbezogene Services wie Installation, Wartung, Reparatur, technologisches Upgrading und Recycling. Das Spektrum der Serviceleistungen ist also sehr vielfältig und kann sowohl zur akquisitorischen Funktion vor dem Kauf (Pre-

---

[1] Vgl. z.B. Davidow/Uttal (1989), S. 26ff.; Horovitz (1989), S. 31ff.; Horovitz/Panak (1993), S. 107ff.; Simon (1993), S. 10f.; Singh (1990), S. 193f.

Sales-Services) als auch zur Kundenbindung und Sicherstellung der Funktionsfähigkeit von Kernleistungen nach dem Kauf (After-Sales-Services) angeboten werden.

Bei der Kern-/Primärleistung kann es sich sowohl um materielle Sachleistungen als auch um immaterielle Dienstleistungen handeln. Dabei werden produktbezogene Services in der Regel nur bei Sachleistungen angeboten. Personenbezogene Serviceleistungen sind hingegen auch im Dienstleistungsbereich einsetzbar, wenngleich sie sich oft nur schwer von den Teilleistungen des Kernangebots abgrenzen lassen und sich deshalb bei der Vermarktung nicht grundlegend von der eigentlichen Leistung unterscheiden. Anders ist die Situation beim Marketing und Management von Serviceleistungen in Industrieunternehmen, die Massen- und Seriengüter produzieren und absetzen. Hier kommen die Charakteristika von Sekundärdienstleistungen bei der Erstellung eines Absatzkonzeptes und bei der Durchführung von Markttransaktionen besonders zum Tragen. Während die Kernleistungen in diesem Fall weitgehend ohne besondere Einbeziehung der Kunden erbracht werden können und aufgrund der tangiblen Eigenschaften lager- und transportierbar sind, ist das bei Serviceleistungen wegen der notwendigen Kundenintegration und der Immaterialität nicht der Fall[2]. Dadurch ergeben sich zum Teil erhebliche Unterschiede zwischen dem Marketing der Kernleistung (Produkt) und den Serviceleistungen sowie gleichzeitig spezifische Aufgaben, die im Sinne eines integrierten Marketing-Konzepts aufeinander abzustimmen sind[3].

Durch das Angebot von Serviceleistungen lassen sich also nicht ohne weiteres Synergieeffekte für den Marktauftritt und -erfolg von Industrieunternehmen realisieren. Häufig determinieren Serviceleistungen - aufgrund ihrer dienstleistungsspezifischen Charakteristika - vielmehr die Vermarktung der Kernleistung in besonderer Weise und schränken unter Umständen das absatzstrategische Handlungsspektrum eines Unternehmens ein.

Obwohl in Praxis und Wissenschaft immer häufiger die Bedeutung von Serviceleistungen für den Erfolg beim Absatz industrieller Güter erkannt und herausgestellt wird[4], fehlt es dennoch weitgehend an theoretischen und empirischen Ergebnissen über den Einfluß von Serviceleistungen auf konzeptionelle und strategische Entscheidungen im Marketing von Industrieunternehmen. Meist wird der Service implizit mit Kundendienst gleichgesetzt und als Bestand-

---

2 Vgl. insbesondere die Ausführungen von Engelhardt/Kleinaltenkamp/Reckenfelderbäumer (1993), S. 418ff.; Corsten (1989), S. 24 ff.; Meffert/Bruhn (1995), S. 61ff.

3 Vgl. hierzu auch Zeithaml/Parasuraman/Berry (1985), S. 34.

4 Siehe insbesondere den Überblick bei Homburg/Garbe (1996), S. 263ff.

teil der Produktpolitik[5] oder - bei einer weitergehenden Begriffsabgrenzung - als gleichrangiger Bestandteil des Marketing-Mix und damit eher operativ gesehen[6].

Ziel des Beitrags ist es, einige grundsätzliche Überlegungen über die strategischen Wirkungen des Service vorzustellen. Hierbei handelt es sich sowohl um den Einfluß der Servicepolitik auf strategische Basisentscheidungen im Marketing als auch um die Bedeutung von Serviceleistungen als Wettbewerbs- und Profilierungsinstrument. Auf der Basis empirischer Befunde einer explorativen Studie bei 320 Unternehmen der be- und verarbeitenden Industrie, die zur Jahreswende 1995/96 von den Autoren durchgeführt wurde, sollen dabei einige Einflußbereiche und -wirkungen des Service auf das strategische Marketing exemplarisch aufgezeigt werden. Die Befragung wurde in schriftlicher Form durchgeführt und basiert auf einer Zufallsauswahl von 2.000 Unternehmen aus der Hoppenstedt Datenbank für Groß- und mittelständische Unternehmen. Es wurden lediglich Unternehmen aus der be- und verarbeitenden Industrie in die Stichprobe einbezogen. Ausgeschlossen wurden Dienstleistungs- und Handelsbetriebe mit Blick auf die oben skizzierte Grundhypothese, daß die Vermarktung von (Sekundär-)Dienstleistungen gerade in Industrieunternehmen besondere Anforderungen stellt. Die Fragen wurden hauptsächlich in geschlossener Form unter Verwendung von Rating-Skalen gestellt. Die abgefragten Items wurden auf Grundlage einer Literaturauswertung sowie auf Basis von einigen Pre-Interviews mit Praktikern generiert und geprüft.

In Abbildung 2 ist die branchenbezogene Zusammensetzung der befragten Unternehmen wiedergegeben (Rücklaufquote = 16%). Die Branchenverteilung des Rücklaufs entspricht aber bei einer hohen Irrtumswahrscheinlichkeit nur annähernd der Struktur der Grundgesamtheit ($A^2 = 7{,}4154$ bei 8 DF und $p= 0{,}4925$). Unternehmen aus der Chemie- und Pharmaindustrie sowie aus dem Lebensmittelsektor sind geringfügig unterrepräsentiert. Dafür sind Unternehmen aus der Elektronikbranche etwas überproportional im Rücklauf vertreten.

[5] Vgl. z.B. Bruhn (1995a) S. 125 und S. 148ff.; Meffert (1986), S. 411ff.; Nieschlag/Dichtl/Hörschgen (1994), S. 157f.

[6] Vgl. z.B. Fassott (1996), S. 77.

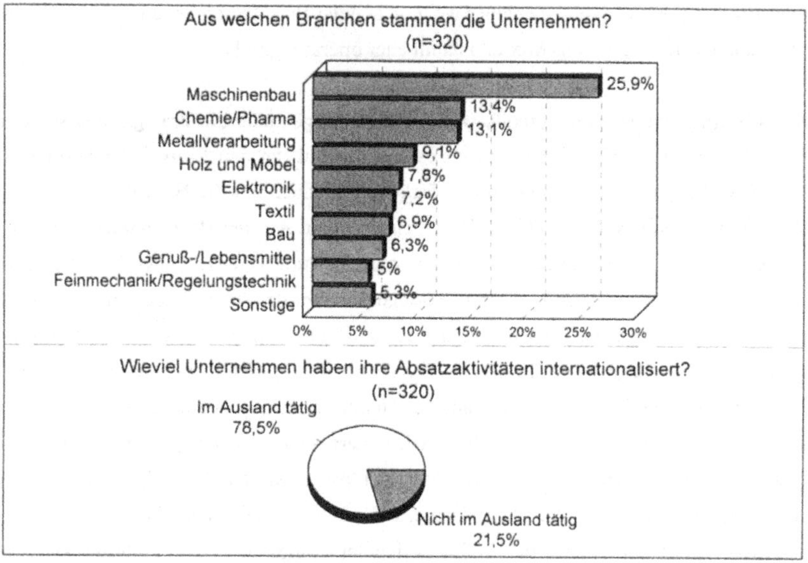

Abb. 2: Rücklaufstruktur der Befragung

2. Einfluß von Serviceleistungen auf strategische Markt- / Marketingentscheidungen

Als strategische Marktentscheidungen sollen vor allem die drei Basisbereiche Marktselektion bzw. -segmentierung, Marktimplantation bzw. -expansion und Marktverhalten hervorgehoben werden. Sie bilden den grundlegenden strategischen Rahmen für die Marketingaktivitäten eines Unternehmens[7]. Dabei werden diese drei Strategiefelder auch im internationalen Kontext analysiert, da Unternehmen ihre Absatzaktivitäten immer häufiger länderübergreifend durchführen[8]. So zeigt sich bei der Untersuchung, daß 78,5 % der analysierten Unternehmen auch im Ausland ihre Produkte direkt oder indirekt mit Hilfe von heimischen oder ausländischen Absatzmittlern absetzen.

7 Vgl. ähnlich auch Raffée (1989), S. 17ff.

8 Vgl. hierzu auch Hünerberg/Mann (1996), S. 98.

2.1. Kopplung zwischen Serviceleistung und Produkt als Determinante der Strategieformulierung

Ausgangspunkt des Strategieeinflusses ist die Verbundenheit und Abhängigkeit von Kern-/Primärleistung und den Serviceleistungen auf der einen Seite sowie die Bedeutung des Service für die Marktbearbeitung auf der anderen Seite. Grundsätzlich läßt sich feststellen, daß mit zunehmender Verbundenheit von Produkt und Serviceleistungen eine isolierte Planung der Kernprodukt-Strategie und -Politik schwieriger wird[9]. Generell ist dies bei produktbezogenen Serviceleistungen per Definition gegeben. Sie werden deshalb häufig als obligatorische Serviceleistungen bezeichnet. Doch auch eine Vielzahl personengerichteter Services (z.B. Beratungs- und Finanzierungsleistungen) sollen den Absatz der Kernleistung fördern und sind in bestimmtem Grad damit verbunden. Es ist aber bei personenbezogenen Serviceleistungen möglich, daß sie für die Vermarktungsfähigkeit einer Kernleistung nicht notwendig und daher fakultativ sind[10]. Abhängig von dem Bedeutungsgrad der Serviceleistung kann bei einer engen Leistungsverbundenheit der Einfluß des Service auf die Strategieformulierung sehr stark sein. Wie Abbildung 3 zeigt, lassen sich vier generelle Gestaltungsmuster für das Marketing von Serviceleistungen feststellen:

- Bei einer geringen bzw. bei keiner Leistungsverbundenheit zwischen Service und Kernprodukt sowie einer geringen Bedeutung von Serviceleistungen für die Marktbearbeitung lassen sich Produktangebote völlig unabhängig von Serviceleistungen vermarkten (**„Produkt-Marketing“**). Diese Situation ist in der Regel sehr selten, da selbst im internationalen Kontext länderspezifische Gewährleistungspflichten des Verkäufers bestehen, die bestimmte Muß-Serviceleistungen, wie z.B. Reparaturen, zwangsläufig erfordern.
- Haben Serviceleistungen eine große Marktbedeutung und eine geringe Kernleistungsverbundenheit, dann lassen sich Serviceleistungen isoliert gestalten und absetzen. In diesen Fällen ist der Service eigentlich keine Zusatzleistung mehr, sondern stellt eine eigene Marktleistung dar, die als solche auch im Leistungsangebot des Unternehmens positioniert werden kann (**„isoliertes Service-Marketing“**).

---

9 Vgl. hierzu grundsätzlich Engelhardt (1976), S. 78ff.

10 Vgl. Engelhardt (1996), S. 75.

- Ist die Leistungsverbundenheit zwischen Kernprodukt und Service zwar sehr stark, die Markt- und Marketingbedeutung des Service jedoch gering, dann wird die Kernleistung im Absatzkonzept dominierend sein. Hierbei werden die Serviceleistungen als Zusatzleistungen um das Kernleistungsangebot gruppiert und daran ausgerichtet (**„produktdominiertes Service-Marketing“**).
- Anders ist die Situation, wenn bei einem hohen Leistungsverbund der Service zusätzlich eine große Markt- und Wettbewerbsbedeutung hat. In diesem Fall handelt es sich um ein Systemangebot, das aufeinander abgestimmt werden muß. Das kann sogar soweit gehen, daß die Servicekomponenten den eigentlichen „Kern“ der Leistung darstellen, an denen das Produkt auszurichten ist (**„integriertes System-Marketing“**)[11].

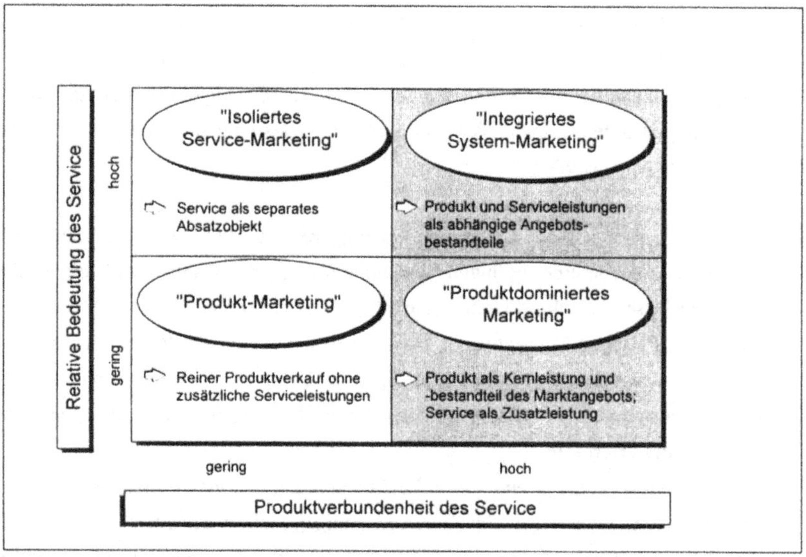

Abb. 3: Verbundenheit zwischen Kernleistung und Service

Insbesondere beim Systemverkauf sind die strategischen Implikationen des Service auf die Marketingplanung besonders evident und nachhaltig. Wie Abbildung 4 zeigt, sind in diesem Fall die Serviceleistungen nicht einfach aus den allgemeinen Marketingzielen und den verfolgten Basisstrategien abzuleiten. Vielmehr können Servicenotwendigkeiten und spezifische

[11] Vgl. auch Wimmer/Zerr (1994), S. 225f.

Servicebesonderheiten strategische Grundentscheidungen beeinflussen und revidieren. Gerade beim Systemverkauf ist deshalb eine integrierte Planung von Servicepolitik und Produktpolitik als Grundlage der Marktbearbeitung erforderlich. Diese muß sowohl auf Geschäftsfeldebene als auch auf Unternehmensebene erfolgen, wenn die Leistungen unter einem gemeinsamen Markendach abgesetzt werden. Hierdurch sollen Irritationen und negative Imagetransformationen vermieden werden, die durch eine zersplitterte, nicht aufeinander abgestimmte Vorgehensweise entstehen können. Damit zeigt sich, daß Service im Systemgeschäft mehr ist als ein additives Marketing-Instrument mit operativem Charakter, es handelt sich um ein strategierelevantes Entscheidungsfeld.

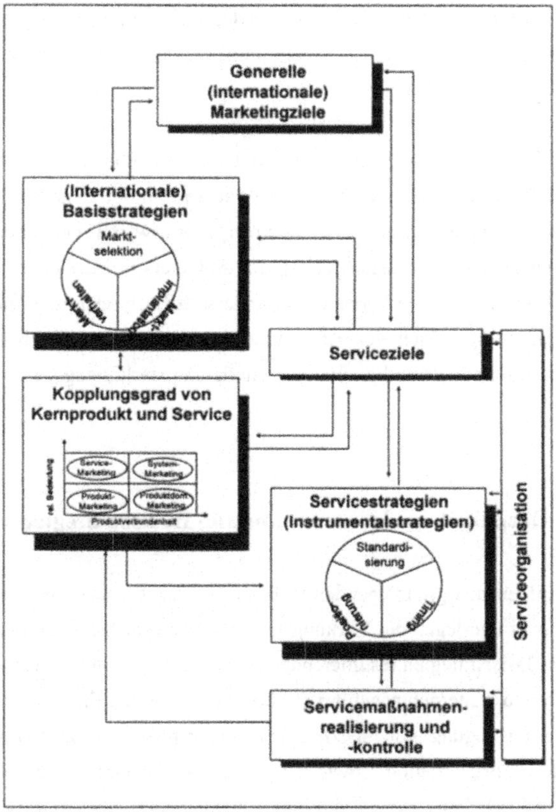

Abb. 4: Gestaltungs- und Einflußbereiche einer Servicekonzeption

Auch beim „produktdominierten Service-Marketing“ sind diese Zusammenhänge tendenziell gegeben, wenngleich die Intensität nicht so stark ausgeprägt ist. Die Leistungsverbundenheit macht jedoch eine Berücksichtigung der Servicebesonderheiten und -anforderungen bei der Planung von Marketingstrategien und -programmen notwendig.

In unserer Untersuchung zeigte sich - auf Basis einer Kreuztabellierung - , daß die deutschen Unternehmen auf dem heimischen Markt vor allem ein „integriertes System-Marketing“ (46,2 %) verfolgen . Ein „produktdominiertes Marketing“ wird von 40,2 % verfolgt. Ein reines „Produkt-Marketing“ und ein „isoliertes Service-Marketing“ werden eher selten realisiert (5,4 % und 8,2 %). Auf den Auslandsmärkten ergibt sich ein ähnliches Bild. 49,4 % der deutschen Unternehmen betreiben hier ein „integriertes System-Marketing“, 35,8 % ein „produktdominiertes Marketing“, 5,1 % ein reines „Produkt-Marketing“ und 9,7 % ein „isoliertes Service-Marketing“.

Es ist durchaus denkbar, daß - bezogen auf das Gesamtangebot eines Unternehmens - eine Kombination der skizzierten „Service-Marketing-Facetten“ möglich ist. Das ist dann gegeben, wenn beispielsweise eine Zielgruppe ein Systemangebot erwartet, eine andere Zielgruppe allerdings nur an spezifischen Dienstleistungen des Anbieters interessiert ist. Insbesondere bei internationalen Absatzaktivitäten können sich länderspezifisch oder auch -übergreifend unterschiedliche Vermarktungsmuster von Kern- und Serviceleistungen ergeben, wenn beispielsweise in einem Land die Notwendigkeit einer Bündelung stärker gegeben ist als in einem anderen.

2.2. Servicepolitik und (internationale) Basisstrategien

Basisstrategien bilden den grundlegenden Rahmen für den Einsatz von Marketinginstrumenten im Unternehmen und legen die Wirkungsrichtung der verschiedenen Marketingaktivitäten fest. Die aus den Basisstrategien resultierenden Entscheidungen stellen den strategischen Kern der marktorientierten Unternehmensführung dar. Sie umfassen die Auswahl von Marktsegmenten und die Festlegung von spezifischen Zielgruppen (Marktselektion), die Art des Markteintritts (Marktimplantation) sowie die grundsätzliche inhaltliche und formelle Marktbearbeitung (Marktverhalten). Serviceaktivitäten werden ebenfalls von diesen Entscheidungen determiniert. Allerdings können auch Serviceleistungen aufgrund ihrer Besonderheiten - gerade in Industrieunternehmen - erhebliche Auswirkungen auf die strategischen Basisentscheidungen haben, die es frühzeitig zu erkennen und zu berücksichtigen gilt.

2.2.1. Service und Marktselektion

Marktselektionsentscheidungen führen zur Festlegung von zeitlich-räumlich und sachlich definierten Zielgruppen bei gleichzeitiger Angebotsabstimmung. In Abbildung 5 ist das Entscheidungsfeld in Form eines Segmentierungswürfels dargestellt. Diese Darstellung macht deutlich, daß die Abgrenzung und Auswahl von Segmenten im Prinzip eine simultane Entscheidung nach den drei Dimensionen erfordert. Die hieraus resultierende Komplexität ist jedoch selbst mit Computerunterstützung kaum beherrschbar, so daß in praxi regelmäßig ein mehrstufiges Vorgehen angewendet wird. Im allgemeinen geht man hierbei so vor, daß, von übergeordneten Segmenten ausgehend, zunehmend spezifischere Segmente gebildet werden. Grundlage bilden meistens Marktleistungen, die an geeignete Kundengruppen abgesetzt werden sollen. Die Frage lautet dann: Welche Käufer kommen für unser Produkt in Frage? Zur Beantwortung werden zunächst häufig sozio-demographische und -ökonomische Kriterien (z.B. Geschlecht, Alter, Beruf, Bildung, Einkommen, Haushaltsgröße) herangezogen. In weiteren Schritten werden die daraus gebildeten Segmente dann weiter analysiert, z.B. nach psychographischen Kriterien, räumlicher Verteilung etc., bis schließlich die Kundengruppen festgelegt sind, die mit einem spezifischen Kommunikations-, Distributions- und auch Service-Mix zu bearbeiten sind.

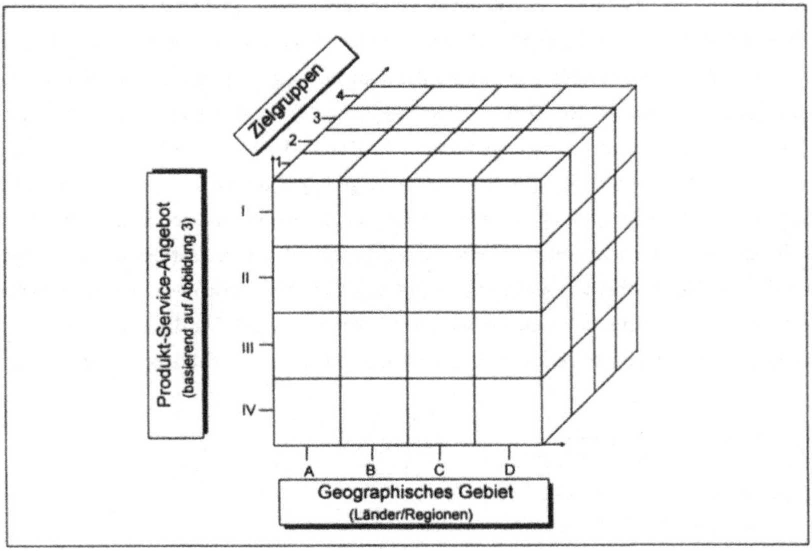

Abb. 5: Segmentierungswürfel

Im internationalen Marketing geht man meist von einer groben Länderauswahl aus, bei der nach bestimmten länderspezifischen Rahmenbedingungen (z.B. ökonomische, juristische, kulturelle, technische und soziale Faktoren) zunächst solche Ländermärkte selektiert werden, die - bezogen auf die zugrunde gelegten Bewertungskriterien - die aufgestellten Anforderungen erfüllen[12]. Diese bilden dann die Grundlage für die oben angedeutete intranationale Feinsegmentierung nach spezifischen Markt- und Abnehmerkriterien, bei der im Ergebnis Detailsegmente verbleiben, die es zu bearbeiten gilt[13]. Dabei kann es durchaus sinnvoll sein, die in den einzelnen Ländern gebildeten und ausgewählten Zielgruppen zu transnationalen Segmenten zusammenzufassen, wenn es sich um gleichartige Kundengruppen handelt[14]. Sind mehrere Ländermärkte für eine Feinsegmentierung geeignet, ist auch ein integrales Vorgehen möglich, bei dem Ländergrenzen und -besonderheiten völlig ignoriert werden und sofort mit einer Segmentierung auf der Abnehmerebene begonnen wird[15].

Sowohl bei der Bildung als auch bei der Bearbeitung von nationalen und inter- oder transnationalen Segmenten können Serviceleistungen einen erheblichen Einfluß haben[16]. Bei der Segmenterfassung und -abgrenzung können Serviceleistungen, z.B. beim Systemverkauf, als eigenständiges Segmentierungskriterium die generelle Zielgruppenbildung und -auswahl sogar dominieren. Dabei kann bei zunehmender Bedeutung des Service als Absatz- und Wettbewerbsinstrument der Einfluß auf die Marktselektion so stark sein, daß nicht erfüllbare Serviceanforderungen bestimmter Segmente deren Bearbeitung verhindern. Für Unternehmen, die ihre Absatzaktivitäten internationalisieren wollen, kann ein notwendiges Serviceniveau und ein erforderlicher Servicestil in bestimmten Ländern sogar zu einem Ausschlußkriterium bei der Länderauswahl werden. Daß es unterschiedliche Serviceniveaus in den Ländermärkten gibt, zeigen unsere Untersuchungsergebnisse. Für 21,8 % der befragten Unternehmen ist das Serviceniveau im Ausland geringer bzw. sehr viel geringer, für 64,5 % gibt es keine Unterschiede und 13,8 % der befragten Unternehmen schätzen nach eigener Erfahrung das Serviceniveau höher oder sehr viel höher ein als in Deutschland. Zu den serviceintensiven Märkten zählen sie Nord-Amerika, Asien und auch Osteuropa. Auf diesen Märkten wird das Serviceniveau als signifikant höher angesehen als in Ländern der EU. Für die analysierten Unternehmen ist der Service jedoch im Durchschnitt nur teilweise ein wichtiges Kriterium für die

---

12 Vgl. Hünerberg (1994), S. 108.

13 Vgl. Meffert/Bolz (1994), S. 104ff.

14 Vgl. Heise/Hünerberg (1995), S. 100f.

15 Vgl. Kreutzer (1991), S. 4ff; Hassan 1991, S. 7ff.

16 Vgl. Vandermerwe/Chadwick (1991), S. 50ff.

nationale und internationale Marktsegmentierung (MW = 56 % bzw. MW = 53,7 % Zustimmung, daß Service ein wichtiges oder sehr wichtiges Segmentierungskriterium ist).

Neben der kombinierten Segmentierung nach Produkt-, Service- und Abnehmer-Kriterien zur Festlegung von generellen Marktsegmenten lassen sich selbstverständlich ganz gezielt auch servicebezogene Segmente definieren, die einen gezielten Einsatz von Serviceleistungen ermöglichen. Es geht um die Festlegung, welche Serviceleistungen, wem (Abnehmergruppe), wozu (Produktgruppe), wo (geographischer Raum) angeboten werden. Dabei können sich hier völlig andere Segmente ergeben als auf Basis der Kernprodukte. Insbesondere wenn Serviceleistungen differenzierter betrachtet werden, z.B. nach dem Bezugsobjekt (personen- versus produktbezogene Serviceleistungen) oder nach dem Zeitbezug (Pre-Sales-Services versus After-Sales-Services), läßt sich eine sehr feine Segmentierung durchführen. Im internationalen Kontext wird dieser Prozeß noch komplexer, da zusätzlich nach Ländern segmentiert werden kann. Im Ergebnis sind dann über ausgewählte Ländermärkte hinweg durchaus unterschiedliche Produkt- und Servicesegmente zu bearbeiten. Wie jedoch die Untersuchungsergebnisse zeigen, sind die Zielgruppen von Kern- und Serviceleistungen im Inland (MW=70,6 % Gleichheitsgrad zwischen Zielgruppen für Produkt und Serviceleistung) und auch bei der Auslandsmarktbearbeitung (MW=71,2 % Gleichheitsgrad) weitgehend identisch. Serviceleistungen werden also kaum als eigenständige Marktleistung zur Zielgruppenausweitung eingesetzt.

Die vorgestellten Ergebnisse sind für die international tätigen Betriebe vor dem Hintergrund zu sehen, daß die überwiegende Zahl der befragten Unternehmen (= 42,5 %) ihre Auslandsaktivitäten über Absatzmittler im indirekten Export abwickeln und die Serviceleistungen gegenüber der eigentlichen Zielgruppe für die Marktsegmentierung und -bearbeitung eine eher untergeordnete Rolle spielen. Damit wird direkt zum nächsten strategischen Entscheidungsfeld übergeleitet, zur Marktimplantation.

2.2.2. Service und Marktimplantation

Die Marktimplantation umfaßt Entscheidungen darüber, wie der Markteintritt und die Markteroberung bzw. -verteidigung grundsätzlich ablaufen sollen. Es handelt sich hierbei vor allem um die Festlegung der formalen Expansionsstrategie (Wachstum aus eigener Kraft versus Wachstum durch Kooperationen, Akquisitionen/Fusionen). In diesem Zusammenhang ist zu klären, wer die Servicefunktionen übernimmt, wenn überhaupt Serviceleistungen angeboten werden sollen bzw. müssen. Grundsätzlich ist es hierbei möglich, daß die Leistungen

- vom Unternehmen selbst erbracht und angeboten werden (make and sell),
- vom Unternehmen zwar angeboten werden, aber von anderen (spezialisierten) Anbietern (aus dem Dienstleistungsbereich) erbracht werden (buy and sell),
- vom Unternehmen lediglich vermittelt werden, also weder im eigenen Namen und auf eigene Rechung angeboten noch erstellt werden (arrange),
- in Kooperation mit anderen Unternehmen (z.B. mit Absatzmittlern) gemeinsam angeboten und erstellt werden (cooperated make and sell) [17].

Die Entscheidung über die Trägerschaft des Service wird von einer Vielzahl unterschiedlicher Kriterien determiniert, wie z.B. Kosten, Know-How, Kapazitäten und strategische Bedeutung bestimmter Serviceleistungen[18]. Diese Einflußfaktoren gelten sowohl im nationalen als auch im internationalen Kontext. Grundsätzlich ist hierbei zu berücksichtigen, daß die Entscheidungen über die Service-Trägerschaft auch die Unternehmenskonfiguration und -struktur als Ganzes betreffen. So sind beispielsweise mit Partnerunternehmen (z.B. Handelsunternehmen) Service-Netzwerke oder eigenständige Serviceeinheiten (z.B. als Profit-Center) aufzubauen, die zu einer veränderten Ressourcenallokation sowie Führungs- und Steuerungsstruktur im Unternehmen führen können.

Auch bei internationalen Markteintrittsentscheidungen können länderbedingte Servicenotwendigkeiten die Wahl des Marktengagements wesentlich beeinflussen. So geben 44,9 % der Unternehmen in unserer Studie an, daß der anzubietende Service einen starken bzw. sehr starken Einfluß auf die Wahl der Markteintrittsform hatte. Lediglich bei 14,2 % der Betriebe wurde die Markteintrittsentscheidung ohne, bei 23,1 % der Unternehmen mit einem geringen und bei 17,8 % der Firmen mit einem mittleren Einfluß getroffen. Insbesondere bei der Errichtung von Niederlassungen vor Ort ist der Serviceeinfluß bei den befragten Unternehmen besonders groß (MW = 70,5 %) und unterscheidet sich signifikant von der Einflußstärke bei der Gründung von Joint Ventures im Ausland (MW = 20 %) sowie von der Durchführung eines direkten Exports (MW = 42,8 %) und eines indirekten Exports (MW = 42,8 %). Ein eigenständiger Markteintritt für die Vermarktung und Erstellung von Serviceleistungen wurde - wie Abbildung 6 zeigt - nur von 4,8 % der untersuchten Unternehmen gewählt.

[17] Vgl. insbesondere Engelhardt/Reckenfelderbäumer (1993), S. 268ff.

[18] Vgl. u.a. Engelhardt (1996), S. 75.

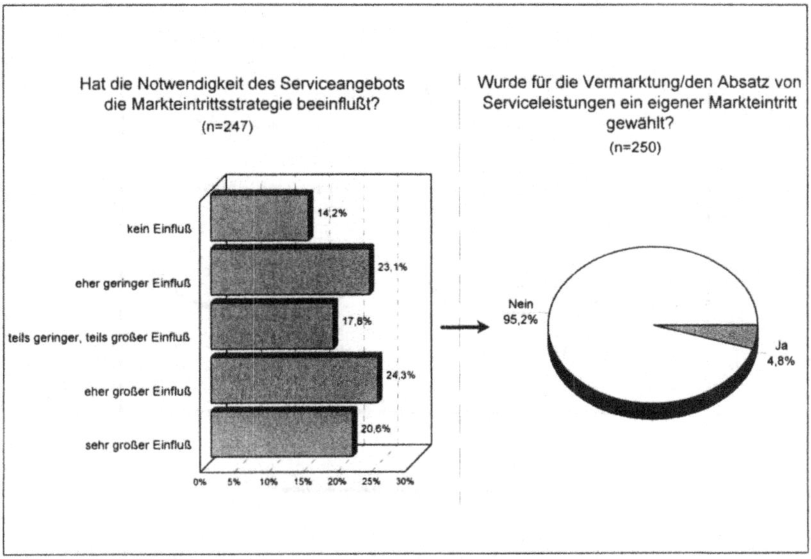

Abb. 6: Serviceeinfluß auf die Marktimplantation

Die Gründe für den servicebedingten Einfluß auf die Form des Marktengagements liegen - aus theoretischer Sicht - in der Immaterialität von Serviceleistungen und der notwendigen Kundenintegration bei deren Erstellung[19]. Lassen sich Serviceleistungen nämlich nicht auf Speicher- und Trägermedien materialisieren, dann ist beispielsweise ein Export nicht möglich. Unternehmen sind also in einer derartigen Situation in ihrem Handlungsspektrum eingeschränkt; für sie stehen nur Direktinvestitionen als Markteintrittsalternativen zur Disposition, wenn sie das Handling von strategisch wichtigen Serviceleistungen nicht an externe Partner vor Ort aus der Hand geben wollen. Abbildung 7 zeigt - entsprechend der Sampson-Snape-Box - die Markteintrittsoptionen, die für Anbieter von (Sekundär-) Dienstleistungen bestehen[20].

[19] Vgl. Simon (1992), S. 408.

[20] Vgl. hierzu insbesondere auch Stauss (1995), S. 455; Sampson/Snape (1985), S. 171ff.

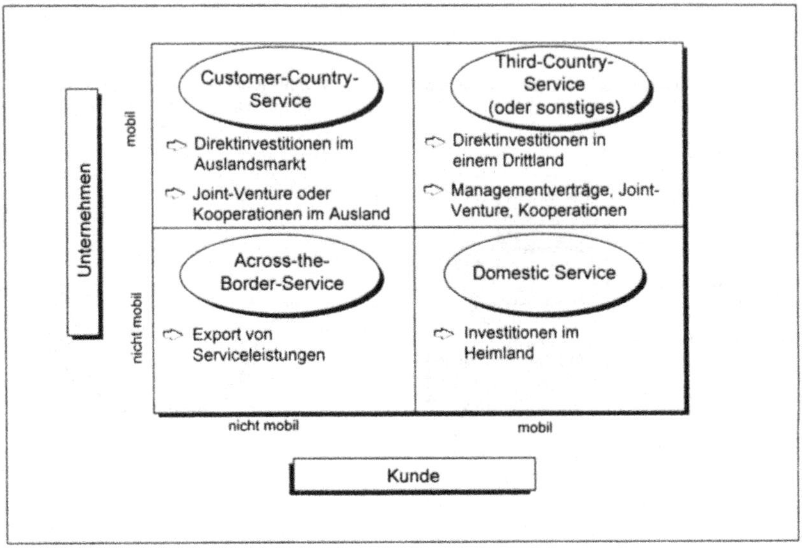

Abb. 7: Kundenintegration und Markteintritt

Abhängig von der für die Kundenintegration notwendigen Mobilität bzw. Mobilitätsbereitschaft des einheimischen Anbieters und der/den ausländischen Zielgruppe(n), sind also vier grundsätzliche Service-Situationen denkbar:

- Beim **„Across-the-Border-Service"** wird von keiner der beiden Parteien eine Mobilität gefordert. Die Serviceleistungen werden in diesem Falle bei gegebenen Bedingungen der Speicherbarkeit „exportiert".
- Der **„Customer-Country-Service"** erfordert vom Anbieter ein gewisse Mobilität, da der Service - aufgrund der Immobilität der Kunden und der Nicht-Exportierbarkeit der Leistungen - im Abnehmerland erstellt werden muß. Hiermit sind dann in der Regel Direktinvestitionen verbunden, die allein oder gemeinsam mit anderen (einheimischen) Unternehmen getätigt werden müssen. Es ist auch möglich, die Servicefunktionen völlig auf externe Servicepartner vor Ort zu übertragen.
- Direktinvestitionen sind auch im Falle des **„Domestic-Service"** notwendig. Allerdings werden sie im Heimland des Anbieters getätigt, da nur der Nachfrager mobil ist.
- Sind beide Parteien mobil, ist ein **„Third-Country-Service"** möglich. Da die Mobilität in diesem Fall keine Restriktion darstellt, sind auch die anderen angesprochenen „internationalen" Service-Engagements möglich, die das gesamte Spektrum von Eintritts-

strategien umfassen. Die konkrete Entscheidung für eine Markteintrittsstrategie hängt hierbei von der jeweiligen Verhandlungsstärke der beiden Service-Parteien ab.

Servicecharakteristika und Marktimplantationsentscheidungen stehen also in einem engen Zusammenhang. Entsprechende Interdependenzen sind deshalb frühzeitig im Rahmen von Internationalisierungsentscheidungen festzustellen.

2.2.3. Service und Marktverhalten

Beim Marktverhalten geht es um das generelle Vorgehen bei der inhaltlichen und formalen Marktbearbeitung. Bei der inhaltlichen Ausrichtung wird festgelegt, worin die Schwerpunkte der Marktbearbeitung liegen und auf welchen Feldern der Wettbewerb geführt wird (Kostenorientierung/-führerschaft und/oder Qualitätsorientierung/-führerschaft).

Das formale Marktverhalten umfaßt insbesondere den Grad der Aggressivität und die Dominanz beim Einsatz der Marketinginstrumente. Entscheidet sich ein Unternehmen jedoch dazu, Kann-Serviceleistungen ganz bewußt wettbewerbsstrategisch einzusetzen, dann ist zu entscheiden, ob es sich hierbei um ein offensives oder ein defensives Wettbewerbsinstrument handeln soll. Im internationalen Kontext ist dabei gleichzeitig festzulegen, inwieweit die Verhaltensstrategie über sämtliche Ländermärkte gleichmäßig angewandt werden kann. Die Existenz globaler Konkurrenten kann dazu führen, daß der Servicewettbewerb im globalen Rahmen zu sehen ist und nicht allein auf bestimmte Ländermärkte beschränkt bleibt.

Die Ergebnisse unserer Studie zeigen, daß Serviceleistungen auf den Auslandsmärkten und im Inland häufig ganz gezielt zur Erlangung von Wettbewerbsvorteilen eingesetzt werden (MW-Ausland = 65,1 % und MW-Inland = 67,2 % Zustimmungsgrad). Dies belegt die strategische Bedeutung des Service im Wettbewerb aus Sicht der Unternehmen. Möglichkeiten der konkurrenzbezogenen Nutzung von Serviceleistungen in Abhängigkeit von ihrem Neuigkeitsgrad in dem Markt(-segment) und der Aggressivität ihres Einsatzes sind in Abbildung 8 wiedergegeben[21].

[21] Vgl. Hünerberg/Mann (1996), S. 100f.

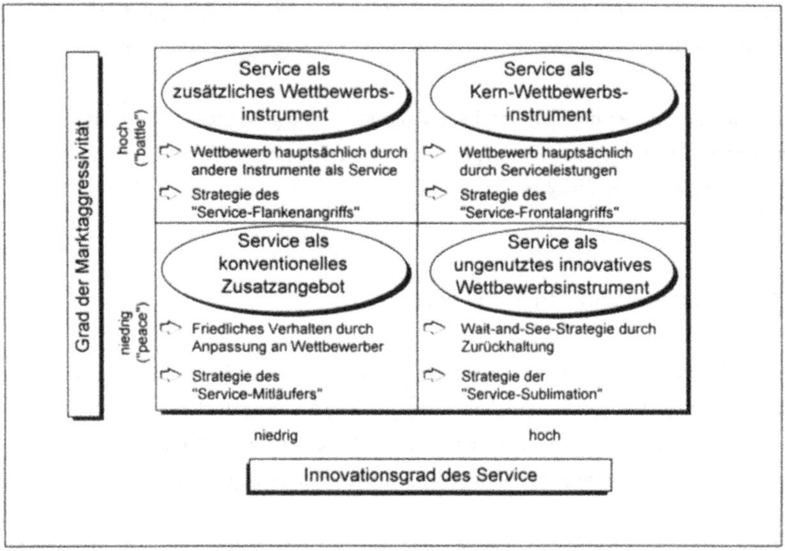

Abb. 8: Service als Wettbewerbsinstrument

Werden Muß- sowie landes- und branchenübliche Soll-Serviceleistungen angeboten, ohne sie bewußt zur Wettbewerbsführung einzusetzen, wird die **„Strategie des Service-Mitläufers“** gewählt. Der Service ist hierbei kein besonderer Wettbewerbsparameter, sondern wird neben den anderen Marketinginstrumenten konventionell eingesetzt. Wie die Ergebnisse einer Kreuztabellierung zeigen, wenden 29,6 % der analysierten Betriebe diese Strategie in Deutschland an. 31,7 % der Unternehmen wählen diese Vorgehensweise auf dem ausländischen Markt.

Ebenfalls friedlich verhalten sich Unternehmen, die eine **„Strategie der Service-Sublimation“** wählen. Auch hat der Service bei dieser Vorgehensweise keinen besonderen Stellenwert im Wettbewerb, wenngleich die Unternehmen in diesem Fall innovative Kann-Serviceleistungen zur Marktbearbeitung heranziehen. Sie werden jedoch meist eingesetzt, um die Kundenzufriedenheit bei bestehenden Abnehmern zu erhöhen und die Kundenbindung zu verstärken. Service wird hierbei also zur Absicherung von angestammten Marktarealen und Kundengruppen angewandt. Von den befragten Unternehmen verfolgen 27,4 % im Inland und 20,4 % auf den Auslandsmärkten diese Strategie.

Service wird als „Waffe“ zur Neukundengewinnung beim **„Frontalangriff“** herangezogen. Der Service ist hierbei das wichtigste Marketinginstrument im Wettbewerb. Bei dieser Vorgehensweise werden vor allem Kann-Leistungen ganz bewußt zur Erzielung von Wettbewerbsvorteilen eingesetzt. In gesättigten Märkten mit ausgereiften Produkt- und Verfahrenstechnologien sind sie neben dem Preis häufig eines der wenigen Marketinginstrumente, die der Profilierung am Markt und der Differenzierung gegenüber Konkurrenten dienen können[22]. Von den befragten Unternehmen setzen 24 % auf dem Inlandsmarkt und 23,4 % auf den ausländischen Märkten Serviceleistungen für den Frontalangriff ein.

Beim **„Service-Flankenangriff“** werden konventionelle Serviceleistungen aggressiv gegenüber den Wettbewerbern eingesetzt. Entsprechend dem Motto „try harder the same“ versucht man beispielsweise, durch eine bessere Servicequalität und/oder günstigere Servicepreise/-kosten gegenüber den Konkurrenten Vorteile zu erzielen. Allerdings wird der Wettbewerb bei dieser Strategie primär über andere Marketing-Instrumente als den Service ausgetragen. Der Service ist also lediglich ein zusätzliches Wettbewerbsinstrument. Im Inland setzen 19 % der untersuchten Unternehmen den Service dementsprechend ein, im Ausland sind es 24,5 %.

2.3. Strategische Entscheidungen bei der Gestaltung der (internationalen) Servicepolitik

Instrumentalstrategien bilden die Handlungskanäle für den konkreten Einsatz der einzelnen Marketing-Mix-Bereiche. Insbesondere Positionierungs-, Standardisierungs- und Timingentscheidungen sind zu treffen. Diese Festlegungen gelten auch für den Service als Marketinginstrument.

2.3.1. Positionierung von Serviceleistungen

Positionierung umfaßt dabei die grundlegende Einordnung von absatzpolitischen Instrumenten in das Marketing. Hierbei ist zwischen interner und externer Positionierung zu unterscheiden. Bei der **internen Positionierung** geht es darum, welcher Stellenwert einem Marketinginstrument im Rahmen des Marketing-Mix beigemessen wird. Dieser kann sich beispielsweise

---

22 Vgl. Olemotz (1995), S. 81ff.; siehe auch Meffert (1994a), S. 234ff.; derselbe (1994b), S. 98ff. für rezessive Märkte.

an dem absoluten oder relativen Ressourceneinsatz für ein Marketing-Instrument niederschlagen. Dabei können auch die Kosten, die für den Einsatz entstehen, als Indikator herangezogen werden. In unserer Studie zeigt sich, daß die **Servicekosten** nach Einschätzung der befragten Unternehmen im Durchschnitt 11,1 % der gesamten Produktkosten im Inland betragen. In Abbildung 9 ist die Kostenverteilung nach Klassen auf die Unternehmen dargestellt. Der Modalwert, also der Wert, der am häufigsten genannt wurde, liegt bei einem Kostenanteil von 5 %. So haben 21,3 % der Unternehmen den Kostenanteil des Service an den Gesamtproduktkosten eben auf diese 5 % beziffert. Signifikante Unterschiede nach Branchen konnten hierbei nicht festgestellt werden.

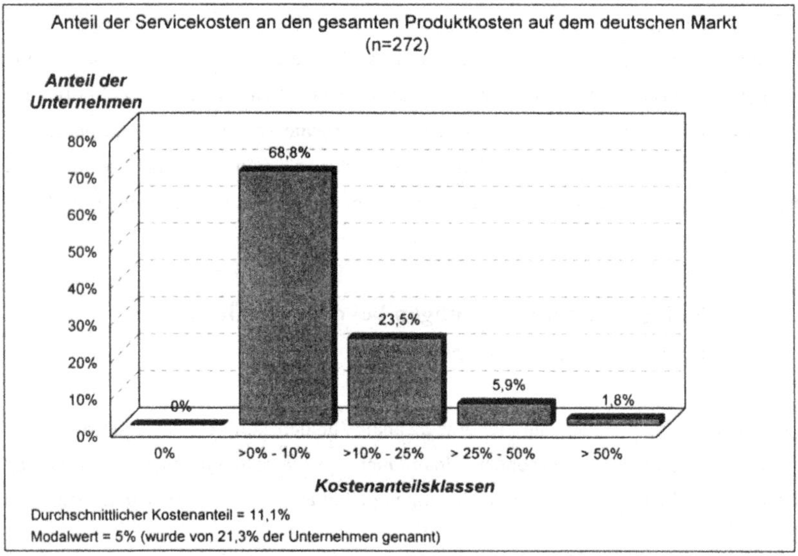

Abb. 9: Anteil der Servicekosten an den gesamten Produktkosten (im Inland)

Im internationalen Kontext ist im Rahmen der internen Positionierung auch zu entscheiden, ob die Ressourcenallokation auf ein Marketinginstrument in jedem Land gleich oder unterschiedlich verteilt werden soll. In unserem Fall zeigt sich anhand des Servicekostenanteils, daß dieser - wie in Abbildung 10 dargestellt - im Ausland geringer ist als im Inland. Im Durchschnitt aller befragten Unternehmen mit Absatzaktivitäten im Ausland liegt er bei 9,5 %. 18 % der Unternehmen haben den Modalwert von 8 % als Servicekostenanteil angegeben. Der Kostenunterschied kann vielfältige Gründe haben, z.B. geringere Faktorkosten für die Serviceerstellung im Ausland und/oder ein weniger umfassendes Serviceangebot der Unternehmen. Auch hier konnten keine signifikanten Unterschiede zwischen Branchen festgestellt werden. Außerdem zeigt sich, daß deutsche Unternehmen, die im Ausland tätig sind, auf dem deutschen Heimmarkt signifikant höhere Kostenanteile für den Service haben (MW = 10,5 %) als auf den jeweiligen Auslandsmärkten (MW = 9,4 %).

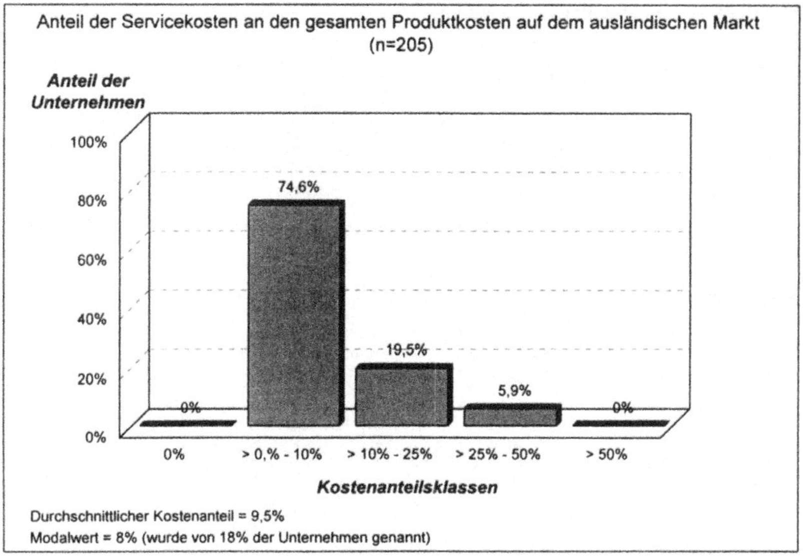

Abb. 10: Anteil der Servicekosten an den Gesamtproduktkosten bei der Auslandsmarktbearbeitung

Im Rahmen der **externen Positionierung** ist zu entscheiden, welche Bedeutung die Marketinginstrumente für die Markbearbeitung haben sollen. Es geht also vor allem darum, Bedeutung, Neuartigkeit und Image des spezifischen Instrumentaleinsatzes, wie z.B. des Service, für die Marktbearbeitung festzulegen. Bezüglich der Bedeutung des Service gaben die Unternehmen der Studie an, daß er für verschiedene Kriterien der Inlands- und Auslandmarktbearbeitung einen hohen Stellenwert einnimmt (siehe Abbildung 11). Unternehmen, die in den USA tätig sind, attestieren dem Service für den Markt-Unternehmenserfolg und speziell als Differenzierungsinstrument im Wettbewerb eine signifikant höhere Bedeutung als Unternehmen, die Geschäfte in Ost-Europa tätigen (MW = 83 % Wichtigkeit versus MW = 64 % Wichtigkeit). Das mag daran liegen, daß das generell höhere Serviceniveau in den USA zu höheren Erwartungen bei den Kunden und zu einem stärkeren Servicewettbewerb zwischen den Unternehmen führt. Das ist jedoch nur eine Vermutung, für die keine signifikanten Ergebnisse gefunden werden konnten. Bei Unternehmen mit unterschiedlicher Marktbearbeitungsstrategie (z.B. Nischenanbieter versus Mehrsegmentbearbeiter versus Massenmarktanbieter) konnten weder in Deutschland noch im internationalen Geschäft signifikante Unterschiede festgestellt werden. Service hat also - bezogen auf die abgebildeten Kriterien - für alle abgefragten Arten der nationalen und internationalen Marktbearbeitung bei Unternehmen mit differenzierter Marktbearbeitung die gleiche Bedeutung.

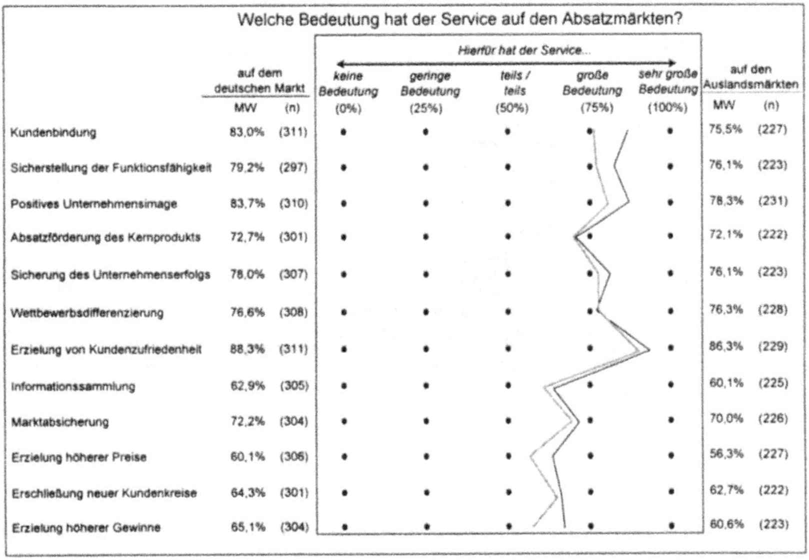

Abb. 11: Bedeutung des Service

Interessant ist, daß die Befragten dem Service für die Erreichung und Sicherstellung von Kundenzufriedenheit einen recht hohen Stellenwert beimessen (MW = 88,3 % im Inland und MW = 86,3 % im Ausland), dieser für die Erzielung höherer Preise jedoch nur einen eher mittleren Stellenwert hat (MW = 60,1 % im Inland und MW = 56,3 % im Ausland). Das ist umso erstaunlicher, als gerade der Service implizit als Differenzierungsinstrument einen Preisspielraum schaffen soll[23]. Ein Grund für dieses Ergebnis könnte darin liegen, daß die o.g. Servicekosten selbst vom Preis der Primärleistung getragen werden müssen. Allerdings ist hierbei zu berücksichtigen, daß vor allem fakultative Serviceleistungen, die einen echten Added-Value für die Kunden liefern, über den Nutzenzuwachs auch die Preisbereitschaft er-

[23] Vgl. z.B. Läbe/Stolpmann (1994), S. 97.

höhen. Im anderen Fall ist das Serviceangebot lediglich ein „Frill-Angebot", das die Kunden weder erwarten noch nachfragen[24]. Sie werden für derartige Serviceangebote dann auch nicht bereit sein, ein Entgelt zu entrichten. Für das Unternehmen wächst dadurch die Gefahr eines „Service-Wildwuchses" [25], der lediglich ein Kostentreiber ist und die Wettbewerbsposition - genau entgegen der eigentlichen Zielsetzung - im negativen Sinne nachhaltig beeinflussen kann. Es ist daher genau zu prüfen, welche Serviceleistungen den Kunden angeboten werden sollen und müssen.

Vergleicht man (für den deutschen Absatzmarkt) die international tätigen Unternehmen mit den Betrieben, die ausschließlich in Deutschland tätig sind, dann zeigt sich, daß für die nur national ausgerichteten Anbieter der Service auf dem deutschen Markt in einigen Bereichen einen höheren Stellenwert hat als für die Unternehmen mit Auslandserfahrung. So messen die Heimmarktbearbeiter dem Service generell eine höhere Bedeutung für den Unternehmenserfolg zu (MW = 81 % versus MW = 77,3 %). Gleiches gilt für die Schaffung von Kundenzufriedenheit (MW = 92 % versus MW = 87,4 %), für die Durchsetzung höherer Preise (MW = 69,4 % versus MW = 57,4 %) und für die Erzielung höherer Gewinne (MW = 72 % versus MW = 63,1 %). Diese Ergebnisse können darin begründet sein, daß der deutsche Markt für die international tätigen Unternehmen - aufgrund der geographischen Streuung des Absatzrisikos - in Relation zu den ausschließlich nationalen Heimanbietern weniger im Mittelpunkt des Interesses steht.

Interessante Ergebnisse bringt in diesem Zusammenhang auch eine vergleichende Analyse der Servicebedeutung des deutschen Marktes und der ausländischen Märkte für die international tätigen Unternehmen. Hier läßt sich feststellen, daß diese Unternehmen einigen Servicebereichen auf dem deutschen Markt eine signifikant höhere Bedeutung zumessen als auf Auslandsmärkten. Hierzu zählen die Kundenbindung (MW = 84,7 % versus 75,8 %), der Unternehmenserfolg (MW = 76,8 % verus 75,1 %) und die Informationssammlungsfunktion des Service (MW = 62,6 % versus MW=60,4 %). Damit zeigt sich, daß auch für die international tätigen Unternehmen der Service auf dem deutschen Markt generell eine recht große Bedeutung hat, wenngleich, wie oben beschrieben, das deutsche Serviceniveau von den meisten Unternehmen gemessen an den Auslandsmärkten als identisch angesehen wird.

---

[24] Vgl. Meyer/Blümelhuber (1995), S. 30.

[25] Sebastian/Hilleke (1994), S. 50.

Bei den Unternehmen in der Untersuchung werden die angebotenen Serviceleistungen in der Regel nicht oder nur selten separat in Rechnung gestellt. Das gilt sowohl im Inland (43,9 %) als auch für die Auslandsmarktbearbeitung (46,6 %). In der Textil- und Chemieindustrie ist dieser „kostenlose" Service für die Kunden im Ausland signifikant häufiger verbreitet als im Maschinenbau. Für den deutschen Markt konnten in dieser Hinsicht aber keine branchenbezogenen Unterschiede festgestellt werden.

Ein weiterer Aspekt der externen Marktpositionierung ist eng mit dem Marktverhalten verbunden. Es ist festzulegen, welche Ausrichtung das Unternehmen gegenüber Wettbewerbern einnehmen will. Hierbei ist zwischen einer **Folger-/Anpassungs-** oder einer **Differenzierungs-/Abhebungsstrategie** hinsichtlich des Instrumentaleinsatzes zu unterscheiden. Bezogen auf den Umfang des Servicespektrums geben 49,7 % der Unternehmen an, daß sie - nach eigener Einschätzung - ein umfangreicheres Serviceangebot aufweisen als ihre Wettbewerber. Nur 7,5 % sind nach eigener Einschätzung in diesem Bereich schlechter, 42,8 % schätzen sich gleich stark ein. Auch gegenüber den Wettbewerbern auf den Auslandsmärkten schätzen sich 43,5 % der Unternehmen besser ein. Lediglich 11,3 % sehen sich hier in einer schlechteren Position, während 45,2 % keine Unterschiede konstatieren.

Bei der angebotenen Servicequalität gehen 54,3 % der befragten Unternehmen davon aus, daß sie gegenüber der Konkurrenz einen hochwertigeren Service anbieten, 3,6 % schätzen sich hier schlechter und 42,1 % gleich gut ein. Ein ähnliches Bild ergibt sich bei der Positionsbeurteilung gegenüber den Wettbewerbern im Ausland. Nur 4,3 % der Unternehmen glauben, schlechter zu sein als ihre Konkurrenten. 47 % haben nach eigener Auffassung das gleiche Niveau bei der Servicequalität und 48,7 % sehen sich hier sogar in einer besseren Position. Die vorstehenden Ergebnisse sind jedoch dahingehend zu relativieren, daß es sich um eigene Einschätzungen der Unternehmen handelt. Aussagefähige Ergebnisse können letztlich nur Kundenbefragungen liefern, die in Unternehmen immer noch relativ selten durchgeführt werden.

Stellt man die beiden Dimensionen der wettbewerbsbezogenen Qualität und Quantität des Serviceangebots in einer Matrix gegenüber, dann lassen sich - wie in Abbildung 12 dargestellt - neun typische Wettbewerbspositionen und -strategien im Service ableiten[26].

[26] Vgl. in Anlehnung an Perlitz (1988), S. 48.

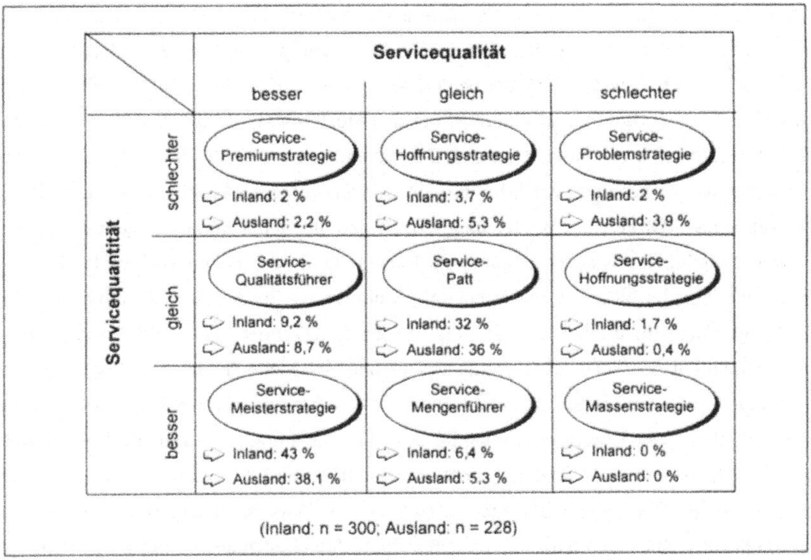

Abb. 12: Servicewettbewerb in der Praxis

Nach eigener Einschätzung gehen die meisten Unternehmen sowohl im Inland (43 %) als auch im Ausland (38,1 %) davon aus, daß sie als **„Service-Meister"** in qualitativer und in quantitativer Hinsicht ein besseres Serviceangebot liefern als ihre Wettbewerber. Wird dies von den Abnehmern ebenfalls so gesehen, dann kann diese Strategie gerade in serviceintensiven Märkten sehr erfolgreich sein. In einem **„Service-Patt"** befinden sich - als zweithäufigste Situation - im Inland 32 % und im Ausland 36 % der Unternehmen. Sie unterscheiden sich im Serviceangebot nicht von ihren Konkurrenten. Eine problematische Situation kann sich für Unternehmen ergeben, die sowohl in qualitativer als auch in quantitativer Richtung schlechter sind als ihre Mitbewerber. Vor allem auf Märkten, bei denen Serviceleistungen einen wichtigen Einfluß auf die Kaufentscheidungen der Abnehmer haben, kann sich eine derartige **„Service-Problemsituation"** negativ auf den Unternehmensbestand auswirken. In unserer Studie waren 2 % der Unternehmen auf den Inlandsmarkt und 3,9 % auf dem Auslandsmarkt davon betroffen, obwohl sie die Bedeutung des Service als Differenzierung- und Profilierungsinstrument im Durchschnitt als sehr hoch einschätzen. Unternehmen, die sich in einer nationalen oder internationalen Service-Problemsituation befinden, verteilen sich relativ gleichmäßig über alle Branchen hinweg.

Änliches gilt auch für die **„Service-Hoffnungsstrategien"**, bei denen die Unternehmen in einer Dimension schlechter abschneiden als ihre Konkurrenten und in der anderen Dimension gleich gut sind. Während jedoch bei der Problemstrategie das Servicemanko für die Kunden in der Regel sofort auffällig ist, kann es bei den Hoffnungsstrategien durchaus vorkommen, daß die negative Abweichung der einen Dimension gegenüber den Wettbewerberangeboten nicht sofort wahrgenommen wird. Im übrigen ist auch immer zu beachten, wie wichtig die jeweils schlechtere Dimension aus Kundensicht ist, um die wettbewerbsbezogene Relevanz dieser vermeintlichen Schwäche zu beurteilen. Interessant ist, daß bei den beiden Hoffnungsstrategien nur selten der Nachteil gegenüber den Konkurrenten bei der Servicequalität liegt (1,7 % der Unternehmen im Inland und 0,4 % im Ausland). Häufiger liegt die Schwäche hingegen bei der Quantität des Servicespektrums (3,7 % der Unternehmen auf dem Inlandsmarkt und 5,3 % auf den ausländischen Märkten), wobei wiederum zu beachten ist, daß umfassendere Serviceangebote von Konkurrenten häufig aus „Frill-Leistungen" bestehen, die lediglich kostentreibend, aber für die Abnehmer nicht nutzenstiftend sind. Es ist eben genau zu prüfen, ob ein umfassendes Serviceangebot auch tatsächlich mit einer Wertsteigerung für die Kunden einhergeht oder ob es sich lediglich um ein aufgeblähtes Leistungsprogramm handelt, das aus Abnehmersicht weder attraktivitäts- noch zufriedenheitssteigernd ist[27]. Eine durchaus sinnvolle Vorgehensweise kann deshalb darin bestehen, sich auf wesentliche Serviceanforderungen der Abnehmer zu beschränken und diese im Rahmen einer **„Service-Prämienstrategie"** dann mit einem erheblich besseren Qualitätsniveau zu erfüllen als die Wettbewerber. Das setzt allerdings voraus, daß die Kundenanforderungen eindeutig erhoben werden und der angebotene Kundennutzen der Serviceleistungen klar kommuniziert wird. Bei den Unternehmen in unserer Untersuchung wird diese Vorgehensweise von 2 % im Inland und 2,2 % im Ausland zugrunde gelegt.

Mehr Unternehmen verfolgen hingegen im Inland (9,2 %) und im Ausland (8,7 %) die Strategie eines **„Service-Qualitätsführers"**, indem sie zwar vom Umfang her ein gleiches Serviceprogramm anbieten, dafür aber versuchen, eine insgesamt bessere Qualität der Leistungen zu erreichen. Wichtig für diese Strategie ist, daß der hiermit angestrebte höhere Kundennutzen auch die eventuellen Mehrkosten des Serviceangebots ausgleicht. Da gerade bei Standard-Serviceleistungen von den Kunden auf jeden Fall eine einwandfreie und herausragende Qualität verlangt wird, bezieht sich die Ausdehnung der „Qualitätsführerschaft" vor allem auf alle anderen Soll- und Kann-Leistungen des Service. Ohne eine segmentbezogene Analyse der Kundenerwartungen an verschiedene Servicebereiche kann es auch hier schnell über eine

---

[27] Vgl. Meyer/Blümelhuber (1996), S. 320ff.

„Over-Quality“ zu einer exorbitanten Kostensteigerung kommen, die sich nicht pretial abwälzen läßt.

Eine ähnliche Gefahr ergibt sich auch für den **„Service-Mengenführer“**, der in eine Kostenfalle laufen kann, wenn aus dem dominierenden Angebot eine unkontrollierte Vielfalt erwächst. Immerhin 6,4 % der Unternehmen setzen im Inland und 5,3 % im Ausland auf diese Strategie.

Eine **„Service-Massenstrategie“**, bei der die Servicequalität schlechter und der Umfang des Servicespektrums besser ist, wird von keinem der befragten Unternehmen auf dem inländischen Markt oder den ausländischen Absatzmärkten realisiert.

2.3.2. Standardisierung von Serviceleistungen

Im Rahmen der **Standardisierung** geht es um den Grad der Vereinheitlichung von Marketing-Maßnahmen bezogen auf bearbeitete Marktsegmente. Bei internationalen Absatzaktivitäten ist diese Entscheidung in besonderem Maße von Bedeutung. Hier ist festzulegen, ob beispielsweise Serviceleistungen bzw. -programme länderübergreifend einheitlich angeboten werden können und sollen. Dabei stellt diese Entscheidung bei Serviceleistungen - aufgrund der notwendigen Kundenbeteiligung - ein erhebliches Problem dar, denn man kann davon ausgehen, daß mit zunehmendem Integrationsgrad und stärkerer Immaterialität der Serviceleistungen die Servicemaßnahmen individueller ausfallen. Deshalb ist zumindest auf der Ergebnisebene eine Standardisierung von derartigen Serviceleistungen besonders problematisch. Darüber hinaus sind im internationalen Rahmen die üblichen Standardisierungsbarrieren zu berücksichtigen.

In Abbildung 13 sind die aus Sicht der befragten Unternehmen wichtigsten Hemmnisse für eine internationale Vereinheitlichung der Servicepolitik dargestellt. 27,7 % der Unternehmen haben ihre Serviceaktivitäten auf dem deutschen Markt und den ausländischen Absatzmärkten nicht standardisiert. Die Gründe hierfür sehen sie vor allem darin, daß[28]

- sie unterschiedliche Marketingstrategien auf den Märkten verfolgen (53,8 %),
- sie unterschiedliche Vertriebskanäle mit einem anderen Leistungs-/Servicepotential nutzen (49,2 %),

[28] Siehe auch Hünerberg/Mann (1996), S. 102.

- die wirtschaftlichen Rahmenbedingungen auf den Märkten verschieden sind (44,6 %),
- eine andere Wettbewerbsstruktur vorliegt (41,5 %) und
- die rechtlichen Bedingungen unterschiedlich sind (32,3 %).

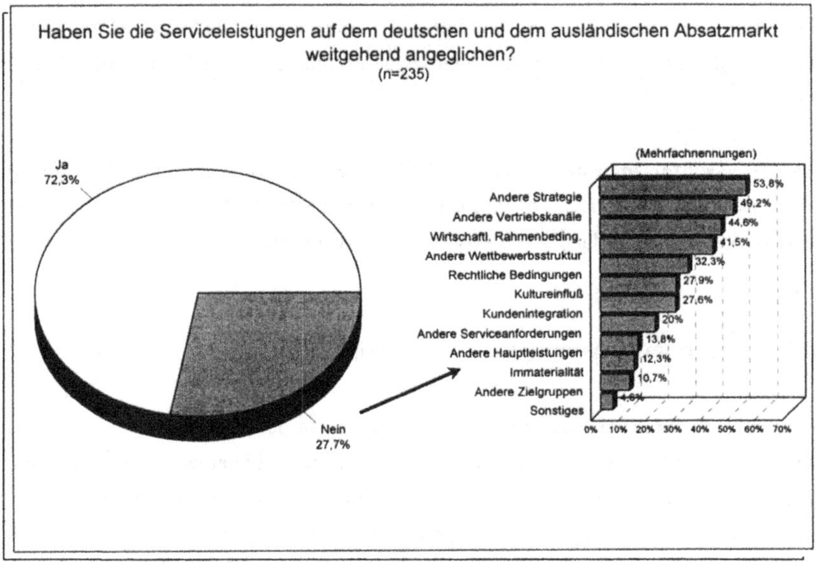

Abb. 13: Standardisierung von Serviceleistungen

Es sind also vor allem markt- und umfeldbezogene Faktoren, die gegen eine Standardisierung von Serviceleistungen sprechen. Die Servicecharakteristika Immaterialität und Kundenintegration spielen aus Sicht der befragten Unternehmen eine eher untergeordnete Rolle. Allerdings ist hierbei die Tatsache zu berücksichtigen, daß - wie bereits beschrieben - eine Vielzahl der Unternehmen (= 42,5 %) ihre Auslandsaktivitäten über den indirekten Export durchführen, so daß die Serviceaufgaben gegenüber den eigentlichen Kunden bzw. Endkunden häufig auf inländische oder ausländische Absatzmittler übertragen werden. Da von den befragten Unternehmen auch im Inland häufig indirekte Absatzwege genutzt werden (59,4 %), scheint das Ergebnis einleuchtend, daß die Mehrzahl (= 72,3 %) die „Serviceleistungen" bzw. die Übertragung der Servicefunktion auf den Handel vereinheitlicht hat. Gleichzeitig bedeutet das aber auch, daß der Hersteller nur indirekt auf die Servicepolitik des Absatzmittlers Einfluß nimmt und damit auch das strategische Profilierungs- und Differenzierungspotential des Service auf der Zielgruppenebene nur mittelbar nutzen kann.

2.3.3. Timing von Serviceleistungen

Timingstrategien betreffen den Zeitpunkt, die Dauer und die Häufigkeit des Einsatzes von Marketing-Instrumenten. Timingstrategien sind häufig eng mit Positionierungsentscheidungen verbunden, so daß sie sowohl auf die zeitliche Verteilung des Ressourceneinsatzes einwirken als auch auf die zeitliche Abfolge von Marktbearbeitungsmaßnahmen.

Bezüglich des **Zeitpunktes** können Serviceleistungen bereits vor der eigentlichen Markteinführung des Kernproduktes im Sinne eines Prä-Marketing eingesetzt werden, um den Take-Off einer Produktinnovation vorzubereiten[29], oder auch als After-Marketing-Instrument nach der Produktelimination bzw. beim Marktaustritt Anwendung finden[30]. Darüber hinaus lassen sich Serviceleistungen auch unmittelbar vor oder nach dem Kaufakt als stimulierende Pre-Sales-Leistungen oder als nachbetreuende und zufriedenheitsschaffende After-Sales-Leistungen heranziehen. Allerdings ist bei einer derartigen temporären Betrachtung zu berücksichtigen, daß im Rahmen einer ganzheitlichen Marketing-Perspektive jede After-Sales-Aktivität darauf ausgerichtet sein sollte, eine langfristige Kundenbeziehung aufzubauen oder zu stärken und damit Wiederholungs- bzw. Folgekäufe vorzubereiten[31]. Vor diesem Hintergrund ist after-sales immer auch pre-sales. In Abbildung 14 ist deshalb bewußt auf Service-Prä- und -After-Marketing abgestellt worden. Zu den Leistungen des **Service-Prä-Marketing** gehören typischerweise Informationsdienste, Dummypräsentationen, Aufstellung und Demonstration von Präferenzanlagen sowie Kundenschulungen[32]. Zu dem **Service-After-Marketing** gehören beispielsweise Wartungs-, Reparatur-, De-Installations- und Recyclingmaßnahmen sowie sonstige Serviceleistungen aus Gewährleistungsansprüchen der Kunden.

In Abbildung 14 sind der Prä- und Aftermarketing-Einsatz des Service dargestellt. Wie ersichtlich ist, setzen die befragten Unternehmen ihre Servieceleistungen eher selten als Prä-Marketing-Maßnahmen ein. Das gilt sowohl für die nationale als auch für die internationale Marktbearbeitung. Damit werden Akquisitionspotentiale und Möglichkeiten zum Aufbau von Markteintrittsbarrieren gegenüber Wettbewerbern nicht in vollem Maße genutzt. Ein ähnliches Bild ergibt sich beim gezielten After-Marketing-Einsatz des Service. Allerdings zeigt sich im Auslandsgeschäft, daß Unternehmen, die eine differenzierte Marktbearbeitung von

---

29 Vgl. Möhrle (1995), S. 69ff.

30 Vgl. Vavra (1992), S. 15f.

31 Vgl. auch Engelhardt (1996), S. 74.

32 Vgl. Hünerberg/Mann (1996), S. 102f.

wenigen Segmenten verfolgen, signifikant häufiger ein Service-Prä-Marketing durchführen (MW = 44,5 %) als standardisiert vorgehende Segmentbearbeiter (MW = 33,3%) und standardisiert vorgehende Massenmarktbearbeiter (MW = 24,4 %). Außerdem konnte ermittelt werden, daß international tätige Unternehmen auf dem deutschen Heimmarkt signifikant häufiger Serviceleistungen als After-Marketing-Maßnahmen einsetzen als auf den Auslandsmärkten (MW = 39,3 % versus MW = 37,3 %). Das kann beispielsweise daran liegen, daß in Deutschland die Anforderungen an Garantieleistungen umfassender und langfristiger ausgelegt sind als in einigen Auslandsmärkten. Ursachen hierfür wurden in der Studie allerdings nicht erhoben.

Mit der **Dauer** des Serviceeinsatzes wird nicht nur die Frage angesprochen, in welchem Zeitraum bestimmte Serviceleistungen angeboten werden sollen, es geht auch darum, wie lange die strategische Wirkung von Serviceleistungen am Markt genutzt werden kann. Beide Dimensionen hängen dabei im wesentlichen von den Kundenerwartungen und Wettbewerberaktivitäten ab. Aber auch rechtliche Vorschriften (z.B. zur Länge von Gewährleistungspflichten), kulturelle Eigenheiten (z.B. typische Zeitdauer von Serviceangeboten und -erstellungsprozessen) und die Art der abgesetzten Produkte (z.B. technisch-komplexe Produkte versus Low-Tech-Güter) haben hierauf einen Einfluß.

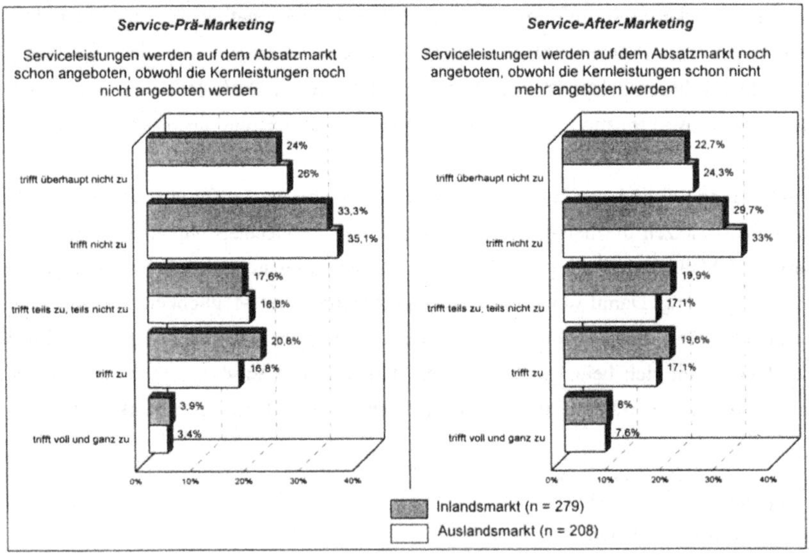

Abb. 14: Service-Timing

Insbesondere die sich im Zeitablauf ergebenden Veränderungen der Wettbewerbsintensität können dazu führen, daß auch der Profilierungscharakter von Serviceleistungen einer dynamischen Entwicklung unterliegt. So werden aus innovativen Kann-Leistungen häufig Soll-Leistungen, wenn nach einiger Zeit auch andere Wettbewerber diese Services anbieten. Haben sich Soll-Leistungen weitgehend als obligatorische Muß-Serviceangebote durchgesetzt, dann ist das Profilierungspotential weitgehend ausgeschöpft. Im Zeitablauf kommt es also zu einer Abnutzung der strategischen Bedeutung von Kann-Leistungen. Während sie anfangs noch die Möglichkeit aufweisen, durch ihre Neuartigkeit Wettbewerbsvorteile zu erzielen, können durch ihr Angebot zu einem späteren Zeitpunkt, wenn sie zu Muß-Leistungen geworden sind, höchstens Wettbewerbsnachteile vermieden werden. Betrachtet man die Serviceleistungen, die von den befragten Unternehmen am häufigsten eingesetzt werden, dann erhält man den Eindruck, daß es sich hierbei vor allem um Muß- und Soll-Leistungen handelt (siehe Abb. 15).

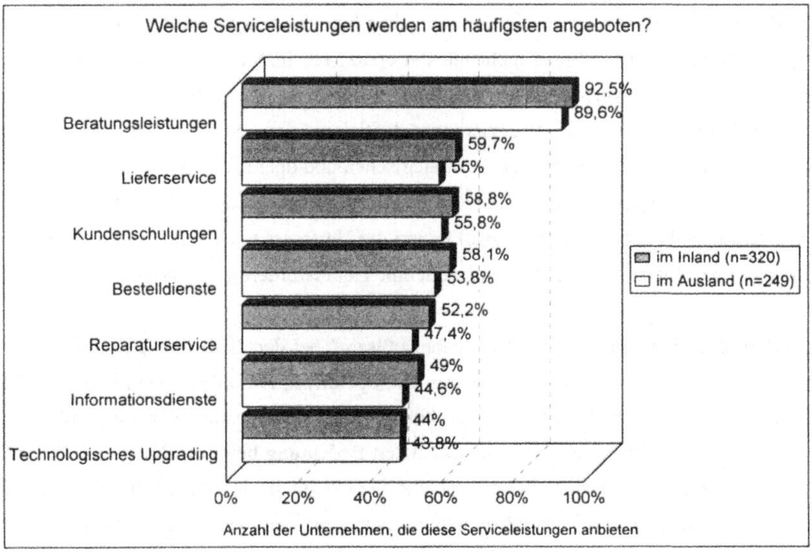

Abb. 15: Die am häufigsten eingesetzten Serviceleistungen

Für die unterschiedlichen Serviceleistungen bzw. -leistungskategorien entsteht ein Lebenszyklus, der die Bedeutungsverschiebungen wiedergibt. Bei produktbezogenen Serviceleistungen ist dieser abhängig von dem Verlauf und der Länge des Produktlebenszyklus[33]. In der Regel

[33] Vgl. Potts (1988), S. 32ff.

ist der Lebenszyklus für produktbezogene Serviceleistungen dem Produktlebenszyklus nachgelagert. Im internationalen Kontext können sich jedoch aufgrund zeitlich versetzter Entwicklungen in den jeweiligen Ländermärkten ganz unterschiedliche nationale Servicelebenszyklen ergeben[34]. In diesem Fall kann es zu einer Verlängerung des gesamten (länderübergreifenden) Servicezyklus kommen. Letztlich handelt es sich bei der Entstehung internationaler Servicelebenszyklen um eine zeitliche Dimension der Standardisierung von Serviceleistungen, die bereits vorstehend angesprochen wurde.

3. Integriertes Service-Management als Herausforderung in Industrieunternehmen

Die skizzierten Interdependenzen zwischen Marketingstrategien und dienstleistungsspezifischen Besonderheiten von Serviceleistungen haben bereits gezeigt, daß der Service im Marketing von Industrieunternehmen nicht nur ein operatives Instrument im Geflecht von Marketingmaßnahmen ist, sondern ein strategisches Entscheidungsfeld darstellt[35]. Zur Nutzung von Profilierungs- und Differenzierungspotentialen des Service ist ein Service-Handlungsrahmen zu entwickeln, der die strategischen und operativen Gestaltungsmöglichkeiten aufzeigt sowie Implementierungs- und Umsetzungshilfen liefert. Das ist bisher in der Praxis und in der Wissenschaft nach Auffassung der Verfasser noch nicht hinreichend - in einem integrierten Ansatz - geschehen und stellt eine Herausforderung für beide Seiten dar.

Grundsätzlich geht es darum, das „Servicebewußtsein" bei den (Industrie-) Unternehmen zu schärfen, um die strategischen Möglichkeiten und operativen Anforderungen richtig zu erkennen. Die oben skizzierten Ergebnisse, z.B. hinsichtlich der Internationalisierungsanforderungen von Serviceleistungen oder der unterschätzten Bedeutung bei Umgehung eines pretialen Wettbewerbs, machen deutlich, daß eine solche Sichtweise noch nicht dominiert. Auch hinsichtlich der Wirkung und Nutzung situationsabhängiger Servicestrategien sowie ihrer tatsächlichen Erfolgsträchtigkeit liegen in den Unternehmen kaum Erkenntnisse vor. Allerdings sind hier auch von Seiten der Wissenschaft noch keine ausreichenden Informationen verfügbar (z.B. in Verbindung mit strategischen Gruppen oder mit der Internationalisierung)[36]. Das liegt nicht zuletzt daran, daß bisher noch kein ausgefeiltes Service-Controlling-Konzept vor-

---

[34] Vgl. auch Hünerberg (1994), S. 159

[35] Vgl. auch die Ergebnisse zur strategischen Bedeutung des Service bei Simon (1993), S. 10ff. und bei Olemotz (1995), S. 193ff.

[36] Vgl. auch die Aussagen von Homburg/Garbe (1996), S. 273ff.

liegt, das Kostenwirkungen, monetäre Erträge sowie außermonetären Nutzen von Serviceleistungen erfaßt und einen effizienten Einsatz von Serviceleistungen ermöglicht[37].

Außerdem ist auch eine stärkere Berücksichtigung von organisatorischen und personellen Aspekten in der Service-Implementierung im Unternehmen erforderlich. Durch die notwendige Kundenintegration sind beispielsweise Organisationsformen zu schaffen, die es erlauben, eine hohe Servicequalität - auch länderübergreifend - zu erarbeiten. Hier lassen sich durch Benchmarking-Projekte mit Dienstleistungsunternehmen für die Industriebetriebe Erkenntnisse über Implementierungsanforderungen, -instrumente und -probleme gewinnen. Dabei ist zu berücksichtigen, daß letztlich in allen Wertschöpfungsphasen eines Unternehmens Servicepotentiale bestehen. So wird beispielsweise bereits in der FuE der Wartungs- und Reparaturbedarf von Produkten festgelegt, und die Verwendung von ökologisch verträglicheren Komponenten in der Produktion kann Recycling-Services beeinflussen[38].

Darüber hinaus erfordert eine angestrebte hohe Servicequalität motivierte Servicemitarbeiter, die im Rahmen eines internen Marketing für den direkten Kundenkontakt zu qualifizieren sind[39]. Damit verbunden ist die Bereitschaft des Managements, die Mitarbeiter an der „Servicefront" auch zu „empowern", damit sie flexibel auf die unterschiedlichen Einbringungsqualitäten des externen Faktors reagieren können. Die Schaffung einer Servicekultur ist dafür gerade in Industrieunternehmen eine unabdingbare Voraussetzung. Alle diese Faktoren sind in einem umfassenden (kunden-/service-, mitarbeiter-, kultur-, qualitäts- und effizienzorientierten) Marketingkonzept zu berücksichtigen und in einem Guß zu realisieren. Dabei ergeben sich gerade bei internationaler Unternehmenstätigkeit erhebliche Anforderungen, die es zu erkennen und zu meistern gilt. Inwieweit dies gelingt, hängt nicht zuletzt von einer ausreichenden Informationsbasis über Wirkungszusammenhänge und Restriktionen zwischen spezifischen Service- und konstitutiven Marketingentscheidungen ab.

37 Siehe hierzu die Überlegungen von Engelhardt (1996), S. 85ff. und die Arbeit von Reckenfelderbäumer (1995).

38 Vgl. Crown/Nuño (1991), S. 92f.; Mann (1996), S. 37.

39 Vgl. Bruhn (1995b), S. 28; Berry/Parasuraman (1995), S. 95ff.

4. Literatur

Berry, Leonard L./**Parasuraman**, Anantharanthan (1995): Dienstleistungsmarketing fängt beim Mitarbeiter an, in: Bruhn, Manfred (Hrsg.), Internes Marketing, Wiesbaden, S. 87-110

Bruhn, Manfred (1995a): Marketing - Grundlagen für Studium und Praxis, 2. Aufl., Wiesbaden

Bruhn, Manfred (1995b): Internes Marketing als Forschungsgebiet der Marketingwissenschaft, in: Bruhn, Manfred (Hrsg.), Internes Marketing, Wiesbaden, S. 13-61

Corsten, Hans (1989): Dientsleistungsmarketing - Elemente und Strategien, in: Jahrbuch der Absatz- und Verbrauchsforschung, 35. Jg., Heft 1, S. 23-40

Crown, Thomas J./**Nuño**, Jose Pablo (1991): Deciding Manufactoring Priorities - Flexibilty, Cost, Quality and Service, in: Long Range Planning, Vol. 24, No. 6, S. 88-95

Davidow, William H./**Uttal**, Bro (1989): Total Customer Service - The Ultimative Weapon, New York

Engelhardt, Werner Hans (1976): Erscheinungsformen und absatzpolitische Probleme von Angebots- und Nachfrageverbunden, in: Zeitschrift für betriebswirtschaftliche Forschung, 28. Jg., Heft 1, S. 77-90

Engelhardt, Werner Hans (1996): Effiziente Customer Integration im industriellen Service Management, in: Kleinaltenkamp, Michael/Fließ, Sabine/Jacob, Frank (Hrsg.), Customer Integration, Wiesbaden, S. 73-89

Engelhardt, Werner Hans/**Kleinaltenkamp**, Michael/**Reckenfelderbäumer**, Martin (1993): Leistungsbündel als Absatzobjekte, in: Zeitschrift für betriebswirtschaftliche Forschung, 45. Jg., Heft 5, S. 395-427

Engelhardt, Werner Hans/**Reckenfelderbäumer**, Martin (1993): Trägerschaft und organisatorische Gestaltung industrieller Dienstleistungen, in: Simon, Hermann (Hrsg.), Industrielle Dienstleistungen, Stuttgart, S. 263-293

Fassott, Georg (1996): Dienstleistungspolitik industrieller Unternehmen, in: der markt, 35. Jg., Heft 2, S. 75-85

Hassan, Salah S. (1991): Strategic Competitiveness in the Globalizing Consumer Markets, in: Journal of International Consumer Marketing, Vol. 3, No. 4, S. 7-14

Heise, Gilbert/**Hünerberg**, Reinhardt (1995): Globale Segmentierung - Herausforderung für das Automobilmarketing, in: Hünerberg, Reinhard/Heise, Gilbert/Hoffmeister, Mike (Hrsg.), Internationales Automobilmarketing - Wettbewerbsvorteile durch marktorientierte Unternehmensführung, Wiesbaden, S. 83-119

Homburg, Christian/**Garbe**, Bernd (1996): Industrielle Dienstleistungen - Bestandsaufnahme und Entwicklungsrichtungen, in: Zeitschrift für Betriebswirtschaft, 66. Jg., Heft 3, S. 253-282

Horovitz, Jacques (1989): Service entscheidet - Im Wettbewerb um den Kunden, Frankfurt/New York

Horovitz, Jacques/**Panak**, Michele Jurgens (1993): Marktführer durch Service, Frankfurt/New York

Hünerberg, Reinhard (1994): Internationales Marketing, Landsberg/Lech

Hünerberg, Reinhard/**Mann**, Andreas (1996): Internationales Servicemarketing - Die neue Dimension im industriellen Wettbewerb, in: der markt, 35. Jg., Heft 2, S. 95-106

Kreutzer, Ralf (1991): Länderübergreifende Segmentierungskonzepte - die Antwort auf die Globalisierung der Märkte, in: Jahrbuch der Absatz- und Verbrauchsforschung, 37. Jg., Heft 1, S. 4-23

Läbe, Stefan M./**Stolpmann**, Frank N. (1994): Service-Wege zu neuen Geschäftspotentialen und hoher Kundenbindung, in: Becker, Lutz/Lukas, Andreas (Hrsg.), Effizienz im Marketing, Wiesbaden, S. 95-116

Mann, Andreas (1996): Grundlagen einer strategischen Service-Konzeption, in: Weber, René (Hrsg.), Service-Management (Loseblattsammlung), 19. NL., Landsberg/Lech, Kap. V.6.1

Meffert, Heribert (1986): Marketing - Grundlagen der Absatzpolitik, 7. Aufl., Wiesbaden

Meffert, Heribert (1994a): Marketing-Management, Wiesbaden

Meffert, Heribert (1994b): Erfolgreiches Marketing in der Rezession, Wien

Meffert, Heribert/**Bolz**, Joachim (1994): Internationales Marketing-Management, 2. Aufl., Stuttgart et al.

Meffert, Heribert/**Bruhn**, Manfred (1995): Dienstleitungsmarketing, Wiesbaden

Meyer, Anton/**Blümelhuber**, Christian (1995): No Frills! Service-Konzepte ohne Wildwuchs und Schnickschnack, in: absatzwirtschaft, 38. Jg., Sondernummer 10, S. 30-40

MEYER, Anton/BLÜMELHUBER, Christian (1996): McDonalds, Aldi, Fielmann, Southwest Airlines, Continental lite, DAB, comdirect bank - Ist weniger mehr?, in: Meyer, Anton (Hrsg.), Grundsatzfragen und Herausforderungen des Dienstleistungsmarketing, Wiesbaden 1996, S. 315-334

MÖHRLE, Martin (1995): Prämarketing - Zur Markteinführung neuer Produkte, Wiesbaden

NIESCHLAG, Robert/DICHTL, Erwin/HÖRSCHGEN, Hans (1994): Marketing, 17. Aufl., Berlin

OLEMOTZ, Thomas (1995): Strategische Wettbewerbsvorteile durch industrielle Dienstleistungen, Frankfurt/Main et al.

PERLITZ, Manfred (1988): Instrumente zur Schaffung von Wettbewerbsvorteilen, in: Simon, Hermann (Hrsg.), Wettbewerbsvorteile und Wettbewerbsfähigkeit, Stuttgart, S. 47-65

POTTS, George W. (1988): Exploit Your Product's Service Life Circle, in: Harvard Business Review, Vol. 66, No. 5 (September-October), S. 32-36

RAFFÉE, Hans (1989): Grundfragen und Ansätze des strategischen Marketing, in: Raffée, Hans/Wiedmann, Klau-Peter (Hrsg.), Strategisches Marketing, 2. Aufl., Stuttgart, S. 3-33

RECKENFELDERBÄUMER, Martin (1995): Marketing-Accounting im Dienstleistungsbereich, Wiesbaden

SAMPSON, Gary P./SNAPE, Richard H. (1985): Identifying the Issues in Trade in Services, in: The World Economy, Vol. 8, S. 171-181

SEBASTIAN, Karl-Heinz/HILLEKE, Klaus (1994): Rückzug ohne Risiko, Teil 1, in: absatzwirtschaft, 37. Jg., Heft 1, S. 50-55

SIMON, Hermann (1992): Service Policies of German Manufacturers - Critical Factros in International Competition, in: European Management Journal, Vol. 10, No. 4, S. 404-411

SIMON, Hermann (1993): Industrielle Dienstleistungen und Wettbewerbsstrategie, in: Simon, Hermann (Hrsg.), Industrielle Dienstleistungen, Stuttgart, S. 3-22

SINGH, M.P. (1990): Service as a Marketing Strategy - A Case Study at Reliance Electric, in: Industrial Marketing Management, Vo. 19, No. 2, S. 193-200

STAUSS, Bernd (1995): Internationales Dienstleistungsmarketing, in: Hermanns, Arnold/Wißmeier, Urban Kilian (Hrsg.), Internationales Marketing-Management, München, S. 437-474

VANDERMERWE, Sandra/CHADWICK, Michael (1991): The Internationalization of Service, in: Lovelock, Christopher H. (Hrsg.), Services Marketing, 2. Aufl., Englewood Cliffs, S. 48-58

VAVRA, Terry G. (1992): Aftermarketing, Burr Ridge

WIMMER, Frank/ZERR, Konrad (1994): Systemplanung als Aufgabe des Systemmarketing, in: Marketing - ZFP, 16. Jg., Heft 4, S. 221-233

ZEITHAML, Valerie A./PARASURAMAN, Anantharanthan/BERRY, Leonard L. (1985): Problems and Strategies in Service Marketing, in: Journal of Marketing, 49. Jg., Nr. 2, S. 33-46

Michael Ehret*

NUTZUNGSPROZESSE ALS AUSGANGSPUNKT DES INNOVATIONSMANAGEMENTS

Inhalt

* Michael Ehret, Freie Universität Berlin, Institut für Allgemeine Betriebswirtschaftslehre, Altensteinstraße 48 D - 14195 Berlin, Tel.: 030/ 838-2493, Fax: 030/ 8325746; e-mail: michael.ehret@ccmailer.wiwiss.fu-berlin.de

1. Einführung in die Problemstellung: Angebote ohne Nachfrager, Prozesse ohne Anbieter - Zentrale Herausforderungen für das Dienstleistungsmarketing

Virtual Reality, Multimedia, Internet - diese Schlagworte aus der derzeitigen Innovationspalette in der Branche der Informations- und Kommunikationstechnologien wecken bei dem Betrachter aus der Marketing-Perspektive äußerst widersprüchliche Assoziationen:

- Wie so häufig bei der Einführung neuer Technologien herrscht eine breite Skepsis, nicht nur über den Sinn oder die befürchteten gesellschaftlichen Folgen dieser Technologien, sondern gerade bezüglich des Nutzens und der Marktattraktivität der innovativen Angebote. „Technik sucht Anwendung“[1], mit diesem Schlagwort wird der fehlende Durchbruch auf den innovativen Kommunikationsmärkten treffend beschrieben. Vor allem die Aussichten des interaktiven Fernsehens[2] und einer ganzen Reihe weiterer Datenaustauschdienste[3] werden mit immer größeren Fragezeichen versehen. Eine Vielzahl von Wissenschaftlern haben die sich abzeichnenden Nachfrageprobleme nach der Erklärung des Mißerfolgs der „totgeborenen Kinder“[4] des Innovationsmanagements bereits antizipiert und Modelle zur Erklärung der Akzeptanz von Multi-Media-Angeboten[5] entworfen. Die Akzeptanzforschung gründet ihre Aktivitäten dabei auf den meist unausgesprochenen Verdacht, daß die beobachtbaren Marketing-Aktivitäten die Integration der Kundenanfor-

---

[1] So der Titel des 1995'er Jahrbuch Telekommunikation und Gesellschaft (Kubicek et al. (Hrsg.) (1995). Ähnlich titelt Dieter Klumpp, Leiter der Stabsabteilung 'Technik und Gesellschaft' bei Alcatel SEL ein Kapitel seines Buches über die Infrastrukturvoraussetzungen für Multimedia-Applikationen: „Techniklösungen auf Problemsuche?“ und leitet es folgendermaßen ein: „Ein Gespenst geht um in Europa, Japan und den USA. Es ist das Gespenst des Anwenders der vielfältigen infrastrukturellen und der konsumorientierten Informations- und Kommunikationstechnik.“ (Klumpp 1996), S. 36.

[2] Erste Ergebnisse einer Akzeptanzstudie zu interaktivem Fernsehen finden sich bei: Weiber/ Kollmann (1995), insbes. S. 24-32.

[3] Zu einem Überblick vgl. Kubiceck/ Reimers (1996), insbes. S. 60-62.

[4] Dieser Ausdruck stammt von Jean Paul Arie, einem Vertriebsingenieur und ehemaligen Teilnehmer des Weiterbildenden Studiums Technischer Vertrieb der Freien Universität Berlin, der in seinem Berufsleben den Vertrieb für so manche aussichtslose innovative Kommunikationstechnik durchführen mußte.

[5] Grundlegende Überlegung zur Konzeption der Akzeptanzforschung für Multi-Media-Angebote finden sich bei Backhaus/ Voeth/ Bendix (1995) und Kollmann (1996). Vor allem der Ansatz von Kollmann stellt eine vielversprechende Weiterentwicklung der Akzeptanzforschung dar, da er explizit die Dimension der Nutzungsakzeptanz als Problemfeld begreift. Vgl. Kollmann (1996), S. 72-84.

derungen in die Unternehmensprozesse nicht bewältigen und daher die Ursachen im Hinblick auf die Verbesserung der Marketing-Aktivitäten analysiert werden müssen[6].

- Diesem eher pessimistischen Bild stehen verblüffende Erfolge bei der Diffusion neuer Kommunikationstechnologien gegenüber, die kaum auf gezielte Marketing-Aktivitäten zurückzuführen sind und scheinbar von einer „unsichtbaren Hand" gelenkt werden: Im Internet bilden sich User-Groups aus Mitgliedern, denen eher ein technologiefernes bis technologiefeindliches Image nachgesagt wurde[7]. Konzerne organisieren, ohne vorher erkennbare Marketing-Anstrengungen der Anbieter, nach dem Vorbild des Internets unternehmenseigene Netze, sogenannte Intranets, die meist über eine Schnittstelle zum Internet verfügen und somit auch der Kommunikation mit Lieferanten und Kunden dienen. Intranet-Anwendungen stellen inzwischen die wichtigsten Kunden der ursprünglich auf das Internet fixierten Hersteller professioneller Netz-Software dar.[8] Es ist bereits von der „Killerapplikation"[9] die Rede. Online-Dienste, die bis vor kurzem noch zu den „Fragezeichen"-Anwendungen des vorigen Absatzes gehörten, haben durch die Schaffung von Internet-Schnittstellen eine Autobahn zu ihren Kunden gefunden.

Beide Phänomene legen ein Marketing-Versagen bei der Einführung innovativer Leistungsangebote nahe: Im ersten Fall werden Produktinnovationen entwickelt, deren Akzeptanz und tatsächliche Nutzung durch die Kunden zumindest fraglich ist. In dem zweiten Fall manifestiert sich ein Marketing-Versagen in der Form, daß Kunden Prozeßinnovationen und damit Nachfrage nach neuen Technologien entwickeln, die außerhalb der Vorstellungskraft der Marketing-Abteilungen ihrer Anbieter lagen. *Dieter Klumpp*, Leiter der Stabsabteilung 'Technik und Gesellschaft' bei Alcatel SEL, macht darauf aufmerksam, daß die traditionelle Sicht, die Technologie sei den Anwendern voraus, den Blick auf deren produktive Potentiale versperrt:

---

6 Dabei bleibt sie meist in einer passiv beobachtenden Rolle verhaftet, statt in einer aktiv gestalterischen. Dieter Klumpp schreibt treffend über die Rolle der Aktzeptanzforschung in der aktuellen Multimediadiskussion: „Dies hat dazu geführt, daß sich die -nach wie vor vorhandene - Notwendigkeit eines Diskurses auf das Ingangsetzen von modernistischen Kolloquien beschränkt, in denen typischerweise der 'Diskurs' *über* die Kirch-Gruppe, die Telekom oder Bertelsmann, über IBM, Siemens, Alcatel, Microsoft, *über* die privaten oder geschäftlichen Nutzer geführt wird anstatt der Diskurs mit diesen über etwas." (Klumpp (1996), S. 88.

7 Thomas Wetzstein charakterisiert in seiner Studie über die Entwicklung von Nutzungsmustern in Computernetzn folgendermaßen: „Es findet - wie eingangs erwähnt- eine 'informelle Technikaneignung' statt, die sowohl hinsichtlich des Erlernens wie auch des Gebrauchs tendenziell auf 'Vorfabriziertes' verzichtet und statt dessen Eigentätigkeit in den Mittelpunkt stellt." (Wetzstein (1995, S. 137).

8 Eine exponierte Rolle nimmt dabei „die" Internet Firma Netscape ein. Vgl. Bödel/ Stein (1996).

9 Vgl.: Böndel/ Stein (1996), S.84.

„Mit der Möglichkeit, daß sich der Anwender weiterdreht und die kommunikationstechnische Anwendungswelt gleichsam stehenbleibt, rechnet die Branche in Europa offensichtlich nicht."[10]

Die ökonomische Entwicklung, die *Alvin Toffler* schon vor fast zwanzig Jahren beschrieb, scheint sich auch bei der Entwicklung innovativer Leistungsangebote zu bewahrheiten:

„We see a progressive blurring of the line that separates producer from consumer. We see the rising significance of the prosumer."[11]

Die zentrale These, der im folgenden nachgegangen werden soll, lautet dabei folgendermaßen: Innovationen im Leistungsangebot erfordern die Neugestaltung von Nutzungsprozessen und somit Prozeßinnovationen auf Seiten der Kunden. Das Verständnis von Prozeßinnovationen ist somit der entscheidende Schritt zu einer ökonomischen Erklärung des Erfolgs von innovativen Leistungsangeboten.

Dienstleistungen gewinnen in diesem Zusammenhang eine strategische Bedeutung für Unternehmen, die sich in Innovationsprozessen befinden. Begreift man Dienstleistungen als Prozesse der Integration von Produktionsfaktoren der Nachfrager in die Leistungserstellung der Anbieter, so wird schnell die Chance deutlich, die Dienstleistungen für beide Tauschparteien mit sich bringen: Da hier die Produktionsprozesse von Anbieter und Nachfrager direkt in einem integrierten Leistungserstellungsprozeß miteinander verknüpft werden, bietet sich für beide die Chance, durch die mit diesem Prozeß verbundenen Informationen Ansatzpunkte für das erfolgreiche Management von Innovationen zu erschließen.

Die Untersuchung beginnt mit grundlegenden Überlegungen zu der Rolle von Anwendern in Innovationsprozessen (Abschnitt 2). Anschließend wird anhand der Gütertheorie von Menger und dessen Weiterentwicklung durch die mikroökonomische Haushaltstheorie die Perspektive einer Theorie der Innovation entwickelt, die die Rolle innovativer Nutzungsprozesse explizit berücksichtigt. Im vierten Teil wird anhand eines informationsökonomischen Ansatzes

---

10 Klumpp (1996), S. 37.

11 Toffler (1980), S. 284. Ein erster Ansatz zur Integration des „Prosumer"-Phänomens in das Marketing kann in der Analyse der „Leistungsbündel als Absatzobjekte" von Engelhardt/ Kleinaltenkamp/ Reckenfelderbäumer gesehen werden. Vgl. dazu Engelhardt/ Kleinaltenkamp/ Reckenfelderbäumer (1993), S. 402.

gezeigt, wie Anbieter innovative Nutzungsprozesse für die strategische Weiterentwicklung ihres Angebots nutzen können.

Abschließend wird ein zusammenfassender Überblick gegeben und vor allem offene Fragen für die weitere Forschung aufgezeigt.

2. Die Entdeckung der aktiven Rolle des Nachfragers im Innovationsprozeß

2.1. Das anbieterzentrierte Phasenmodell des Innovationsprozesses

Wenngleich heute kaum mehr Beiträge zum F&E- oder Innovationsmanagement zu finden sind, die nicht die entscheidende Rolle des Marktes oder der Kunden für den Erfolg von Innovationen betonen,[12] steht im Kern der meisten Phasenmodelle[13] ein anbieterzentriertes Modell des Innovationsprozesses.[14]

Als eine exemplarische Beschreibung des anbieterzentrierten Innovationsprozesses kann die Definition von *Pay* dienen:

> *„Eine Innovation ist eine Unternehmensaktivität, die durch Forschung neue Ideen in das Unternehmen einführt, durch Entwicklung diese Ideen weiterverarbeitet und sie anschließend im Produktionsprozeß und auf dem Absatzmarkt verwertet."*[15]

Dabei sind die Funktionen Forschung, Entwicklung, Produktion und Vermarktung exklusiv bei den anbietenden Unternehmen angesiedelt, während auf der Marktebene, im Sinne eines Stimulus-Response-Modells,[16] lediglich die Marktreaktionen auf die verschiedenen Aktivitä-

---

12 Z.B. Kleinschmidt/ Geschka/ Cooper (1996), insbesondere S.1-50.

13 Zu einem zusammenfassenden Überblick und umfangreichen Quellenangaben zu Phasenmodellen des Innovationsprozesses s. Weiber/ Pohl (1996), S. 9-11.

14 Die gängigen Versuche, die einzelnen Schritte dieses Modells kundenorientierter zu gestalten, werden im Abschnitt 2.2. dieses Beitrags beschrieben.

15 Pay (1989), S. 85 und sinngemäß ebd. S. 8.

16 Eine zusammenfassende Darstellung des Stimulus-Response-Paradigmas aus Marketing-Sicht findet sich bei Nieschlag/ Dichtl/ Hörschgen (1991), S. 102-104. Zur mangelnden Eignung des Stimulus-Response-

ten dieses Unternehmens betrachtet werden, nicht aber produktive Beiträge der Nachfrager zur Gestaltung des Innovationsprozesses (vgl. auch Abb.1).

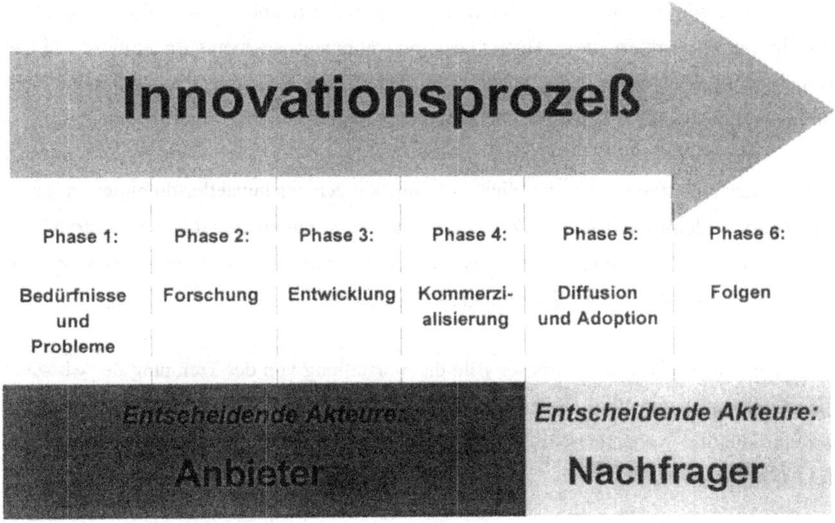

Abb. 1: Anbieterzentriertes Innovationsmodell

nach Rogers (1983), S. 136

Dieses anbieterzentrierte Modell findet seine Entsprechung in dem Forschungszweig, der sich gezielt mit der Marktentwicklung im Zuge von Innovationsprozessen auseinandersetzt, nämlich in der Diffusionsforschung beziehungsweise der Diffusionstheorie.[17] Auch hier wird der Innovationsprozeß in Phasen unterteilt, wobei in den Phasen vor der Markteinführung die

Paradigmas für Problemstellungen das Investitionsgütermarketing vgl.: Backhaus (1992), S. 5 u. S. 107-111. Zum Stimulus-Response-Paradigma in der Verhaltensforschung s. Kroeber-Riehl (1992), S. 322-342.

17 Das Grundlagenwerk der Diffusionsforschung wie auch der Theorie ist Rogers (1983). Die Diffusionsforschung hat dabei zumindest in der Konzeption von Rogers die Funktion des Zulieferers des empirischen Materials für eine induktive Theoriebildung, die aufbauend auf der Diffusionstheorie den Entwurf einer allgemeinen Theorie des sozialen Wandels ermöglichen soll. Vgl. hierzu v.a. Rogers/ Shoemaker (1971), S. 45.

Aktivitäten der Anbieter von Innovationen maßgeblich sind, in den Phasen des Diffusionsprozesses nach der Markteinführung hingegen die Aktivitäten der Nachfrager.[18]

Gemeinsames Kennzeichen der anbieterzentrierten Modelle ist die strikte Trennung zwischen der eigentlichen Innovation und deren Diffusion, deren Scheidepunkt durch den Zeitpunkt der Markteinführung markiert ist. Im Bereich des Innovationsmanagements findet diese Anbieterorientierung beispielsweise ihren Ausdruck in dem Ansatz von *Bierfelder*, der seine Arbeit nach Innovationstheorien, Diffusionstheorien und Adoptionstheorien untergliedert.[19]

In einem zusammenfassenden Überblick zu Betrachtungen des hersteller-dominierten Innovationsprozesses identifiziert *Gemünden* als Leitfigur eine Unternehmung, die aufgrund ihrer überlegenen Technologie und ihres überlegenen Marketing den Innovationsprozeß steuere und somit die treibende Kraft eines Technologie-Push darstelle.[20]

Im Grunde genommen zeichnet dieses Bild die Vorstellung von der Trennung der wirtschaftlichen Funktionen von Produzenten und Konsumenten nach,[21] wie es für das Zeitalter der Massenproduktion[22] charakteristisch war und heute noch allenfalls auf hochstandardisierten Märkten zu finden ist.[23]

---

18 Rogers wollte mit der gemeinsamen Betachtung die Begrenzungen sowohl der technologieorientierten als auch der marktorientierten Ansätze aufzeigen (Vgl. insbesondere Rogers (1983), S. 134-135). Betrachtet man nun beide Ansätze als Zugänge eines integrierten Innovationsprozesses, entsteht zumindest der Eindruck, daß durch die Trennung der Innovatinonsfunktionen während der einzelnen Phasen die jeweiligen Grenzen eher zementiert als aufgelöst werden.

19 Bierfelder (1989), S.7-81.

20 Vgl.: Gemünden (1990), S. 7.

21 Grundlegend für die Rolle der Arbeitsteilung und die Entstehung von Märkten aus ökonomischer Perspektive: Smith (1982), S. 109-126.

22 Eine hervorragende zusammenfassende Analyse der Wechselwirkungen zwischen ökonomischen, politischen und gesellschaftlichen Strukturen im Zeitalter der Massenproduktion findet sich bei Toffler (1980), S. 35-140.

23 Zumindest die zunehmende Entwicklung von strategischen Konzepten zur stärkeren Integration des Kunden in die Anbieterprozesse kann als Indikator für diese Entwicklung gesehen werden. S. Peppers/ Rogers (1993), insbes.S. 3-50, Jacob (1995), insbes. S. 3-48, Pine (1993), paradigmatisch S.3-75, Kleinaltenkamp (1996).

2.2. Die Integration von kunden- und marktbezogenen Aktivitäten in den Innovationsprozeß zur Sicherung des Markterfolges von Innovationen

Daß Markt- beziehungsweise Kundenorientierung die entscheidenden Impulse für ein erfolgreiches Innovationsmanagement geben, darüber besteht in der einschlägigen Literatur kein Zweifel. *Brockhoff* schreibt in dem einleitenden Kapitel zu seinem Grundlagenwerk:

> *„Immer wieder finden sich Fallbeispiele dafür, daß* ***reine Technikorientierung zu Unternnehmenskrisen führt***"[24]

Die Vorstellung, daß technologische Neuerungen die treibende Kraft für die Entstehung neuer Märkte darstellen, weicht immer stärker vor der Erkenntnis des Marktes als Schiedsrichter über den Erfolg der Technologie zurück. Unter den grundlegenden Werken zu dem Innovations- oder F&E -Management gibt es kaum eines, das nicht zumindest die Möglichkeit eines Nachfragesoges („demand pull")[25] als Erklärungsgrund für die Entstehung innovativer Technologien anführt.

Fallstudien zu den Erfolgsfaktoren von Innovationsprozessen weisen regelmäßig die kunden-, nachfrage- und marktbezogenen Kriterien als entscheidende Einflüsse auf den Markterfolg aus. So finden sich unter den acht Erfolgsfaktoren für Produktinnovationen, *die Kleinschmidt/ Geschka/ Cooper* ermittelten, gleich vier mit explizitem Nachfragebezug[26] :

- Ein überlegenes Produkt, das dem Kunden einzigartigen Nutzen bietet,
- Marketingsynergie,
- Ausführungsqualität der Marketingaktivitäten,
- Marktattraktivität.

Der heutige Stand der Diskussion schlägt sich im wesentlichen darin nieder, daß man den Entscheidungsträgern der Anbieter rät, stets in den einzelnen Phasen des Innovationsprozesses

---

24 Brockhoff (1992), S. 11.

25 Vgl. beispielhaft Specht/ Beckmann, S. 32-33; Weiber/ Pohl (1996), S. 37, Brockhoff (1992), S. 28-35.

26 Kleinschmidt/ Geschka/ Cooper (1996), S. 9-25. Auch Kupsch/ Marr/ Picot (1991), S. 1080-1081 nennen an erster Stelle der „Innovationswirtschaftlichen Erfolgefaktoren" die „Marktgerechtheit der Innovation".

die Markterfordernisse zu berücksichtigen. Der Markt soll die Inputs für den Innovationsprozeß liefern. *Roberts* formuliert dies folgendermaßen:

> *„The product development cycle should be organized ... to bring market inputs into design repeatedly during the early product and again during active prototyping through active involvement of selected customers."*[27]

Abb. 2: Integration von Marktanforderungen im Standardprozeß von Kleinschmidt/ Geschka/ Cooper anhand ausgewählter Beispiele.

Quelle: *Kleinschmidt/ Geschka/ Cooper* (1996), S. 52-53

Verdeutlicht werden kann dies an dem Phasenschema von *Kleinschmidt/ Geschka/ Cooper* (vgl. Abb.2). Das anbieterzentrierte Phasenschema wird beibehalten, in jeder Phase sind aber markt- beziehungsweise kundenorientierte Aktivitäten, wie Marktanalysen oder Kundentests vorgesehen, die die Koordination der Unternehmensprozesse mit den Anforderungen des Marktes bzw. der Kunden sicherstellen sollen.

---

[27] Roberts (1987), S. 10.

2.3. Die aktive Rolle der Nutzer im Innovationsprozeß

Nimmt man das anbieterzentrierte Schema des Innovationsprozesses als Referenzmodell, so erscheint die Integration von marktbezogenen Aktivitäten in die einzelnen Schritte des Innovationsprozesses[28] zunächst einmal als die konsequente Umsetzung der Kundenorientierung. Allerdings haben die empirischen Innovationsstudien, *die Eric von Hippel* am *Massachusetts Institute for Technology* durchführte[29], Ergebnisse zu Tage gebracht, die das Referenzmodell als Ganzes in Frage stellen.

Ausgangspunkt seiner Arbeit war eine Studie über Innovationen im Bereich der wissenschaftlichen Meßgeräte,[30] die in vorwiegend naturwissenschaftlich ausgerichteten Forschungslabors eingesetzt werden. Markantes Ergebnis dieser Studie war, daß in 77% der untersuchten Fälle die Schritte der Problemidentifikation, der Forschung, der Entwicklung und der Anwendungskonzeption von den Nutzern übernommen wurden. Die Hersteller der Geräte traten lediglich als „Übernehmer" in Erscheinung, die die neuen Geräte dann kommerziell vermarkten konnten.[31]

Dieses Phänomen stellt nun aber die genaue Umkehrung des, wenn auch inzwischen verfeinerten, anbieterzentrierten Innovationsmodells dar: Tritt bei diesem der Nutzer erst in der Diffusionsphase in Erscheinung, sind bei dem nutzerinduzierten Innovationsprozeß die Anbieter in den eigentlichen Innovationsphasen abwesend und übernehmen erst in der Kommerzialisierung im Zuge des Diffusionsprozesses eine aktive Rolle. Dies veranlaßt *Hippel* zur Formulierung eines nutzeraktiven Paradigmas des Innovationsprozesses (vgl. Abb. 3), das er dem herstelleraktiven Paradigma gegenüberstellte.[32]

---

28 Vgl. Abschnitt 2.2. dieses Beitrags.

29 Diese finden sich zusammengefaßt in Hippel (1988).

30 Es handelte sich dabei um Innovationen in folgenden Bereichen: Gas-Chromatographen, Nukleare magnetische Resonanz-Spektrometer, Ultraviolett-Absorptions-Spektrometer, Übertragungs-Elektronenmikroskop. Ursprünglich wurde die Studie veröffentlicht als Hippel (1976).

31 Vgl. Hippel (1988), S. 13-19.

32 Vgl. v.a.: Hippel (1978), S. 40-44. In der deutschen Literatur wurde dieses Paradigma aufgegriffen von: Biegel (1988) und Kleinaltenkamp/ Staudt (1991).

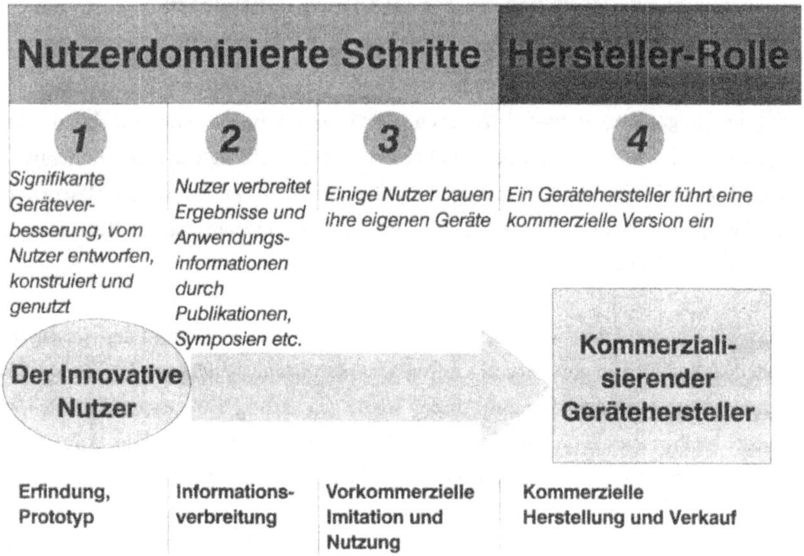

Abb. 3: Typischer nutzerdominierter Innovationsprozeß bei wissenschaftlichen Meßgeräten

Quelle: Hippel (1988), S. 19

Hippel fand auch eine einfache Erklärung dafür, warum die Anbieter innovativer Produkte so häufig als die treibende Kraft im Innovationsprozeß Innovatoren erscheinen: Sie haben als Agenten im Vermarktungsprozeß ein aktives Interesse an breitenwirksamer Werbung und Öffentlichkeitsarbeit für die Innovation, um latente Nachfrage für die neuen Leistungen zu erschließen. Daher werden sie häufig im öffentlichen Bewußtsein eher als die Schöpfer dieser Innovation angesehen, während sie eigentlich 'nur' die Vermarkter sind.[33]

Die Ergebnisse dieser Studie veranlaßten *Hippel* die Arbeit fortzusetzen, um eine umfassendere Strukturierung von Innovationsprozessen durchführen zu können. Auch hier führte er jeweils branchenbezogene Fallstudien durch, mit dem Ziel, die Quellen von Innovationen zu identifizieren. Drei typische Quellen fand er dabei heraus: den Nutzer, den Hersteller und den Zulieferer (des Herstellers).

---

33 Vgl. Hippel (1988), S. 25.

Wenngleich diese Ergebnisse weiterführen als die Unterstellungen des „Technology push" und des „Demand Pull"[34], so sind sie letztendlich nicht sonderlich aussagekräftig, da im Prinzip jeder Teilnehmer am ökonomischen Geschehen eine potentielle Quelle von Innovationen ist.

Hippel versucht diesem Dilemma mit einer ökonomischen Erklärung zu entgehen: Danach entscheiden die Gewinnerwartungen der Akteure im Innovationsprozeß darüber, wer die Quelle einer Innovation wird. Eine nutzerinduzierte Innovation erklärt *Hippel* also dadurch, daß in diesem Fall die Nutzer die besten Verwertungsmöglichkeiten für Neuerungen sehen, während die Hersteller diese erst wahrnehmen, wenn die Konzeption entwickelt und kommerzialisierbar ist.

Die Erklärung der Gewinnerwartungen ist dabei eine recht unbefriedigende:

- Sie ermöglicht lediglich eine ex-post Erklärung der Übernahme der Innovationsquelle: Erst in einem fortgeschrittenen Stadium ist es möglich festzustellen, wer den Innovationsprozeß vorantreibt. Innovierende Unternehmer, die sich ihrer Sache sicher sind, brauchen diese Erklärung nicht für ihre Entscheidungsfindung, während solche, die sich unsicher sind, in dem frühen Stadium von dieser Erklärung im Stich gelassen werden.
- Unterstellt man den Akteuren im Innovationsprozeß ein ökonomisches Kalkül, so ist die Feststellung der Gewinnerwartungen keine neue Erklärung für die Handlungsmotive der Innovationsbetreiber.
- Sie stellt letztlich eine Tautologie dar: Eine Innovation wird in der ökonomischen Theorie als eine Aktion zur Erzielung von entsprechenden „Innovationsrenten"[35] gesehen.

Vor allem aber hilft diese Feststellung kaum bei der Problemlösung in aktuellen Innovationsprozessen: Da stehen die Entscheidungsträger in der Regel nicht vor der Frage, wer sich die meisten Profite von einem Innovationsprojekt verspricht. Können sie ihre Profiterwartungen bezüglich eines Innovationsprojektes nennen, dann haben sie eigentlich kein Entscheidungs-

---

[34] Auch bei der Erklärung des Demand Pull als treibende Kraft im Innovationsprozeß wird letztlich doch unterstellt, daß die eigentlichen Innovationsaktivitäten auf der Herstellerseite stattfinden. Auch wenn die Arbeiten von Hippel häufig zur Erklärung eines Demand Pull herangezogen werden, ist dies nicht der Kern der Ergebnisse dieser Arbeiten.

[35] Vgl. hierzu die Ausführungen in Abschnitt 3 dieses Beitrags.

problem mehr. Es stellt sich vielmehr die Frage nach Kriterien für den ökonomischen Erfolg von Innovationen. Bei dieser Frage werden sie aber von *Hippel* im Stich gelassen.

Mit seinen empirischen Innovationsstudien hat *Hippel* eine neue Perspektive auf den Innovationsprozeß ermöglicht, die vor allem neue Wege für Innovationsstrategien aufzeigt. Gleichzeitig ist die ökonomische Erklärung der Innovationsquellen aus den genannten Gründen unbefriedigend. Im folgenden Abschnitt werden Ansätze zu solch einer ökonomischen Erklärung präsentiert.

3. Ansätze zu einer ökonomischen Erklärung von Innovationsprozessen: Die Rolle von Nutzungsprozessen

3.1. Schumpeters Begriff der „Schöpferischen Zerstörung" als Ansatzpunkt für eine ökonomische Theorie der Innovation

Den entscheidenden Zugang zur ökonomischen Rolle der Innovation legte *Schumpeter* mit seiner Arbeit über die Überlebensbedingungen von Wirtschaftssystemen „Kapitalismus, Sozialismus und Demokratie" frei. Hier stellt er als das Wesensmerkmal des Kapitalismus den Prozeß der „schöpferischen Zerstörung" heraus.[36] Er besteht in der Durchsetzung neuer Konsumgüter, neuer Produktions- oder Transportmethoden, der Erschließung neuer Märkte sowie der Schaffung neuer Formen der industriellen Organisation.[37]

Mit diesen spezifischen Formen von Innovationen versuchen deren Verfechter den Preiswettbewerb zu bekämpfen und Monopole zur Durchsetzung ihrer ökonomischen Interessen zu errichten.[38]

Das Wesen der kapitalistischen Konkurrenz wird daher, so *Schumpeter*, in der Lehrbuch-Ökonomie nur unzureichend erfaßt:[39]

---

36 Vgl. Schumpeter (1950), S. 134-142.

37 Vgl. Schumpeter (1950), S. 137.

38 Dieser Gedanke wurde von der Neuen Österreichischen Schule zu deren Marktprozeßtheorie weiterentwickelt.

39 Schumpeter (1950), S. 140. Zudem sah Schumpeter in der Analyse dieses Prozesses den eigentlichen Schlüssel zu dem Verständnis von ökonomischen Phänomenen: „Gewöhnlich wird nur das Problem

> *„In der kapitalistischen Wirklichkeit jedoch, im Unterschied zu ihrem Bild in den Lehrbüchern, zählt nicht diese Art von Konkurrenz (*gemeint ist der Preiswettbewerb innerhalb bestehender Marktstrukturen, M.E.*), sondern die Konkurrenz der neuen Ware, der neuen Technik, der neuen Versorgungsquelle, des neuen Organisationstyps (zum Beispiel der größtdimensionierten Unternehmenseinheit) - jene Konkurrenz, die über einen entscheidenden Kosten- oder Qualitätsvorteil gebietet und die bestehenden Firmen nicht an den Profit- und Produktionsgrenzen, sondern in ihren Grundlagen, ihrem eigentlichen Lebensmark trifft."*

Mit Hilfe dieses Innovationsbegriffes gelingt es *Schumpeter,* die Bedeutung von Innovationen im Marktprozeß unabhängig von der eingesetzten Technologie zu beleuchten. So betonte er, daß es für das Verständnis von Innovationsprozessen wichtig sei, zwischen der Rolle des Erfinders („inventor") und der des Unternehmers („entrepreneur") zu unterscheiden:[40]

> *„The inventor produces ideas, the entrepreneur „gets things done", which may, but need not embody anything that is scientifically new. Moreover, an idea or scientific principle is not, by itself, of any importance for economic practice: The fact that Greek science had probably produced all that is necessary in order to construct a steam engine did not help the Greeks or Romans to build a steam engine;..."*

Ökonomische Prozesse, deren handelnde Akteure die Unternehmer sind, entscheiden nach *Schumpeters* Auffassung letztlich darüber, welche Ideen in die Praxis umgesetzt werden. Als Ergebnis der *Schumpeter'schen* Analyse von Innnovationsprozessen kann daher festgehalten werden:

- Die technologische Neuheit einer Innovation ist kein ausreichender Indikator für deren ökonomischen Erfolg.
- Es sind ökonomisch erfolgreiche Innovationen denkbar und beobachtbar, die nicht auf technologisch Neuem beruhen, beispielsweise durch die Neuorganisation von Produktionsprozessen.

---

betrachtet, wie der Kapitalismus mit bestehenden Strukturen umgeht, während das relevante Problem darin besteht, wie er sie schafft und zerstört" (Schumpeter (1950), S. 139.

40 Schumpeter (1947), S. 152.

Diese Ergebnisse können aber letztlich nur der Beginn einer ökonomischen Analyse der Innovation darstellen. Sie werfen nämlich die Frage auf, welche Bedingungen für den ökonomischen Erfolg von Innovationen ausschlaggebend sind. Diese wurden erstmals von *Carl Menger* formuliert.

3.2. Der Güterbegriff von Menger als Grundlage für die Analyse ökonomischer Prozesse

Wenngleich *Mengers* Werk kaum explizite Beiträge zur Analyse wirtschaftlicher Prozesse enthält, schuf er durch seine Werttheorie die Grundlage für die Prozeßbetrachtung in den Wirtschaftswissenschaften, auf die seine Schüler der „Österreichischen Schule" aufbauen konnten. Der entscheidende Schritt *Mengers* bestand darin, den wirtschaftlichen Wert nicht anhand der objektiven Eigenschaften der betrachteten Güter zu analysieren,[41] sondern Bedingungen zu suchen, unter denen Phänomene der Objektwelt einen wirtschaftlichen Wert erhalten.[42] Diese Methode vereinfacht die Analyse ökonomischer Prozesse nicht zuletzt im Falle von Innovationen: Gelingt es nämlich solche Bedingungen zu finden, können sich zwar die **Phänomene der Objektwelt** ändern, also die betrachteten Güter und Prozesse, die **Kriterien für den ökonomischen Erfolg von Innovationen** hingegen ändern sich nicht.

Ausgangspunkt von *Mengers* Betrachtungen ist die menschliche Bedürfnisbefriedigung, die er als Ziel allen wirtschaftlichen Handelns ansieht. Güter sind bei *Menger* Dinge,[43] die der Mensch in seiner Umwelt vorfindet und zu seiner Bedürfnisbefriedigung einsetzt. Grundlegend ist dabei die Beziehung zwischen Mensch und Objektwelt. Diese charakterisiert er durch vier Kriterien, die erfüllt sein müssen, damit aus einem Ding ein Gut wird:[44]

---

[41] Diese Methode hatte sich in den physikalischen Wissenschaften als erfolgreich erwiesen und führte zu ähnlichen Ansätzen in den Wirtschaftswissenschaften. Einen hervorragenden Überblick zu diesem Zusammenhang findet sich in Hayek (1968).

[42] Diesen Aspekt der Menger'schen Theorie hebt Hayek hervor und sieht darin das Charakteristische der Österreichischen Schule indem er schreibt: „The Austrians, on the other hand, made the full analysis of the **conditions of valuation** (Hervorhebung von M.E.), independent of the possibility of exchange, so much their central task that later they had to defend themselves against the misunderstanding that they believed marginal utility porvided a direct explanation of price". (Hayek (1968), S. 458-459).

[43] Dieser Begriff umfaßt auch zeitlich begrenzte Nutzungen von Gütern und Diensten.

[44] Menger (1923), S. 11.

- „die Erkenntnis, beziehungsweise die Voraussicht eines menschlichen Bedürfnisses,
- solche objektive Eigenschaften des Dinges, welche es tauglich machen, die Befriedigung des Bedürfnisses zu bewirken,
- die Erkenntnis dieser Tauglichkeit,
- die Verfügung über dieses Ding: ein solches Verhältnis des Dinges zu uns, daß dasselbe zur Befriedigung eines menschlichen Bedürfnisses (wenngleich eines künftigen und nur mit Hilfe von anderen Gütern) herangezogen werden kann."

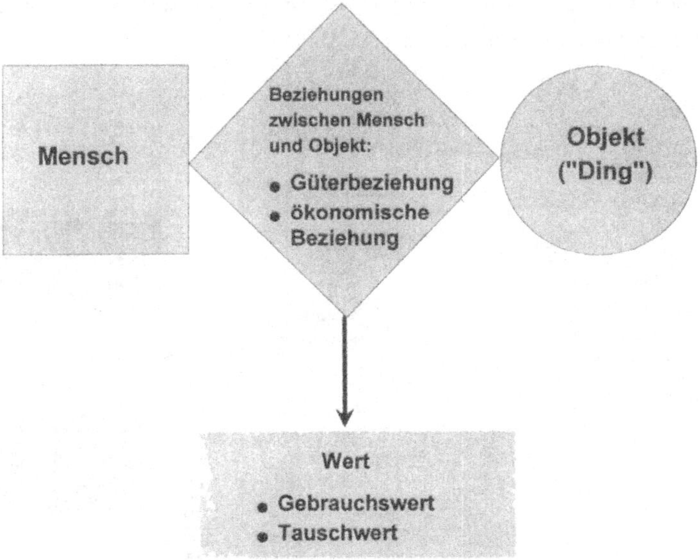

Abb. 4: Mengers Erklärung der Wertentstehung aus den Beziehungen zwischen Mensch und Objektwelt.

Vgl.: Menger (1923), S. 1-31 sowie S. 64-72

Dies ist aber nur die notwendige Bedingung für das Entstehen eines wirtschaftlichen Wertes eines Gutes. Erst wenn ein Gut für den Menschen knapp wird,[45] führt dieser wirtschaftliche

[45] Mit diesem Ansatz gelang Menger die Lösung des Wertparadoxons: Bis dahin fehlte eine befriedigende Erklärung dafür, daß Wasser ein unverzichtbares Gut für den Menschen ist, aber weitgehend kostenlos

Aktivitäten durch. Die beiden grundlegenden Prozesse hierfür sind die Produktion und der Tausch, die zur Lösung des Problems der Knappheit durchgeführt werden. Somit können Güter einen Gebrauchswert haben, der sich durch die Nutzung in der Produktion darstellt, oder einen Tauschwert, soweit sie den Bezug von für die Produktion benötigten Gütern ermöglichen (vgl. Abb.4).[46]

Mit Hilfe dieses Instrumentariums gelang es *Menger* zudem, die Rolle der Technologie in der Wirtschaft zu illustrieren: Technik ist nur insofern von ökonomischen Interesse, soweit sie zum Gegenstand der ökonomischen Disposition wird. Technik, die nicht in den Prozeß der menschlichen Bedürfnisbefriedigung eingeht, ist wirtschaftlich wertlos und vom ökonomischen Standpunkt betrachtet uninteressant (vgl. Abb. 5).[47]

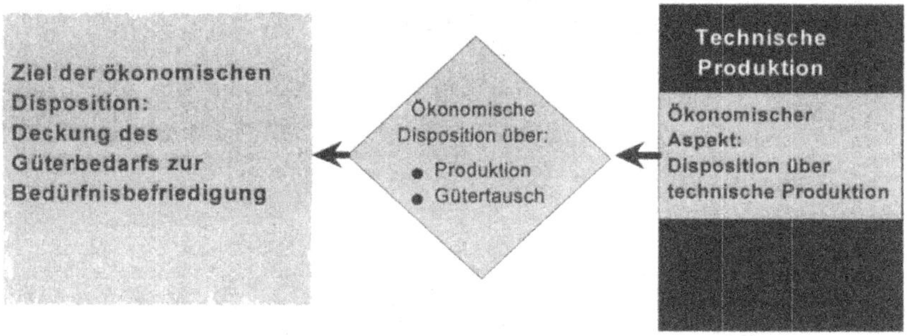

Abb. 5: Rolle der Technik in Mengers Werttheorie

Vgl. Menger (1923), S. 72-74

erhältlich ist. Diese Grenznutzenerklärung, die neben Menger auch Jevons und Walras unabhänig voneinnader präsentierten, ermöglichte es Menger gleichzeitig, auch Bedingungen zu finden, unter denen Wasser sehr wohl einen hohen Wert erfahren kann, beispielsweise in einer Oase in der Wüste.

46 Mit diesem Ansatz gelang Menger auch die Analyse der ökonomischen Rolle des Geldes, dessen wirtschaftliche Funktion die Vereinfachung des Gütertauschs ist. Vgl.: Menger (1970).

47 Die Ausführungen des Abschnitts 3.3. werden dies noch genauer beleuchten.

Die Ergebnisse von *Mengers* Analysen haben zwei wichtige Konsequenzen für die Analyse von Innovationsprozessen:

- Erst die grundlegenden Bedingungen, unter denen Objekte einen Gütercharakter und darüber hinaus einen Wert erlangen, ermöglichen die Analyse von ökonomischen Prozessen. Innovationsprozesse müssen also vor dem Hintergrund der Problemstellung betrachtet werden, wie neuartige Leistungen den Charakter eines Gutes annehmen und darüber hinaus auch noch einen ökonomischen Wert erlangen.
- *Menger* gelang es mit diesem Ansatz, eine ökonomische Erklärung für die wirtschaftliche Rolle der Technologie aufzuzeigen: Nur Technologien, die den Kriterien der Wertentstehung genügen, bringen für deren Anbieter und Anwender einen ökonomischen Wert.

Diese ist sind gleichzeitig die Grundlage für die Entwicklung der Güterordnung von Menger, die von der modernen mikroökonomischen Haushaltstheorie aufgegriffen wurde.

3.3. Die Rolle der Gestaltung von Nutzungsprozessen für die Wertbildung von Gütern in Mengers Gütertheorie

Ein weiterer Gedanke von *Menger* wurde für die Entwicklung der mikroökonomischen Haushaltstheorie aufgegriffen.[48] *Menger* sah zwei grundlegende Wege der menschlichen Bedürfnisbefriedigung:

- Güter, die unmittelbar der Bedürfnisbefriedigung dienen, findet der Mensch quasi genußbereit vor. Darunter kann man sich eine fertig zubereitete Mahlzeit, ein fahrbereites Auto auf einer funktionsfähigen, leergefegten Straße genauso vorstellen, wie ein Fernsehsystem, bestehend aus Fernseher, Antenne und einem laufenden attraktiven Programmangebot. Güter, die der unmittelbaren Bedürfnisbefriedigung dienen, nennt *Menger* Güter erster Ordnung.
- Darüber hinaus gibt es Güter, die dem Menschen nur mittelbar zur Bedürfnisbefriedigung dienen: Der Mensch muß diese erst durch einen Produktionsprozeß in Güter umformen, die für seine unmittelbare Bedürfnisbefriedigung geeignet sind. *Menger* nennt diese Güter höherer Ordnung. Nach der Anzahl der Produktionsprozesse, die für die Umformung in

[48] Vgl. hierzu Abschnitt 3.4.

Güter für die unmittelbare Bedürfnisbefriedigung notwendig sind, richtet sich denn auch die Ordnungsziffer eines bestimmten Gutes: So sind Mehl, Wasser und ein Backofen Güter zweiter Ordnung für die Produktion eines Brotes, das in diesem Fall ein Gut erster Ordnung ist. Das Getreide für die Produktion von Mehl wäre bei Menger dann ein Gut dritter Ordnung.

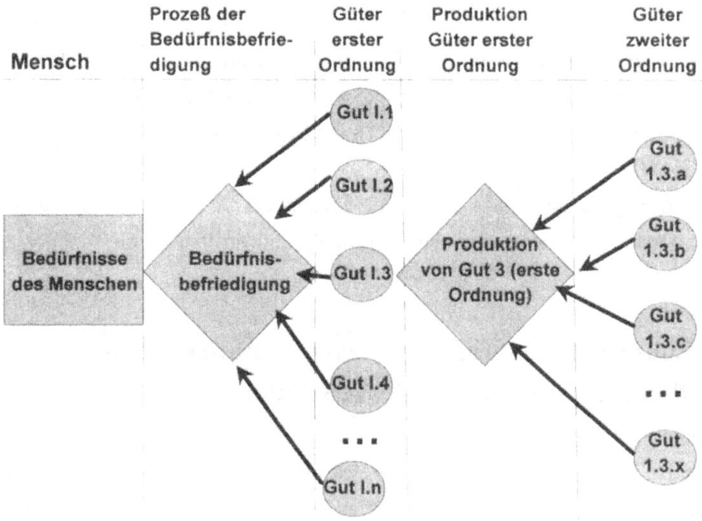

Abb. 6: Die Güterordnung Mengers und die Rolle des Wirtschaftens für die Bedürfnisbefriedigung des Menschen.

Vgl.: Menger (1923), S.20-23

Somit gelingt *Menger* der Entwurf eines Grundmusters für die Analyse gesamtwirtschafticher Prozesse (Vgl. Abb.6). Der Wirtschaftskreislauf stellt sich bei *Menger* als eine Verknüpfung von Produktionsprozessen dar[49]. Die in diesen Prozessen produzierten Güter erfahren nur insofern einen Wert, als sie in die nächste, konsumnähere Produktionsstufe eingehen und insofern die gesamte Kette der Produktionsstufen tatsächlich in die unmittelbare Bedürfnisbe-

[49] Ein änliches Modell der gesamtwirtschaftlichen Güterproduktion auf der Basis von Verarbeitungsstufen entwerfen *Engelhardt/ Günter* (1981), S. 28 zur Kategorisierung der Investitionsgüter.

friedigung des Menschen mündet. Dieses Kriterium gilt auch für die in den Produktionsprozessen eingesetzte Technologie, was *Menger* ausdrücklich betonte.[50]

Die Dispositionen zur Deckung des Güterbedarfs vollziehen sich nach *Menger* in zwei Dimensionen: Zum einen in der „technisch-ökonomischen Disposition",[51] „welche den Produktionsmitteln Ziel und Richtung auf die Deckung unseres endlichen Güterbedarfs gibt"[52] und als **Effektivitätsdimension** der Disposition anzusehen ist. Zum anderen in der „sparenden (der ökonomisierenden) Richtung"[53] der wirtschaftlichen Disposition,[54] die auf die Ermittlung immer **effizienterer** Wege zur Gestaltung der Güterproduktion gerichtet ist.[55] In doppelter Hinsicht ist die Gestaltung von Nutzungsprozessen dabei als Bezugspunkt für diese beiden eben skizzierten Richtungen der ökonomischen Disposition relevant:

- Die Nutzungsprozesse der Endkonsumenten sind, soweit man *Menger* folgt, die Meßlatte für die Bewertung der Leistungsergebnisse der vorgelagerten Produktionsstufen: Erst durch die Nutzung der Endprodukte, also der Güter erster Ordnung, bestimmt sich der Wert der für ihre Produktion eingesetzten Vorprodukte. *Menger* illustriert dies an dem Gesetz der „Bedingtheit der Güter höherer Ordnung durch die Güterqualität der entsprechenden Güter niedrigerer Ordnung"[56].
- Erst die Verwertung der Leistungsergebnisse der Nutzungsprozesse, sei es zum Endkonsum oder für nachgelagerte Produktionsstufen, führt zu der Bildung eines Wertes für die

---

[50] Hierzu schreibt Menger (1923), S. 63: „Auch die technische Produktion ist mit der Wirtschaft nicht zu verwechseln. Das Ziel der Wirtschaft ist die Sicherstellung der Befriedigung unserer Bedürfnisse durch den entsprechenden Güterbesitz; das Ziel der technischen Produktion dagegen ist die Herstellung bestimmter Produkte, nicht notwendig die Sicherstellung unseres Güterbedarfs. Es gibt technische Produktion, die überhaupt nicht auf die Erzeugung von Gütern, andere, welche doch nicht auf die Deckung des Güterbedarfs gerichtet sind...".

[51] Vgl. Menger (1923), S. 72-74.

[52] Menger (1923), S. 73.

[53] Menger (1923), S. 76.

[54] Vgl. Menger (1923), S. 74-77.

[55] Nach Plinke (1995) sind Effektivität und Effizienz die beiden grundlegenden Bausteine in dem Konstrukt des Wettbewerbsvorteils: Sie schlagen sich in Nutzenvorsprüngen, Kostenvorsprüngen oder in der simultanen Schaffung beider Vorteilsdimensionen nieder. Vgl. Plinke (1995), S. 82-87.

[56] Vgl.: Menger (1923), S. 26-28. Im Wortlaut lautet das „Gesetz": „Es ergibt sich somit das Gesetz, daß die Güter überhaupt (ohne Unterschied ihrer Ordnung) in ihrer Güterqualität durch das Vorhandensein der Bedürfnisse geprägt sind, zu deren Befriedigung sie dienen, beziehungsweise **daß die Güter höherer Ordnung in Rücksicht auf ihre Güterqualität durch jene der Güter niederer Ordnung bedingt sind, zu deren Hervorhebung sie dienen.**" (Menger (1923), S. 27).

in diesen Prozessen eingesetzten Güter. Der Gütereinsatz muß durch die ökonomische Disposition so koordiniert werden, daß die Leistungsergebnisse optimal in den folgenden Produktionsstufen verwendet werden können und letztlich der Bedarfsdeckung der Endkonsumenten dienen. *Menger* illustriert dies durch das Gesetz der komplementären Güter. Dieses besagt im Kern, daß ein Gut seinen Wert verliert, wenn nur eines der komplementären Güter auf einer Produktionsstufe nicht verfügbar ist.[57]

Zusammenfassend läßt sich sagen, daß in *Mengers* gesamtwirtschaftlicher Betrachtung Nutzungsprozesse in zweierlei Hinsicht die entscheidende Rolle spielen: Die Nutzungsprozesse der Endkonsumenten sind letztlich die Quelle für den Wert aller im Wirtschaftsprozeß zirkulierenden Güter. Zudem läßt sich die Wertbildung von Gütern nur durch ihre Verwendung in den entsprechenden Produktionsstufen erklären. Sie erfahren nie einen Wert um ihrer selbst Willen, sondern sind Mittel zu dem Ziel der Bedürfnisbefriedigung. Die Preisbildung auf den Gütermärkten kann daher ohne eine Analyse der Nutzungsstrukturen der Güter nicht erklärt werden. Dies ist der zentrale Gedanke, den die mikroökonomische Haushaltstheorie von *Menger* aufgegriffen hat.

3.4. Nutzungsprozesse in der mikroökonomischen Haushaltstheorie

Mit Hilfe der Werttheorie *Mengers* gelang es der Mikroökonomie, ihre Erklärungsdefizite für die Phänomene der Substitutions- und Komplementaritätsbeziehungen innerhalb der Güternachfrage zu beseitigen. Diese wurden umso dringlicher, je stärker das Modell des monopolistischen Wettbewerbs eine zunehmende Akzeptanz erfuhr, und somit nicht nur Preise, sondern auch die unterschiedliche Gestaltung von Produkten, Distributionswegen und Kommunikationsinstrumenten in die Analyse ökonomischer Prozesse integriert werden mußten[58].

---

[57] Vgl.: Menger (1923), S. 23-.26. Das „Gesetz" im Wortlaut: „In diesem umfassenderen Sinne ist das Gesetz zu verstehen, **daß die Güterqualität der einzelnen Produktionsfaktoren dadurch bedingt ist, daß wir über die komplementären Güter derselben verfügen.**" (Menger (1923), S. 24).

[58] Chamberlins Grundthese des monopolistischen Wettbewerbs läßt sich folgendermaßen formulieren: Im Sinne der mikroökonomischen Preistheorie streben Unternehmen Monopole an. Um höhere Preise durchsetzen zu können, treten sie in einen Differenzierungswettbewerb. Insofern lassen sich in Marktprozessen also monopolistische wie auch Wettbewerbselemente finden. Zur Grundthese Vgl. Chamberlin (1948), S. 3-10, zur Rolle der Differenzierung für die Wertbildung und den monopolistischen Wettbewerb Vgl. Chamberlin (1948), S. 71-116. Zu den Konsequenzen der Theorie des monopolistischen Wettbewerbs für die mikroökonomische Nachfragetheorie Vgl. Lancaster (1990), S. 192-195 sowie Thisse/ Norman (1994), S. X.

Lancaster faßte die Probleme der traditionellen Mikroökonomie, die die Nachfrage schlicht durch gegebene Präferenzen zu erklären suchte, im fortgeschrittenen Stadium prägnant zusammen: [59]

> *„In the case of new commodities, the theory is particularly helpless. We have to expand from a commodities space of dimension n to dimension n+1, replacing the old utility function by a completely new one, and even a complete map of the consumers preferences among the n goods provides absolutely no information about the new preference map. A theory which can make no use of so much information is a remarkable empty one."*

Die Einführung eines neuen Produktes erfordert für die traditionelle Theorie eine völlig neue Ermittlung der Präferenzen der Nachfrager, während in einer gegebenen Präferenzstruktur doch viele relevante Informationen für die Ermittlung zumindest zu vermuten sind.

Zudem war die traditionelle Erklärung der Komplementärbeziehungen zwischen Gütern heftig umstritten. Solange die traditionelle Theorie sich im Rahmen der statischen Gleichgewichtsanalyse bewegte, führte dies zu Erklärungen der Komplementarität, die jeder Alltagserfahrung widersprechen. Kurioses Ergebnis der Analyse von Komplementärbeziehungen im Rahmen des statischen Nachfragergleichgewichts war, daß die Preiserhöhung eines Gutes X zu einer Preisreduktion dessen Komplementärgutes Y zur Folge hat.[60]

Das Ergebnis dieser Analyse führte zu heftigen Kontroversen. *Fritz Machlup* brachte die Kritik an *Hicks* als dem Vertreter der traditionellen Theorie in einer Buchbesprechung folgendermaßen auf den Punkt:[61]

---

59 Lancaster (1966) S, 133.

60 Der Theorie zufolge führt eine Preiserhöhung von Gut X zu einer Reduzierung der Nachfrage nach Gut Y. Dies deutet auf eine Komplementaritätsbeziehung zwischen X und Y hin. Die reduzierte Nachfrage nach Y erklärt sich aus der reduzierten Nachfrage nach X. Unter sonst gleichen Umständen führt dies zu einer Reduzierung des Marktpreises für Y: Die geringere Nachfrage nach Y zwingt die Anbieter zur Reduktion ihrer Preise. Im Falle der Komplementarität zwischen X und Y führt also bei der statischen Betrachtung die Preiserhöhung von X zu einer Preisreduktion von Y. Neben der im folgenden skizzierten Lösung dieses Problems durch die Einführung der Produktionsfunktion des Haushaltes in die Erklärung des Nachfrageverhaltens entwickelte Oskar Lange eine Lösung mit Hilfe der komparativen Statik, bei der die Komplementaritätsbeziehung durch parallele Verschiebungen der Präferenzen bezüglich der komplementären Güter dargestellt wird. Offen blieb aber weiterhin die Frage, was für diese Verschiebung verantwortlich ist. Die Erklärung der Komplementarität zweier Güter durch einen gemeinsamen Produktionsvektor in der Produktionsfunktion des Haushaltes, liefert hier die weitergehende Erklärung.

61 Machlup (1940), S. 286.

„The reader, in despair, asks himself why in the world the people who want tea instead of coffee would not want complementary lemon with their tea; and if so, why lemons would not rise in price along with tea"

Paradoxien wie diese wurden als Anzeichen der Schwäche der traditionellen auf die Bestimmung von Preis-Mengen-Relationen in Gleichgewichtszuständen fixierten traditionellen Theorie gesehen. *Cairncross* spricht in diesem Zusammenhang gar von einer „Ökonomischen Schizophrenie"[62], der die Ökonomen dadurch unterliegen, daß sie eine scharfe Linie zwischen Produzenten und Konsumenten ziehen.[63] Betrachte man die Ausstattung der damals modernen amerikanischen Haushalte, könne man deren Nachfrageverhalten dann am besten erklären, wenn man es analog zu dem einer kleinen Fabrik betrachte:

„Is it not, in fact, a close approximation to the truth to regard the average American home as a small factory, highly equipped with labour-saving devices, where the housewive puts in a very long working week and her husband a rather short one?"[64]

Doch nicht nur Aktivitäten in dem Haushalt seien mit denen einer Fabrik zu vergleichen. In der Tat, so *Cairncross*, würden die Beschäftigten einer Fabrik auch unmittelbaren Nutzen aus ihren Tätigkeiten ziehen: Auch Beschäftigung habe also einen 'Konsumaspekt'. Aktivitäten in Firmen und Haushalten hätten daher einiges gemeinsam, und Ökonomen könnten die Aktivitäten in Firmen besser verstehen, wenn Sie die Haushaltsaktivitäten analysieren würden. Dies könnte zu einem verbesserten Verständnis ökonomischen Verhaltens führen, denn:

„Economic behaviour does not consist exclusively in responding to price incentives, in exchanging this for that, in market-oriented activity, but embraces much that goes on ***within*** *the firms that produce and* ***within*** *the households that consume. In the market there is an obvious antithesis between firms and households; but the antithesis disappears when the two are looked at as administrative units."*[65]

Eine ökonomische Theorie des Haushalts wäre, so *Cairncross* mit einem Verweis auf die Haushaltstheorie des *Aristoteles,* der Grundstein für das Verständnis der Management- und

---

62 Cairncross (1958).

63 Cairncross (1958), S. 15.

64 Cairncross (1958), S. 17.

65 Cairncross (1958), S. 16.

Dispositionsaktivitäten, die erst die Grundlage für die Erklärung von Marktphänomenen darstellen:[66]

> *„If, following Aristotle, economists had sought first to understand the acitvities of the household and then studied the firm as a special type of household, they would have been less seriously in error. They would certainly have done fuller justice to the activity we call management.“*

Der Weg, den *Cairncross* für die Weiterentwicklung vorschlug, enthielt nichts weniger als die Forderung des Wechsels vom Markt- zum Haushaltsparadigma. Während im Marktparadigma im Zentrum der Analyse der Austauschprozeß steht und der Nachfrager auf die Rolle des „Purchasing Agent“ begrenzt ist, steht in der Haushaltstheorie der Nutzungsprozeß im Blickpunkt, und der Nachfrager wird in seiner Eigenschaft als Produzent oder auch als Prosument betrachtet (vgl. Tab.1)

Vergleichskriterien	**Marktparadigma**	**Haushaltsparadigma**
Gegenstand der Analyse	Austauschprozeß	Nutzungsprozeß
Rolle des Nachfragers	"Purchasing Agent"	Produzent/ Prosument
Beziehung unterschiedlicher Leistungen	Netzeffekte	Inputs in den Nutzungsprozeß
Erscheinungsform des Nutzens einer Leistung	Marktsignale	Leistungsergebnis des Nachfragers

Tab. 1: Markt- vs. Haushaltsparadigma im Vergleich

Dem von *Cairncross* skizzierten Weg entsprachen eine ganze Reihe von Ökonomen. Nicht die Präferenzen in bezug auf Leistungsangebote standen im Mittelpunkt der ökonomischen Erklärung des Nachfragerverhaltens, sondern die Mittel-Zweck-Beziehungen, die diese durch den Nutzungsprozeß des Nachfragers erfahren. Oder mit einem Schlagwort formuliert: „De gustibus non est disputandum!“[67], nicht in unterschiedlichen Präferenzen sind die Bestim-

---

[66] Cairncross 1958, S. 16.

[67] So der Titel eines haushaltstheoretischen Beitrags von Stigler/ Becker (1977) , in dem sie zeigen, wie sich auch bei stabilen Präferenzen untschiedliche Nachfragestrukturen der Haushalte erklären lassen.

mungsgründe der Nachfrage zu suchen, sondern in den unterschiedlichen Produktionsaktivitäten der Haushalte.

Markower/ Baumol zeigten, daß Substitutions - und Komplementaritätsbeziehungen ebenso für Produktionsentscheidungen eine Rolle spielten wie in der Nachfragetheorie. In der Folgezeit wurden eine ganze Reihe von Nachfragemodellen entwickelt, die explizit auf der Produktionsfunktion des nachfragenden Haushalts basieren.[68]

Etabliert wurde die Theorie der Haushaltsproduktion durch das Modell von *Lancaster,* das auf zentralen Aussagen des *Menger*'schen Ansatzes[69] aufbaut. So betont auch *Lancaster*, daß Güter nicht um ihrer selbst willen nachgefragt werden, sondern weil sie Eigenschaften besitzen, die für die Bedürfnisbefriedigung des Nachfragers relevant sind.[70] Der Nachfrager fragt also nicht die Güter selbst nach, sondern deren Eigenschaften. Dies führt zu folgenden zentralen Thesen von *Lancasters* Nachfragetheorie:[71]

> „*1. The good, per se, does not give utility to the consumer; it possesses characteristics, and these characteristics give rise to utility.*
>
> *2. In general, a good will possess more than one characteristic, and many characteristics will be shared by more than one good.*
>
> *3. Goods in combination may possess characteristics different pertaining to the goods separately.*"

Ausgangspunkt des *Lancaster*-Modells ist, wie auch in den klassischen Modellen, die Nutzenmaximierung des Nachfragers (vgl. Abb.7). Im Gegensatz zu den klassischen Modellen wählt er dazu nicht Produkte, sondern Eigenschaften aus (Eigenschaftsvektor z). Diese Eigenschaften produziert der Nachfrager durch seine eigenen Aktivitäten. Im Modell wird die Beziehung zwischen Aktivitäten und Eigenschaften durch die Prozeßmatrix A dargestellt. Welche Eigenschaften in welchem Ausmaß produziert werden, wird durch die Wahl der Aktivitätsniveaus bestimmt (Aktivitätsvektor y). Welche Güter für welche Aktivität in

---

68 Morishima entwarf ein erstes Modell der Haushaltsproduktion zur Klärung des oben dargestellten Paradoxons der Komplementarität aufgrund einer Darstellung der Menger'schen Gütertheorie von Hicks. Muth schließlich entwarf ein ähnliches Modell.

69 Es ist nicht sicher, ob Lancaster dies bei der ersten Formulierung schon bewußt war. In der Buchfasstung seiner Nachfragetheorie gibt Lancaster allerdings ausdrücklich Menger als den 'Vater' dieses Gedankens an.

70 Zu den Konsequenzen für das Marketing: Kaas (1987), S. 231-232 und Gümbel (1996), S. 121-143.

71 Lancaster 1966, S. 134.

welcher Menge benötigt werden, wird in der Prozeßmatrix B festgehalten. Diese bestimmt die tatsächliche Güternachfrage, die in dem Gütervektor x nachgefragt wird.

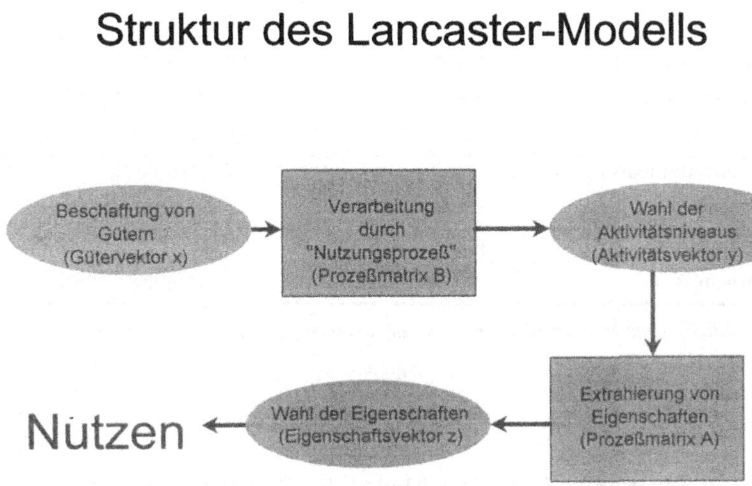

Abb. 7: Struktur des Lancaster-Modells

Durch die Einbeziehung der Nutzungsprozesse in die Analyse gewinnt das *Lancaster*-Modell gegenüber dem Marktmodell einen direkteren Zugang zur Erklärung der Wertentstehung von Gütern: Relevant sind hierfür im Lancaster-Modell die Eigenschaften von Produkten, die Produktionsaktivitäten der Nachfrager und ihre Konsumtechnologie. Dies ermöglicht einen Vergleich der Komplementär- und Substitutionsbeziehungen von nachgefragten Gütern: Gleiche Eigenschaften deuten auf Substitutionsbeziehungen hin, die gemeinsame Verwendung von Gütern in einer Aktivität deutet auf eine Komplementärbeziehung hin.

	Klassisches Marktmodell	Haushaltsmodell von Lancaster
Nutzenentstehung	Durch Produkte	Eigenschaften von Produkten
Beziehung zwischen Produkt und Nutzen	bestimmt durch Präferenzen	bestimmt durch Präferenzen und Produktionsaktivitäten
Produktionsleistung des Nachfragers	keine	Zweistufiges Produktionsmodell
Bewertung von Innovationen	Vergleich nur von Güterkörben möglich	Durch Ergebnisse der Konsumtechnologie

Tab. 2: Klassisches Marktmodell und das Lancaster-Modell der Haushaltsproduktions im Vergleich

3.5. Innovation im Lancaster Modell der Haushaltsproduktion

Lancaster ermittelt vier grundlegende Formen von Innovationen in der Konsumtechnologie[72]:

1. „Magic Wand"-Effekte, bei denen eine spezifische Input-Kombination auf unerklärliche Weise plötzlich einen höheren Output erzeugt.
2. Eine Verbesserung der Fähigkeiten oder eine Verbesserung der Effizienz der Nachfrager, deren Produktivität unter dem bekannten technologischen Potential liegt. Dies ist nach der Lancaster-Diktion keine Änderung der Technologie im strengen Sinne, wirkt sich aber genauso aus wie diese.
3. Eine technische Veränderung durch die Einführung neuer Aktiviäten.
4. Eine Veränderung in der Struktur der verwendeten Eingangsgüter, wie die Einführung neuer Kapitalgüter, neue Qualifikationen der Beschäftigten oder neue Management-Fähigkeiten.

[72] Lancaster 1966a, S. 18.

Die Verbesserung der Effizienz erklärt er sich durch die Verbreitung von produktbezogenen Informationen und Wissen. Somit birgt ein Produkt ein verborgenes Potential in sich, das durch die Aktivierung dieses Wissens zur Verbesserung der Nutzungsprozesse genutzt werden kann. Der Nutzen eines Produktes für seine Nachfrager kann also durch die Verbesserung ihres Informationsstandes vergrößert werden, ohne daß dieses selbst verändert werden muß.

Die Innovationen innerhalb der Konsumtechnologie, verstanden als die Einführung neuer Aktivitäten in der Haushaltsproduktion, sieht *Lancaster* als die essentielle Form von Innovation:

> „*Innovation in the true sense occurs in the technology of consumption, and this takes place primarily through the introduction ot new products or new variants and product differentiation.*"[73]

Neue Produkte wie auch neue Varianten werden in *Lancaster's* Modell durch neue Aktivitäten in die Konsumtechnologie integriert. Sie erweitern so das Spektrum der Wege für die Prosumer, ihre gewünschten Eigenschaften zu produzieren.

Als Ergebnis kann festgehalten werden, daß Produktinnovationen und Innovationen in der Konsumtechnologie eng miteinander verknüpft sind.

Innovative Leistungsangebote erfordern stets die Entwicklung neuer Nutzungsprozesse der Anbieter und führen zur Bildung eines neuen Aktivitätsvektors zu der Konsumtechnologie. Es sind aber auch Veränderungen der Konsumtechnologie denkbar, die nicht auf die Einführung neuer Produkte zurückgehen: Diese liegen im wesentlichen im Erwerb neuen Wissens zur Gestaltung der Nutzungskonzeption, so daß sich hier die Eingangsgüter zwar nicht ändern, wohl aber ihre Kombination im Aktivitätsvektor.

Die Ergebnisse der empirischen Studien von Innovationsprozessen *von Abernathy/ Utterback*[74] stützen *Lancasters* These des Zusammenhangs zwischen Produktinnovationen der Anbieter und Prozeßinnovationen der Nachfrager. Entscheidendes Ergebnis der Arbeiten war, daß in unterschiedlichen Entwicklungsphasen eines Unternehmens jeweils andere Innovationsaktivitäten dominieren. Die Gründungsphase stützt sich nach *Abernathy/*

---

[73] Lancaster 1966a, S. 20.

[74] Vgl. zusammenfassend Abernathy/ Utterback (1978).

Utterback dabei stets auf Produktinnovationen. Erschließt das Unternehmen mit deren Hilfe Massenmärkte, gewinnen die Prozeßinnovationen vor allem im Hinblick auf die Reduzierung der Kosten und auf die Errichtung von Markteintrittsbarrieren an Bedeutung.[75] Das für die Bedeutung der Nutzungsprozesse spannende Ergebnis dieser Arbeit ist aber die Feststellung, daß Unternehmen, die Prozeßinnovationen betreiben, bei der Reorganisation ihrer Prozesse auf die Angebote von Produktinnovatoren zurückgreifen. Strukturiert man aufgrund der Studie von *Abernathy/ Utterback* eine Branche nach dem Innovationsverhalten ihrer Akteure, treffen hier stets die Anbieter von Produktinnovationen auf Nachfrager, die diese Innovationen zur Neugestaltung ihrer Prozesse beziehen.[76] Folgt man diesen Ausführungen *Abernathy/ Utterbacks*, gründet sich der Erfolg der Anbieter von Produktinnovationen stets auf den Erfolg von Prozeßinnovationen ihrer Nachfrager.

Als entscheidendes Ergebnis der mikroökonomischen Analyse von Innovationsprozessen ist festzuhalten, daß innovative Leistungsangebote nur bei einer Prozeßinnovation in der Konsumtechnologie auf Nachfrage stoßen. Im Gegenzug sind Innovationen in der Konsumtechnologie nicht unbedingt auf innovative Leistungsangebote angewiesen, sondern können durch neue Kombinationen der bisher beschafften Eingangsgüter bewirkt werden.

Auch für die Gestaltung von Innovationsprozessen zeigt *Lancaster* mit seinem Beitrag Anknüpfungspunkte. Wichtig sind hier vor allem die Punkte 2 und 4. In beiden Fällen spielt neues Know-how die entscheidende Rolle bei der Innovation in der Haushaltsproduktion. Zum einen können auch mit den bestehenden Eingangsgütern durch Lerneffekte neue, verbesserte Produktionsmethoden entwickelt werden (s. Punkt 2). Zum anderen wird für die Verwendung neuer Eingangsgüter das entsprechende Management-Know-how für die Entwicklung der Nutzungskonzeption benötigt. Erst dann wird die Einführung neuer Inputs (Punkt 3) wirklich für die Neugestaltung der Nutzungsprozesse greifen. Von „Magic-Wand"-Effekten

---

75 Bezogen auf die Rolle der unterschiedlichen Innovationstypen in der Entwicklungsgeschichte von Unternehmen schreiben Abernathy/ Utterback (1978), S. 42: „These two patterns of innovation may be taken to represent extreme types - in one case involving incremental change to a rigid, efficient production system specifically designed to produce standardized product, and in the other case involving radical innovation with product variety in flux. They are not in fact rigid, independent categories. Several examples will make it clear that organizations currently considered in the specific category - where incremental innovation is now motivated by cost reduction - were at their origin small, „fluid" units intent on new product innovation.".

76 Am Beispiel der Halbleiterindustrie verdeutlichen sie diesen Zusammenhang: „The established units responded to competition from the newcomers by emphasizing prodcess innovations. Meanwhile the latter sought entry and strength through product innovation" (Abernathy/ Utterback (1978), S. 43).

soll in diesem Beitrag abgesehen werden, da sie einer wissenschaftlichen Betrachtung nicht zugänglich sein dürften.

Dies alles deutet auf die besondere Bedeutung des Wissens des Haushalts für die Gestaltung seiner Produktion hin, die *Lancaster* zwar diskutiert, nicht aber explizit in sein Modell integriert.

3.6. Die Rolle des Wissens und der Information bei der Neugestaltung der Nutzungsprozesse

3.6.1. Wissen als Menge der Produktionsmöglichkeiten einer Organisation

Der entscheidende neue Beitrag der mikroökonomischen Haushaltstheorie besteht in der Anwendung der Produktionsfunktion zur Erklärung der Güternachfrage des Haushaltes. Die Rolle des Wissens für die Konsumtechnologie ist daher die gleiche wie in der Produktionstheorie.

Bahnbrechend für die Erkenntnis der Rolle des Wissens für die Gestaltung von Produktionsprozessen waren dabei die Studien von *Machlup* zur Wissensproduktion. Dabei untersuchte er nicht nur, wie Wissen „produziert" wird, sondern auch welche Folgen diese Wissensproduktion auf das Wachstum und die Produktivität der US-amerikanischen Wirtschaft nach sich zog. Resultat seiner Studien: Investitionen in das Humankapital in Form von Ausbildung, Forschung und Entwicklung führen zu einer Veränderung der Beschäftigungsstruktur[77] und zu wissensintensiverer Produktion.[78] Diese Neu-Strukturierung der Produktionsprozesse vollzieht sich entlang des Wachstumspfades mit einem im Vergleich zum „Gross National Product" überdurchschnittlichen Anstieg der Wissensproduktion. Wirtschaftliches Wachstum erfordert Investitionen in die „Wissens-Branchen", so *Machlups* Fazit. Volkswirtschaften, die

---

77 Machlup resümiert aus seinen Studien folgendermaßen: „In particuolar it seems safe to conclude that technological progress has been such as to favor the employment of knowledge-producing labor; that shifts of demand for final products have been such as to increase the demand for such labor over the demand for unskilled manual labor, and that the supply suitable for knowledge-producing occupations has increased, presumably as a result of more widespread school attendance" (Machluß (1962), S. 396).

78 Vgl. Machlup (1962), S. 362-376.

den Wachstumspfad beschreiten wollen, müssen daher in die Produktion von Wissen investieren.

In einer Folgestudie illustrierte *Machlup* den Zusammenhang zwischen dem Wissen und der Produktionsfunktion. In einem Vergleich des „production function approach" mit dem „human capital approach" kommt er dabei zu folgendem Schluß:[79]

> *„One may wonder wether these are rival approaches. They are not. There is no contradiction between the two. ... If several factors (inputs) determine the product (earnings) it is logically impossible to estimate the contribution of one or two of them - the human capital embodied in the workers through their past schooling and training - separately from the contribution of other factors"*

Wissen wird also ebenso für die Kombination der übrigen Produktionsfaktoren benötigt, wie es selbst ohne weitere Inputs nicht in einen Produktionsprozeß einfließt.

Nelson/ Winter machen deutlich, daß in der traditionellen Theorie die Produktionsfunktionen den Stand des gegebenen Wissens über realisierbare Input-Output-Relationen repräsentieren:

> *„What determines a firm's production set? Why is it what it is? On the surface, at least, orthodoxy is relatively clear about this. It is a state of knowledge that the production set is supposed to characterize - not, for example, the ultimate limits imposed by physical law, or the limits imposed by the actual conditions of input availability."*[80]

An der traditionellen Theorie kritisieren sie dabei, daß diese das Wissen als gegeben hinnimmt und die Rolle des Wissenserwerbs für die Neugestaltung der Produktion vernachlässigt[81].

In ihrem eigenen Ansatz ist ein gegebener Wissensstand in Form von „Routinen" verfügbar, die in dem organisationalen Gedächtnis gespeichert sind[82]. Die entscheidende ökonomische

---

[79] Machlup (1984), S. 521.

[80] Nelson/ Winter (1982), S. 60.

[81] Vgl. Nelson/ Winter (1982), S. 59-65, insbesondere schreiben sie zur Rolle des technologischen Fortschritts in der traditionellen Theorie: „In turn, the technological progress may be viewed as exogenous, or as the consequence of a costly activity called 'research and development'." (Nelson/ Winter (1982), S. 61.

Funktion von Routinen nach *Nelson/ Winter* ist die Speicherung von Wissen zur Steuerung von Produktionsprozessen:

> *„Basically, we claim that organizations* ***remember*** *by* ***doing*** *...“*[83]

Für Innovationen folgern *Nelson/ Winter* schließlich in ihrem Ansatz, daß diese durch eine Veränderung der Routinen charakterisiert sind:

> *„Both, in customary usage and in our techical use of the term, 'innovation' involves change in routine.“*[84]

In dem Ansatz von *Nelson/ Winter* tätigen Unternehmen also Innovationsaktivitäten zur Neugestaltung der Routinen. Der Antrieb zur Entwicklung neuer Routinen kommt dabei aus der Umwelt des Unternehmens: Die Innovationsaktivitäten werden beispielsweise verstärkt, wenn sich die Marktposition eines Unternehmens verschlechtert.

3.6.2. Die Entwicklung von Prozeßkompetenz im Zuge des Adoptions- und des Diffusionsprozesses

Soweit man Wissen als die entscheidende Determinante der Produktionsmöglichkeiten von Wirtschaftseinheiten versteht, ist der Erwerb von neuem Wissen die Voraussetzung für die Entwicklung innovativer Nutzungsprozesse. Wissen, das für die erfolgreiche Gestaltung von Prozessen notwendig ist, wird im folgenden als **Prozeßkompetenz** bezeichnet. Sie beschreibt das Wissen, das ein Wirtschaftssubjekt benötigt, um aus Ressourcen im Zuge eines Leistungserstellungsprozesses vorteilhafte Leistungsergebnisse zu gestalten.

Somit ist der Erwerb von Prozeßkompetenz bei der Entwicklung innovativer Nutzungsprozesse das entscheidende Ziel: Erst wenn diese Kompetenz erreicht ist, kann ein Anwender mit Hilfe eines innovativen Prozesses seine Wertschöpfung verbessern.

---

82 Vgl. Nelson/ Winter (1982), S. 99-107.

83 Nelson/ Winter (1982), S. 99.

84 Nelson/ Winter (1982), S. 128.

Mit Hilfe dieser Kompetenz kann der Nutzer entscheiden, ob und welche innovativen Leistungsangebote er nachfragt.

Der Erwerb von innovativer Prozeßkompetenz zur Neugestaltung von Nutzungsprozessen ist dabei das Ergebnis eines Lernprozesses. Schon im Rahmen der Diffusionstheorie, die sich mit der Ausbreitung von Innovationen in sozialen Systemen beschäftigt, wurde diese Zielposition beschrieben. Zentral ist im Rahmen der Diffusionstheorie der Begriff der Adoption, den *Rogers* wie folgt definiert:[85]

> *„**Adoption** is a decision to make full use of an innovation as **the best course of action available** (Hervorhebung von m.e.).“*

Diese Adoption steht der Diffusionstheorie zufolge am Ende des Lernprozesses von Individuen, nämlich des Adoptionsprozesses. Bemerkenswert ist dabei, daß auch *Rogers* die Entwicklung von verbesserten Prozessen („best course of action available“) als das entscheidende Kriterium für den Erfolg von Innovationsprozessen betrachtet.

Adoptions- und Diffusionsprozeß sind in diesem Sinne als Informationsverarbeitungsprozesse zu verstehen, in denen Informationen über die Eigenschaften der Innovationen[86] gesammelt werden, was schließlich zur Annahme oder Ablehnung der Innovation führt. Der Adoptionsprozeß beschreibt in diesem Zusammenhang die Informationsverarbeitungsprozesse von Individuen.[87] die zur Annahme oder Ablehnung von Innovationen führen. Da im Falle der Adoption diese die beste verfügbare Praxis darstellt, kann der Adoptionsprozeß durchaus als ein Entwicklungspfad individueller Prozeßkompetenz interpretiert werden.

Der Diffusionsprozeß hingegen entsteht dadurch, daß sich Individuen an dem Verhalten anderer Mitglieder des sozialen Systems orientieren. *Rogers* postuliert anhand der Zeitpunkte der Adoptionsentscheidung fünf Adopterkategorien, die sich in ihrem Innovationsverhalten

---

85 Rogers (1983), S. 172. Siehe auch ebd. S. 21 u. S. 176.

86 Rogers strukturiert diese als diffusionsrelevante Eigenschaften eines innovativen Leistungsangebotes, die das Diffusionsverhalten der Innovation maßgeblich beeinflussen (Dies sind: der relative Vorteil, die Kompatibilität, die Komplexität, die Erprobbarkeit und die Kommunizierbarkeit), vgl.: Rogers (1983), S. 210- 232. Zu dem Versuch der Bildung einer Hierarchie der Innovationseigenschaften s. Schmalen/ Pechtl (1996), insbes. S. 822-825.

87 Diese spielen sich nach Rogers auf fünf Ebenen ab: Die Wissensebene, die Entscheidungsfindungsebene, die Entscheidungsebene, die Implementierungsebene und die Bestätigungsebene (Vgl. Rogers (1983), S. 163-197. Zur Interpretation dieser Ebenen als Phasenmodell s. Pohl (1996), S. 47-54.

signifikant unterscheiden: Während die Innovatoren eine Innovation schon fast nur wegen ihres Neuheitsgrades anstreben, kann die konservativste Gruppe der Nachzügler nur durch den zunehmenden sozialen Druck zur Annahme der Innovation bewegt werden. Entscheidend ist dabei der Diffusionseffekt[88] : Im Zuge des Diffusionsprozesses verbreitet sich in dem sozialen System Wissen, das die individuellen Adoptionsprozesse beschleunigt.[89]

Der Diffusionsprozeß kann also als die Verbreitung von innovativer Prozeßkompetenz in einem sozialen System angesehen werden.

Mit Hilfe der Diffusionstheorie ist es mithin möglich, die Entwicklung von Prozeßkompetenz sowohl auf individueller als auch auf gesellschaftlicher Ebene zu analysieren. Allerdings birgt die Diffusionstheorie schwerwiegende Widersprüche in sich, die in den Grundlagen des Konzepts begründet sind und die sie als fragwürdiges Instrument für die Analyse innovativer Nutzungsprozesse erscheinen lassen.

Das zentrale Dilemma der Diffusionstheorie besteht folglich darin, daß sie zwar ausdrücklich als Erfolgsbedingung für Innovationsprozesse die **überlegene Nutzungskonzeption** postuliert, hingegen die **aktive Rolle der Nachfrager bei der Entwicklung** nicht nur der Nutzungskonzeption selbst, sondern auch unter Umständen zentraler Leistungsmerkmale der Anbieter, keinen Raum in diesem Theoriegebäude findet. Die Konzeption folgt dem S-O-R-Paradigma, wobei die Innovationsaktivitäten des Anbieters den Stimulus darstellen, die Adoptions- und Diffusionsprozesse den Organismus beschreiben, die letztlich zur Annahme oder Ablehnung auf Nachfragerseite führen.

Tatsächlich ist die Bandbreite der Handlungsmöglichkeiten der Nachfrager in Innovationsprozessen viel breiter als die, die ihnen die Diffusionstheorie zuschreibt, und geht bis hin zur Konzeption der innovativen Leistungen der Anbieter.[90] Um dieser Rolle des Nachfragers

---

88 Vgl. Rogers (1983), S. 234-236. Rogers beschreibt den Diffusions-Effekt folgendermaßen: „The Diffusions Effect is the culminative increasing degree of influence upon an individual to adopt or reject an innovation, resulting from the peer networks about an innovation in a social system.“ (Rogers (1983), S. 234.

89 Der Diffusionsprozeß beeinflußt dabei die indivudellen Adoptionsentscheidungen durch zwei Wirkungsmechanismen: Zum einen werden durch die Ausbreitung der Innovation Informationen über deren Nutzungspotentiale verbreitet. Zum anderen geht eine zunehmende Diffusion mit der Bildung von Standards einher (Vgl. hierzu Kleinaltenkamp (1993), insbes. S. 111-.117). Standards stellen Institutionen dar, die Einzeltransaktionen ermöglichen, deren positive Netzeffekte Einzeltransaktionen begünstigen (zu Netzeffekten: Katz/ Shapiro (1986), zur Funktion von Standards als Instiutionen und ihre Wirkung auf Einzeltransaktionen im Zuge von Marktprozessen vgl. Marra (1995) insbes. S. 53-56.

90 Vgl. dazu die Ausführungen im Abschnitt 2.3. dieses Beitrages.

gerecht zu werden, wird daher ein Konzept benötigt, das diese produktiven Beiträge der Nachfrager im Innovationsprozeß erfassen kann.

4. Integration der Kunden als Weg zur Entwicklung innovativer Leistungsangebote

4.1. Dienstleistungsprozesse, die Entwicklung von Prozeßkompetenz und deren Verwertung im Marktprozeß

Für die Analyse der aktiven Beiträge der Nachfrager im Verlaufe des Innovationsprozesses wird ein Konzept benötigt, das explizit die Potentiale des Kunden als Produktionsfaktoren mit einbezieht.

Am ehesten kann ein solches Konzept aus der Dienstleistungsperspektive entwickelt werden. Herausragendes Merkmal von Dienstleistungen ist, daß deren Anbieter stets Produktionsfaktoren ihrer Kunden benötigen, um diese tatsächlich effektiv durchführen zu können.[91] Diese Integration der Produktionsfaktoren der Kunden in die Wertschöpfung der Anbieter wird im Dienstleistungsgeschäft zu den „Momenten der Wahrheit“[92] für deren Anbieter.

Absatzobjekte sind hier im Gegensatz zum Produktgeschäft keine „fertigen“ Leistungsergebnisse, sondern Leistungserstellungsprozesse.[93] Der Anbieter wird quasi zum ‘Ko-Produzenten’[94] des Nachfragers. Der Nachfrager nimmt als ‘Prosument’[95] aktiven Einfluß auf die Prozesse des Anbieters: durch Informationen zur Steuerung des Prozesses, durch die Überlassung von Produktionsfaktoren, an denen die Dienstleistungen erbracht werden sollen, und nicht zuletzt durch die aktive Mitarbeit bei der Umsetzung[96].

---

91 Vgl.: Lovelock (1991), S. 7-8; Kleinaltenkamp (1996), S. 15-16, Meyer (1994), S. 21-23.

92 Grönroos zeigen sich die Momente der Wahrheit durch die Integration der Dienstleistungsproduktion mit dem Konsumprozeß. Vgl. Grönroos (1990), S. 201-220.

93 Vgl. z.B. Lovelock (1991), S. 13–14.

94 Schade (1996), S.74–88 entwirft ein Modell der Ko-Produktion.

95 Toffler (1980), S. 282–305.

96 Vgl. Kleinaltenkamp (1996), S. 15-16.

Dies verdeutlicht die Perspektiven, die der Dienstleistungsansatz für die Entwicklung von Innovationen mit sich bringt. Soweit tatsächlich die überlegene Nutzungskonzeption das entscheidende Erfolgskriterium für Innovationsprozesse ist, können Nachfrager durchaus innovativ sein, ohne Anbieter in die Entwicklung miteinzubeziehen. Nicht so die Anbieter: Sie müssen in den Dimensionen der Wertschöpfung ihrer Kunden denken, um erfolgreich innovative Leistungsangebote entwickeln und absetzen zu können

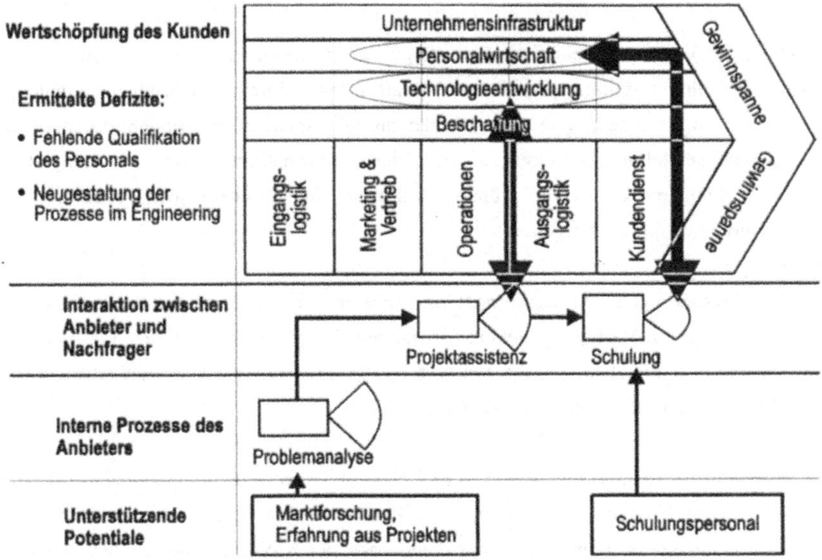

Abb. 8: Analyse der Wertkette für die Entwicklung neuer Leistungsangebote am Beispiel von Computer Aided Engineering (CAE).

Ehret/ Glogowsky (1996), S. 205 in Anlehnung an Porter (1992), S. 62 und Shostack (1991)

Dies erfordert zunächst die Analyse der Wertschöpfung der Nachfrager. Ziel ist die Ermittlung von Verbesserungspotentialen in der Nachfrager-Wertkette. Auf dieser Grundlage können dann die Leistungserstellungsprozesse des Anbieters definiert und die dafür benötigen Potentiale disponiert werden. Als Hilfsmittel für die Analyse der Nachfragerprozesse scheint die Wertkette von *Porter* geeignet. Für die Darstellung von Dienstleisungsprozessen hat sich die Methode des Blueprinting etabliert. Abbildung 8 zeigt diese Vorgehensweise beispielhaft für die Entwicklung von Computer Aided Engineering Systemen (CAE). In diesem Fall wurden in der Problemanalyse bei einem Kunden der Bedarf eines Redesigns des Engineering-Bereichs und fehlende Qualifikationen des Personals festgestellt. Aufgrund dieser Analyse wird mit dem Kunden ein problemadäquates Angebot für die Bereiche Technologieentwicklung und Personalwirtschaft entwickelt. Erst mit Hilfe dieser Problemanalyse wurden im Bereich der Technologieentwicklung innovative Hardware-Komponenten beschafft.

Hier steht eindeutig die Entwicklung von Prozeßkompetenz im Vorgergrund. Erst das Wissen über die Wertschöpfung der Kunden und somit den Nutzungskontext für potentielle Leistungsangebote ermöglicht dem Anbieter die Entwicklung von Innovationen.

Die geschilderte Vorgehensweise ist ein mustergültiges Beispiel für die Integration des Kunden in den Leistungserstellungsprozeß des Anbieters. Diese Integration kann nur kundengerecht bewerkstelligt werden, wenn der Anbieter die relevanten Informationen zur Steuerung seines Leistungserstellungsprozesses erhält. Diese Informationen, die den integrativen Leistungserstellungsprozeß steuern, können mithin als die entscheidenden Produktionsfaktoren des Innovationsprozesses gelten.

Für den Aufbau von Prozeßkompetenz müssen diese Informationen auch für Folgetransaktionen zur Verfügung stehen: Sie müssen also gespeichert werden. Gespeichertes Wissen ist nun aber die Basis für die Verwertung der erworbenen Prozeßkompetenz gegenüber Nachfragern mit vergleichbaren Problemen.

Diese Vorgehensweise läßt sich anhand des Lead-User-Konzeptes von *Hippel* illustrieren. Lead User sind nach *Hippel* Nachfrager, deren Bedürfnisse als beispielhaft für die künftige Marktentwicklung gelten können und die einen besonderen Nutzen aus auf diesen Bedarf zielenden Angeboten ziehen können.[97] Infolge der Arbeiten *Hippels* wird innovativen Anbietern zusehends zur Kooperation mit Lead-Usern geraten.[98] Das Potential wird vor allem in dem Zugang zu strategisch relevanten Informationen für den Innovationsprozeß gesehen.[99] Das Lead-User Konzept läßt sich am besten als ein Weg zum Aufbau von Prozeßkompetenz verstehen. In dem integrativen Leistungserstellungsprozeß entwerfen der Lead User und der Anbieter gemeinsam das Design für eine innovative Nutzungskonzeption und das Design der hierfür benötigten innovativen Leistungsangebote. Gelingt die angestrebte Verbesserung der Wertschöpfung des Lead Users, kann der Anbieter die so erworbene Prozeßkompetenz bei

---

97 Vgl. Hippel (1986), S. 796 und Kleinaltenkamp/ Staudt (1991), S. 61.

98 S. hierzu Kleinaltenkamp/ Staudt (1991), S. 69-70, zu einer empirischen Studie von Lead-User Kooperation bei der Entwicklung von elektronischen Leiterplatten vgl. Nagel (1993), insbes. S. 87-117.

99 Vgl. hierzu vor allem Kirchmann (1994), S. 7-9, der Innovationsprozesse primär als Informationsprozesse betrachtet.

den Nachfragern verwerten, die den Erfolg des Lead Users imitieren möchten. Die ursprünglich für den Anbieter nur im Zuge der Integration des Nachfragers zugänglichen Informationen zur Nutzungskonzeption, stellen für ihn nun, da er die Prozeßkompetenz erlangt hat, autonom verfügbare Informationen dar, über die er selbst verfügen kann und die ihm zur Gestaltung seiner Wettbewerbsvorteile dienen. Zwei wichtige Beschränkungen wurden dabei schon aufgezeigt: Erstens muß die Problemstellung des Lead Users tatsächlich repräsentativ für die Problemstellungen der imitierenden Nachfrager sein.

Die zweite wichtige Voraussetzung ist die Speicherung der im Innovationsprozeß gewonnenen integrativen Informationen, ihr Ausbau zur Prozeßkompetenz und ihre Nutzung als autonom verfügbare Informationen im sich nun entwickelnden Marktprozeß.

Der strategische Aufbau von innovativer Prozeßkompetenz und deren Nutzung erfordert daher ein Konzept, das das gewonnene Wissen in der anbietenden Organisation speichert und zur Steuerung der relevanten Prozesse verfügbar macht.

Ein anschauliches Beispiel stellt der japanische Fahrradhersteller National Bycicle Industrial Company (NBIC) dar. Dieser betreibt zwei Geschäftsfelder, eines zur kundenindividuellen Massen-Fertigung („mass-customization") und eines zur traditionellen standardisierten Massenproduktion. Diese beiden Geschäftsfelder sind strategisch verknüpft: Durch Informationssysteme, durch Job-Rotation und durch Bildung von gemeinsamen Entwicklungsteams.[100]

Die kundenindividuelle Fertigung ermöglicht es der NBIC im Zuge der direkten Interaktion mit den Kunden Informationen für das Design der Fahrräder des standardisierten Geschäftsfelds zu erlangen. Sofern die Kunden der individuellen Werkstattfertigung repräsentativ für die Massenmarktentwicklung sind, hat die NBIC also wertvolle Informationsvorsprünge gegenüber der Konkurrenz eben durch die strategische Nutzung der im Dienstleistungsprozeß erlangten Informationen.

[100] Vgl. Kotha (1995), S. 28-36.

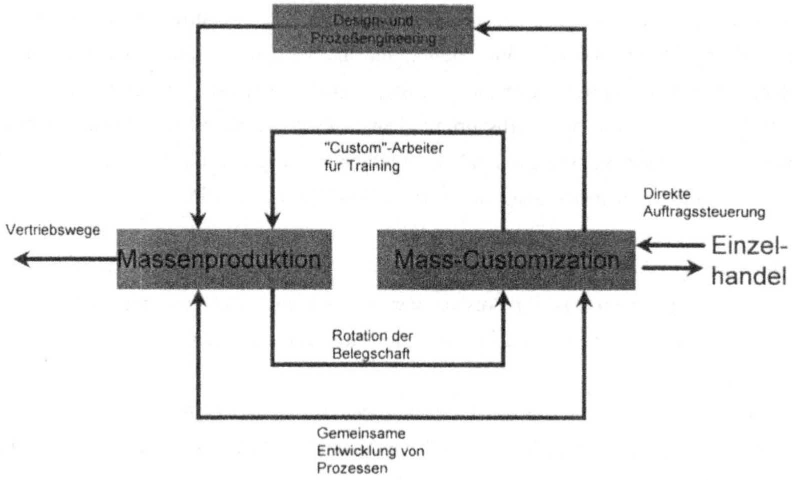

Abb. 9: Aufbau von Prozeßkompetenz durch Verwandlung von integrativen in autonome Informationen am Beispiel der National Bycicle Industrial Company, Japan

Vgl.: Kotha, Suresh: Mass Customization: Implementing the Emerging Paradigm for Competitive Advantage. In: Strategic Management Journal 1995, S,21-42, S. 33

4.2. Interpretation der Ergebnisse im Sinne des Ansatzes von Menger

Innovationsprozesse bedeuten innerhalb *Mengers* Gütertheorie, daß Anbieter einer betrachteten Produktionsstufe neue Leistungen an Nachfrager der darauffolgenden Stufe vermarkten. Mit Hilfe von *Mengers* Gütertheorie können nun die Bedingungen für den ökonomischen Erfolg von Innovationsstrategien aufgezeigt werden. Dies läßt sich zunächst anhand von *Mengers* Güterordnung demonstrieren: Im Ergebnis müssen im Zuge des Innovationsprozesses die Produktionsprozesse der nachfragenden Produktionsstufe verbessert werden. Sie muß sich also in verbesserten Nutzen- oder Kostenstrukturen niederschlagen. Dies bedeutet vor allem, daß für die innovativen Leistungen Nutzungskonzeptionen entwickelt werden müssen. In *Mengers* Gütertheorie geschieht dies im Zuge des Produktionsprozesses der Nachfrager, wo die innovativen Leistungen immer auch mit Komplementärgütern kombiniert werden müssen. Prozeßkompetenz, verstanden als die Fähigkeit, diese Integration zu bewerkstelligen, ist somit entscheidend für den erfolgreichen Verlauf des Innovationsprozesses.

Dienstleistungsprozesse sind dabei das entscheidende Instrument zur Entwicklung innovativer Leistungsangebote durch die Anbieter: Im Zuge der Integration externer Faktoren, die mit den Dienstleistungsprozessen immer verbunden ist, erhalten die Anbieter integrative Informationen. Haben sie diese gespeichert, verfügen sie über die nötige Prozeßkompetenz, die sie in die Lage versetzt, ihre Leistungen in die Wertschöpfungskette ihrer Nachfrager zu integrieren.

Auf diesem Weg gelingt es den innovativen Anbietern, die vier notwendigen Bedingungen für die Wertentstehung ihrer angebotenen Leistungen zu erfüllen:

- Die Erkenntnis bzw. Voraussicht eines menschlichen Bedürfnisses wird im Zuge der Problemdefinition und Lösungskonzeption innerhalb des Dienstleistungsprozesses ermöglicht. Entscheidend ist hierbei, daß auf der Nachfragerseite Problemevidenz entsteht. Diese besteht in der Wahrnehmung von latenten Verbesserungspotentialen durch den Nachfrager. Diese Problemevidenz kann sowohl durch Nachfrager als auch durch Anbieter hergestellt werden. Verfügt der Anbieter über eine überlegene Prozeßkompetenz, so hat er das Potential, dem Nachfrager Verbesserungsmöglichkeiten in seiner Wertschöpfung aufzuzeigen und so einen anbietergetriebenen Innovationsprozeß anzustoßen. Prozeßkompetenz auf seiten des Nachfragers ermöglicht hingegen nachfrageraktive Innovationsprozesse. Auch in diesem Fall können Dienstleistungsangebote den Anbietern zu einem Know-how-Transfer verhelfen.
- Die objektiven Eigenschaften bedeuten für das Innovationsmanagement, daß die angestrebten Vorteilspositionen auch realisiert werden müssen. Innovationsprozesse, in denen nicht nachweisbare Verbesserungen erreicht werden, sind daher zum Scheitern verurteilt.
- „Die Erkenntnis der Tauglichkeit“ ist als die nötige Prozeßkompetenz zu verstehen, die Anbieter oder Nachfrager in die Lage versetzt, die notwendige Integration auf der vorliegenden Produktionsstufe zu bewältigen. Sie ist das ökonomisch relevante Wissen für die Gestaltung des Innovationsprozesses. Wie bereits geschildert, entscheidet dieses Wissen über die Rollenverteilung im Innovationsprozeß.
- Die Verfügbarkeit schließlich wird durch die Produktionsprozesse der Anbieter hergestellt: Während die Prozeßkompetenz die Informationen für die Konzeption der innovativen Leistungen erforderlich ist, müssen diese Konzepte auch umgesetzt werden, wenn die Verbesserung der Wertschöpfung tatsächlich durchgesetzt werden soll.

Dies sind die Bedingungen dafür, daß im Zuge des Innovationsprozesses Güter entstehen, also Objekte, die für die Nutzung im Zuge der menschlichen Bedürfnisbefriedigung tauglich sind.

Daß ein Wert entsteht und wie dieser verteilt wird, dafür ist nach *Menger* das Gesetz der Knappheit relevant. Auch hier ist die Prozeßkompetenz entscheidend: Verfügt ein Marktteilnehmer über eine herausragende Prozeßkompetenz, so ist das gleichzeitig die Basis für seine Verhandlungsposition bei der Verteilung des im Zuge des Innovationsprozesses geschöpften Mehrwerts.

4.3. Bezug zu etablierten Marketing-Konzepten

Der hier vorgestellte Ansatz ist nicht der erste Versuch, aus den Nutzungsprozessen der Nachfrager Informationen für die Leitusngserstellung der Anbieter zu gewinnen. Auch *Alderson* sah das Verständnis der Nutzungsprozesses als grundlegend für eine Theorie des Käuferverhaltens an. So schreibt er:

> *„Eventually marketing will have to look beyond consumer purchase to the stream of activities in which goods are consumed in order to achiueve a more fundamental understanding of consumption requirements"*[101]

Von dem industriellen Marketing erhoffte er sich am ehesten Beiträge zur Klärung dieser Problemstellung, die er aber auch für das Konsumgütermarketing als paradigmatisch ansah:

> *„In fact, this is one point where industrial marketing can help clarify our thinking about consumer goods marketing."*[102]

Ein Blick gerade in die Beiträge des Investitionsgüter- beziehungsweise des Business-to-Business-Marketing zeigt allerdings, daß die Wissenschaft auch dreißig Jahre nach *Aldersons* Vorüberlegungen kaum nennenswerte Beiträge zu der Produzentenrolle der Nachfrager geleistet hat. Die wesentlichen Beiträge zum industriellen Käuferverhalten beziehen sich vor allem auf Buying-Center-Modelle und die besondere Rolle der Geschäftsbeziehungen.[103]

---

101 Alderson (1965), S. 144.

102 Alderson (1965), S. 145.

103 Zu diesem Ergebnis gelangt man auf Grund des Überblicks über die Anätze zum organisationalen Käuferverhalten bei Johnston/ Lewin (1996). Zu einer Einführung in das industrielle Käuferverhalten: Fließ (1995).

Bisher gibt es allerdings eine ganze Reihe von Konzepten, die implizit auf die Produzentenrolle des Nachfragers abstellen: Im Konsumgütermarketing ist hier vor allem der Means-End-Chain Ansatz von *Gutman* zu nennen.[104] Von der formalen Struktur her, erinnert dieser an die Güterlehre von *Menger*. Ziel dieses Ansatzes ist es, die Verbindung zwischen den Werten der Konsumenten und den Produkteigenschaften zu ermitteln.[105] Im Means-End-Chain-Ansatz wird daher nach Zusammenhängen zwischen den Werten, den Nutzungs-Situationen, der Produktkategorisierung durch die Konsumenten und letztlich deren Bewertungen der Folgen der Nutzung geforscht.[106] Der Zusammenhang zu den Nutzungsprozessen liegt auf der Hand. Allerdings steht bei dem Forschungskonzept das mentale Abbild der Nutzungsprozesse bei den Nutzern im Vordergrund und bietet somit vor allem für die empirische Erforschung aktueller Nutzungsstrukturen wichtige Anknüpfungspunkte. Es bietet aber wenig Raum für die dynamische Weiterentwicklung von Nutzungsprozessen im Zuge des Innovationsmanagements, da es immer auf die Wahrnehmung und das Wissen der Konsumenten beschränkt ist. Die Konsumenten sind zwar die relevanten Entscheider, gleichwohl sind sie gerade in Innovationsprozessen nicht im Besitz aller relevanten Informationen für die innovative Gestaltung ihrer Prozesse.

Einen expliziten Rückgriff auf die Nutzungsprozesse stellt das Produktpositionierungskonzept von *Fennell* dar.[107] Als relevanter Bezugspunkt für Positionierungsaktiviäten der Anbieter wird die Nutzungssituation, wie sie die Nachfrager erfahren, dargestellt. Als Konsequenz für die Produktdifferenzierung stellt *Fennell* dabei fest:

> *„Meaningful difference, rather than product differentiation for its own sake, seems to be the key; and the criterion of meaningfulness is consumer want satisfaction.“*[108]

Auch hier steht allerdings weniger die Analyse der Nutzungsstrukturen, sondern die Erforschung des mentalen Abbildes der Nutzungssituation in dem Bewußtsein der Konsumenten im Mittelpunkt, was wichtig für die Ermittlung der gegebenen Nutzungsstrukturen ist, aber wesentliche Entwicklungsmöglichkeiten in der Nutzungsstruktur ausklammert.

---

104 Vgl. Gutman (1982) u. Gutman (1991).

105 Vgl. Gutman (1982); S. 60-62.

106 Als spezielle Interviewtechnik für die Gestaltung von Konsumentenbefragungen entwarf Gutman die „Leiter“- („laddering“) Technik, die den Weg von der Kaufentscheidung zu den Konsumentenwerten nachzeichnen soll. (Vgl. Gutman (1991), S. 143-144.

107 Fennell (1978).

108 Fennell (1978), S. 46.

In mehreren Beiträgen haben *MacMillan* und *McGrath* das produktive Potential aufgezeigt, das durch die Analyse von Nutzungsprozessen erschlossen werden kann:

> *„Observing customers as they buy and use a product is the first step in discovering its salient attributes.“*[109]

Anhand einer Reihe eindrucksvoller Beispiele zeigen sie, daß durch eine an den Nutzungsprozessen orientierte Kommunikationspolitik deren Wertschöpfung verbessert werden kann, ohne daß das „Produkt“ im engeren Sinne stark geändert werden müßte.[110]

Im Dienstleistungsmarketing haben die Nutzungsprozesse der Kunden traditionell eine hohe Beachtung gefunden. Da Dienstleistungsprozesse die Integration von Produktionsfaktoren der Kunden erfordern, treffen hier die Produktionsleistung des Anbieters und die Nutzungsprozesse des Nachfragers unmittelbar aufeinander. Dieses Aufeinandertreffen wird zum Moment der Wahrheit für die Leistungserstellung des Anbieters. Daher stehen Konzepte zum Management der Arbeit mit dem Kunden stets im Mittelpunkt des Dienstleistungsmarketing. Dies ist auch ein Hinweis für das produktive Potential, das das Dienstleistungsmarketing für ein tieferes Verständnis von Produktionsprozessen birgt. Dies kann trotzdem nicht darüber hinwegtäuschen, daß auch das Dienstleistungsmarketing den Focus auf die Nutzungsprozesse der Kunden sehr eng legt. Beispielsweise werden im Blueprinting die Prozesse des unmittelbaren Kundenkontaktes zum Mittelpunkt der Betrachtung gestellt. Die Wertschöpfung jenseits der „Line of visibility“ wird nur auf Anbieterseite reflektiert, die Rolle für des Dienstleistungsprozesses für die Nutzungsprozesse der Kunden hingegen vernachlässigt.[111] Auch im Bereich des Service-Marketing gibt es also durchaus noch Forschungsbedarf für die Analyse des Nutzungskontextes, der unter anderem dann relevant wird, wenn ursprünglich produktorientierte Angebote in Form von Dienstleistungen vermarktet werden.

---

109 MacMillan/ McGrath (1996), S. 59.

110 Rührend sind dabei die Erfahrungen, die die Walt Disney Company bei der Vermarktung von CD-ROMS im Weihnachtsgeschäft gemachte hat. Die erste CD-ROM „Der König der Löwen“ wurde für die Firma zum Ärgernis auf dem amerikanischen Markt: Viele Eltern mit wenig Computererfahrung hatten Probleme mit der Installation des Programms, was zur Ungeduld und zum Unmut der beschenkten Kinder und zu einem Zusammenbruch der Telefon-Hotline bei Walt Disney führte. Im folgenden Jahr verkaufte der Konzern die CD-ROM „Pocahontas“ mit dem Rat an die Eltern, die CD-ROM bereits vor dem Fest auszuprobieren und legte noch spezielles Geschenkpapier bei. (Vgl. MacMillan/ MacGrath (1996), S. 60).

111 Grundlegend zum Blueprinting: Shostack (1991).

5. Fazit und Ausblick

Als entscheidender Faktor für den Erfolg von Innovationsprozessen konnte in diesem Beitrag die Entwicklung von Prozeßkompetenz ermittelt werden. In Innovationsprozessen zeigt sich die Prozeßkompetenz in Wissen, das eine Verbesserung der Wertschöpfung der Nachfrager ermöglicht. Diese Prozeßkompetenz kann beim Nachfrager wie beim Anbieter liegen. Die Verteilung von Prozeßkompetenz bringt unterschiedliche Problemstellungen für Innovationsprozesse mit sich.

Nachfragergetriebene Innovationsprozesse sind ein Indiz dafür, daß die Anwender in der Prozeßkompetenz Vorsprünge gegenüber den Anbietern haben. Diesem Marketingproblem können die Anbieter durch den Erwerb von Prozeßkompetenz im Zuge von integreativen Leistungserstellungsprozessen begegnen.

Anbietergetriebene Innovationsprozesse führen nur zum Erfolg, wenn Wege für die Entwicklung der Prozeßkompetenz gefunden werden. Keinesfalls ist eine fortschrittliche Technologie für sich ausreichend, um neue Nutzenpotentiale zu erschließen. Anderenfalls droht hier das klassische Marketing-Problem der „Lösungen auf der Suche nach Problemen". Auch hier bieten integrative Leistungserstellungsprozesse die Chance, neue Potentiale für tragfähige Problemlösungen zu erschließen. Prozeßkompetenz dokumentiert sich hier in der Integrationsfähigkeit des Anbieters. Diese muß den Anforderungen des Sinnbildes des „T-förmigen Wissens" genügen:[112] Stellt man sich den Stamm des T's als das Technologie-Know-how eines Anbieters vor und das Dach des T als die Nutzung dieses Know-hows im Leistungserstellungsprozeß des Nachfragers, so wird schnell klar, daß erst durch die Prozeßkompetenz die Technologie für die Verbesserung der Nutzungsprozesse erschlossen wird.

Dies bedeutet, daß Dienstleistungen eine strategische Querschnittsfunktion für Unternehmen gleich welcher Branche bekommen: Sie bieten die Möglichkeiten, mit dem Kunden zu arbeiten und von ihm zu lernen, sei es „nur die Nutzungskonzeption" für eine innovative Technologie, sei es ein komplett vom Kunden entwickeltes Technologiekonzept.

Die hier vorgestellten Konzepte können dabei nur ein Startpunkt für die Forschung sein und sollten vor allem die Perspektiven des Denkens in Nutzungsprozessen aufzeigen: So bietet die Haushaltstheorie einen wesentlichen Zugang zur Analyse von Wertschöpfungsprozessen. Der

---

[112] Vgl.: o.V. (1995).

Fokus auf die Wertbildung von Gütern verhindert einen Rückfall in Autarkie-Denken: Haushaltstheorie in dem hier angewendeten Sinne bedeutet nicht etwa Abkehr von dem Markt- und Marketing-Denken. Es baut vielmehr auf dem Bedarf nach der Erklärung der Grundlagen für die Wertbildung ökonomischer Leistungen auf, und diese können ohne die Nutzungsstrukturen nicht verstanden werden. Daher werden in den nächsten Schritten dieses Projektes die Operationalisierung und die empirische Validierung der vorgestellten Konzepte im Vordergrund stehen. Gleichzeitig soll dieses Projekt dazu dienen, die ökonomische Fundierung des Marketing im Hinblick auf die Analyse von Marktprozessen weiter voranzutreiben.

6. Literatur

ABERNATHY, William J./ UTTERBACK, James M. (1978): Patterns of Industrial Innovation. In: Technology Review. June/ July 1978, S. 41-47

ALDERSON, Wroe (1965): Dynamic Marketing Behavior. A Functionalist Theory of Marketing. Pennsylvania (Richard D. Irwin) 1965

BACKHAUS, Klaus (1992): Investitionsgütermarketing. 3. Auflage, München (Vahlen) 1992

BACKHAUS, Klaus/ VOETH, Markus/ BENDIX, Kai Boris (1995): Die Akzeptanz von Mulimedia-Diensten. Konzeptionelle Anmerkungen und empirische Ergebnisse. Arbeitspapier Nr. 19/ 1995. Institut für Anlagen und Systemtechnologien, Westfälische Wilhelms-Universität Münster. Münster 1995

BIEGEL, Udo (1988): Erfolgreiche Neuprodukte durch anwenderorienierte Entwicklungsarbeit. In: Die Betriebswirtschaft 46/ 1988, S. 2319-2322

BIERFELDER, Wilhelm H. (1989): Innovationsmanagement. 2. unwesentlich veränderte Auflage, München/ Wien (Oldenbourg) 1989

BÖNDEL, Burkhard/ STEIN, Isidor: Wie Legosteine. In: Wirtschaftswoche 11/ 1996, S. 84-94

BROCKHOFF, Klaus (1992): Forschung und Entwicklung. Planung und Kontrolle.3., überarbeitete und erweiterte Auflage, München/ Wien (Oldenbourg) 1992

CAIRNCROSS, A. K. (1958): Economic Schizophrenia. In: Scottish Journal of Political Economy, February 1958, S. 15-21

CHAMBERLIN, Edward Hastings (1948): The Theory of Monopolistic Competition. A Re-orientation of the Theory of Value. Sixth edition, London (Oxford University Press) 1948

EHRET, Michael/ GLOGOWSKY, Andreas (1996): Customer Integration im industriellen Dienstleistungsmanagement. In: Kleinaltenkamp, Michael/ Fließ, Sabine/ Jacob, Frank (1996): Customer Integration. Von der Kundenorientierung zur Kundenintegration. Wiesbaden (Gabler) 1996, S. 203-218

ENGELHARDT, Werner H./ GÜNTER, Bernd (1981): Investitionsgüter-Marketing. Anlagen, Einzelaggregate, Teile, Roh- und Einsatzstoffe, Energieträger. Stuttgart (Kohlhammer) 1981

Engelhardt, Werner H./ **Kleinaltenkamp**, Michael/ **Reckenfelderbäumer**, Martin (1993): Leistungsbündel als Absatzobjekte. Ein Ansatz zur Überwindung der Dichotomisierung von Sach- und Dienstleistungen. In: Zeitschrift für betriebswirtschaftliche Forschung 5/1993, S. 395-425

Fennell, Geraldine (1978): Consumers' Perceptions of the Product-Use Situation. A conceptual framework for identifying consumer wants and formulating positioning options. In: Journal of Marketing, April 1978, S. 38-47

Fließ, Sabine (1995): Industrielles Kaufverhalten. In: Kleinaltenkamp, Michael/ Plinke, Wulff (1995): Technischer Vertrieb. Grundlagen. Berlin et al. (Springer) 1995), S. 287-395

Gemünden, Hans Georg (1990): Innovationen in Geschäftsbeziehungen und Netzwerken. Arbeitspapier des Instituts für Angewandte Betriebswirtschaftslehre und Unternehmensführung der Universität Fridericana zu Karlsruhe (TH). Karlsruhe 1990

Grönroos, Christian (1990): Service Management and Marketing. Managing the Moments of Truth in Service Competition. Lexington (Lexington Books) 1990

Gümbel, Rudolf (1996): Betriebswirtschaftslehre und ökonomische Theorie. Stuttgart (Schäffer-Poeschel) 1996

Gutman, Jonathan (1982): A Means-End Chain Model Based on Consumer Categorization Processes. In: Journal of Marketing Vol. 46 (Spring 1982), S. 60-72

Gutman, Jonathan (1991): Exploring the Nature of Linkages Between Consequences and Values. In: Journal of Business Research Vol. 22 (1991), S. 143-148

Hayek, Friedrich A. von: (1968): The Austrian School. In: Sills, David L. (Hrsg.): International Encyclopedia of the social science. London (Macmillan) 1968, S. 458-467

Hippel, Eric von (1976): The Dominant Role of Users in the Scientific Instrument Innovation Process. Research Policy Vol. 5 (1976), No.3, S. 212-239

Hippel, Eric von (1978): Successful Products from Customer Ideas. Presentation of a new customer-active paradigm with evidence and implications. In: Journal of Marketing Vol. 42 (1978), S. 39-49

Hippel, Eric von (1988): Lead Users: A Source of Novel Product Concepts. In: Management Science Vol. 32, No.7, July 1988, S. 791-805

HIPPEL, Eric von (1988): The Sources of Innovation. New York/ Oxford (Oxford University Press) 1988

JACOB, Frank (1995): Produktindividualisierung. Ein Ansatz zur innovativen Leistungsgestaltung im Business-to-Business-Bereich. Wiesbaden (Gabler) 1995

JOHNSTON, Wesley J./ **LEWIN**, Jeffrey E. (1996): Organizational Buying Behavior: Toward an Integrative Framework. In: Journal of Business Research Vol. 35 (1996), S. 1-15

KAAS, Klaus Peter (1987): Nachfragemodelle im Marketing. In: Marketing ZFP, Heft 4/ November 1987, S. 229-236

KATZ, Michael/ **SHAPIRO**, Carl (1986): Technology Adoption in the Presence of Network Externalities. In: Journal of Political Economy, No. 4 Vol 94 (1986), S. 822-841

KIRCHMANN, Edgar M.W. (1994): Innovationskooperation zwischen Herstellern und Anwendern. Wiesbaden (Deutscher Universitäts Verlag) 1994

KLEINALTENKAMP, Michael (1993): Standardisierung und Marktprozeß. Entwicklungen und Auswirkungen im CIM-Bereich. Wiesbaden (Gabler) 1993

KLEINALTENKAMP, Michael (1996): Customer Integration - Kundenintegration als Leitbild für das Business-to-Business-Marketing. In: Kleinaltenkamp, Michael / Fließ, Sabine/ Jacob, Frank (1996): Customer Integration. Von der Kundenorientierung zur Kundenintegration. Wiesbaden (Gabler) 1996, S. 13-24

KLEINALTENKAMP, Michael/ **STAUDT**, Meike (1991): Kooperationen zwischen Investitionsgüter-Herstellern und führenden Anwendern („Lead User"). In: Hilbert, Josef/ Kleinaltenkamp, Michael/ Nordhause-Janz, Jürgen/ Widmaier, Brigitta (1991): Neue Kooperationsformen in der Wirtschaft. Können Konkurrenten Partner werden? Opladen (Westdeutscher Verlag) 1991, S. 59-70

KLEINSCHMIDT, Elko J./ **GESCHKA**, Horst/ **COOPER**, Robert G. (1996): Erfolgsfaktor Markt. Kundenorientierte Produktinnovation. Berlin et al. (Springer) 1996

KLUMPP, Dieter (1996): Marktplatz Multimedia. Praxisorientierte Strategien für die Informationsgesellschaft. Mössingen-Talheim (Talheimer) 1996

KOLLMANN, Tobias (1996): Die Akzeptanz technologischer Innovationen - eine absatztheoretische Fundierung am Beispiel von Multimedia-Systemen. Arbeitspapier zum Marketing Nr.7, Universität Trier 1996

Kotha, Suresh (1995): Mass Customization: Implementing the Emerging Paradigm for Competitive Advantage. In: Strategic Management Journal 1995, S. 21-42

Kroeber-Riel, Werner (1992): Konsumentenverhalten. 5. überarbeitete und ergänzte Auflage. München (Vahlen) 1992

Kubicek, Herbert/ **Müller**, Günter/ **Neumann**, Karl-Heinz/ **Raubold**, Eckart/ **Roßnagel**, Alexander (1995) (Hrsg.): Jahrbuch Telekommunikation und Gesellschaft. Multimedia - Technik sucht Anwendung. Heidelberg (R.v.Decker) 1995

Kubicek, Herbert/ **Reimers**, Kai (1996): Hauptdeterminanten der Nachfrage nach Datenkommunikationsdiensten. Abstimmungsprozesse vs. Kritische Massen. In: Marketing ZFP, Heft 1, 1. Quartal 1996, S. 55-57

Kupsch, Peter Uwe/ **Marr**, Rainer/ **Picot**, Arnold (1991): Innovationswirtschaft. In: Heinen, Edmund (Hrsg.) (1991): Industriebetriebslehre. Entscheidungen im Industriebetrieb. 9. vollständig neu bearbeitete und erweiterte Auflage, Wiesbaden (Gabler) 1991, S. 1069-1156

Lancaster, Kelvin J. (1966): A New Approach to Consumer Theory. In: Journal of Political Economy, Vol. 74 (1966), S. 132-157

Lancaster, Kelvin J. (1966a): Change and Innovation in the Technology of Consumption. In: American Economic Journal, Papers and Proceedings (1966), S. 14-23

Lancaster, Kelvin J. (1971): Consumer Demand. A New Approach. New York, London (Columbia University Press) 1971

Lancaster, Kelvin J. (1990): The Economics of Product Variety: A Survey. In: Marketing Science, Vol. 9, No.3, Summer 1990, S. 189-206

Lovelock, Christopher H. (1991): Services Marketing. Second edition, Englewood Cliffs (Prentices Hall) 1991

Machlup, Fritz (1962): The Production and Distribution of Knowledge in the United States. Princeton/ New Jersey (Princeton University Press) 1962

Machlup, Fritz (1984): Knowledge: Its Creation, Distribution and Economic Significance. Vol. III: The Economics of Information and Human Capital. Princeton/ New Jersey (Princeton University Press) 1984

Machlup, Fritz (1940): Professor Hicks' Statics. In: Quarterly Journal of Economics, February 1940, S. 286

MacMillan, Ian C./ **McGrath**, Rita Gunther (1996): Discover Your Products' Hidden Potential. In: Harvard Business Review, May-June 1996, S. 58-73

Marra, Andreas (1995): Marktprozeß und Einzeltransaktion. Eine institutionen- und informationsökonomische Analyse am Beispiel von Standardisierungsprozessen. Arbeitspapier Nr. 8 der Berliner Reihe „Business-to-Business-Marketing" (Herausgeber: Michael Kleinaltenkamp), Berlin 1995

McGrath, Rita Gunter/ **MacMillan**, Ian C. (1995): Discovery Driven Planning. New Ventures require a new way to plan. In: Harvard Business Review, July-August 1995, S. 44-54

Menger, Carl (1923): Grundsätze der Vokswirtschaftslehre. Wien/ Leipzig (Hölder-Pichler-Tempsky/ Freytag) 1923, zweite Auflage

Menger, Carl (1970): Geld. In: Menger, Carl (1970): Gesammelte Werke. Zweite Auflage, Band IV. Schriften über Geld und Währungspolitik. Tübingen (J.C.B. Mohr) 1970, S. 1-116 (Ursprünglich erschienen in: Handwörterbuch der Staatswissenschaften. 3.Auflage, Band IV, Jena 1909)

Meyer, Anton (1994): Dienstleistungs-Marketing. Erkenntnisse und praktische Beispiele. 6. unveränd. Auflage, München (FGM) 1994

Nagel, Rolf (1993): Lead User Innovationen. Entwicklungskooperationen am Beispiel der Industrie elektronischer Leiterplatten. Wiesbaden (Deutscher Universitäts Verlag) 1993

Nelson, Richard R./ **Winter**, Sidney G. (1982): An Evolutionary Theory of Economic Change. Cambridge/ Massachusetts, London/ England (Belknap) 1982

Nieschlag, Robert/ **Dichtl**, Erwin/ **Hörschgen**, Hans (1991): Marketing. Sechzehnte, durchgesehene Auflage, Berlin (Duncker & Humblot) 1991

o.V. [1995]: The Knowledge; in: The Economist, November 11th 1995, S. 75.

Pay, Diana de (1989): Die Organisation von Innovationen. Ein transaktionskostentheoretischer Ansatz. Wiesbaden (Gabler) 1989

Peppers, Don/ Rogers, Martha (1993): The One to One Future. Building Relationships One Customer at a Time. New York et al. (Doubleday) 1993

Pine, Joseph B. (1993): Mass Customization. The New Frontier in Business Competition. Boston/ Massachusetts (Harvard University Press) 1993

Plinke, Wulff (1995): Grundlagen des Marktprozesses. In: Kleinaltenkamp, Michael/ Plinke, Wulff (1995): Technischer Vertrieb. Grundlagen. Berlin et al. (1995), S. 3-95

Pohl, Alexander (1996): Leapfrogging bei technologischen Innovationen. Ein Erklärungsansatz auf Basis der Theorie des wahrgenommenen Risikos. Wiesbaden (Gabler) 1996

Porter, Michael (1992): Wettbewerbsvorteile. Spitzenleistungen erreichen und behaupten. Dritte Auflage Frankfurt a.M. (Campus) 1992, deutsche Ausgabe von: Competitive Advantagel. New York (The Free Press) 1985

Roberts, Edward B. (1987): Managing Technological Innovation - A Search for Generalizations. In: Roberts, Edward B. (Hrsg.): Generating Technological Innovation. New York/ Oxford (Oxford University Press) 1987, S. 3-21

Rogers, Everett M./ **Shoemaker**, F. Floyd (1971): The Communication of Innovations. A Cross-Cultural Approach. New York (Free Press) 1971 (zweite Auflage von: Rogers, Everett M.: The Diffusion of Innovations)

Rogers, Everett M. (1983): Diffusion of Innovations. Third Edition, New York (Free Press) 1983

Schade, Christian (1996): Marketing für Unternehmensberatungen. Ein institutionenökonomischer Ansatz. Wiesbaden (Gabler) 1996

Schmalen, Helmut/ **Pechtl**, Hans (1996): Die Rolle der Innovationseigenschaften als Determinanten im Adoptionsverhalten. In: Zeitschrift für betriebswirtschaftliche Forschung 48 (9/1996), S. 816-836

Schumpeter, Joseph A. (1947): The Creative Response in Economic History. In: Journal of Economic History. Vol VII (1947), No.2, S. 149-159

Schumpeter, Joseph A. (1950): Kapitalismus, Sozialismus und Demokratie. Zweite, erweiterte Auflage, Bern (Francke) 1950, deutschsprachige Ausgabe von: Capitalism, Socialism and Democracy. New York (Harper & Brothers) 1942

Shostack, G. Lynn (1991): Service Positioning Through Structural Change. In: Lovelock, Christopher H. (Hrsg.) (1991): Services Marketing. Second edition, Englewood Cliffs (Prentice Hall) 1991, S. 147-160

Smith, Adam (1986): The Wealth of Nations. Books I-III. London (Penguin) 1986 (Erscheinungsjahr der Originalausgabe: 1776)

SPECHT, Günter/ **BECKMANN**, Christoph (1996): F&E-Management. Stuttgart (Schäffer-Poeschel) 1996

STIGLER, George J./ **BECKER**, Gary S. (1977): De Gustibus Non Est Disputandum. In: The American Economic Review, Vol. 67, No.2, S. 76-90

THISSE, Jacques-Francois/ **NORMAN**, George (Hrsg.)(1994): The Economics of Product Differentiation. Vol. I. Aldershot (Edward Elgar) 1994

TOFFLER, Alvin (1980): The Third Wave. London et al.(Collins) 1980

WEIBER, Rolf/ **KOLLMANN**, Tobias (1995): Die Vermarktung von Multimedia-Diensten: Akzeptanzprobleme bei interaktivem Fernsehen. Voruntersuchung. Forschungsbericht zum Marketing Nr. 3, Universität Trier 1995

WEIBER, Rolf/ **POHL**, Alexander (1996): Einführung technologischer Innovationen. Lehrbrief des Weiterbildenden Studiums Technischer Vertrieb, Freie Universität Berlin 1996

WETZSTEIN, Thomas (1995): Informelle Aneignung von Computernetzwerken. Ergebnisse einer empirischen Untersuchung. In: Kubicek, Herbert/ Müller, Günter/ Neumann, Karl-Heinz/ Raubold, Eckart/ Roßnagel, Alexander (1995) (Hrsg.): Jahrbuch Telekommunikation und Gesellschaft. Multimedia - Technik sucht Anwendung. Heidelberg (R.v.Decker) 1995, S. 124-139

Martin Reckenfelderbäumer*

WETTBEWERBSVORTEILSORIENTIERTES MANAGEMENT ZENTRALER SERVICE-BEREICHE

Entwicklung eines konzeptionellen Rahmens

Inhalt

---

* Wiss. Ass. Dr. Martin Reckenfelderbäumer, Ruhr-Universität Bochum, Lehrstuhl für Angewandte Betriebswirtschaftslehre III (Marketing), Universitätsstr. 150, 44780 Bochum, Tel.: 0234/700-2895, Fax: 0234/7094-256

1. Zentrale Service-Bereiche als Gegenstand aktueller Management-Diskussionen - begriffliche und inhaltliche Einführung in die Thematik

Dienstleistende Tätigkeiten dominieren heute nicht nur in den Unternehmungen des Tertiären Sektors, sondern gewinnen auch in der Industrie mehr und mehr an Bedeutung[1]. Dabei spielen nicht nur auf den Absatzmarkt gerichtete „reine" oder „produktbegleitende" Dienstleistungen eine wichtige Rolle. Vielmehr muß ein dienstleistungsorientiertes Management auch die Vielzahl von Leistungen einbeziehen, die eine Unternehmung zum Aufbau und zur Aufrechterhaltung ihrer Handlungsfähigkeit benötigt. Häufig werden diese Leistungen als „interne Dienstleistungen" durch innerhalb der Unternehmung[2] institutionalisierte Abteilungen, Stellen oder Personen erbracht. Das Spektrum derartiger interner Services reicht dabei von Kostenrechnung und Controlling über Marktforschung und Lagerhaltung bis hin zu Kantine und Werksfeuerwehr.

Häufig sind derartige Leistungen in Unternehmens- oder Konzernzentralbereichen angesiedelt. Nicht nur, aber ganz besonders dann wird ihre Existenzberechtigung im Zuge „aktueller" Management-Konzepte wie Lean Management oder Busniss Reengineering immer wieder in Frage gestellt. Die Vorwürfe der Unwirtschaftlichkeit und fehlenden Kundenorientierung sind weit verbreitet[3] und vielfach sehr berechtigt. Allerdings fehlt es allzu oft an kritischen Reflexionen der relevanten Sachverhalte, insbesondere aber an einer fundierten Analyse, ob und - wenn ja - unter welchen Umständen interne Services und die sie anbietenden Bereiche entgegen anderes propagierenden Thesen möglicherweise doch zur Erzielung von Wettbewerbsvorteilen beitragen können. Letzteres nämlich muß im Sinne einer marktorientierten Unternehmungsführung der Maßstab für die Beurteilung der betreffenden Leistungen und ihrer Anbieter sein.

Ausgehend von dieser Feststellung erscheint es angebracht zu untersuchen, inwieweit potentielle Vorteile, die einmal zur Institutionalisierung interner Services geführt haben[4], heute noch gegeben sind und mit Hilfe welcher Maßnahmen die entsprechenden Chancenpotentiale

---

1 Vgl. z.B. Gruhler (1993), S. 29.

2 Als eine Unternehmung wird dabei im folgenden auch der Konzern aufgefaßt. Zwischen Konzernunternehmen nach § 18 AktG erbrachte Dienstleistungen stellen insofern im Sinne des vorliegenden Beitrags interne Services dar.

3 Vgl. beispielhaft Bühner (1996), S. 227ff., Vandermerwe/Gilbert (1989), S. 83ff.

4 Vgl. z.B. Connell (1996), S. 55ff., Kreikebaum (1992), Sp. 2603ff.

aktiviert und zur Erzielung von Wettbewerbsvorteilen genutzt werden können. In diesem Sinne wird im vorliegenden Beitrag ein konzeptioneller Rahmen zur Planung, Steuerung und Kontrolle interner Service-Bereiche entwickelt.

Zwei im Kontext der Thematik wichtige Fragen, nämlich diejenige **der Eigenerstellung oder des Fremdebzugs**[5] der betreffenden Leistungen sowie diejenige **des optimalen (De)Zentralisationsgrades**[6] ihrer organisatorischen Institutionalisierung, werden dabei bewußt in den Hintergrund gestellt. Vielmehr wird aus Gründen der Überschaubarkeit von einer gegebenen Organisationsform ausgegangen, an deren Beispiel die relevanten Sachverhalte verdeutlicht werden sollen. Zudem wird ein bestimmter Typus interner Services herausgegriffen, für den die Überlegungen besonders bedeutsam erscheinen. Diese institutionelle und funktionale Eingrenzung sei im folgenden kurz spezifiziert[7].

Bei der Abgrenzung in **funktionaler Hinsicht** kann die in Abb. 1 wiedergegebene Typologie interner Services hilfreich sein. Eine Eingrenzung soll an dieser Stelle dahingehend erfolgen, daß eine Konzentration auf „**Support and Advice Services**", d.h. auf unterstützende und beratende Leistungen, erfolgt. Neben den in Abb. 1 genannten zählen hierzu z.B. Tätigkeitsfelder wie Fuhrpark, Werkskantine, Rechenzentrum, Schulung und Training, Volkswirtschaft oder Hauspost. Eine Auseinandersetzung mit diesen Leistungen bietet sich deshalb an, weil bei ihnen regelmäßig Alternativen hinsichtlich der organisatorischen Trägerschaft bestehen, sie deshalb aber auch in besonderem Maße Gegenstand der Optimierungsdiskussionen sind.

---

5 Vgl. dazu z.B. Männel (1981), Schneider/Baur/Hopfmann (1994), aber auch die zahlreichen Publikationen zum Outsourcing, z.B. aktuell Horchler (1996), Koppelmann (1996). Auch die damit verknüpfte und gegenwärtig vielfach diskutierte Frage nach der „richtigen" oder „effizienten" Unternehmensgrenze soll daher hier nicht aufgegriffen werden; vgl. dazu und zu neuen Organisations-und Kooperationsformen „zwischen Markt und Hierarchie" Picot/Reichwald/Wigand (1996); siehe auch Wagner (1994).

6 Vgl. hierzu als eine frühe grundlegende Arbeit Bleicher (1966) sowie den aktuelleren Überblick bei Beuermann (1992), Sp. 2611ff. Siehe aber auch den wissenschaftlichen Disput in der Zeitschrift „Die Betriebswirtschaft", Hefte 1 und 2/1996.

7 Verzichtet werden muß und kann in diesem Beitrag auf eine Diskussion der Begriffe „interner Service" und „interne Dienstleistung"; vgl. zu derartigen Begriffsfassungen z.B. Cramer (1987), S. 1f., Davis (1991), S. 5, Stauss (1995a), S. 65. Zu idealtypischen Charakteristika interner Services siehe z.B. Stauss (1995a), S. 72ff., Witt (1985), S. 163. Die terminologische Diskussion ist weitgehend unabhängig von der hier behandelten Problematik und wird an anderer Stelle aufzugreifen sein.

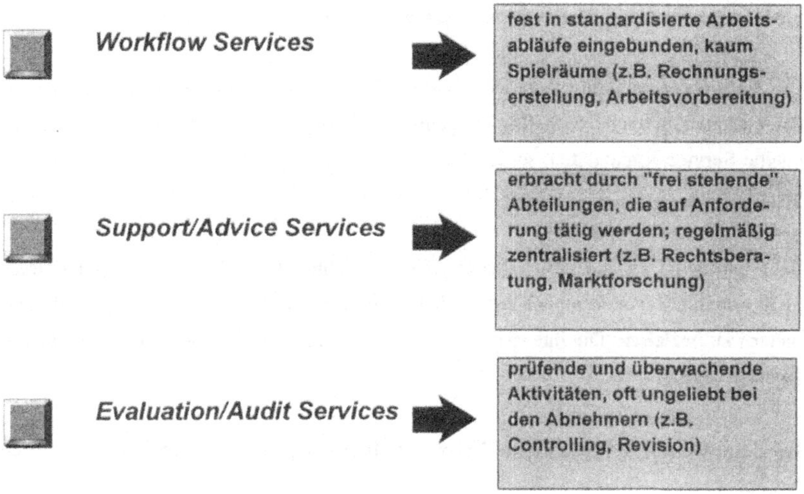

Abb. 1: Erscheinungsformen interner Services

Quelle: basierend auf Davis (1993), S. 304ff., Stauss (1995a), S. 65ff., zurückgehend auf Sayles (1964)

Bei der **institutionellen Eingrenzung** soll eine Konzentration auf Zentralbereiche[8] erfolgen, und zwar auf solche, die direkt unterhalb der Unternehmungsleitung angesiedelt sind. Derartige Zentralbereiche haben in divisionalisierten Unternehmungen eine besonders große Bedeutung[9]; daher erfolgt eine Beschränkung auf diese Organisationsform[10]. Zentralbereiche erfüllen allerdings oft Aufgaben, die nicht dem Typus der unterstützenden und beratenden Dienstleistungen zuzuordnen sind[11]. Daher sollen im folgenden nur diejenigen Zentralbereiche her-

---

8 In diesem Zusammenhang sei darauf hingewiesen, daß die Zentralbereichsproblematik die Betriebswirtschaftslehre zwar schon seit langem beschäftigt; vgl. etwa Altfelder (1965), Arbeitskreis Dr. Krähe (1952), Schmalenbach (1959), sie aber im Lichte neuer theoretischer und praktischer Erkenntnisse einer modifizierten Betrachtung bedarf.

9 Vgl. in diesem Sinne Kreisel (1995), S. 11ff.

10 Dabei wird von einem stark vereinfachten, für die vorliegenden Zwecke aber völlig ausreichenden Unternehmungsmodell mit drei Gruppen von Beteiligten (Unternehmungsleitung, Geschäftsbereiche, Zentralbereiche) auf nur zwei hierarchischen Ebenen ausgegangen.

11 Zu den generellen Aufgaben von Zentralbereichen vgl. z.B. Frese/von Werder (1993), S. 4, Kreikebaum (1992), Sp. 2606.

ausgegriffen werden, die nach dem sogenannten „**Service-Modell**" organisiert sind[12], da dieses am ehesten dem Charakter der unterstützenden und beratenden Services entspricht. Folgende Kennzeichen sind für das Service-Modell typisch:

- Die **Nachfrage** nach den durch den Zentralbereich angebotenen Leistungen erfolgt seitens der Geschäftsbereiche **freiwillig**. Regelmäßig verfügen die Geschäftsbereiche auch über eigene Service-Kapazitäten, so daß sie vor einer internen Make-or-Buy-Entscheidung stehen.

- Sehr häufig haben die Geschäftsbereiche die Möglichkeit, die angebotenen Leistungen nicht nur intern, sondern auch **extern** bei außerhalb der Unternehmung angesiedelten Anbietern **zu beziehen**. Die internen Dienstleister stehen somit in einer Konkurrenzbeziehung zu den externen.

- Die Zentralbereiche haben **keine Weisungsbefugnisse** gegenüber den Geschäftsbereichen.

- Oft wird der Versuch unternommen, derartigen Zentralbereichen eine **eigene Erfolgs-**, zumindest aber **Kostenverantwortlichkeit** zuzuordnen.

Insofern erfüllen nach dem Service-Modell organisierte Zentralbereiche im Unterschied zu anderen Zentralbereichstypen überwiegend Service-, aber kaum oder gar nicht Steuerungsaufgaben[13]; nicht zuletzt deshalb wird ihre Notwendigkeit besonders häufig hinterfragt. Nach dem Service-Modell organisierte Zentralbereiche sollen im folgenden als „**zentrale Service-Bereiche**" bezeichnet werden. Sofern diese für die Erbringung unterstützender und beratender Services zuständig sind, bilden sie den Untersuchungsgegenstand des vorliegenden Beitrags[14]. Dabei wird das wettbewerbsvorteilsorientierte Management zentraler Service-Bereiche weniger von der Anwendungsseite als vielmehr von seinen theoretisch-konzeptionellen Grundlagen her behandelt. So wird im folgenden Kapitel 2 die Lehre von den

---

[12] Zu diesen und anderen Organisationsformen für Zentralbereiche siehe Frese/von Werder (1993), S. 36ff., Kreisel (1995), S. 116ff. Letzterer verwendet für die hier interessierende Organisationsform den Begriff „Wettbewerbsmodell".

[13] Vgl. dazu Kreisel (1995), S. 118ff.

[14] Hingewiesen sei an dieser Stelle noch darauf, daß zwischen den zentralen Service-Bereichen und ihren Abnehmern ein Sonderfall der sogenannten „**internen Kunden-Lieferanten-Beziehungen**" besteht, deren Besonderheiten für das Management zentraler Service-Bereiche gleichsam von Bedeutung sind; vgl. dazu z.B. Gremler/Bitner/Evans (1994), S. 34ff., Hart (1995), S. 81, McDermott/Emerson (1991), S. 61, Pfau/Detzel/Geller (1991), S. 9, Reynoso/Moores (1995), S. 64ff., Sanfilippo (1990), S. 26. Siehe aber insbesondere auch die ausführliche Auseinandersetzung bei Neuhaus (1996), S. 5ff.

Unternehmerfunktionen als eine mögliche theoretische Fundierung zur Diskussion gestellt. Kapitel 3 verbindet diese Theorierichtung mit Überlegungen zur Erlangung von Wettbewerbsvorteilen, indem Gestaltungsfelder für das Management systematisiert und strukturiert werden. Kapitel 4 schließlich zeigt anhand einiger weniger Beispiele, wie die zuvor erarbeiteten Gestaltungsfelder mit konkreten Inhalten gefüllt werden können.

2. Perspektiven einer theoriebasierten Annäherung an die Thematik: Erklärungs- und Gestaltungsnutzen der Lehre von den Unternehmerfunktionen

2.1. Einführung in die Lehre von den Unternehmerfunktionen

Verschiedene Zweige der ökonomischen und ökonomienahen Theorie bieten auf den ersten Blick Ansatzpunkte für eine theoretische Untermauerung bzw. Begründung des wettbewerbsvorteilsorientierten Management zentraler Service-Bereiche. Insofern stellt sich an dieser Stelle die Frage, welche Denk- und Forschungsrichtung am besten geeignet erscheint, die relevanten Sachverhalte abzubilden und zu durchdringen[15]. Die vorliegende Thematik bringt es mit sich, daß sie - u.a. - organisatorische, absatzwirtschaftliche, rechnungswesenbezogene, führungsspezifische und personalwirtschaftliche Aspekte miteinander verbindet. Dadurch bedingt muß die Suche nach der geeigneten Theorie an sehr unterschiedlichen Stellen und in verschiedenen Bereichen der Betriebswirtschaftslehre ansetzen; genau genommen sollte die entsprechende Theorie mit Blick auf eine „Allgemeine Betriebswirtschaftslehre" konzipiert sein, um für alle Detailfragen der Problematik grundlegende Relevanz zu besitzen. Im Rahmen des vorliegenden Beitrags können nicht alle potentiell Aussagekraft besitzenden theoretischen Ansätze vorgestellt und hinsichtlich ihrer Tragfähigkeit geprüft werden. Ohne damit andere Ansätze - wie z.B. die Neue Institutionenökonomik oder die Verhaltenswissenschaften[16] - abwerten zu wollen, soll daher ein in der Betriebswirtschaftslehre bis heute noch wenig

---

15 Vgl. in diesem Zusammenhang die Untersuchung von Föhr (1991), die die Vielzahl möglicher Konzepte anzudeuten vermag.

16 Ohne Zweifel bieten auch diese und andere Theorierichtungen vielfältige Ansatzpunkte für die vorliegende Thematik. Auf ihre Behandlung sei aber deshalb verzichtet, um den für eine eingehende Auseinandersetzung mit der Anwendbarkeit der Lehre von den Unternehmerfunktionen erforderlichen Raum zu gewinnen. Weitere Überlegungen werden zeigen müssen, ob und in welcher Form die Lehre von den Unternehmerfunktionen ergänzende oder ersetzende theoretische Grundlagen herangezogen werden müssen. Auch der Klärung dieser Frage dient der vorliegende Beitrag.

beschrittener Weg eingeschlagen und zur Diskussion gestellt werden: derjenige über die Lehre von den Unternehmerfunktionen.

Diese erfüllt wichtige Anforderungen: Sie verbindet den Marktbezug mit der internen, in die Unternehmung hinein gerichteten Perspektive, sie bildet aufgrund ihrer umfassenden Ausrichtung eine geeignete Basis für die Analyse der vielfältigen betriebswirtschaftlichen Fragestellungen im Kontext zentraler Service-Bereiche, sie verfügt über einen im Vergleich zu anderen Theorien höheren Novitäts- und Originalitätsgrad und beläßt insofern schließlich interessante Gestaltungsspielräume, die es sinnvoll auszufüllen gilt. Zudem liefert sie adäquate Anknüpfungspunkte für die Verbindung zum Streben nach Wettbewerbsvorteilen[17]. Bevor dieser Schritt vollzogen werden kann, bedarf es eines zusammenfassenden Abrisses zentraler Inhalte der Lehre von den Unternehmerfunktionen, wie sie im folgenden zugrunde gelegt werden soll.

Die Wurzeln der Lehre von den Unternehmerfunktionen liegen vor bzw. in der Zeit der ökonomischen Klassik[18]. Als älteste bekannte Quelle wird regelmäßig die Schrift von Cantillon aus dem Jahre 1755 zitiert[19]. Trotz dieser langen Tradition hat sich bis heute keine einheitliche Theorie herausgebildet[20], die von den einzelnen Vetretern herausgestellten Funktionen des Unternehmers divergieren teilweise sehr deutlich, wie Abb. 2 zeigt[21].

---

17 Hier sei auch auf die Verbindungsmöglichkeiten mit einem weiteren theoretischen Konzept, dem Resource Based View bzw. der ressourcenorientierten Unternehmungsführung, aufmerksam gemacht; so sieht Schneider (1996), S. 1112, in der Lehre von den Unternehmerfunktionen eine Möglichkeit, die Umsetzung von Ressourcen in Strategien zu untermauern. Zum Resource Based View vgl. in knapper Form, z.B. Bamberger/Wrona (1996), S. 130ff., Rasche/Wolfrum (1994), S. 501ff.

18 Vgl. Schneider (1985), S. 1238.

19 Vgl. Cantillon (1755); Schneider (1995), S. 35, nennt als Ursprung dieser Überlegungen die Zeit um das Jahr 1725.

20 Vgl. Schneider (1995), S. 157, der explizit darauf verweist, daß eine Theoriebildung über das Ausüben von Unternehmerfunktionen erst in wenigen Ansätze vorliegt.

21 So macht die Tabelle etwa auch deutlich, daß eine Auseinandersetzung mit den Unternehmerfunktionen auch bei den Vertretern der Neuen Institutionenökonomik stattfindet, vgl. z.B. Coase (1937), Williamson (1975). Casson (1982) verbindet die Lehre von den Unternehmerfunktionen mit Transaktions- bzw. Koordinationskostenüberlegungen. U. a. Schneider (1985), S. 1238, schließlich betont die Verknüpfung der Unternehmerfunktionen mit den Modern Austrian Economics. An anderer Stelle bezeichnet er die Lehre von den Unternehmerfunktionen explizit als dem Denkstil der Modern Austrian Economics zuordenbar; vgl. Schneider (1995), S. 254.

Berücksichtigte Unternehmerfunktionen	Vertreter
Risikoträger bei Ungewißheit/Spekulant/Grundlegender Disponent	Cantillon (1755), Knight (1921), v. Thünen (1826), Shackle (1955)
Innovator/Durchsetzer neuer Kombinationen/schöpferischer Zerstörer/Marktentwickler	Schumpeter (1911), Hauss (1965), Weber (1905)
Vertragschließender	Bentham (1793)
Auserwählter (protestantische Ethik)	Weber (1905)
Arbitrageur/Informationsverwerter/Nutzer und Beseitiger von Ungleichgewichten	Kirzner (1973), v. Mises (1949), v. Hayek (1937), Cantillon (1755), Walras (1886)
Entscheidungsträger/Verteiler von Ressourcen zwischen unterschiedlichen Verwendungsrichtungen	Cantillon (1755), Keynes (1944), Shackle (1955), Cole (1946), Schultz (1975)
Industrielenker/Captain of Industry/Wirtschaftskapitän	Say (1803), Sombart (1913), Schumpeter (1911), Redlich (1956)
Organisator/Koordinator/Kombinierer von Produktionsfaktoren/Haftender/Eigner des Produkts	Say (1803), Clark (1924), Schmoller (1923), Davenport (1908), Hawley (1907)
Unternehmer = Unternehmung = Firma	Stauss (1944)
Beseitiger von Ineffizienzen/Nutzer organisatorischer Unzulänglichkeiten anderer Unternehmen (Unternehmer)	Leibenstein (1978)
Entscheidungsträger mit überdurchschnittlichem Urteilsvermögen	Casson (1982), Hébert/Link (1988)
Transaktionskostenminimierer/Pendant zum Marktpreissystem/ Nutzer von Marktunvollkommenheiten durch Vertragsabschlüsse	Coase (1937), Williamson (1975), Casson (1982), Penrose (1959), Alchian/Demsetz (1972), Jensen/Meckling (1976)

Abb. 2: Sichtweisen von (dynamischen) Unternehmerfunktionen in der Literatur[22]

Quelle: Schoppe et al. (1995), S. 283

Allerdings ist in jüngerer Zeit eine Tendenz dahingehend auszumachen, daß insbesondere drei Funktionen betont werden[23] :

[22] Zu den in der Abbildung genannten Quellen vgl. - sofern sie im Text des vorliegenden Beitrags nicht gesondert zitiert sind - das Literaturverzeichnis bei Schoppe et al. (1995).

[23] Vgl. in diesem Sinne und zu entsprechenden Erläuterungen etwa Picot/Reichwald/Wigand (1996), S. 29, Schoppe et al. (1995), S. 285, Wieandt (1994), S. 20, Windsperger (1991), S. 1414.

- Arbitragefunktion,
- Innovationsfunktion,
- Koordinationsfunktion.

Im Unterschied zur neoklassischen Gleichgewichtstheorie geht die Lehre von den Unternehmerfunktionen von **unvollständigem und ungleich verteiltem Wissen** der Individuen aus[24], sie nimmt eine dynamische Perspektive ein, bei der Innovation und Wandel den Wettbewerb prägen, und sie löst sich vom Denken in Marktgleichgewichten: Ungleichgewichte sind die Regel[25].

Im folgenden wird die **Konzeption der Lehre von den Unternehmerfunktionen nach Dieter Schneider als Grundlage** herangezogen, da dieser Ansatz als der auf dem gegenwärtigen Stand der Forschung ausgereifteste und für die Zwecke der vorliegenden Untersuchung tragfähigste erscheint. Insofern ergibt sich allerdings eine von der oben aufgeführten Dreiteilung partiell abweichende Systematik der Unternehmerfunktionen (siehe Abb. 3), die Schneider als **Grundlage einer Einzelwirtschaftstheorie der Institutionen** verwendet[26].

Von anderen Einteilungen hebt sich die letztgenannte insbesondere dadurch positiv ab, daß die einzelnen Unternehmerfunktionen nicht unverbunden analysiert, sondern zu einer konsistenten Gesamtheit kombiniert werden. Wichtig ist in diesem Zusammenhang nämlich, daß die drei Funktionen keinesfalls in einem Gleichordnungsverhältnis nebeneinander stehen, sondern in einer **hierarchischen Beziehung** zueinander, entsprechend der Reihenfolge in Abb. 3: Die Übernahme von Einkommensunsicherheit ist die grundlegende Unternehmerfunktion, der die Erzielung von Arbitragegewinnen nachgeordnet ist. Die Durchsetzung von Änderungen ist wiederum der Arbitrageerzielung nachgeordnet, da erstere sich an letzterer ausrichten muß[27]. Insofern werden die weiteren Ausführungen aber auch deutlich machen, daß die einzelnen Unternehmerfunktionen nicht isoliert voneinander betrachtet werden kön-

---

[24] Schneider (1995), S. 7, verdichtet dies auf die beiden Kernsätze „*Das Wissen über das, was sein wird, ist unvollständig.*" und „*Wissen, Wollen und Können sind zwischen den Menschen höchst ungleich verteilt.*" (Kursivdruck im Original). Siehe in diesem Zusammenhang aber auch die informationsökonomische Sichtweise bei Spremann (1990), S. 561ff.

[25] Vgl. Schoppe et al. (1995), S. 283.

[26] Vgl. Schneider (1995), S. 30.

[27] Vgl. Schneider (1995), S. 114f.

nen, da sie zum Teil eng miteinander verzahnt sind[28]. Alle drei Funktionen sind auf historische Wurzeln zurückzuführen. Im folgenden seien die einzelnen Aspekte kurz erläutert[29]:

institutionenbegründende Funktion:

Übernahme von Einkommensunsicherheiten anderer Menschen
- ***einseitig***
- ***gegenseitig***

institutionenerhaltende Funktion nach außen:

Erzielung von Arbitragegewinnen
- ***Arbitrage i.e.S.***
- ***räumliche Arbitrage***
- ***zeitliche Arbitrage***
- ***Produktionsstufen-Arbitrage***
- ***Arbitrage gegen Regulierungen***

institutionenerhaltende Funktion nach innen:

Durchsetzen von Änderungen in wirtschaftlicher Führerschaft
- ***Innovationsfunktion***
- ***Organisations- und Koordinationsfunktion***

Abb. 3: Systematik der Unternehmerfunktionen

Quelle: zusammengestellt nach Schneider (1995), S. 30ff.

- Institutionen - so auch Unternehmungen - werden dadurch begründet, daß Individuen sich bereit erklären, anderen **Individuen Unsicherheiten im Hinblick auf den Einkommenserwerb abzunehmen**. Diese Unsicherheiten wiederum resultieren aus der Unvollständigkeit und Ungleichverteilung von Wissen. Dabei wird davon ausgegangen, daß jeder Mensch hinsichtlich der Unsicherheit im Einkommenserwerb „Unternehmer seines Wissens, seiner Arbeitskraft und seines sonstigen Vermögens"[30] ist, somit Unternehmerfunktionen ausübt, allerdings in sehr unterschiedlichem Maße. In diesem Sinne beschäftigen

[28] Zudem bringt es die Vielschichtigkeit und fehlende inhaltliche Geschlossenheit der Lehre von den Unternehmerfunktionen zwangsläufig mit sich, daß bestimmte Begriffe je nach Autor mit zum Teil divergierenden Inhalten verwendet werden. Sofern erforderlich, wird darauf an den entsprechenden Textstellen hingewiesen.

[29] Hier seien tatsächlich nur die für die vorliegende Untersuchung wichtigsten Aspekte angesprochen. Ausführlich dazu vgl. Schneider (1995), S. 30ff.

[30] Schneider (1995), S. 31.

Arbeitgeber ihre Angestellten, um für sich selbst die Voraussetzungen des Einkommenserwerbs zu verbessern; gleichzeitig nehmen sie jedoch - im theoretischen Grenzfall unbeabsichtigt - diesen Angestellten - z.B. durch die vertragliche Zusicherung fester Gehälter - einen Teil ihrer Unsicherheit ab. Es lassen sich in diesem Zusammenhang zwei Grundformen der Übernahme von Einkommensunsicherheit unterscheiden[31] : Als **einseitige Übernahme** von Einkommensunsicherheit wird etwa der Fall dargestellt, daß ein selbständiger Handwerksmeister Gesellen beschäftigt, eine **gegenseitige Übernahme** liegt z.B. im Falle von Kooperationen zwischen zwei Personen (oder auch Unternehmungen) vor, die Chancen und Risiken miteinander teilen. Zwischen diesen Grundformen finden sich zudem zahlreiche Mischungen.

- Das **Erzielen von Arbitragegewinnen** wird durch das Ausnutzen von Preisunterschieden zwischen Beschaffungs- und Absatzmärkten ermöglicht[32], die der Unternehmer aufgrund von Wissensvorsprüngen zu erkennen vermag. Insofern handelt es sich um eine nach außen - auf die Märkte - gerichtete Funktion, die der Erhaltung von Institutionen, speziell Unternehmungen, dient. „Ein Unternehmer als Anbieter sucht Arbitragegewinne durch Absatz von Gütern, wenn die Preisobergrenzen, die einzelne Nachfrager zu zahlen bereit sind, höher liegen als das, was der Unternehmer für die Güter aufgewandt hat. Ein Unternehmer als Nachfrager sucht Arbitragegewinne durch Beschaffung auf demselben Markt, wenn nach Einrechnung seiner Kosten die Preisuntergrenzen, die einzelne Anbieter einräumen, niedriger als einzelne, nicht allen bekannte Absatzpreise sind."[33] Neben dieser als **Arbitrage i.e.S.** zu bezeichnenden Form lassen sich als Grundformen **räumliche Arbitragen** (resultierend aus Preisunterschieden zur gleichen Zeit an unterschiedlichen Orten) und **zeitliche Arbitragen** (beruhend auf Preisunterschieden an einem bestimmten Ort zu unterschiedlichen Zeitpunkten) sowie **Produktionsstufenarbitragen** (begründet durch Preisunterschiede zwischen Produktionsfaktoren und aus diesen hergestellten Produkten) unterscheiden. Zu ergänzen ist diese Aufzählung schließlich um die **Arbitragen gegen Regulierungen**, d.h. vorteilsversprechende Ausweichhandlungen gegenüber insbesondere staatlichen und gesetzlichen Regulierungen. Die Realität ist geprägt durch Mischungen dieser Grundformen: So zielt letztlich jede Form der Leistungserstellung auf Produktionsstufenarbitragen ab, denn insbesondere in Unternehmungen werden stets Produktionsfaktoren

---

31 Vgl. Schneider (1995), S. 33f.

32 Vgl. Schneider (1995), S. 36ff. In den Mittelpunkt seiner Überlegungen stellt diese Unternehmerfunktion in neuerer Zeit vor allem Kirzner (1978).

33 Schneider (1995), S. 37.

kombiniert, um zu absetzbaren Produkten bzw. Leistungsbündeln zu gelangen[34]. Diese Arbitragen werden regelmäßig ergänzt durch das Ausnutzen räumlicher und/oder zeitlicher Preisunterschiede. Arbitragen, die durch Absatz und Beschaffung zur gleichen Zeit am gleichen Ort realisiert werden können, dürfen wiederum nur als theoretischer Grenzfall ohne praktische Relevanz gelten.

- Bei der Behandlung der nach innen gerichteten Funktion der Institutionenerhaltung, dem **Durchsetzen von Änderungen in wirtschaftlicher Führerschaft**, werden die in der Literatur oft getrennten Inhalte der **Innovations-** und der **Organisations- bzw. Koordinationsfunktion** angesprochen[35]. Grundlegenderen Charakter hat die Innovationsfunktion, die zwar nicht erstmals von Schumpeter erwähnt wurde[36], die dieser jedoch besonders in den Vordergrund stellt: „Diese wirtschaftliche Führerschaft betätigt sich also an Aufgaben, die sich in folgenden Typen fassen lassen: 1. Die Erzeugung und Durchsetzung neuer Produkte oder neuer Qualitäten von Produkten, 2. Die Einführung neuer Produktionsmethoden, 3. Die Schaffung neuer Organisationen der Industrie (Vertrustung z.B.), 4. Die Erschließung neuer Absatzmärkte, 5. Die Erschließung neuer Bezugsquellen."[37]. Das Durchsetzen von Änderungen wird aber nicht nur in derartig grundlegenden Tätigkeiten spürbar, sondern auch innerhalb des durch diese grundsätzlichen Weichenstellungen vorgegebenen Rahmens durch die „Tätigkeit des Organisators, der Planungen durch Anordnungen und Kontrollen verwirklicht, Mängel abstellt"[38]. Anpassungen an gewandelte Markt- und Umfeldbedingungen sind somit in verschiedener Hinsicht erforderlich, um das Überleben einer Unternehmung sicherzustellen[39]. Ihren Charakter als Ausübung von Unternehmerfunktionen er-

---

34 Siehe in diesem Sinne auch Schneider (1995), S. 38.

35 Vgl. Schneider (1995), S. 39ff. Die Trennung findet sich etwa bei Wieandt (1994), S. 20, Windsperger (1991), S. 1414.

36 Zu den Ursprüngen vgl. Schneider (1995), S. 40f.

37 Schumpeter (1928), S. 483. Diese Aufzählung, die sich etwas anders strukturiert auch bei Schneider (1995), S. 41, wiederfindet, macht unmittelbar die enge Verbindung der institutionenerhaltenden Funktion nach innen mit der nach außen gerichteten Arbitragefunktion deutlich: Letztlich muß die Erschließung neuer Absatzmärkte ebenso wie die Aufdeckung neuer Bezugsquellen als nach außen, zum Markt hin orientierte Tätigkeit des Unternehmers interpretiert werden, denn beide Teilbereiche der Innovationsfunktion stellen gleichzeitig unmittelbare Beiträge zur Aufdeckung von Arbitragemöglichkeiten dar. Insofern erscheint es wenig sinnvoll, die Innovationsfunktion im Sinne Schumpeters einseitig und vollständig der Unternehmerfunktion des Durchsetzens von Änderungen zu subsumieren. Im folgenden wird der Terminus „Innovationsfunktion" daher anders als bei Schumpeter nur auf die mit der Ausübung der nach innen gerichteten Unternehmerfunktion verbundenen Tätigkeiten bezogen.

38 Schneider (1995), S. 40.

39 In diesem Sinne verweist auch Casson (1996), S. 81, darauf, daß Unternehmertum nicht nur für die Gründung einer Unternehmung benötigt wird, sondern auch für deren Erhalt - eben durch flexibles Reagieren auf veränderte Rahmenbedingungen.

halten derartige Tätigkeiten jedoch erst durch das Hinzutreten der wirtschaftlichen Führerschaft, so daß nicht jede Aktivität in einer Unternehmung als Ausübung von Unternehmerfunktionen interpretiert werden kann und darf. Die Trennung in Innovations- und Organisationsfunktion kann dabei wiederum nicht als trennscharf angesehen werden, da auch in diesem Zusammenhang die Übergänge fließend sind[40]: Es fehlt an Kriterien, die eine Einordnung ermöglichen, ob bestimmte Tätigkeiten grundlegenden Charakter (im Sinne der Innovation) oder eher umsetzenden Charakter (im Sinne der Organisation bzw. Koordination) besitzen[41]. Insofern erscheint es zweckmäßig, die institutionenerhaltende Funktion nach innen im Hinblick auf Unternehmungen allgemeiner so zu umschreiben, daß Träger von Unternehmerfunktionen innerhalb der Unternehmung notwendige Änderungen durchsetzen, um den externen Anforderungen des Marktes und des sonstigen Umfeldes Rechnung zu tragen[42]. Weniger sinnvoll erscheint es dagegen häufig, die in Konzepten einzelner Verfasser herausgestellten Funktionen des Unternehmers dieser oder anderen Funktionen in der Schneider'schen Dreiteilung subsumieren zu wollen, was die in den zurückliegenden Ausführungen angesprochenen Abgrenzungsprobleme deutlich gemacht haben mögen.

Festzuhalten bleibt, daß die Lehre von den Unternehmerfunktionen, basierend auf der zentralen Prämisse unvollständigen und ungleich verteilten Wissens, eine umfassende Klammer um die unternehmerischen Tätigkeiten ermöglicht, dabei aber im Sinne der drei genannten Funktionen auch unterschiedliche Betrachtungsweisen bzw. Schwerpunktlegungen erlaubt. Festzuhalten bleibt jedoch auch, daß die drei Funktionen sinnvollerweise nicht dem Versuch unterzogen werden sollten, bestimmte Tätigkeiten innerhalb einer Unternehmung zweifelsfrei der

---

40 Vgl. in diesem Zusammenhang z.B. die weite Fassung der Koordinationsfunktion des Unternehmers bei Casson (1982), zusammengefaßt bei Wieandt (1994), S. 22f. Hier werden wiederum die Nachteile bzw. Unschärfen der angesprochenen Einteilung in Arbitrage-, Innovations- und Koordinationsfunktion deutlich, denn die bei Casson als dem vielleicht zentralen Vetreter der Koordinationsfunktion genannten Tätigkeiten des „Market-making" - siehe die Übersicht bei Wieandt (1994), S. 23 - weisen unübersehbare Parallelitäten zu den beiden anderen Funktionen auf: So dient etwa das Führen von Preisverhandlungen dem Erzielen von Arbitragegewinnen, das Suchen nach Käufern läßt sich als Erschließung neuer Absatzmöglichkeiten im Sinne der Innovationsfunktion einordnen.

41 Die Auffassung von Niman (1991), S. 172, daß der Unternehmer für die notwendigen Veränderungen bestehender Organisationsstrukturen sorgt, während der Manager innerhalb gegebener Organisationsstrukturen agiert, muß daher als nicht nachvollziehbar gelten. Hier ist eher Schneider (1995), S. 32 („Manager heißt eine Person, auf die Unternehmerfunktionen übertragen werden."), zu folgen, der von dieser Gegensätzlichkeit von Unternehmer und Manager in sinnvoller Weise Abstand nimmt.

42 Ähnlich auch die grundlegende Charakterisierung bei Schneider (1995), S. 39. Dennoch wird sich weiter unten zeigen, daß sich ungeachtet dieser Abgrenzungs- bzw. Zuordnungsproblematik eine Unterteilung der unternehmenserhaltenden Funktion nach innen in die beiden Teilfunktionen Innovation und Organisation/Koordination aus Verdeutlichungs- und Anschauungsgründen zumindest vorläufig teilweise anbietet.

ersten, zweiten oder dritten Funktion zuordnen zu wollen. Dieser Versuch muß scheitern und kann weder den praktischen Gegebenheiten in der Unternehmung noch dem Theoriekonzept der Lehre von den Unternehmerfunktionen gerecht werden. Dennoch erschließt sich mit letzteren ein Analysefeld, das im folgenden im Hinblick auf die in diesem Beitrag aufgegriffene Problemstellung weiter zu differenzieren ist.

2.2. Management zentraler Service-Bereiche als Ausübung von Unternehmerfunktionen - eine Zwei-Ebenen-Betrachtung

Der vorliegende Abschnitt dient der Herstellung der Beziehung zwischen dem theoretischen Ansatz der Lehre von den Unternehmerfunktionen zum Management zentraler Service-Bereiche, insbesondere der Frage, wie sich die Ausübung von Unternehmerfunktionen in letzterem wiederfindet.

Der Begriff **Management** hat sich im betriebswirtschaftlichen Sprachgebrauch und Schrifttum durchgesetzt und wird daher aus Gründen der Verständlichkeit der Ausführungen auch in diesem Beitrag verwendet. Inhaltlich verbirgt sich dahinter *„die Tätigkeit des Ausübens von Unternehmerfunktionen in Handlungssystemen“*[43], so auch und vor allem in Unternehmungen[44]. Insofern - und das ist im vorliegenden Zusammenhang von besonderer Bedeutung - läßt sich Management in drei Handlungsbereiche unterteilen, nämlich entsprechend den Unternehmerfunktionen in die Übernahme von Einkommensunsicherheit für andere Personen bzw. Personengruppen, das Streben nach Arbitragegewinnen[45] durch Ausschöpfen von Preisunterschieden auf den externen Märkten sowie das Durchsetzen von Änderungen innerhalb der Unternehmung. Dabei kann ein Manager[46] je nach spezifischer Aufgabenstellung seine

---

[43] Schneider (1995), S. 33 (Hervorhebung im Original), der damit das umgangssprachliche Verständnis von Management sinnvoll einengt. Vgl. aber in diesem Zusammenhang auch die grundlegende Kritik an einer „Betriebswirtschaftslehre als angewandte interdisziplinäre Managementwissenschaft“ bei Schneider (1995), S. 140ff. Von einer grundlegenden Diskussion der Zweckmäßigkeit der Begriffe „Management“ und „Manager“ sei an dieser Stelle im Sinne einer im Vordergrund stehenden Auseinandersetzung mit stärker inhaltlich geprägten Aspekten Abstand genommen.

[44] Zur Einordnung der Unternehmung als Handlungssystem vgl. Schneider (1995), S. 99.

[45] Von „Streben nach“ ist anstelle des „Erzielen von“ Arbitragegewinnen präziser die Rede, denn auch die Manager einer Unternehmung, die Verluste schreibt, üben Unternehmerfunktionen aus. So spricht auch Schneider (1995), z.B. S. 33, teilweise treffender von der „Suche“ nach denn vom „Erzielen“ von Arbitragegewinnen.

[46] Manager heißt - wie erwähnt - eine Person, auf die Unternehmerfunktionen übertragen werden; vgl. Schneider (1995), S. 32. Ergänzend sei darauf hingewiesen, daß Unternehmerfunktionen nicht nur durch Einzel-

Arbeitszeit mit unterschiedlichen Schwergewichten auf die einzelnen Unternehmerfunktionen verteilen: Während der Leiter eines Zentralbereiches „Organisation" überwiegend mit der Funktion des Durchsetzens von Änderungen befaßt ist, obliegt dem Verkaufsleiter vor allem die Erbringung eines Beitrags zur Erzielung von Arbitragegewinnen, indem er mit seinem unternehmerischen Wissen Absatzchancen aufzuspüren und auszunutzen weiß.

Aufbauend auf dieser allgemeinen Charakterisierung des Management-Begriffs läßt sich der im Titel dieses Beitrags verwendete Terminus **wettbewerbsvorteilsorientiertes Management** als das Ausüben von Unternehmerfunktionen mit dem Zweck der Erzielung von Wettbewerbsvorteilen umreißen. Zumindest werden der Aufbau und die Erhaltung von Wettbewerbsfähigkeit als Ziele verfolgt. Beides erscheint jedoch nur möglich, wenn wenigstens zeitweise und partiell Wettbewerbsvorteile erreicht werden. Besonders deutlich wird das Streben nach Wettbewerbsvorteilen in der Arbitragefunktion[47]: Das Aufspüren von Arbitragemöglichkeiten ist verbunden mit der Ansammlung und Ausnutzung von Wissen über Sachverhalte, die für die Gewinnerzielung von hervorgehobener Bedeutung sind. Es wird sich aber zeigen, daß auch die beiden anderen Unternehmerfunktionen bedeutend zur Erzielung von Wettbewerbsvorteilen beitragen können.

Ein solcher **Wettbewerbsvorteil** entsteht dementsprechend als Ergebnis einer im Vergleich zur Konkurrenz erfolgreicheren Ausübung von Unternehmerfunktionen[48]. Nur im Vergleich zur Konkurrenz nämlich läßt sich feststellen, ob ein Wettbewerbsvorteil vorliegt oder nicht[49]. Entscheidend ist dabei allerdings, daß die Kunden diesen Vorteil als solchen wahrnehmen bzw. ihn durch ihre mengen- und/oder preismäßige Abnahmebereitschaft honorieren[50].
Geht man des weiteren davon aus, daß Wettbewerbsvorteile somit aus der im Konkurrenzvergleich besseren bzw. erfolgreicheren Ausübung von Unternehmerfunktionen resultieren, so liegt der Schluß nahe, daß

personen, sondern auch durch Gruppen von Individuen wahrgenommen werden können; vgl. Plinke (1995), S. 60.

47 Vgl. dazu auch die Erwähnung des Wettbewerbsvorteils bei Schneider (1995), S. 38.

48 Spezifischer drückt es Casson (1996), S. 61, aus, der nachhaltige Wettbewerbsvorteile als Folge der komparativ besseren Handhabung (Aufdeckung und Ausnutzung) von vorhandenen Informations- bzw. Wissensvorsprüngen einordnet.

49 Vgl. z.B. Plinke (1995), S. 61 i.V.m. S. 68, Porter (1986), S. 31. Backhaus (1992), S. 17, spricht deshalb auch vom „Komparativen Konkurrenzvorteil"; kritisch zu diesem Begriff und seinem Inhalt vgl. aber Plinke (1995), S. 88.

50 Genauer zum Wettbewerbsvorteil vgl. den folgenden Abschnitt 3.1.

1. die **Gelegenheit zum Unternehmertum** (d.h. zur adäquaten Ausübung von Unternehmerfunktionen) für das Management-Personal (verstanden als die Gesamtheit von Personen innerhalb einer Unternehmung, die einzeln oder in Gruppen Unternehmerfunktionen ausüben) eine **notwendige Bedingung** für die Erzielung von Wettbewerbsvorteilen darstellt und
2. die Wettbewerbsvorteile **um so ausgeprägter und dauerhafter ausfallen werden, je besser** die Unternehmungsleitung die einzelnen Glieder der Unternehmung (Personen, Abteilungen, Bereiche) zum Unternehmertum zu befähigen versteht.

Mit anderen Worten werden insbesondere diejenigen Unternehmungen Wettbewerbsvorteile erzielen können, die über eine Unternehmungsleitung verfügen, die besondere Fähigkeiten darin besitzt, **auf einer ersten Stufe** die Ausübung der Unternehmerfunktionen innerhalb ihrer Organisation durch Aufgaben- und Stellenzuweisungen angemessen zu delegieren sowie **auf einer zweiten Stufe** diejenigen, denen Unternehmerfunktionen übertragen wurden, auch zu deren zum Wohle der gesamten Unternehmung erfolgreichen Ausübung zu befähigen[51]. Beide Stufen sind dabei eng miteinander verbunden: Unternehmertum im individuellen Bereich der einzelnen Person fördert das unternehmensweite Unternehmertum und begünstigt damit das Streben nach Wettbewerbsvorteilen[52]. Je erfolgreicher die Unternehmungsleitung unternehmerische Anreize im Hinblick auf nachgelagerte Hierarchieebenen einsetzt, desto besser wird die Gesamtleistung der Unternehmung[53].

Legt man das für die vorliegende Untersuchung ausreichende vereinfachte Unternehmungsmodell zugrunde[54], werden Unternehmerfunktionen insbesondere auf Geschäftsbereiche und Zentralbereiche, speziell zentrale Service-Bereiche, delegiert: Die zentralen Service-Bereiche stellen **Auftragshandelnde der Unternehmungsleitung** dar, die mit speziellen Aufgaben, eben der Erbringung der betreffenden internen Services, betraut werden, verbunden mit der Übertragung der entsprechenden Unternehmerfunktionen. Diese ihnen zugewiesenen Aufgaben sollen die Service-Bereiche im Interesse der Gesamtunternehmung erfüllen, d.h. sie müs-

---

51 Vgl. in diesem Sinne auch Stevenson/Jarillo (1990), S. 24f.

52 Vgl. in diesem Zusammenhang auch die Unterscheidung „between the independent autonomous an the corporate entrepreneur“ bei Shils/Zucker (1979), S. 195.

53 In diesem Zusammenhang sei auf das in jüngerer Zeit vermehrt diskutierte Intrapreneurship-Konzept verwiesen, das für Unternehmertum innerhalb der Unternehmung sorgen soll; vgl. dazu etwa Bitzer (1991) sowie die dort angegebene Literatur. Die Bedeutung des Intrapreneurship-Konzeptes für sekundäre Aktivitäten und damit für zentrale Service-Bereiche heben z.B. Nielsen/Peters/Hisrich (1985), S. 182, hervor.

54 Vgl. Kapitel 1. Danach besteht die Unternehmung wie ausgeführt aus Unternehmungsleitung, Geschäftsbereichen und Zentralbereichen.

sen die ihnen obliegenden Unternehmerfunktionen in adäquater Weise wahrnehmen und durch bereichsspezifisches Unternehmertum zum organisationsweiten Unternehmertum beitragen. Auf diese Weise leisten die Service-Bereiche ihren Beitrag zur Erzielung von Wettbewerbsvorteilen.

Aus der Delegation von Unternehmerfunktionen erwächst das Problem des Auftragshandelns als *„die Kernfrage einer Lehre von den Innenbeziehungen einer Organisation schlechthin“*[55]. Bei genauer Betrachtung sind zentrale Service-Bereiche zudem nicht nur Auftragshandelnde der Unternehmungsleitung, sondern auch Auftragshandelnde der Geschäftsbereiche, also **Auftragshandelnde in doppelter Hinsicht**. Während die erste Beziehung durch ein Nach- bzw. Überordnungsverhältnis permanenter Art geprägt ist, findet sich in der zweiten Beziehung jedoch ein Gleichordnungsverhältnis - im Sinne der Abwesenheit von Weisungsbefugnissen einer gegenüber der anderen Seite -, das fallweise im Hinblick auf einzelne Aufträge aktiviert wird, mithin grundsätzlich diskreter Natur ist. Das komplexe Geflecht von Auftragsbeziehungen innerhalb einer Unternehmung wird schon in dem hier verwendeten einfachen Modell deutlich, wenn zudem bedacht wird, daß die Geschäftsbereiche ihrerseits Auftragshandelnde der Unternehmungsleitung sind. Unter Berücksichtigung der Vielzahl von Zentral- und Geschäftsbereichen einer größeren Unternehmung ergibt sich ein oft kaum noch überschaubares Bild[56].

Im Hinblick auf zentrale Service-Bereiche und angesichts ihres Charakters als Auftragshandelnde in doppelter Hinsicht muß die Untersuchung von Gestaltungsansätzen eines wettbewerbsvorteilsorientierten Management zentraler Service-Bereiche zumindest an zwei Stellen - genauer: auf zwei Ebenen - ansetzen. Die Ausübung von Unternehmerfunktionen auf beiden Ebenen ist zu analysieren und zu optimieren. Bei den angesprochenen Ebenen handelt es sich um die folgenden[57]:

- Die **Unternehmungsleitung** übt Unternehmerfunktionen aus der Perspektive der Gesamtunternehmung aus und versucht, für diese Wettbewerbsvorteile zu realisieren. Die Delegation von Unternehmerfunktionen auf nachgelagerte Einheiten, z.B. auf zentrale

---

[55] Schneider (1995), S. 49 (Hervorhebung im Original).

[56] Dabei sei einmal ganz davon abgesehen, daß sich innerhalb eines Bereiches wiederum verschiedene Personen finden, die mit anderen Personen innerhalb und außerhalb ihres Bereiches ein Auftragsverhältnis verbindet.

[57] Auf die vielfältigen Detailprobleme und -anforderungen, die auf beiden Ebenen bewältigt werden müssen, kann im Rahmen dieses Beitrags nicht eingegangen werden. Dies sei nachfolgenden Untersuchungen vorbehalten. Lediglich einige wenige Aspekte werden exemplarisch in diesem und in den folgenden Abschnitten, speziell in Kapitel 4, kurz angesprochen.

Service-Bereiche, muß den Ansprüchen des Strebens nach Wettbewerbsvorteilen für die Gesamtunternehmung genügen: Die Unternehmungsleitung muß die zentralen Service-Bereiche zur wettbewerbsvorteilsorientierten Erfüllung ihrer Aufgaben befähigen. Insofern stellt sich aus der Sicht der Unternehmungsleitung die Frage, wie vorhandene Ressourcen und Kompetenzen optimal auf die nachgelagerten Ebenen verteilt werden sollten bzw. welche Ressourcen und Kompetenzen bei der Leitung verbleiben sollten. Die Gestaltung adäquater Anreiz- und Kontrollmechanismen, die die Ausübung der Unternehmerfunktionen auf allen Ebenen plan-, steuer- und kontrollierbar machen, stellt in diesem Zusammenhang eine zentrale Frage dar. Im vorliegenden Kontext interessiert dabei speziell der Aspekt der Schaffung entsprechender Instrumentarien im Hinblick auf zentrale Service-Bereiche[58].

- Die **zentralen Service-Bereiche** selbst bilden die zweite Untersuchungsebene. Sie leisten mit der Ausübung der ihnen übertragenen Unternehmerfunktionen einen Beitrag zum organisationsweiten Unternehmertum, sind in diesem Zusammenhang aber auch bemüht, durch diesen Beitrag ihre eigene Existenz zu sichern. Insofern müssen die zentralen Service-Bereiche ihren Blick auf die Frage richten, wie sie sich mit ihrem Service-Angebot gegenüber alternativen Formen der Bedarfsdeckung[59] behaupten und auf diese Art einen - wenn man so will - „internen Wettbewerbsvorteil" erzielen können.

Will man diesen Begriff verwenden, finden sich auf beiden Ebenen **interne Märkte**[60], die gestaltet werden müssen: Die Unternehmungsleitung ist Anbieter auf einem internen Markt für Ressourcen und Kompetenzen, auf dem Geschäftsbereiche und Zentralbereiche als Nach-

---

58 Für dieses spezielle Problem sind Konzepte bisher allenfalls in Ansätzen vorhanden. Allerdings gibt es eine Vielzahl allgemeinerer Überlegungen im Hinblick auf Steuerungs- und Lenkungsmechanismen, insbesondere auch Anreizsysteme, deren Überprüfung für die vorliegenden Zwecke im Detail noch aussteht; vgl. etwa zum Überblick Becker (1995), Sp. 34ff., Küpper (1991), S. 175ff., Küpper (1995), Sp. 1595ff. Speziell zu agencytheoretischen Ansätzen vgl. Breid (1995), S. 821ff.

59 Zu nennen sind hier insbesondere der externe Bezug der Services durch die Geschäftsbereiche als potentielle Kunden der Zentralbereiche, aber auch das Make durch die Geschäftsbereiche unter Einsatz ihrer eigenen Kapazitäten; vgl. auch Witt (1988), S. 77ff., sowie Abschnitt 3.1.

60 Die Existenzberechtigung des Terminus „interner Markt" ist allerdings - darauf sei ausdrücklich hingewiesen - umstritten. Legt man etwa der Suche nach dem optimalen Transaktionsdesign die Alternativen „Markt oder Hierarchie (bzw. Unternehmung)" zugrunde, kann es Märkte innerhalb von Unternehmungen prinzipiell nicht geben; auf dieser Ausgangsfragestellung basieren insbesondere ältere Transaktionskostenbetrachtungen, kritisch dazu vgl. z.B. Schneider (1985), S. 1237ff. Andere Quellen wiederum betonen die Notwendigkeit der Schaffung von Marktbedingungen u.a. für interne Services, wollen externe Marktbedingungen so weit wie möglich auf innerbetriebliche Austauschbeziehungen übertragen wissen und verwenden den Begriff des internen Marktes explizit; vgl. z.B. Davis (1991), S. 6, Magidson/Polcha (1992), S. 37, Schütz (1993), S. 195. Auch im Bereich der ökonomischen Theorie findet der Begriff Verwendung, z.B. bei Casson (1982), S. 187. Letztlich handelt es sich hier ausschließlich um ein terminologisches Problem, denn inhaltlich besteht weitgehend Einigkeit bezüglich der relevanten Sachverhalte: Es sind jeweils Austauschprozesse zu beobachten, an denen Anbieter und Nachfrager beteiligt sind und in denen Leistung und Gegenleistung einander gegenüberstehen.

frager agieren. Beide Seiten sind daran interessiert, ein für sich möglichst günstiges Ergebnis zu erzielen: Die Unternehmungsleitung möchte die Ressourcen und Kompetenzen denjenigen Nachfragen zugänglich machen, die diese am besten zum Wohl der Unternehmung einzusetzen wissen; die nachfragenden Einheiten sind bestrebt, ihre Vorstellungen hinsichtlich der optimalen Ressourcen- und Kompetenzausstattung zu verwirklichen, um ihren spezifischen Zielen nachgehen zu können. Eine weitere Form interner Märkte sieht die zentralen Service-Bereiche als Anbieter ihrer Dienstleistungen, die Nachfrage wird durch die Geschäftsbereiche repräsentiert. Auf diesen internen Märkten finden sich allerdings vielfach auch externe Konkurrenten, nämlich immer dann, wenn die Geschäftsbereiche die Möglichkeit des externen Bezugs der betreffenden Services haben.

Die Delegation von Unternehmerfunktionen bzw. das Auftragshandeln sorgen daher dafür, daß im Hinblick auf zentrale Service-Bereiche zwei Ebenen von Wettbewerbsvorteilen relevant sind: solche auf externen Märkten aus der Perspektive der Gesamtunternehmung bzw. der für diese verantwortlichen Unternehmungsleitung und solche auf internen Märkten aus dem Blickwinkel der zentralen Service-Bereiche bzw. deren Managern[61]. Beide Sorten von Wettbewerbsvorteilen werden durch das Ausüben von Unternehmerfunktionen ermöglicht. Für eine tiefergehende Analyse ist das Phänomen des Wettbewerbsvorteils allerdings weiter zu präzisieren.

[61] Damit sind die internen Absatzmärkte für die erbrachten Services gemeint, nicht die internen Märkte für Ressourcen und Kompetenzen, da deren Bedeutung für die Suche nach Wettbewerbsvorteilen hier der Ebene der Unternehmungsleitung zuzurechnen ist.

3. Zentrale Service-Bereiche und Wettbewerbsvorteile - Gestaltungsfelder auf der Basis der Ausübung von Unternehmerfunktionen

3.1. Arten von Wettbewerbsvorteilen im Kontext zentraler Service-Bereiche

Im vorhergehenden Abschnitt wurde herausgearbeitet, daß die Erzielung von Wettbewerbsvorteilen im Hinblick auf das Management zentraler Service-Bereiche auf zwei Ebenen untersucht werden muß: auf externen Märkten, auf denen die Unternehmung für sich nach Wettbewerbsvorteilen strebt, und auf internen Märkten, auf denen die zentralen Service-Bereiche nach der Erzielung von Wettbewerbsvorteilen gegenüber ihren internen Konkurrenten streben. Unabhängig von der Betrachtungsebene sind jedoch zunächst verschiedene Arten von Wettbewerbsvorteilen zu differenzieren.

Prinzipiell lassen sich gemäß Abb. 4 zwei Arten von Wettbewerbsvorteilen unterscheiden, die ein Anbieter in Relation zu seinen Konkurrenten realisieren kann[62]:

- **Kostenvorteile** realisiert ein Anbieter, wenn er ein vergleichbares Produkt (oder allgemeiner: eine vergleichbare Leistung) zu geringeren Kosten hervorbringen kann als seine Wettbewerber. Diese Art des Wettbewerbsvorteils wird auch als **Anbietervorteil** bezeichnet, da sie aus der Betrachtung der Kostensituationen verschiedener Anbieter resultiert und die Wahrnehmung der Nachfrager zunächst vernachlässigt bzw. diese nur mittelbar berücksichtigt.

- **Nettonutzenvorteile** äußern sich auf der Nachfragerseite und werden daher auch als **Kundenvorteile** bezeichnet. Diese entstehen, wenn ein Nachfrager der Leistung eines bestimmten Anbieters eine günstigere Kosten- (genauer: Preis-)/Nutzen-Relation beimißt als den konkurrierenden Leistungen anderer Anbieter.

[62] Vgl. dazu Plinke (1995), S. 61ff., der eine verbreitete Einteilung, die in ähnlicher Form bei Porter (1986), S. 31, zur Systematisierung unterschiedlicher Wettbewerbsstrategien Verwendung findet, aufgreift und differenziert auch formal ausarbeitet. Im Rahmen des vorliegenden Beitrags erfolgt eine Beschränkung auf die wesentlichen Sachverhalte.

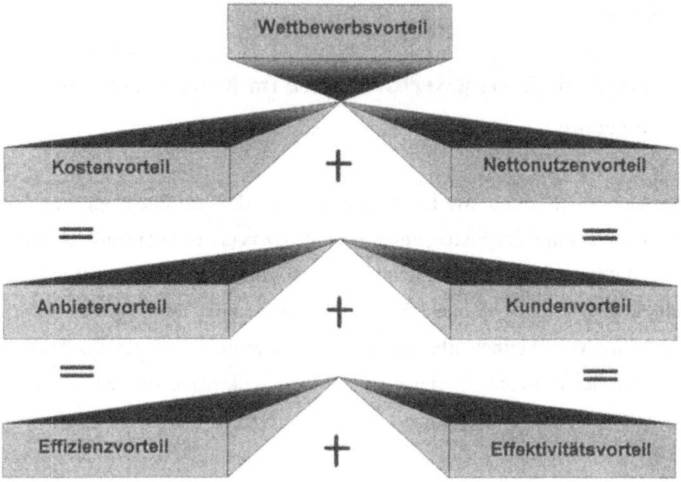

Abb. 4: Arten des Wettbewerbsvorteils

Quelle: nach Plinke (1995), S. 76ff.

Kostenvorteil und Nettonutzenvorteil zusammengenommen machen den Wettbewerbsvorteil aus. Dieser läßt sich, wie Abb. 4 gleichfalls zeigt, auf zwei zentrale ökonomische Größen zurückführen: Effektivität und Effizienz[63] :

- **Effektivität** wird demnach verstanden als externes Leistungsmaß, das angibt, inwieweit eine Unternehmung den Erwartungen und Ansprüchen ihrer Kunden gerecht wird.

---

63 Vgl. Plinke (1995), S. 85. Dieser Begrifflichkeit hinsichtlich Effektivität und Effizienz wird im weiteren gefolgt. Allerdings bedarf es an dieser Stelle des Hinweises, daß Plinke mit Effektivität und Effizienz zwei Begriffe heranzieht, die in der ökonomischen Literatur außerordentlich vielfältig verwendet werden und die Gegenstand vieler wissenschaftlicher Abhandlungen waren und sind. Da es hier keinesfalls weiterführend wäre, diese Diskussion aufzugreifen und zu vertiefen, sei lediglich zum Überblick verwiesen auf Bohr (1993), Sp. 855ff., Scholz (1992), Sp. 533ff., Strehl (1985), S. 499ff. Für das Marketing hebt die Bedeutung von Effektivität und Effizienz als Zielgrößen bereits Kotler (1972), S. 50, hervor. Etwas anders verwendet die Begriffe - in Anlehnung an Barnard (1938) - Meyer (1995), S. 45f. Dort wird zwischen Effektivität als Ziel der Unternehmungsorganisation und Effizienz als Ziel der internen Mitarbeiter unterschieden (diese Einteilung wird später, S. 144, übertragen auf Netzwerkorganisationen, worauf an dieser Stelle nicht einzugehen ist).

- **Effizienz** ist im Unterschied dazu als internes Leistungsmaß zu interpretieren, das das Verhältnis von Output zu Input angibt.

Die Arten des Wettbewerbsvorteils können einzeln (Effektivitäts- oder Effizienzvorteile), gemeinsam (Effektivitäts- und Effizienzvorteile) oder gar nicht (weder Effektivitäts- noch Effizienzvorteile) auftreten. Je nach Ausprägung der beiden Arten ergibt sich insgesamt ein unterschiedlich großer Wettbewerbsvor- oder -nachteil[64]. Insbesondere läßt sich der Kostenvorteil auch in einen Nettonutzenvorteil umsetzen, wenn nämlich die Kostenvorteile des Anbieters über Preisvorteile ganz oder teilweise an die Nachfrager weitergegeben werden.

Diese beiden Arten von Wettbewerbsvorteilen, die hinsichtlich ihrer Entstehung und Ausgestaltung an dieser Stelle ebensowenig näher analysiert werden sollen wie im Hinblick auf mögliche detailliertere Unterteilungen[65], sind für die Zwecke der vorliegenden Untersuchung ergänzend hinsichtlich ihres Geltungsbereiches (externer oder interner Markt[66]) zu untersuchen, d.h. der Blick auf mögliche Wettbewerbsvorteile muß sowohl aus der Perspektive der Gesamtunternehmung[67] als auch aus derjenigen des betreffenden zentralen Service-Bereichs erfolgen. Es ergibt sich dann die in Abb. 5 dokumentierte Systematik.

Die Matrix rastert grob die grundlegenden Ansatzpunkte für ein wettbewerbsvorteilsorientiertes Management zentraler Service-Bereiche. Bevor dieses Konzept im folgenden Abschnitt vertieft und verfeinert wird, seien die einzelnen Felder kurz erläutert:

---

64 Ergänzend und der Abrundung halber sei an dieser Stelle angemerkt, daß Plinke (1995), S. 68, Kostenunterschiede auf Potential- und Prozeßunterschiede der Anbieter zurückführt, Nettonutzenunterschiede dagegen primär auf Programmunterschiede, die allerdings durch Potential- und Prozeßunterschiede unterstützt werden. Interessant ist in diesem Zusammenhang die ressourcenorientierte Perspektive, die sich etwa bei Hunt/Morgan (1996), S. 109, findet: Hier werden - bei expliziter Erwähnung - beide Arten von Wettbewerbsvorteilen (oder gegebenenfalls auch Wettbewerbsnachteilen) im Sinne der ressourcenorientierten Unternehmungsführung auf die Ressourcen der Organisation zurückgeführt. Damit kommt den Potentialen eine deutlich exponiertere Bedeutung zu als bei Plinke.

65 Vgl. in diesem Zusammenhang auch Day/Wensley (1988), S. 1ff., Simon (1988), S. 461ff.

66 Vgl. zur Herleitung dieser Unterscheidung Abschnitt 2.2.

67 Die Perspektive der Gesamtunternehmung schließt dabei den Sachverhalt mit ein, daß die Wettbewerbsvorteile im Regelfall nicht für die gesamte Unternehmung gelten, sondern durch die einzelnen Geschäftsbereiche in bestimmten Geschäftsfeldern realisiert werden - im Interesse und zum Nutzen der Gesamtunternehmung.

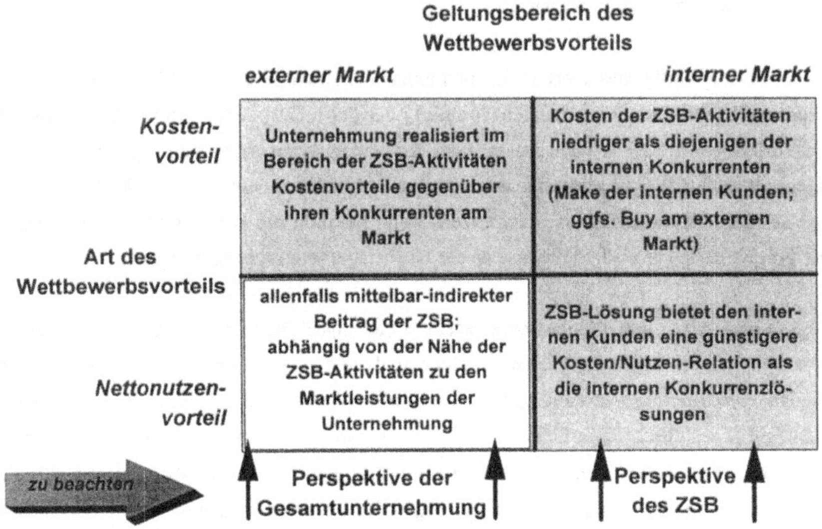

Abb. 5: Das Wettbewerbsvorteils-"Spielfeld" der zentralen Service-Bereiche

- **Kostenvorteile am externen Markt** können mit Hilfe zentraler Service-Bereiche entstehen, wenn die Zentralbereiche die betreffenden Services zu Kosten erbringen, die niedriger sind als die Kosten, die die externe Konkurrenz für die Selbsterstellung oder den Fremdbezug der betreffenden Services aufbringen muß. Ein solcher Vorteil ist etwa dann gegeben, wenn ein zentraler Service-Bereich im Konkurrenzvergleich zwischen zwei Industriebetrieben kostengünstigere Fuhrparkleistungen anbieten kann.

- **Nettonutzenvorteile am externen Markt** sind für die Unternehmung über das Management zentraler Service-Bereiche allenfalls mittelbar realisierbar, denn der Charakter der internen Services bringt es mit sich, daß diese nicht unmittelbar gegenüber dem Kunden erbracht werden, so daß dieser deren relatives Niveau im Konkurrenzvergleich nicht direkt wahrnehmen kann. Je nach der Enge des Bezugs der internen Services zu den Marktleistungen der Unternehmung ergeben sich allerdings unterschiedliche Intensitäten des Einwirkens zentraler Service-Bereiche auf das Erzielen von externen Nettonutzenvorteilen. So fördern etwa zeitlich zuverlässige innerbetriebliche Transporte die Möglichkeit der pünktlichen Bereitstellung einer Leistung für den Kunden und damit letztlich indirekt auch dessen Zufriedenheit mit der Leistung. Ebenso ist vorstellbar, daß eine besonders eingehende und qualitativ hochwertige Marktforschungsstudie in außerordentlich bedarfsgerechte Produkte umgesetzt wird, die zu Nettonutzenvorteilen führen.

- **Kostenvorteile auf seinen internen Absatzmärkten** kann ein zentraler Service-Bereich dann erzielen, wenn er seine Services im Konkurrenzvergleich kostengünstiger erstellen kann, d.h. die Kosten der Service-Bereiche müssen sowohl unter denen der internen Selbsterstellung durch die Geschäftsbereiche als auch unter denen der am externen Markt (insbesondere durch spezialisierte Dienstleister) angebotenen Services liegen. Im Falle des Fuhrparkbeispiels bedeutet das z.B., daß kein am externen Markt tätiger Spediteur einen Transport kostengünstiger erbringen kann als der zentrale Service-Bereich.

- **Interne Nettonutzenvorteile** schließlich realisiert ein zentraler Service-Bereich dann, wenn er seinen internen Nachfragern (also den Geschäftsbereichen) in deren Augen eine gegenüber den genannten Konkurrenzformen günstigere Preis-/Nutzen-Relation zu bieten vermag. Dabei lassen sich die Kostenvorteile wiederum durchaus in Nettonutzenvorteile umsetzen. Nettonutzenvorteile realisiert ein zentraler Marktforschungsbereich etwa dann, wenn er sein spezifisches Wissen einsetzt, um eine exakt auf den auftraggebenden Geschäftsbereich zugeschnittene Studie zu erstellen, die diesem kein externer Anbieter zu einem vergleichbaren Preis hätte bieten können und zu deren Erstellung der Geschäftsbereich auch selbst nicht in der Lage gewesen wäre.

Im folgenden ist zu zeigen, wie diese unterschiedlichen Wettbewerbsvorteile mit Hilfe der Ausübung der Unternehmerfunktionen angestrebt werden können.

3.2. Idealtypische Systematisierung der Gestaltungsfelder eines wettbewerbsvorteilsorientierten Management zentraler Service-Bereiche

Die sich aus den bisherigen Überlegungen ergebende Kernfrage lautet: **Auf welche Art und Weise kann die Ausübung der einzelnen Unternehmerfunktionen zur Realisierung von Wettbewerbsvorteilen auf beiden Gestaltungsebenen - auf externen wie auf internen Märkten - beitragen?**

Es ist somit zu untersuchen, inwiefern die Ausübung von Unternehmerfunktionen als Ansatz und Voraussetzung der Erzielung der verschiedenen aufgezeigten Formen von Wettbewerbsvorteilen betrachtet werden kann. Dabei wird im folgenden als Analyseschema die in Abb. 6 wiedergegebene Sechzehn-Felder-Matrix verwendet und zur Diskussion gestellt.

Art der Unternehmerfunktion / Art des Wettbewerbsvorteils		Übernahme von Einkommensunsicherheit	Erzielen von Arbitragegewinnen	Durchsetzen von Änderungen	
				Innovation	Organisation/ Koordination
externer Markt	Effektivität	1	2	3	4
	Effizienz	5	6	7	8
interner Markt	Effektivität	9	10	11	12
	Effizienz	13	14	15	16

Abb. 6: Idealtypische Gestaltungsfelder des wettbewerbsvorteilsorientierten Management zentraler Service-Bereiche

Die Basisannahme, die dieser Einteilung zugrunde liegt, ist, daß mit der Ausübung jeder der Unternehmerfunktionen die Möglichkeit besteht, einen mehr oder weniger großen Beitrag zur Erzielung jeder Art von Wettbewerbsvorteil zu leisten. Es wird im folgenden deutlich werden, daß diese potentiellen Beiträge sich im Einzelfall sehr stark unterscheiden können, die Grundannahme bleibt davon jedoch unberührt. Insofern handelt es sich um eine Verfeinerung der im Laufe dieses Beitrags herausgearbeiteten Aussage, daß Wettbewerbsvorteile dann erzielt werden, wenn Unternehmerfunktionen besser ausgeübt werden als durch die Konkurrenz bzw. daß Wettbewerbsvorteile das Resultat der im Konkurrenzvergleich erfolgreicheren Ausübung von Unternehmerfunktionen sind.

Jedes der sechzehn Felder repräsentiert eine Wettbewerbsvorteils-/Unternehmerfunktions-Kombination[68]. Allerdings sei deutlich darauf hingewiesen, daß die Abbildung nicht den Eindruck vermitteln soll, als seien die einzelnen Felder jeweils völlig isoliert voneinander zu betrachten. Im Gegenteil: Die Tatsache, daß die Unternehmerfunktionen wie ausgeführt in einem Über-/Unterordnungsverhältnis zueinander stehen, macht eine derartige Isolierung ebenso unmöglich wie der Sachverhalt, daß insbesondere Effizienz- in Effektivitätsvorteile umgesetzt werden können. Zudem soll das Streben nach internen Wettbewerbsvorteilen durch die zentralen Service-Bereiche bekanntlich im Sinne eines organisationsweiten Unternehmertums auch zur Erzielung externer Wettbewerbsvorteile beitragen[69]. Insofern steht das Streben nach internen Wettbewerbsvorteilen in einer Mittel-Ziel-Beziehung zum Hinarbeiten auf externe Wettbewerbsvorteile.

Unter Berücksichtigung der genannten Zusammenhänge sind Interdependenzen und Überschneidungen zwischen den Gestaltungsfeldern nicht nur unvermeidbar, sondern im Sinne eines abgestimmten Management ist deren explizite Beachtung und Nutzung sogar zwingend erforderlich. Im folgenden wird zu zeigen sein, daß einzelne Management-Maßnahmen regelmäßig mehrere Felder betreffen, daß die Matrix aber dennoch ein Instrumentarium darstellt, mit dessen Hilfe diese Maßnahmen systematisiert und vor einem theoretischen Hintergrund eingeordnet und erklärt werden können. Die betreffenden Maßnahmen dienen der Konkretisierung der Ausübung der Unternehmerfunktionen bzw. deren Umsetzung in praktisches Handeln. Sie tragen gleichzeitig zur Erfüllung der eher allgemein formulierten Unternehmerfunktionen mit betriebswirtschaftlichem „Leben" bei und unterstützen somit die Nutzbarkeit dieses theoretischen Konzeptes für praktische Probleme der Unternehmungsführung.

Prinzipiell ist im Hinblick auf einen bestimmten zentralen Service-Bereich zu überprüfen, ob die Ausfüllung der einzelnen Gestaltungsfelder mit konkreten Maßnahmen dazu beitragen kann, daß die potentiellen Wettbewerbsvorteile aufgedeckt, erschlossen und ausgeschöpft werden können - oder ob dies möglicherweise sogar schon geschehen ist. **Es ist zu analysieren, ob und in welcher Form mit welcher Unternehmerfunktion ein Beitrag zu welcher Art von Wettbewerbsvorteil möglich ist.** Stellt sich dabei heraus, daß der betreffende Service-Bereich über keine oder keine ausreichenden Wettbewerbsvorteilspotentiale verfügt, die

68 Dabei wurde im Hinblick auf das Durchsetzen von Änderungen trotz der in Abschnitt 2.1. aufgezeigten Abgrenzungsprobleme die Unterscheidung in Innovations- und Organisations- bzw. Koordinationsfunktion berücksichtigt, da auf diese Weise detailliertere Aussagen ermöglicht werden.

69 Vgl. hierzu Stevenson/Jarillo (1990), S. 24f., aber auch die in Abschnitt 4.2. angestellten Überlegungen zum internen Marketing.

ausgeschöpft werden können, ist er aufgrund seiner Unterlegenheit gegenüber alternativen Lösungen (z.B. externer Zukauf des Service) zu eliminieren. Ansonsten sind die betreffenden Maßnahmen zur Ausschöpfung und Absicherung der Wettbewerbsvorteile sowohl durch die Unternehmungsleitung im Hinblick auf den externen Markt als auch durch das Management des zentralen Service-Bereichs im Hinblick auf die internen Märkte einzuleiten.

Maßnahmen der Unternehmungsleitung zielen somit unmittelbar auf die Gestaltungsfelder 1 bis 8 ab, bedeuten aber gleichzeitig eine Weichenstellung für die Felder 9 bis 16, auf die die Maßnahmen der zentralen Service-Bereiche primär ausgerichtet sind; letztere wirken sich aber mittelbar auch wiederum auf die erstgenannten Gestaltungefelder aus, wie sich unten zeigen wird. Im folgenden nämlich wird zu jedem der sechzehn Felder **ein knappes Beispiel** gegeben, welche Art von Maßnahme der Ausfüllung des betreffenden Gestaltungsfeldes dienen könnte, ohne daß dabei ein Anspruch auf Vollständigkeit oder Repräsentativität erhoben werden soll oder kann:

- **Feld 1**: Durch die Ausgestaltung der Arbeitsverträge mit den Zentralbereichsmitarbeitern hat die Unternehmungsleitung die Möglichkeit, durch Übernahme von Einkommensunsicherheit besonders qualifizierte Kräfte an sich zu binden und damit die Basis für Effektivitätsvorteile zu schaffen.

- **Feld 2**: Die Erbringung qualifizierter Marktforschungsleistungen durch einen Zentralbereich ermöglicht der Unternehmung die Erstellung besonders bedarfsgerechter Produkte, für die am Markt Arbitragegewinne erzielt werden können. Aufgabe der Unternehmungsleitung ist es, die Voraussetzungen eines entsprechenden Einsatzes der Marktforschung zu schaffen.

- **Feld 3**: Durch die Umstrukturierung, Elimination und Neuschaffung von Service-Bereichen kann die Unternehmungsleitung eine bedarfsgerechtere Leistungserstellung unterstützen.

- **Feld 4**: Die Unternehmungsleitung sorgt für eine bedarfsgerechtere Leistungserstellung, indem sie adäquate Koordinationsmechanismen, z.B. Verrechnungspreismodelle, für die zentralen Service-Bereiche einsetzt und deren Funktionieren überwacht.

- **Feld 5**: Durch die vertragliche Bindung der Arbeitskräfte sichert die Unternehmungsleitung sich eine im Konkurrenzvergleich kostengünstigere Erbringung der zentralen Services.

- **Feld 6**: Die zentralen Service-Bereiche erbringen die Services kostengünstiger als es in Konkurrenzunternehmen der Fall ist. Auf Basis dieser Kostenvorteile erhöhen sich die Gewinnpotentiale der Unternehmung.

- **Feld 7**: Die Unternehmungsleitung beschließt die Eliminierung eines zentralen Service-Bereichs, da sich die externe Beschaffung der betreffenden Leistungen als kostengünstiger herausgestellt hat.

- **Feld 8**: Die Unternehmungsleitung setzt Mechanismen ein, die die Kostengünstigkeit der zentralen Service-Bereiche überwachen helfen, z.B. entsprechende Controlling-Instrumente.

- **Feld 9**: Zentraler Service-Bereich und Geschäftsbereich arbeiten zusammen und nehmen sich dadurch gegenseitig einen Teil ihrer Einkommensunsicherheit ab. Aus der engen Zusammenarbeit resultiert für den Zentralbereich die Möglichkeit, besonders bedarfsgerechte Lösungen für seinen internen Kunden anzubieten.

- **Feld 10**: Der zentrale Service-Bereich „vermarktet" seine Leistungen erfolgreich und erzielt entsprechende Erfolge.

- **Feld 11**: Innerhalb eines Zentralbereichs werden neue Services entwickelt, die auf die Bedürfnisse der internen Kunden besser zugeschnitten sind als verfügbare Konkurrenzangebote.
- **Feld 12**: Innerhalb des Service-Bereiches wird die kundenorientierte Erstellung der Leistungen überwacht und koordiniert.

- **Feld 13**: Durch die längerfristige Zusammenarbeit im Zuge der gegenseitigen Übernahme von Einkommensunsicherheit entstehen kundenspezifische Lerneffekte beim zentralen Service-Bereich, in deren Folge die Kosten sinken und unter denen interner oder externer Alternativlösungen liegen.

- **Feld 14**: Durch Kostensenkungsbemühungen kann der zentrale Service-Bereich seine Arbitragemöglichkeiten verbessern.

- **Feld 15**: Innerhalb des zentralen Service-Bereichs werden kostengünstigere Leistungsprozesse entwickelt und eingesetzt.

- **Feld 16**: Die Führung des zentralen Service-Bereiches überwacht die Einhaltung von Kostenvorgaben und greift gegebenenfalls regulierend ein.

Es hat sich gezeigt, daß die Anknüpfungspunkte des Management zwar nicht für alle Gestaltungsfelder als gleichwertig bzw. gleich offensichtlich anzusehen sind, daß jedoch für jedes der Felder zumindest Ansatzpunkte zu erkennen sind, was möglicherweise als Hinweis auf die Tragfähigkeit des hier vorgestellten Systematisierungsansatzes gewertet werden kann[70]. Eine intensivere Auseinandersetzung mit dieser Problematik soll allerdings späteren, tiefergehenden Untersuchungen vorbehalten bleiben. Um die sich bietenden Möglichkeiten etwas plastischer zu machen, seien im folgenden Kapitel 4 lediglich drei Beispiele herausgegriffen, an Hand derer zumindest ansatzweise detailliertere Gestaltungsmöglichkeiten angedeutet werden sollen. Dabei werden jeweils mehrere Gestaltungsfelder zusammengefaßt, um den aufgezeigten Interdependenzen Rechnung zu tragen. Oder anders gesagt: Konzepte zur Umsetzung der Unternehmerfunktionen in konkretes Handeln werden mit Hilfe der in Abb. 6 aufgespannten Matrix hinsichtlich ihrer wettbewerblichen Stoßrichtung positioniert und strukturiert.

---

[70] Möglicherweise bietet es sich zukünftig an, so etwas wie eine Hierarchie der einzelnen Felder herauszuarbeiten und auch abbildungstechnisch zu berücksichtigen, die Ziel-Mittel-Beziehungen bzw. Über-/Unterordnungs-Verhältnisse aufgreift und dokumentiert. Davon sei jedoch in diesem vergleichsweise frühen Stadium der Überlegungen zunächst noch abgesehen.

4. Von der Konzeption zur Anwendung: ausgewählte Beispiele zur inhaltlichen Umsetzung der Gestaltungsfelder

4.1. Beispiel 1: Ausstattung eines zentralen Service-Bereichs mit Verfügungsmöglichkeiten über Ressourcen und Kompetenzen

Dieses Beispiel betrifft vor allem die Felder 3 und 7 in Abb. 6. Es geht um die Ausstattung eines Service-Bereichs mit Personal und sonstigen Ressourcen sowie um die Kompetenzen, die dem Bereich hinsichtlich der Verfügungsmöglichkeiten über diese Ressourcen eingeräumt werden sollten. Insofern steht in diesem Zusammenhang die Entscheidung an, in welchem Umfang das Service- bzw. Wettbewerbsmodell in seiner reinen Form tatsächlich realisiert werden soll. Diese Ausstattung mit Ressourcen und Kompetenzen fällt in den Bereich der Unternehmerfunktion des Durchsetzens von Änderungen, speziell in den Bereich der Innovationsfunktion[71].

Mit der Schaffung von Verfügungsmöglichkeiten für die zentralen Service-Bereiche zwangsläufig einhergehend, legt die Unternehmungsleitung Regelungen für Anreiz- und Kontrollmechanismen fest. Insbesondere Mitarbeitern, die über einzigartige Informationen bzw. spezifische Kenntnisse verfügen, muß die Unternehmungsleitung Anreize bieten, die sicherstellen, daß die entsprechenden Kenntnisse innerhalb der Unternehmung genutzt werden können und die im Hinblick auf ihr Wissen als Unternehmer agierenden Mitarbeiter[72] dieses Wissen nicht außerhalb der Unternehmung und gegebenenfalls zu deren Nachteil einsetzen. Insofern müssen die internen unternehmerischen Anreize für derartige Mitarbeiter mindestens so groß sein wie auf dem externen Markt[73]. Daher bietet sich das Service- bzw. Wettbewerbsmodell of-

[71] Es handelt sich hier gleichsam um eine Spezialform des von Schumpeter (1928), S. 483, genannten Falls der Schaffung neuer Organisationen.

[72] Ähnlich wie Schneider (1995), S. 31, sieht Casson (1982), S. 259, die Individuen als Unternehmer ihres Wissens.

[73] In dieser Weise argumentiert Casson (1982), S. 258f. Damit befindet er sich in einem gewissen Konflikt mit den üblichen Aussagen vieler Vertreter des Transaktionskostenansatzes. Diese sehen bei hoher Spezifität - und die liegt im Falle dieser besonderen Kenntnisse der Mitarbeiter, die auch in einzigartige Leistungen münden können, vor - prinzipiell marktferne Einbindungsformen als adäquat an; vgl. z.B. Picot (1991), S. 346. Casson, der in seinen Überlegungen selbst auf die Minimierung von Koordinationskosten abstellt, vgl. dazu auch Wieandt (1994), S. 22, und einen Brückenschlag zwischen Transaktionskostenüberlegungen und Unternehmerfunktionen versucht, betont dagegen die Notwendigkeit der Schaffung marktähnlicher Bedingungen innerhalb der Unternehmung im Falle des Vorliegens spezifischer Informationen bei den betreffenden Mitarbeitern. Handelt es sich dagegen um standardisierte Routine-Informationen, hält er derartige unternehmerische Anreize für weniger bedeutsam; siehe Casson (1982), S. 259. Siehe aber in diesem Zusammenhang auch die aktuellen Überlegungen zu den Transaktionskostenwirkungen der sogenannten „Modularisierung" der Unternehmung bei Picot/Reichwald/Wigand (1996), S. 234ff.

fenbar gerade für solche Services an, für deren Erstellung spezielle Kenntnisse erforderlich sind, die sich nicht problemlos anderweitig extern am Markt finden lassen. Ähnliche Empfehlungen zum „Hereinholen des Marktes in die Unternehmung" lassen sich auch aus allgemeineren Überlegungen zur Schaffung neuartiger Organisationsformen ableiten[74]. Im Hinblick auf standardisierte Leistungen, für die keine besonderen Kenntnisse erforderlich sind, kommt dagegen auch im Bereich der internen Services der Fremdbezug als naheliegende Alternative in Betracht, da die Unternehmung - bzw. ihre Mitarbeiter - über keine spezifischen Fähigkeiten verfügt, die sich in Leistungsvorteile umsetzen lassen.

Ein wichtiger Aspekt in diesem Zusammenhang ist, daß ein angemessenes Gleichgewicht zwischen den Koordinations- und Motivationswirkungen der Ausstattung der Service-Bereiche gefunden wird. Gerade beim Service- bzw. Wettbewerbsmodell nämlich muß davon ausgegangen werden, daß es zwar die Motivation der betreffenden Mitarbeiter fördert, daß die unternehmensweite Koordination aber erschwert wird[75].

Entsprechend dem Grad an Notwendigkeit der Schaffung unternehmerischer Freiräume für die Service-Bereiche muß die Unternehmungsleitung aus dem grundsätzlich verfügbaren Spektrum betriebswirtschaftlicher Steuerungs- und Lenkungsmechanismen organisationsinterner Kooperation auswählen[76]. Abb. 7 gibt einen charakterisierenden Überblick über wichtige Verfahren, der deutlich macht, daß Profit-Center-Systeme[77] - mit sehr deutlichen Abstrichen auch bis zu einem gewissen Grade Lenkungspreissysteme[78] - marktähnliche Verhältnisse simulieren helfen.

---

74 Vgl. stellvertretend Frese/von Werder (1994), S. 6ff., bei deren Kennzeichnung der Gestaltungsprinzipien aktueller Reorganisationen die Schaffung marktähnlicher Verhältnisse eine große Rolle spielt.

75 Vgl. Frese/von Werder (1993), S. 24ff., Kreisel (1995), S. 145ff. Dort ist jeweils von „Koordinations- und Motivationseffizienz" die Rede. Diese organisationstheoretischen Begriffe werden hier allerdings nicht verwendet, um Unschärfen gegenüber der Effizienz als Art des Wettbewerbsvorteils zu vermeiden. Eine intensivere Auseinandersetzung mit dem Effizienzbegriff, als sie Gegenstand der vorliegenden Untersuchung sein kann, wird sich allerdings auch mit dieser Fragestellung beschäftigen müssen.

76 Vgl. zu einem differenzierten Überblick über wichtige Verfahren Küpper (1991), S. 175ff. Vgl. aber auch Connell (1996), S. 56.

77 Vgl. dazu z.B. Frese (1990), S. 137ff., Neuhof (1982), S. 11ff., Schweitzer (1992), Sp. 2078ff. Zu einer Kurzcharakterisierung unterschiedlicher „Center-Konzepte" vgl. Friedrich (1996), S. 988.

78 Vgl. in diesem Zusammenhang zur Gestaltung von Verrechnungspreisen z.B. Drumm (1989), Sp. 2168ff., Schimmelpfennig (1994), S. 93ff., Treyer (1990), S. 247ff., aber auch vor allem Wagenhofer (1995), S. 281ff.

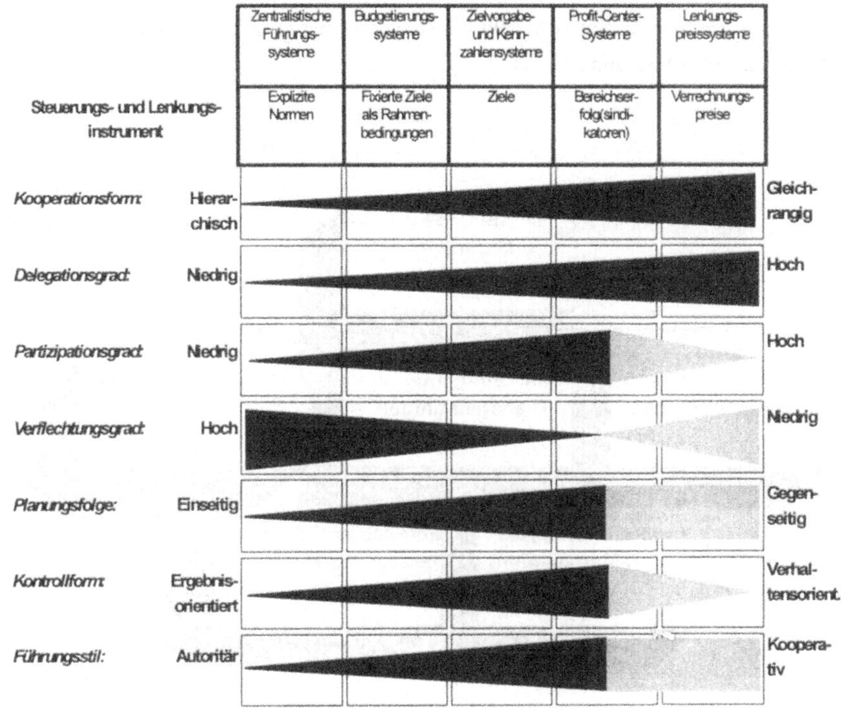

Abb. 7: Charakterisierung betriebswirtschaftlicher Steuerungs- und Lenkungssysteme

Quelle: Küpper (1991), S. 193

Die weitere Auseinandersetzung mit der Thematik wird es erforderlich machen, diejenigen Mechanismen herauszuarbeiten und gegebenenfalls weiterzuentwickeln, die eine Unternehmung implementieren muß, um eine optimale Verteilung und Ausnutzung der Ressourcen durch die zentralen Service-Bereiche zu gewährleisten.

4.2. Beispiel 2: Die Vermarktung interner Services als Spezialfall des internen Marketing

Die folgenden Überlegungen beziehen sich auf die Ausgestaltung des Feldes 10 i.V.m. den Feldern 11 und 12 in Abb. 6. Hier sind Fragestellungen der Vermarktung der internen Services durch die Zentralbereiche gegenüber ihren innerbetrieblichen Abnehmern zu untersuchen. Abb. 8 macht deutlich, daß es sich beim Marketing interner Dienstleistungen um einen Spezialfall des internen Marketing handelt[79].

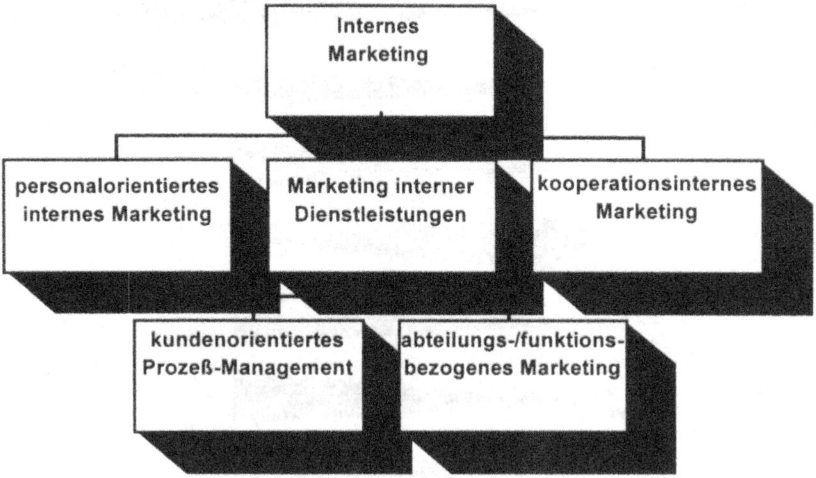

Abb. 8: Erscheinungsformen des internen Marketing

Quelle: abgeleitet aus Stauss (1995b), Sp. 1046

Internes Marketing beinhaltet im hier zugrundeliegenden Sinne „die planmäßige Gestaltung der unternehmerischen Austauschbeziehungen mit internen Systemelementen zu absatzmarktorientierten Zwecken“[80]. Im Konzept des internen Marketing findet sich durchgängig das schon angesprochene Denken in internen Kunden-Lieferanten-Beziehungen wieder: Jeder Mitarbeiter sollte sich als Lieferant anderer Mitarbeiter bzw. Abteilungen verstehen, die in diesem Sinne seine Kunden darstellen und die er zufriedenstellen muß. Dies ist die in der Li-

[79] Dabei werden die beiden anderen Formen, das personalorientierte interne Marketing, das den traditionellesten und am intensivsten ausgearbeiteten Zweig darstellt, und das kooperationsinterne Marketing, im Rahmen des vorliegenden Beitrags nicht weiter behandelt; vgl. zum Überblick Bruhn (1995), S. 13ff., Stauss (1995b), Sp. 1045ff., Stauss/Schulze (1990), S. 149ff., Varey (1995a), S. 40ff.

[80] Stauss (1994), S. 477.

teratur vielfach betonte Forderung[81]. Dabei - und das macht obige Definition deutlich - darf diese interne Kundenorientierung nicht um ihrer selbst willen erfolgen[82], sondern sie muß unter dem Primat der (externen) Absatzorientierung stehen. Mit anderen Worten: Internes Marketing hat die Aufgabe, das externe Marketing zu unterstützen, die externen Marktchancen sollen durch internes Marketing verbessert werden[83]. Insofern soll internes Marketing unmittelbar der Erzielung von Wettbewerbsvorteilen am externen Markt dienen.

Für die Marketing-Bemühungen interner Service-Bereiche bedeutet dies, daß sie durch das Streben nach internen Wettbewerbsvorteilen durch das auf ihre internen Abnehmer gerichtete Marketing gleichsam „automatisch" zur Erzielung externer Wettbewerbsvorteile beitragen sollten. An dieser Stelle wird der schon mehrfach betonte Mittel-Ziel-Bezug zwischen den beiden Betrachtungsebenen der vorliegenden Untersuchung wiederum deutlich[84].

Gemäß Abb. 8 umfaßt das Marketing interner Services die kundenorientierte Optimierung der Service-Prozesse[85] sowie - hier interessanter - das abteilungs- bzw. funktionsbezogene Marketing, das als innerbetriebliche Vermarktung im engsten Sinne angesehen werden kann. Die zentralen Service-Bereiche müssen - um nur einige wichtige Punkte herauszuheben - z.B.[86]

- interne Marktforschung betreiben, und zwar im Hinblick auf
  - ☐ die internen Kunden und ihre Bedürfnisse,
  - ☐ die Konkurrenten auf dem internen Markt, d.h. externe Spezialisten und Selbsterstellungsmöglichkeiten der Geschäftsbereiche;

---

81 Vgl. als kleine Auswahl Chung (1993), S. 26, George (1990), S. 67ff., Hauser/Simester/Wernerfelt (1996), S. 270, Piercy/Morgan (1991), S. 84, Stauss/Neuhaus (1995), S. 577ff., Töpfer (1995), S. 547ff.

82 Vgl. in diesem Zusammenhang wiederum die Kritik am Konzept des internen Kunden bei Harari (1991), S. 41ff., Harari (1993), S. 30ff. Dort werden die Gefahren einer überzogenen Betonung der Orientierung am internen Kunden bei gleichzeitiger Vernachlässigung der externen Markterfordernisse aufgezeigt.

83 Vgl. z.B. Comm (1989), S. 41, Davis (1992), S. 34, Flipo (1990), S. 5ff., Heskett et al. (1994), S. 51, Tansuhaj/Randall/McCullough (1988), S. 31ff., Varey (1995b), S. 41ff.

84 Interessant ist an dieser Stelle aber auch der Sachverhalt, daß sich mit der Unterordnung des nach innen gerichteten internen unter das nach außen gerichtete externe Marketing eine bemerkenswerte Parallelität zur Hierarchie der Unternehmerfunktionen findet, wie sie in Abschnitt 2.1. herausgestellt wurde: Auch dort nämlich besitzt die nach außen gerichtete Arbitragefunktion Priorität gegenüber der nach innen gerichteten Funktion des Durchsetzens von Änderungen. Daraus läßt sich eine grundlegende Verträglichkeit des Konzeptes des Marketing als marktorientierte Unternehmungsführung mit der Lehre von den Unternehmerfunktionen ablesen.

85 Die Optimierung erfolgt hier vor allem mit Blick auf die Befriedigung der Bedürfnisse externer Kunden; vgl. Stauss (1995b), Sp. 1052.

86 Vgl. dazu insbesondere Davis (1993), S. 301ff., Gremler/Bitner/Evans (1994), S. 34ff., Harrell/Fors (1992), S. 299ff., McDermott/Emerson (1991), S. 61ff., Reynoso/Moores (1995), S. 64ff., Stauss (1995a), S. 62ff., Vandermerwe/Gilbert (1989), S. 83ff., Vandermerwe/Gilbert (1991), S. 50ff., Witt (1985), S. 162ff.

- Leistungsangebote bedürfnisgerecht gestalten, z.B. durch segmentspezifische Leistungsbündel oder durch den Einsatz interner Service-Garantien;
- für Nachfragerevidenz bezüglich ihrer Services sorgen, indem sie mittels des Einsatzes kommunikationspolitischer Instrumente oder auch von Gesprächsrunden mit potentiellen Kunden die angebotenen Leistungen bekannt machen;
- ein gezieltes Qualitäts-Management betreiben, einschließlich Kundenzufriedenheitsuntersuchungen, Beschwerdeanalysen und Benchmarking.

Diese und andere Instrumente werden durch die zentralen Service-Bereiche vielfach zu wenig genutzt, obwohl gerade der Nachweis der erfolgreichen Vermarktung der betreffenden Leistungen ein wichtiges Argument gegen etwaige Eliminierungs- bzw. Outsourcing-Überlegungen sein kann. Auch im Hinblick auf diese Gestaltungsfelder kann eine tiefergehende Analyse wichtige Erkenntnisse für das wettbewerbsvorteilsorientierte Management zentraler Service-Bereiche liefern.

4.3. Beispiel 3: Prozeß-Management innerhalb zentraler Service-Bereiche

Das Management der zentralbereichsinternen Service-Prozesse berührt effektivitäts- und effizienzorientierte Aspekte und ist daher primär in den Feldern 11, 12, 15 und 16 von Abb. 6 anzusiedeln: Die Prozesse sollen im Hinblick auf die Bedürfnisse der internen Kunden und deren Nutzen sowie im Hinblick auf die Kosten optimiert werden[87]. Dabei sind einige gravierende Unterschiede zwischen Fertigungs- und Service-Prozessen zu beachten, die das Prozeß-Management im Service-Bereich vor besondere Herausforderungen stellen. Abb. 9 gibt einen - idealtypisch polarisierenden - Überblick hinsichtlich der wichtigsten Unterschiede.

---

[87] Diese Verbindung von Kunden- und Kostenorientierung ist vielfach genanntes charakteristisches Merkmal des Prozeß-Management, vgl. z.B. Bullinger (1995), S. 784f., Fischer (1996), S. 222, Hinterhuber (1994), S. 59, Striening (1995), S. 168. Vgl. in diesem Zusammenhang auch die interessanten Überlegungen zu einer ressourcenorientierten Perspektive eines wettbewerbsvorteilsorientierten Prozeß-Management bei Gaitanides/Sjurts (1995), S. 61ff.

Merkmale	Fertigungsprozeß	Service-Prozeß
Prozeß-Gesamtverantwortung	vorhanden	unklar
Prozeß-Definition	eindeutig	fraktioniert
Schnittstellenidentifikation	definiert	unklar
Ein-/Ausgabe-Beziehungen	quantifiziert	verbal
Dokumentation/Arbeitsanweisungen	präzise	unvollständig
Meßpunkte	festgelegt	nicht bzw. selten vorhanden
statistische Messungen	regelmäßig	nicht bzw. selten vorhanden
Produktivitätsmaßstab	Ausbeute, Durchlaufzeit	Bearbeitungszeit
Korrekturen/Modifikationen	präventiv/planvoll	reaktiv/sporadisch

Abb. 9: Unterschiede zwischen Fertigungs- und Service-Prozessen

Quelle: Striening (1988), S. 18

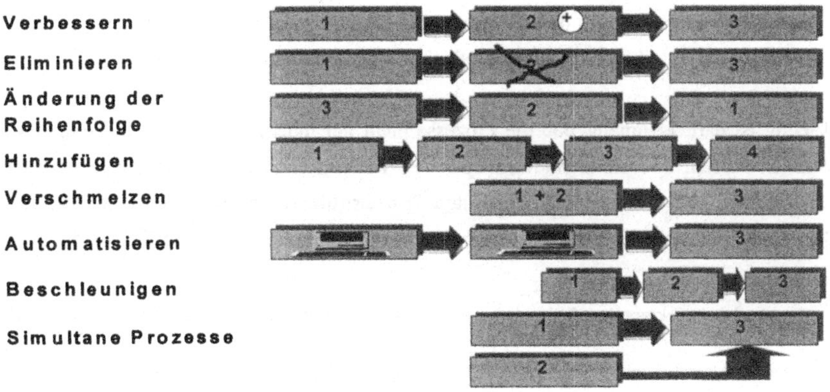

Abb. 10: Ansatzpunkte der Prozeß-Optimierung

Quelle: Lohoff/Lohoff (1993), S. 251

Ohne im einzelnen darauf eingehen zu müssen, macht Abb. 10 deutlich, daß es eine Reihe von Ansatzpunkten zur Prozeß-Optimierung gibt. Welcher gewählt wird, bleibt dem jeweiligen Einzelfall vorbehalten: Die Regel wird jedoch eine Kombination unterschiedlicher Teilaspekte sein.

Im einzelnen stellt das Prozeß-Management zur Unterstützung dieser Verbesserungsmaßnahmen ein breites Spektrum unterschiedlicher Instrumente und potentieller Maßnahmen zur Verfügung, wobei für die internen Services die aus Dienstleistungsunternehmungen vorliegenden Kenntnisse genutzt werden sollten[88]. Als beispielhafte Gestaltungsoptionen seien an dieser Stelle nur drei genannt, ohne näher auf deren spezifische Vor- und Nachteile eingehen zu können:

- Die Durchführung von **Prozeßanalysen** erlaubt eine detaillierte Betrachtung von Zeit, Qualität und Kosten als Erfolgsfaktoren im Hinblick auf jeden einzelnen Teilprozeß innerhalb des Service-Bereichs, aber auch auf die Erstellung bestimmter Services insgesamt. Wichtige Instrumente sind in diesem Zusammenhang das Service-Blueprinting[89] sowie die eng damit verwandte Prozeßwertanalyse[90].
- Zur Klärung der Service-Verantwortlichkeiten sind **Prozeßverantwortliche**[91] zu benennen. Ergänzend können **Verantwortlichkeitscharts**[92] eingesetzt werden, die deutlich machen, wer für welchen Teilschritt innerhalb der Service-Bereiche zuständig ist.
- Schließlich können **Prozeß-Portfolios**[93], die die einzelnen Teilprozesse nach unterschiedlichen Kriterien systematisieren und strukturieren, als Visualisierungs- und Analysehilfe herangezogen werden. In dieser Funktion können sie zwar keine Entscheidungen vorwegnehmen, die Entscheidungsfindung jedoch wirksam unterstützen.

Wichtig ist darüber hinaus, daß die Prozesse nicht nur innerhalb des Service-Bereiches hinsichtlich Kosten und Kundennutzen optimiert werden, sondern daß auch eine nachhaltige Abstimmung mit den unternehmensweiten Prozeßstrukturen erfolgt, damit der Beitrag des Service-Bereichs zur Erzielung externer Wettbewerbsvorteile ermöglicht und gefördert wird.

---

88 Entsprechende Erkenntnisse finden sich z.B. bei Kastner/Bohnenkamp (1991), S. 35ff., Melan (1985), S. 52ff.

89 Zu einem Überblick vgl. z.B. Shostack (1984), S. 93ff.

90 Vgl. Beischel (1990), S. 53ff.

91 Vgl. Striening (1988), S. 164ff.

92 Vgl. Davis (1991), S. 8.

93 Vgl. z.B. Fröhling (1992), S. 341ff.

Diese Abstimmung auf und Integration in die zentralbereichsübergreifenden Abläufe obliegt allerdings nicht primär den Service-Bereichen selbst, sondern der Unternehmungsleitung, die auf die Vermeidung von Schnittstellen- und Reibungsverlusten hinwirken muß.

Wie auch die in den Abschnitten 4.1. und 4.2. angesprochenen Aspekte bedarf derjenige des Prozeß-Management der intensiven Vertiefung. Als knapper Aufriß hinsichtlich der inhaltlichen Ausgestaltung möglicher Gestaltungsfelder eines wettbewerbsvorteilsorientierten Management zentraler Service-Bereiche mögen diese wenigen Hinweise jedoch an dieser Stelle ausreichen.

5. Fazit: Konsequenzen der vorgestellten Überlegungen und Problemfelder der weiteren Auseinandersetzung mit der Thematik

Im vorliegenden Beitrag wurde ein konzeptioneller Rahmen herausgearbeitet, mit dem systematisiert und erklärt werden soll, wie durch die Ausübung von Unternehmerfunktionen im Hinblick auf zentrale Service-Bereiche (als Ausschnitt aus der Gesamtheit denkbarer Institutionalisierungsformen interner Dienstleistungen) Wettbewerbsvorteile erzielt werden können, indem Perspektiven unternehmerischen Verhaltens auf unterschiedlichen Betrachtungsebenen Berücksichtigung finden.

Dabei lag der Schwerpunkt der Überlegungen auf der Herleitung und Fundierung dieses konzeptionellen Rahmens; weitgehend im Hintergrund mußte seine Ausgestaltung durch konkrete Handlungsmaßnahmen bleiben. Diese Gewichtung wurde gewählt, da das primäre Anliegen dieses Beitrags darin liegt, die Zweckmäßigkeit und Tragfähigkeit des dargestellten Ansatzes einer fundierten Überprüfung zugänglich zu machen. Diese Frage nämlich kann zum gegenwärtigen Zeitpunkt noch nicht als beantwortet angesehen werden, da insbesondere die Heranziehung der Lehre von den Unternehmerfunktionen einige Probleme aufwirft, die nicht verschwiegen werden können und die der kritischen Hinterfragung bedürfen. Insbesondere sind in diesem Zusammenhang folgende Aspekte erwähnenswert:

- Die Lehre von den Unternehmerfunktionen ist bis heute mehr eine heterogene Mischung unterschiedlicher Komponenten, die aus verschiedenen ökonomischen Richtungen beigesteuert wurden und werden, als eine zumindest in Ansätzen geschlossene theoretische Konzeption. Insofern stellt sich die Frage, ob die Heranziehung heterogener Bausteine zur Errichtung eines geschlossenen Fundaments ausreichen kann. Im vorliegenden Beitrag wurde versucht, eine gewisse Stimmigkeit der Ausführungen durch die Fokussierung auf die Konzeption von Dieter Schneider herbeizuführen.

- Ein weiteres Problemfeld in Verbindung mit der Lehre von den Unternehmerfunktionen besteht darin, daß dieser Ansatz zwar vieles zu erklären vermag, im Hinblick auf die Formulierung konkreter Handlungsempfehlungen bis heute aber hinter z.B. der Neuen Institutionenökonomik deutlich zurückhängt. Hier stellt sich die schwer zu beantwortende Frage, ob darin eher die Chance der Suche nach Neuem oder die Gefahr der Vernachlässigung anderweitig bereits vorhandener brauchbarer Erkenntnisse gesehen werden sollte.

- Erachtet man die Lehre von den Unternehmerfunktionen als tragfähig und angemessen für die theoretische Fundierung eines wettbewerbsvorteilsorientierten Management zentraler Service-Bereiche, so stellt sich zumindest die Frage, inwieweit es zulässig sein kann, die Erkenntnisse anderer Theoriezweige zur Füllung vorhandener Lücken in einer auf den Unternehmerfunktionen basierenden Theorie der Unternehmung heranzuziehen. Wichtig wird dabei sein, die der Lehre von den Unternehmerfunktionen zugrundeliegenden Prämissen nicht zu verletzen.

In jedem Fall - das sei abschließend festgehalten - eröffnet die Lehre von den Unternehmerfunktionen interessante Einblicke in die Thematik, die durch das Verlassen weitgehend ausgetretener Pfade der Theorie ermöglicht werden. Die Anknüpfungspunkte zwischen den Unternehmerfunktionen und dem marktorientierten Denken in Kategorien des Wettbewerbsvorteils dürften in den zurückliegenden Ausführungen nachvollziehbar hervorgetreten sein[94]. Der entscheidende „Knackpunkt" ist daher nicht in der Frage der **generellen** Verträglichkeit von marktorientierter Unternehmungsführung und Unternehmerfunktionen zu sehen, sondern in der Frage, ob die Unternehmerfunktionen **genügend** Ansatzpunkte für die Auseinandersetzung mit Problemstellungen im Kontext der marktorientierten Unternehmungsführung - hier diskutiert am Spezialfall des Management zentraler Service-Bereiche - bieten. Anstöße zur Auseinandersetzung mit und Hinweise zur Beantwortung dieser Frage zu liefern, war das Anliegen des vorliegenden Beitrags.

---

[94] Vgl. dazu auch einzelne Versuche zur Verknüpfung von Marketing und Theorie des Unternehmertums, wie sie sich etwa bei Reekie/Savitt (1982), S. 55ff., oder insbesondere in dem von Hills (1994) herausgegebenen Sammelband finden. Auffällig ist, daß von derartigen Überlegungen in der deutschsprachigen Literatur bisher kaum Notiz genommen wurde. Offen ist allerdings derzeit noch die generelle Frage, inwieweit entsprechende Untersuchungen zu Marketing und Unternehmertum mit dem hier vorgestellten Konzept theoretisch „kompatibel" sind. Auch die Beantwortung dieser Frage muß Gegenstand weiterer Analysen sein.

6. Literatur

Altfelder, Klaus (1965): Stabsstellen und Zentralabteilungen als Formen der Organisation der Führung, Berlin 1965

Arbeitskreis Dr. Krähe (1952): Konzern-Organisation, Köln/Opladen 1952

Backhaus, Klaus (1992): Investitionsgütermarketing, 3. Aufl., München 1992

Bamberger, Ingo/**Wrona**, Thomas (1996): Der Ressourcenansatz und seine Bedeutung für die Strategische Unternehmensführung, in: Zeitschrift für betriebswirtschaftliche Forschung, 48. Jg. (1996), S. 130-153

Barnard, Chester I. (1938): The Functions of the Executive, Cambridge/Mass. 1938

Becker, Fred G. (1995): Anreizsysteme als Führungsinstrumente, in: Kieser, Alfred/Reber, Gerhard/Wunderer, Rolf (Hrsg.): Handwörterbuch der Führung, 2. Aufl., Stuttgart 1995, Sp. 34-45

Beischel, Mark E. (1990): Improving Production with Process Value Analysis, in: Journal of Accountancy, Vol. 17 (1990), September, S. 53-57

Beuermann, Günter (1992): Zentralisation und Dezentralisation, in: Frese, Erich (Hrsg.): Handwörterbuch der Organisation, 3. Aufl., Stuttgart 1992, Sp. 2611-2615

Bitzer, Marc (1991): Intrapreneurship - Unternehmertum in der Unternehmung, Stuttgart 1991

Bleicher, Knut (1966): Zentralisation und Dezentralisation von Aufgaben in der Organisation der Unternehmungen, Berlin 1966

Bohr, Kurt (1993): Effizienz und Effektivität, in: Wittmann, Waldemar et al. (Hrsg.): Handwörterbuch der Betriebswirtschaft, 5. Aufl., Bd. 1, Stuttgart 1993, Sp. 855-869

Breid, Volker (1995): Aussagefähigkeit agencytheoretischer Ansätze im Hinblick auf die Verhaltenssteuerung von Entscheidungsträgern, in: Zeitschrift für betriebswirtschaftliche Forschung, 47. Jg. (1995), S. 821-854

Bruhn, Manfred (1995): Internes Marketing als Forschungsgebiet der Marketingwissenschaft, in: Bruhn, Manfred (Hrsg.): Internes Marketing, Wiesbaden 1995, S. 13-61

Bühner, Rolf (1996): Die Größe von Konzernzentralen - eine Benchmarking Studie, in: Zeitschrift Führung + Organisation, 65. Jg. (1996), S. 227-236

Bullinger, Hans-Jörg (1995): Prozeßmanagement, in: Corsten, Hans/Reiß, Michael (Hrsg.): Handbuch Unternehmungsführung, Wiesbaden 1995, S. 779-790

Cantillon, Richard (1755): Essai sur la nature du commerce en général, London 1755

Casson, Mark (1982): The Entrepreneur: An Economic Theory, Oxford 1982

Casson, Mark (1996): The Nature of the Firm Reconsidered: Information Synthesis and Entrepreneurial Organisation, in: Buckley, Peter J. (Hrsg.): International Business Theory, Wiesbaden 1996 (Management International Review, Vol. 36, Special Issue 1996/1), S. 55-94

Chung, Ronald K. (1993): TQM: Internal Client Satisfaction, in: Business Credit, Vol. 95 (1993), H. 4, S. 26-28

Coase, Ronald H. (1937): The Nature of the Firm, in: Economica, Vol. 4 (1937), S. 386-405

Comm, Clare L. (1989): The Internal Marketing of Demand Intensive Services by Companies Can Lead to Better External Marketing, in: Journal of Professional Services Marketing, Vol. 5 (1989), H. 1, S. 41-46

Connell, Regina (1996): Learning to Share, in: Journal of Business Strategy, Vol. 17 (1996), H. 2, S. 55-58

Cramer, Birgit (1987): Marketing für innerbetriebliche Weiterbildungsleistungen, Frankfurt a.M. et al. 1987

Davis, Tim R.V. (1991): Internal Service Operations: Strategies for Increasing Their Effectiveness and Controlling Their Cost, in: Organizational Dynamics, Vol. 20 (1991), Autumn, S. 5-22

Davis, Tim R.V. (1992): Satisfying Internal Customers: The Link to External Customer Satisfaction, in: Planning Review, Vol. 20 (1992), H. 1, S. 34-37

Davis, Tim R.V. (1993): Managing Internal Service Delivery in Organizations, in: Swartz, T.A./Bowen, D.E./Brown, S.W. (Hrsg.): Advances in Services Marketing and Management, Vol. 2, Greenwich/Conn. 1993, S. 301-321

Day, George S./**Wensley**, Robin (1988): Assessing Advantage: A Framework for Diagnosing Competitive Superiority, in: Journal of Marketing, Vol. 52 (1988), April, S. 1-20

Drumm, Hans Jürgen (1989): Verrechnungspreise, in: Szyperski, Norbert/Winand, Udo (Hrsg.): Handwörterbuch der Planung, Stuttgart 1989, Sp. 2168-2177

Fischer, Joachim (1996): Prozeßorientiertes Controlling: Ein notwendiger Paradigmenwechsel?, in: Controlling, 8. Jg. (1996), S. 222-231

Flipo, Jean-Paul (1990): Service Firms: Interdependence of External and Internal Marketing Strategies, in: European Journal of Marketing, Vol. 20 (1990), H. 8, S. 5-14

Föhr, Silvia (1991): Ökonomische Analyse der internen Organisation, Wiesbaden 1991

Frese, Erich (1990): Das Profit-Center-Konzept im Spannungsfeld von Organisation und Rechnungswesen, in: Ahlert, Dieter/Franz, Klaus-Peter/Göppl, Hermann (Hrsg.): Finanz-und Rechnungswesen als Führungsinstrument, Wiesbaden 1990, S. 137-155

Frese, Erich/**von Werder**, Axel (1993): Zentralbereiche - Organisatorische Formen und Effizienzbeurteilung -, in: Frese, Erich, von Werder, Axel/Maly, Werner (Hrsg.): Zentralbereiche, Stuttgart 1993, S. 1-50

Frese, Erich/**von Werder**, Axel (1994): Organisation als strategischer Wettbewerbsfaktor - Organisationstheoretische Analyse gegenwärtiger Umstrukturierungen -, in: Frese, Erich/Maly, Werner (Hrsg.): Organisationsstrategien zur Sicherung der Wettbewerbsfähigkeit, Zeitschrift für betriebswirtschaftliche Forschung, Sonderheft 33/1994, S. 1-27

Friedrich, Rainer (1996): Der Centeransatz zur Führung und Steuerung dezentraler Einheiten, in: Bullinger, Hans-Jörg/Warnecke, Hans Jürgen (Hrsg.): Neue Organisationsformen im Unternehmen, Berlin et al. 1996, S. 984-1014

Fröhling, Oliver (1992): Prozeßorientiertes Portfolio-Management, in: Die Betriebswirtschaft, 52. Jg. (1992), S. 341-358

Gaitanides, Michael/**Sjurts**, Insa (1995): Wettbewerbsvorteile durch Prozeßmanagement, in: Corsten, Hans/Will, Thomas (Hrsg.): Unternehmungsführung im Wandel, Stuttgart/Berlin/Köln 1995, S. 61-82

George, William R. (1990): Internal Marketing an Organizational Behavior: A Partnership in Developing Customer-Conscious Employees at Every Level, in: Journal of Business Research, Vol. 20 (1990), S. 63-70

Gremler, Dwayne D./**Bitner**, Mary Jo/**Evans**, Kenneth R. (1994): The Internal Service Encounter, in: International Journal of Service Industry Management, Vol. 5 (1994), H. 2, S. 34-56

Gruhler, Wolfram (1993): Gesamtwirtschaftliche Bedeutung und einzelwirtschaftlicher Stellenwert industrieller Dienstleistungen, in: Simon, Hermann (Hrsg.): Industrielle Dienstleistungen, Stuttgart 1993, S. 23-40

Harari, Oren (1991): Should Internal Customers Exist?, in: Management Review, Vol. 80 (1991), H. 7, S. 41-43

Harari, Oren (1993): Internal Customer, R.I.P., in: Management Review, Vol. 82 (1993), H. 6, S. 30-32

Harrell, Gilbert D./**Fors**, Matthew F. (1992): Internal Marketing of a Service, in: Industrial Marketing Management, Vol. 21 (1992), S. 299-306

Hart, Christopher W.L. (1995): Vom Nutzen interner Qualitätsgarantien, in: Harvard Business Manager, 17. Jg. (1995), H. 3, S. 78-86

Hauser, John R./**Simester**, Duncan I./**Wernerfelt**, Birger (1996): Internal Customers and Internal Suppliers, in: Journal of Marketing Research, Vol. 33 (1996), S. 268-280

Heskett, James L. et al. (1994): Dienstleister müssen die ganze Service-Gewinn-Kette nutzen, in: Harvard Business Manager, 16. Jg. (1994), H. 4, S. 50-61

Hills, Gerald E. (Hrsg.) (1994): Marketing and Entrepreneurship, Westport/London 1994

Hinterhuber, Hans H. (1994): Paradigmenwechsel: Vom Denken in Funktionen zum Denken in Prozessen, in: Journal für Betriebswirtschaft, 44. Jg. (1994), H. 2, S. 58-75

Horchler, Hartmut (1996): Outsourcing, Köln 1996

Hunt, Shelby D./**Morgan**, Robert M. (1996): The Resource-Advantage Theory of Competition: Dynamics, Path Dependencies, and Evolutionary Dimensions, in: Journal of Marketing, Vol. 60 (1996), October, S. 107-114

Kastner, Karl-Heinz/**Bohnenkamp**, Peter (1991): Das Aktivitäten-Management-System (AMY), in: Office Management, 39. Jg. (1991), H. 7/8, S. 35-40

Kirzner, Israel M. (1978): Wettbewerb und Unternehmertum, Tübingen 1978

Koppelmann, Udo (Hrsg.) (1996): Outsourcing, Stuttgart 1996

Kotler, Philip (1972): A Generic Concept of Marketing, in: Journal of Marketing, Vol. 36 (1972), H. 2, S. 46-54

Kreikebaum, Hartmut (1992): Zentralbereiche, in: Frese, Erich (Hrsg.): Handwörterbuch der Organisation, 3. Aufl., Stutgart 1992, Sp. 2603-2610

Kreisel, Henning (1995): Zentralbereiche, Wiesbaden 1995

Küpper, Hans-Ulrich (1991): Betriebswirtschaftliche Steuerungs- und Lenkungsmechanismen organisationsinterner Kooperation, in: Wunderer, Rolf (Hrsg.): Kooperation, Stuttgart 1991, S. 175-203

Küpper, Hans-Ulrich (1995): Steuerungsinstrumente von Führung und Kooperation, in: Kieser, Alfred/Reber, Gerhard/Wunderer, Rolf (Hrsg.): Handwörterbuch der Führung, 2. Aufl., Stuttgart 1995, Sp. 1995-2005

Lohoff, Petra/**Lohoff**, Heinz-Günter (1993): Verwaltung im Visier, in: Zeitschrift Führung + Organisation, 62. Jg. (1993), S. 248-254

Männel, Wolfgang (1981): Die Wahl zwischen Eigenfertigung und Fremdbezug, 2. Aufl., Stuttgart 1981

Magidson, Jason/**Polcha**, Andrew A. (1992): Creating Market Economies Within Organizations: A Conference on „Internal Markets"

McDermott, Lynda C./**Emerson**, Michael (1991): Quality and Service for Internal Customers, in: Training & Development Journal, Vol. 45 (1991), H. 1, S. 61-64

Melan, Eugene M. (1985): Process Management in Service and Administrative Operations, in: Quality Progress, Vol. 8 (1985), June, S. 52-59

Meyer, Margit (1995): Ökonomische Organisation der Industrie, Wiesbaden 1995

Neuhaus, Patricia (1996): Interne Kunden-Lieferanten-Beziehungen, Wiesbaden 1996

Neuhof, B. (1982): Profit Center-Organisation - Grundkonzeption und praxisorientierte Modifizierungen, in: Das Wirtschaftsstudium, 11. Jg. (1982), S. 11-15 (Teil I) und S. 61-66 (Teil II)

Nielsen, Richard P./**Peters**, Michael P./**Hisrich**, Robert D. (1985): Intrapreneurship Strategy for Internal Markets - Corprate, Non-profit and Government Institution Cases, in: Strategic Management Journal, Vol. 6 (1985), S. 181-189

Niman, Neil B. (1991): The Entrepreneurial Function in the Theory of the Firm, in: Scottish Journal of Political Economy, Vol. 38 (1991), S. 162-176

Pfau, Bruce/**Detzel**, Denis/**Geller**, Andrew (1991): Satisfying Your Internal Customers, in: The Journal of Business Strategy, Vol. 12 (1991), H. 6, S. 9-13

Picot, Arnold (1991): Ein neuer Ansatz zur Gestaltung der Leistugstiefe, in: Zeitschrift für betriebswirtschaftliche Forschung, 43. Jg. (1991), S. 336-357

Picot, Arnold/**Reichwald**, Ralf/**Wigand**, Rolf T. (1996): Die grenzenlose Unternehmung, 2. Aufl., Wiesbaden 1996

Piercy, Nigel/**Morgan**, Neil (1991): Internal Marketing - The Missing Half of the Marketing Programme, in: Long Range Planning, Vol. 24 (1991), H. 2, S. 82-93

Plinke, Wulff (1995): Grundlagen des Marktrprozesses, in: Kleinaltenkamp, Michael/Plinke, Wulff (Hrsg.): Technischer Vertrieb, Berlin et al. 1995, S. 3-95

Porter, Michael E. (1986): Wettbewerbsvorteile, Frankfurt a.M. 1986

Rasche, Christoph/**Wolfrum**, Bernd (1994): Ressourcenorientierte Unternehmensführung, in: Die Betriebswirtschaft, 54. Jg. (1994), S. 501-517

Reekie, W. Duncan/**Savitt**, Ronald (1982): Marketing Behavior and Entrepreneurship: A Synthesis of Alderson and Austrian Economics, in: European Journal of Marketing, Vol. 10 (1982), H. 7, S. 55-66

Reynoso, Javier/**Moores**, Brian (1995): Towards the Measurement of Internal Service Quality, in: International Journal of Service Industry Management, Vol. 6 (1995), H. 3, S. 64-83

Sanfilippo, Barbara (1990): 8 Ideas to Stimulate Internal Service, in: Bank Marketing, Vol. 22 (1990), H. 12, S. 26-29

Sayles, L.R. (1964): Managerial Behavior, New York et al. 1964

Schimmelpfennig, Katja (1994): ZP-Stichwort: Verrechnungspreise, in: Zeitschrift für Planung, 5. Jg. (1994), S. 93-96

Schmalenbach, Eugen (1959): Über Dienststellengliederung im Großbetriebe, Köln/Opladen 1959

Schneider, Dieter (1985): Die Unhaltbarkeit des Transaktionskostenansatzes für die „Markt oder Unternehmung"-Diskussion, in: Zeitschrift für Betriebswirtschaft, 55. Jg. (1985), S. 1237-1254

Schneider, Dieter (1995): Betriebswirtschaftslehre, Band 1: Grundlagen, 2. Aufl., München/Wien 1995

Schneider, Dieter (1996): Biologische Vorbilder für eine evolutorische Theorie der Unternehmung?, in: Zeitschrift für betriebswirtschaftliche Forschung, 48. Jg. (1996), S. 1098-1114

Schneider, Dietram/**Baur**, Cornelius/**Hopfmann**, Lienhard (1994): Re-Design der Wertkette durch Make or Buy, Wiesbaden 1994

SCHOLZ, Christian (1992): Effektivität und Effizienz, organisatorische, in: Frese, Erich (Hrsg.): Handwörterbuch der Organisation, 3. Aufl., Stuttgart 1992, Sp. 533-552

SCHOPPE, Siegfried G. et al. (1995): Moderne Theorie der Unternehmung, München/Wien 1995

SCHÜTZ, Peter (1993): Marketing interner Dienstleister - Marketing ohne Markt?, in: Thelen, Eva M./Mairamhof, Gaby B. (Hrsg.): Dienstleistungsmarketing, Frankfurt a.M. et al. 1993, S. 193-201

SCHUMPETER, Joseph (1928): Unternehmer, in: Handwörterbuch der Staatswissenschaften, Bd. 8, 4. Aufl., Jena 1928, S. 476-487

SCHWEITZER, Marcell (1992): Profit Center, in: Frese, Erich (Hrsg.): Handwörterbuch der Organisation, 3. Aufl., Stuttgart 1992, Sp. 2078-2089

SHILS, Edward B./ZUCKER, William (1979): Developing a Model for Internal Corporate Entrepreneurship, in: Social Science, Vol. 54 (1979), S. 105-203

SHOSTACK, G. Lynn (1984): Planung effizienter Dienstleistungen, in: Harvard Manager, 6. Jg. (1984), H. 3, S. 93-99

SIMON, Hermann (1988): Management strategischer Wettbewerbsvorteile, in: Zeitschrift für Betriebswirtschaft, 58. Jg. (1988), S. 461-480

SPREMANN, Klaus (1990): Asymmetrische Information, in: Zeitschrift für Betriebswirtschaft, 60. Jg. (1990), S. 561-586

STAUSS, Bernd (1994): Internes Marketing, in: Diller, Hermann (Hrsg.): Vahlens Großes Marketing Lexikon, München 1994, S. 477-479

STAUSS, Bernd (1995a): Internal Services: Classification and Quality Management, in: International Journal of Service Industry Management, Vol. 6 (1995), H. 2, S. 62-78

STAUSS, Bernd (1995b): Internes Marketing, in: Tietz, Bruno/Köhler, Richard/Zentes, Joachim (Hrsg.): Handwörterbuch des Marketing, 2. Aufl., Stuttgart 1995, Sp. 1045-1056

STAUSS, Bernd/NEUHAUS, Patricia (1995): Interne Kundenzufriedenheit als Zielgröße des Total Quality Management: Dargestellt am Beispiel einer Abteilung Personalmanagement, in: Bruhn, Manfred (Hrsg.): Internes Marketing, Wiesbaden 1995, S. 575-609

STAUSS, Bernd/SCHULZE, Henning S. (1990): Internes Marketing, in: Marketing ZFP, 12. Jg. (1990), S. 149-158

STEVENSON, Howard H./JARILLO, J. Carlos (1990): A Paradigm of Entrepreneurship: Entrepreneurial Management, in: Strategic Management Journal, Vol. 11 (1990), S. 17-27

STREHL, Franz (1985): Organisatorische Effektivität - ein Modellvergleich, in: Bühler, Wilhelm et al. (Hrsg.): Die ganzheitliche Betrachtung der sozialen Leistungsordnung, Wien/New York 1985, S. 599-519

STRIENING, Hans-Dieter (1988): Prozeß-Management, Frankfurt a.M. et al. 1988

STRIENING, Hans-Dieter (1995): Möglichkeiten und Grenzen des Prozeßmanagement, in: Corsten, Hans/Will, Thomas (Hrsg.): Unternehmungsführung im Wandel, Stuttgart/Berlin/Köln 1995, S. 161-178

TANSUHAJ, Patriya/RANDALL, Donna/MCCULLOUGH, Jim (1988): A Services Marketing Management Model: Integrating Internal and External Marketing Functions, in: The Journal of Services Marketing, Vol. 2 (1988), H. 1, S. 31-38

TÖPFER, Armin (1995): Anforderungen des Total Quality Management an Konzeption und Umsetzung des Internen Marketing, in: Bruhn, Manfred (Hrsg.): Internes Marketing, Wiesbaden 1995, S. 545-573

TREYER, Oscar A.G. (1990): Verrechnungspreise für dezentrale Organisationen, in: Die Unternehmung, 44. Jg. (1990), S. 247-272

VANDERMERWE, Sandra/GILBERT, Douglas J. (1989): Making Internal Services Market Driven, in: Business Horizons, Vol. 31 (1989), H. 6, S. 83-89

VANDERMERWE, Sandra/GILBERT, Douglas J. (1991): Internal Services: Gaps in Needs/Performance and Prescriptions for Effectiveness, in: International Journal of Service Industry Management, Vol. 2 (1991), H. 1, S. 50-60

VAREY, Richard J. (1995a): Internal Marketing: A Review and Some Interdisciplinary Research Challenges, in: International Journal of Service Industry Management, Vol. 6 (1995), H. 1, S. 40-63

VAREY, Richard J. (1995b): A Model of Internal Marketing for Building and Sustaining a Competitive Servce Advantage, in: Journal of Marketing Management, Vol. 11 (1995), S. 41-54

WAGENHOFER; Alfred (1995): Verhaltenssteuerung durch Verrechnungspreise, in: Scheer, August-Wilhelm (Hrsg.): 16. Saarbrücker Arbeitstagung 1995 Rechnungswesen und EDV, Heidelberg 1995, S. 281-301

WAGNER, Ralph (1994): Die Grenzen der Unternehmung, Heidelberg 1994

WIEANDT, Axel (1994): Die Theorie der dynamischen Unternehmerfunktionen, in: Wirtschaftswissenschaftliches Studium, 23. Jg. (1994), S. 20-24

WILLIAMSON, Oliver E. (1975): Markets and Hierarchies - Analysis and Antitrust Implications, New York/London 1975

WINDSPERGER, Josef (1991): Der Unternehmer als Koordinator, in: Zeitschrift für Betriebswirtschaft, 61. Jg. (1991), S. 1413-1429

WITT, Frank-Jürgen (1985): Marketing für innerbetriebliche Leistungen, in: Betriebswirtschaftliche Forschung und Praxis, 35. Jg. (1985), S. 162-175

WITT, Frank-Jürgen (1988): Unternehmensinterne Make-or-Buy-Entscheidungen, in: Controller Magazin, 13. Jg. (1988), S. 77-82

ZAHN, Erich (1996): Kernkompetenzen, in: Kern, Werner/Schröder, Hans-Horst/Weber, Jürgen (Hrsg.): Handwörterbuch der Produktionswirtschaft, 2. Aufl., Stuttgart 1996, Sp. 883-894

DUV DeutscherUniversitätsVerlag
GABLER·VIEWEG·WESTDEUTSCHER VERLAG

"Focus Dienstleistungsmarketing"

Herausgeber: Prof. Dr. Michael Kleinaltenkamp (schriftf.), Prof. Dr. Dr. h. c. Werner Hans Engelhardt, Prof. Dr. Anton Meyer, Prof. Dr. Hans Mühlbacher, Prof. Dr. Bernd Stauss

Zuletzt erschienen:

Florian Lohmann
Loyalität von Bankkunden
Bestimmungsgrößen und Gestaltungsmöglichkeiten
1997. XXII, 276 Seiten, 43 Abb., Broschur DM 98,-/ ÖS 715,-/ SFr 89,-
ISBN 3-8244-6521-3

Gaby Mairamhof
Handling Customer Disconfirmations
A Model of the Service Provider's Response Process
1996. XVII, 211 Seiten, Broschur DM 89,-/ ÖS 650,-/ SFr 81,-
ISBN 3-8244-6333-4

Anton Meyer (Hrsg.)
Grundsatzfragen und Herausforderungen des Dienstleistungsmarketing
1996. VIII, 336 Seiten, Broschur DM 118,-/ ÖS 861,-/ SFr 105,-
ISBN 3-8244-6408-X

Hans Mühlbacher/Jean-Paul Flipo (eds.)
Advances in Services Marketing
1997. X, 235 Seiten, Broschur DM 89,-/ ÖS 650,-/ SFr 81,-
ISBN 3-8244-6508-6

Patricia Neuhaus
Interne Kunden-Lieferanten-Beziehungen
1996. XXIV, 361 Seiten, Broschur DM 118,-/ ÖS 861,-/ SFr 105,-
ISBN 3-8244-6448-9

Tobbias Schlömer
Kundenservice durch Benutzerinformation
Die Technische Dokumentation als Sekundärdienstleistung im Marketing
1997. XXIX, 388 Seiten, 68 Abb., Broschur DM 118,-/ ÖS 861,-/ SFr 105,-
ISBN 3-8244-6432-2

Peter Westerbarkey
Methoden zur Messung und Beeinflussung der Dienstleistungsqualität
Feedback- und Anreizsysteme in Beherbergungsunternehmen
1996. XVI, 347 Seiten, Broschur DM 118,-/ ÖS 861,-/ SFr 105,-
ISBN 3-8244-6310-5

Made in the USA
Las Vegas, NV
13 November 2024

11639434R00167